PASAJES

SÉPTIMA EDICIÓN

LITERATURA

Mary Lee Bretz, Emerita
Rutgers University

Trisha Dvorak
University of Washington

Carl Kirschner
Rutgers University

Constance Kihyet
Saddleback College

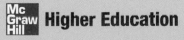

McGraw Hill **Higher Education**

Boston   Burr Ridge, IL   Dubuque, IA   New York   San Francisco   St. Louis
Bangkok   Bogotá   Caracas   Kuala Lumpur   Lisbon   London   Madrid   Mexico City
Milan   Montreal   New Delhi   Santiago   Seoul   Singapore   Sydney   Taipei   Toronto

Mc Graw Hill **Higher Education**

Published by McGraw-Hill, an imprint of The McGraw-Hill Companies, Inc., 1221 Avenue of the Americas, New York, NY 10020. Copyright © 2010, 2006, 2002, 1997, 1992, 1987, 1983 by The McGraw-Hill Companies. All rights reserved. No part of this publication may be reproduced or distributed in any form or by any means, or stored in a database or retrieval system, without the prior written consent of The McGraw-Hill Companies, Inc., including, but not limited to, in any network or other electronic storage or transmission, or broadcast for distance learning.

1 2 3 4 5 6 7 8 9 0 DOW/DOW 0 9 8

ISBN: 978-0-07-726409-3
MHID: 0-07-726409-6

Editor-in-chief: *Michael Ryan*
Editorial director: *William R. Glass*
Sponsoring editor: *Katherine Crouch*
Director of development: *Scott Tinetti*
Development editors: *Pennie Nichols and Connie Anderson*
Marketing manager: *Jorge Arbujas*
Editorial assistant: *Janina Tunac Basey*
Media producer: *Allison Hawco*
Media project manager: *Ron Nelms*
Production editor: *Anne Fuzellier*
Art manager: *Robin Mouat*
Cover designer: *Margarite Reynolds*
Interior designer: *Kaelin Chappell*
Photo researcher: *Jennifer Blankenship*
Production supervison: *Richard DeVitto*
Supplement coordinator: *Louis Swaim*
Production service: *The Left Coast Group, Inc.*
Composition: *10/12 New Caledonia by Aptara®, Inc.,*
Printer: *45# New Era Matte Plus by R. R. Donnelley & Sons*
Cover image: *Visionales* (oil on canvas), by Homero Aguilar

Library of Congress Cataloging-in-Publication Data

Pasajes. Literatura / Mary Lee Bretz ... [et al.].—7. ed.
    p. cm.
English and Spanish.
Includes bibliographical references and index.
ISBN-13: 978-0-07-726409-3 (alk. paper)
ISBN-10: 0-07-726409-6 (mhid : alk. paper)
    1. Spanish language—Readers. I. Bretz, Mary Lee.
PC4117.P344 2009
468.6'421—dc22   2008047088

The Internet addresses listed in the text were accurate at the time of publication. The inclusion of a Web site does not indicate an endorsement by the authors or McGraw-Hill, and McGraw-Hill does not guarantee the accuracy of the information presented at these sites.

www.mhhe.com

CONTENTS

Answer appendix

Welcome to the Seventh Edition of *Pasajes*! To those of you who have used *Pasajes* in the past, we hope that you'll find this new edition even more exciting and interesting than the last. To those of you who are teaching for the first time with *Pasajes*, we hope that you and your students will find teaching and learning Spanish with *Pasajes* to be a rewarding experience. We've been especially heartened by the enthusiasm of instructors who have told us that *Pasajes* has increased not only their satisfaction in teaching Spanish but also their students' enjoyment in learning Spanish.

The *Pasajes* Series

The Seventh Edition of *Pasajes* consists of three main texts and a combined workbook and laboratory manual developed for second-year college Spanish programs. The texts—*Literatura* (a literary reader), *Cultura* (a cultural reader), and *Lengua* (the core grammar text)— share a common thematic and grammatical organization. By emphasizing the same structures and similar vocabulary in a given chapter across all four components, the series offers instructors a program with greater cohesion and clarity. At the same time, it allows more flexibility and variety than are possible with a single text, even when supplemented by a reader. The design and organization of the series have been guided by the overall goal of developing *functional, communicative* language ability and are built around the three primary objectives of *reinforcement, expansion,* and *synthesis.*

Since publication of the first edition of *Pasajes* in 1983, interest in communicative language ability has grown steadily. The focus on proficiency, articulated in the *ACTFL Proficiency Guidelines,* and the growing body of research on the processes involved in developing each of the language skills have supported the importance of communicative ability as a goal of classroom language study, while suggesting activities that enable learners to develop specific skills in each of the four traditional areas. At the same time, the growing interest in cultural competence, which has been a focus of the *Pasajes* program from the beginning, has confirmed that instructional materials need to be not merely contextualized but also content-rich. The revisions of *Pasajes* have been shaped by these factors, as well as by the combined expertise of those who have used earlier versions of the materials and have offered suggestions based on their experiences.

Pasajes: Literatura

Pasajes: Literatura has been developed with several goals in mind. Because its focus is on *literature,* it aims to increase students' general familiarity with literature and literary devices and to expand their knowledge of Hispanic literatures by exposure to a variety of authors and literary genres. As a reader, it is concerned with helping students to develop effective skills for reading, understanding, and interpreting literature. Finally, though no less importantly, it seeks to present literature as a means to access culture as well as diverse perspectives and linguistic registers.

The text includes writings by a range of authors from the late nineteenth century to the present, most of them drawn from the past 50 years. Spain and Latin America are approximately equally represented, and U.S. Hispanic authors are included as well. The reading selections in *Literatura,* all unedited originals, reflect the same themes developed in *Cultura* and *Lengua.*

After the first two semesters of focusing on basic language, college students should be ready for more advanced work in Spanish, which usually includes literary material. Although most students are eager to tackle more sophisticated readings, many will be unprepared for the abrupt switch from carefully controlled first-year materials to the more intricate literary language. The enjoyable experience they were expecting too often becomes the tedious drudgery of translation. An instructor can help students to read more effectively in many ways; perhaps the most important is to show them how to get ready to read. Teaching the student how to explore and predict the plot or the context of a story, about its characters or its setting, before beginning to read will make the task of reading much easier and more effective. The structure and approach of *Literatura* is specifically designed to help students develop their skills in reading Spanish-language literature.

Organization of the Text

The chapter organization of the Seventh Edition remains the same as in the Sixth Edition. Suggestions for using each section and its various features are offered in the Instructor's Manual.

Chapter Opener and *Exploraciones*

Functioning as an advance organizer for the chapter theme, the chapter opener consists of a piece of fine art and **Exploraciones. Exploraciones** is an activity designed to activate students' prior knowledge about the topic, to encourage them to discuss their associations with the theme, and to set the stage for the readings and activities that follow.

Lectura

Each chapter consists of one to three main readings or a single main reading divided into two to three parts. Each reading is preceded by a prereading skills and strategies section and is followed by comprehension, interpretation, and application activities.

Aproximaciones al texto

In this section, students are introduced to specific literary practices, such as the use of literary conventions, genre, characterization, defamiliarization, and so forth, and have the opportunity to develop reading strategies that are appropriate for literary texts. Activities familiarize students with the literary terms and their usage, while preparing them for the specific texts. Poetry is preceded by discussion and activities related to poetry and poetic discourse. Many chapters also include practice in specific linguistic skills designed to help students read more efficiently and with greater comprehension, such as guessing the meaning of unfamiliar words. This section closes with **Palabras y conceptos,** in which students work with key vocabulary to anticipate ideas and issues related to the main reading in each chapter. The activities in this section provide students with key information about the chapter reading, activate their prior knowledge of the topic, and establish important mental expectations.

Reading

In the first five chapters, graphic symbols are used in the readings to indicate the meaning of verbs in tenses that have not yet been reviewed in *Pasajes: Lengua.* Important vocabulary items that cannot be guessed from context are glossed at the bottom of the page; glosses are mostly in English in the earlier chapters and appear increasingly in Spanish in later chapters.

Comprensión

The **Comprensión** activities allow students to verify their general understanding of the content of the reading as well as to practice the grammar points treated in the corresponding chapter of *Pasajes: Lengua.* Activity types vary greatly: Typical formats include, but are not limited to, content questions, true/false, sentence completions, and identifying key ideas.

Interpretación

Once students have verified their general comprehension of the reading, they move into an interpretive phase. In these activities students move beyond their general understanding of facts and details to meaning at a deeper level. Here, too, a variety of activities helps students interpret the readings: speculating, making comparisons, creating semantic maps, and so on.

Aplicación

Finally, students are given the opportunity to apply what they've read to their own experience. In activities such as class discussions, role plays, and debates, students have an opportunity to use the information gleaned from the readings in more free-form contexts.

Several special activities appear in each chapter of *Pasajes: Literatura.*

 ¡NECESITO COMPAÑERO! are activities, identifiable by their icon, and are specifically designed for partner or pair work.

ENTRE TODOS are activities designed for group work and/or whole-class discussion.

PAPEL Y LÁPIZ Each chapter includes two or three activities. These activities, which typically build progressively one on the next, have two purposes: to encourage students to use writing as a way to explore and develop their understanding of the ideas expressed in the chapter reading(s) and to build their writing skills by practicing a variety of writing techniques. **Papel y lápiz** activities are typically informal and journal-like in nature and are not intended to be graded exercises; nevertheless, the **apuntes, mapas semánticos,** and **comentarios** that students produce can be a rich starting point for more formal composition assignments.

IMPROVISACIONES are opportunities for learners to engage in role play and to practice a variety of communication strategies. The **Improvisaciones** activities motivate learners to want to communicate while challenging them to extend their language skills in order to produce the functions and extended discourse characteristic of advanced proficiency.

The Changes in the Seventh Edition

The new readings selected for the Seventh Edition of *Literatura* are the following.

- **Capítulo 3:** *Como agua para chocolate* (novel, fragment) by Mexican author Laura Esquivel
- **Capítulo 4:** "Me besaba mucho" (poem) by Mexican poet Amado Nervo
- **Capítulo 9:** "No speak English" (short story) by U.S. author Sandra Cisneros
- **Capítulo 10:** "Imágenes photoshop" (short story) by Bolivian author Edmundo Paz Soldán

Supplements: The *Pasajes* Series

As a full-service publisher of quality educational products, McGraw-Hill does much more than just sell textbooks to your students. We create and publish an extensive array of print, video, and digital supplements to support instruction on your campus. Orders of new (versus used) textbooks help us defray the cost of developing such supplements, which is substantial. Please consult your local McGraw-Hill representative to learn about the availability of the supplements that accompany this edition of *Pasajes*.

Available to adopters *and* to students:

Literatura

Thematically coordinated with *Lengua* and *Cultura*, *Literatura* is a collection of twenty-one literary texts, including a variety of short stories and poetry, excerpts from longer works, a legend, and an essay. All texts have been selected both for their interest to students as well as for their literary value. Each text is accompanied by abundant prereading and postreading activities that develop reading and writing skills and further students' understanding of important literary devices.

Cultura

Thematically coordinated with *Lengua* and *Literatura*, *Cultura* is a collection of cultural essays and authentic articles culled from contemporary Spanish-language books, magazines, and newspapers. Each reading treats an aspect of the chapter topic and is accompanied by abundant prereading and postreading activities designed to develop reading and writing skills while furthering students' appreciation of the cultural diversity of the Spanish-speaking world.

Lengua

The core grammar text for the *Pasajes* program consists of a comprehensive review and practice of basic vocabulary and grammatical structures, while introducing and practicing more advanced grammatical structures.

Cuaderno de práctica: Expresión oral, comprensión, composición

This combined workbook and laboratory manual is co-ordinated thematically with *Lengua*, *Literatura*, and *Cultura* and provides students with various controlled and open-ended opportunities to practice the vocabulary and grammatical structures presented in *Lengua*. The chapter organization of the *Cuaderno* follows that of *Lengua*. The laboratory section promotes listening comprehension through many short narrative passages and speaking skills through a variety of activities, including pronunciation practice. The **Voces** section includes authentic interviews with men and women from different areas of the Hispanic world. The workbook section provides guided writing practice to help students develop a variety of writing skills.

Online Cuaderno de práctica: Expresión oral, comprensión, composición

The Online *Cuaderno de práctica* is available with this edition of *Pasajes: Lengua*. Carefully coordinated with the textbook, this robust, digital version of the printed *Cuaderno* is easy for students to use and is great for instructors who want to manage students' coursework online. Identical in practice material to the print version, the Online *Cuaderno* contains the full Audio Program as well as segments from the video. The Online *Cuaderno* also provides students with automatic feedback and scoring of their work. The Instructor's Workstation contains an easy-to-use gradebook and class roster system that facilitate course management. In the Seventh Edition, those who purchase the online *Cuaderno de práctica* have access to the new Centro website, which provides one-stop access to all of the media available with the *Pasajes* program.

Pasajes Audio Program

Corresponding to the laboratory portion of the *Cuaderno*, the Audio Program to accompany *Pasajes* contains activities for review of vocabulary and grammatical structures, passages for extensive and intensive listening practice, guided pronunciation practice, and interviews with men and women from different areas of the Hispanic world. The Audio Program on CD, provided free to adopters, is also available for student purchase. Both students and instructors can also access the Audio Program free on the *Pasajes* Online Learning Center. (**www.mhhe.com/pasajes7**).

Online ActivityPak

The online ActivityPak provides interactive activities and games to practice the vocabulary and grammar presented in each chapter of *Pasajes: Lengua.* The ActivityPak also includes the *Pasajes cultural* video and activities that go with it. The ActivityPak is available on the Online Learning Center and at the Centro website. For access to the ActivityPak through the Online Learning Center, students may purchase the registration code directly online or as a code card packaged with the text. Please contact your McGraw-Hill sales reprensentative for more information. Instructors have full access to the ActivityPak through the Instructor Edition of the Online Learning Center and through Centro.

Pasajes Online Learning Center

The *Pasajes* Online Learning Center (**www.mhhe.com /pasajes7**) has self-correcting quizzes on the vocabulary and grammar presented in each chapter of *Pasajes: Lengua.* It also provides free access to the complete Audio Program for students and adopters. In the Seventh Edition, the questions and activities that accompany the *Pasajes cultural* video have been moved from the *Pasajes: Lengua* volume to the Online Learning Center chapter activities. In addition, the Instructor Edition of the Online Learning Center contains the Instructors' Manual, the Audioscript, and the Videoscript.

Centro Website

Available to all those who have purchased the online *Cuaderno de práctica*, Centro (**www.mhcentro.com**) is a new website that provides one-stop access to all of the media available with the *Pasajes* program: the online *Cuaderno de práctica,* the ActivityPak, The *Pasaje cultural* video, Grammar Tutorials, and a link to the Online Learning Center. In Centro, instructors will also have convenient access to all of the instructor resources that are on the Online Learning Center: the Instructor's Manual, the Audioscript, and the Videoscript.

CourseSmart eTextbook

CourseSmart is a new way purchase the *Pasajes: Literatura* eTextbook. At CourseSmart you can save up to 50% off the cost of a print textbook, reduce your impact on the environment, and gain access to powerful web tools for learning. CourseSmart has the largest selection of eTextbooks available anywhere, offering thousands of the most commonly adopted textbooks from a wide variety of higher education publishers. CourseSmart eTextbooks are available in one standard online reader with full text search, notes and highlighting, and email tools for sharing notes between classmates. For further details, contact your sales representative or go to **www.coursesmart.com.**

Video to accompany *Pasajes*

The *Pasaje cultural* video is a 30-minute video consisting of authentic footage of television broadcasts from more than half a dozen Spanish-speaking countries. Topics are coordinated with the chapter themes of the *Pasajes* program. Video activities are found in the *Cuaderno.* In addition, activities and questions to aid students' comprehension are now located on the Online Learning Center: **Antes de ver** offer students advance organizers; **Vamos a ver** fosters comprehension during viewing; and **Después de ver** allows students to reflect more on the video and to do individual research on the Internet. The Instructor's Manual and the Instructor Edition of the Online Learning Center have the Videoscript. The Instructor's Manual also provides chapter-by-chapter suggestions for teaching with the video.

Available to adopters only:

Instructor's Manual

Revised for the Seventh Edition, this handy manual now available online in the Instructor Edition of the Online Learning Center includes suggestions for using all components of the *Pasajes* program, sample lesson plans and syllabi, sample chapter tests, and the Videotranscript of the *Pasajes cultural* video.

Lengua Instructor's Edition

This special edition of *Lengua,* specifically designed for instructors, contains a 32-page insert with helpful hints and suggestions for working with the many features and activities in *Lengua.*

Audioscript

This is a complete transcript of the material recorded in the Audio Program to accompany *Pasajes.* It is available online in the Instructor Edition of the Online Learning Center.

ACKNOWLEDGMENTS

We are extremely gratified to be publishing the Seventh Edition of *Pasajes*, something we could not have predicted when we first began working on these materials long ago. Over the years and throughout earlier editions, various people have helped shape the *Pasajes* program, keeping it contemporary and of interest to students and instructors. Dr. Constance Kihyet (Saddleback College), who had contributed to the Fourth, Fifth, and Sixth Editions of the *Pasajes* series, was responsible for selecting the new literary texts in this edition and for writing the pedagogical material that supports those texts. Through her work *Pasajes: Literatura* boasts a return to many of the canonical works that were found in earlier editions. The success that Dr. Kihyet has enjoyed in the classroom with *Pasajes* throughout the years is witnessed in her contributions, and we thank her for sharing these.

We would also like to acknowledge certain individuals who contributed in various ways to the previous editions. These include Carmen M. Nieto (Georgetown University), José Luis Suárez-García (Colorado State University), and Enrique Yepes (Bowdoin College).

Additionally, we wish to thank all of the instructors who participated in the development of the previous editions of *Pasajes*. Their comments, both positive and critical, were instrumental in the shaping of those editions. We would also like to express our gratitude to the instructors who completed surveys indispensable to the development of the Seventh Edition of *Pasajes: Literatura*. The appearance of their names does not necessarily constitute an endorsement of the texts or their methodology.

Carlos Amaya, *Eastern Illinois University*
Ana Ameal-Guerra, *University of California, Berkeley*
Marilyn Rugg, *Colgate University*
Gail Swick, *Washington University in St. Louis*
Andrea Topash-Ríos, *University of Notre Dame*

Many thanks are owed to the people who worked on the *Pasajes* program behind the scenes. We are grateful to Thalia Dorwick for her editorial insight and continuing support of the *Pasajes* series, and to our Editorial Director, William R. Glass. We would also like to thank Katherine Crouch, our Sponsoring Editor, who was instrumental in shaping the revision plan for this edition. Pennie Nichols, our Development Editor also contributed in significant ways to the revision plan. Her editorial talents, in tandem with her teaching experience in the classroom, served to help develop and polish the content, and we thank her. Laura Chastain once again brought her talents to the manuscript development process, reading for linguistic and cultural authenticity throughout. We would like to thank the rest of the editorial team at McGraw-Hill for their work on the Seventh Edition: Scott Tinetti, Janina Tunac Basey, and Connie Anderson. In addition, we would like to acknowledge the excellent work of the McGraw-Hill production team. Anne Fuzellier served as Project Manager and was critical in overseeing the production process, and Rich DeVitto handled the manufacturing process. We would like to thank Jorge Arbujas, Marketing Manager for World Languages, and the entire McGraw-Hill sales staff who have so actively promoted *Pasajes* over the years.

To all of these people we again say thank you, and we look forward to hearing your comments about the Seventh Edition.

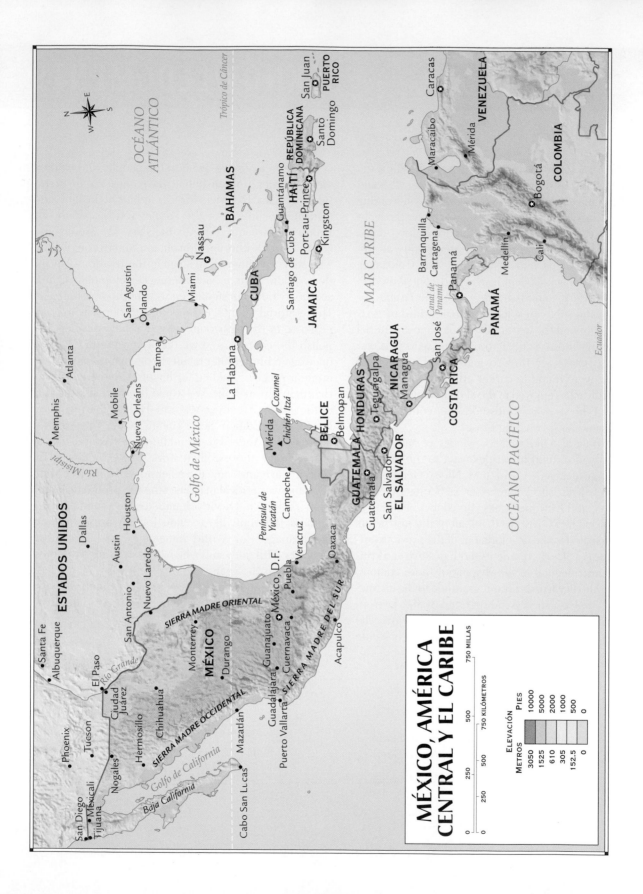

MÉXICO, AMÉRICA CENTRAL Y EL CARIBE

ELEVACIÓN

METROS	PIES
3050	10000
1525	5000
610	2000
305	1000
152.5	500
0	0

0   250   500   750 MILLAS

0   250   500   750 KILÓMETROS

OCÉANO ATLÁNTICO

Trópico de Cáncer

Ecuador

ESTADOS UNIDOS

Santa Fe
Albuquerque
Phoenix
Tucson
Nogales
San Diego
Mexicali
Tijuana
El Paso
Ciudad Juárez
Hermosillo
Chihuahua
Río Grande
San Antonio
Nuevo Laredo
Austin
Dallas
Houston
Memphis
Atlanta
Mobile
Nueva Orleáns
Tampa
San Agustín
Orlando
Miami

Río Misisipí

Golfo de México

Golfo de California
Baja California
Cabo San Lucas
Mazatlán
Durango
Monterrey
MÉXICO
SIERRA MADRE OCCIDENTAL
SIERRA MADRE ORIENTAL
Guadalajara
Puerto Vallarta
Guanajuato
México, D.F.
Cuernavaca
Puebla
Acapulco
SIERRA MADRE DEL SUR
Oaxaca
Veracruz
Campeche
Península de Yucatán
Mérida
Cozumel
Chichén Itzá

BAHAMAS
Nassau

La Habana
CUBA
Santiago de Cuba
Guantánamo

HAITÍ
Port-au-Prince
REPÚBLICA DOMINICANA
Santo Domingo
San Juan
PUERTO RICO

JAMAICA
Kingston

MAR CARIBE

BELICE
Belmopan
GUATEMALA
Guatemala
HONDURAS
Tegucigalpa
EL SALVADOR
San Salvador
NICARAGUA
Managua
COSTA RICA
San José
PANAMÁ
Panamá
Canal de Panamá

Barranquilla
Cartagena
Medellín
COLOMBIA
Bogotá
Cali

VENEZUELA
Caracas
Maracaibo
Mérida

OCÉANO PACÍFICO

NICARAGUA

COSTA
RICA

PANAMÁ

MAR CARIBE

Barranquilla

Maracaibo

Caracas

Río Orinoco

VENEZUELA

Georgetown

GUYANA

Paramaribo

Cayenne

*OCÉANO
ATLÁNTICO*

Medellín

Cali

Bogotá

COLOMBIA

GUAYANA FRANCESA

SURINAME

Quito

ECUADOR

Guayaquil

Ecuador

Manaus

Río Amazonas

Belém

*OCÉANO
PACÍFICO*

CORDILLERA DE LOS ANDES

PERÚ

Lima

▲ Machu Picchu
Cuzco

BRASIL

Recife

Lago Titicaca

OCÉANO PACÍFICO

Isla Pinta

Isla Marchena

Isla San Salvador

Isla Santa Cruz

*Isla
Isabela*

Isla San
Cristóbal

Puerto
Baquerizo
Moreno

*LAS ISLAS
GALÁPAGOS*
(ECUADOR)

0   100 MILLAS

0   100 KILÓMETROS

Arequipa

BOLIVIA

La Paz

Sucre

Brasília

PARAGUAY

São Paulo

Antofagasta

Asunción

Puerto Iguazú

Rio de Janeiro

*Trópico de
Capricornio*

0   8 MILLAS

0   8 KILÓMETROS

CHILE

Río Paraná

Cabo
Cummings

Hanga Roa

Mataveri

Cabo Sur

*OCÉANO
PACÍFICO*

ISLA DE PASCUA
(CHILE)

Córdoba

Valparaíso

Santiago

Rosario

URUGUAY

ARGENTINA

Buenos
Aires

Montevideo

Río de la Plata

*OCÉANO
ATLÁNTICO*

Concepción

*OCÉANO
PACÍFICO*

San Carlos de
Bariloche

Bahía Blanca

Punta Arenas

*Estrecho de
Magallanes*

*Islas
Malvinas*

Tierra del Fuego

Cabo de Hornos

AMÉRICA DEL SUR

0   250   500   750 MILLAS

0   250   500   750 KILÓMETROS

ELEVACIÓN

METROS	PIES
3050	10000
1525	5000
610	2000
305	1000
152.5	500
0	0

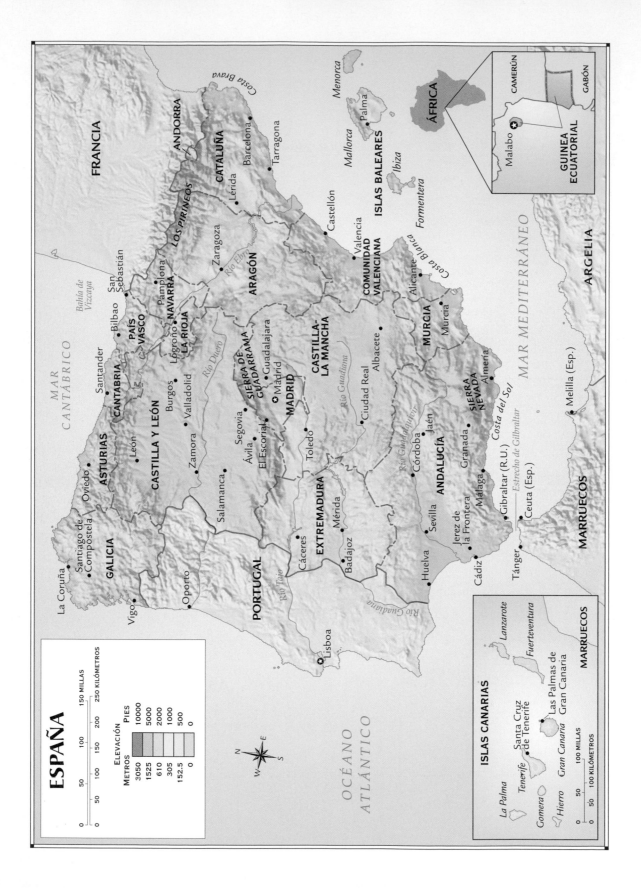

ESPAÑA

ELEVACIÓN
METROS | PIES
3050 | 10000
1525 | 5000
610 | 2000
305 | 1000
152.5 | 500
0 | 0

FRANCIA

ANDORRA

Costa Brava

CATALUÑA

LOS PIRINEOS

Barcelona

Tarragona

Menorca

Palma

Mallorca

Ibiza

ISLAS BALEARES

Formentera

Castellón

MAR CANTÁBRICO

Bahía de Vizcaya

San Sebastián

Bilbao

PAÍS VASCO

Pamplona

NAVARRA

Zaragoza

LA RIOJA

Logroño

Río Ebro

ARAGÓN

Lérida

Valencia

COMUNIDAD VALENCIANA

Costa Blanca

Alicante

Santander

CANTABRIA

ASTURIAS

Oviedo

Burgos

Valladolid

CASTILLA Y LEÓN

Zamora

León

Río Duero

Segovia

Ávila

SIERRA DE GUADARRAMA

Guadalajara

Madrid

MADRID

El Escorial

Toledo

CASTILLA-LA MANCHA

Albacete

Ciudad Real

Río Guadiana

Murcia

MURCIA

Almería

SIERRA NEVADA

Costa del Sol

MAR MEDITERRÁNEO

Santiago de Compostela

La Coruña

GALICIA

Vigo

Oporto

Salamanca

Río Tajo

PORTUGAL

Cáceres

EXTREMADURA

Mérida

Badajoz

Lisboa

Río Guadiana

Huelva

Sevilla

Jerez de la Frontera

Cádiz

Tánger

Córdoba

Río Guadalquivir

Jaén

Granada

ANDALUCÍA

Málaga

Gibraltar (R.U.)

Estrecho de Gibraltar

Ceuta (Esp.)

Melilla (Esp.)

MARRUECOS

ARGELIA

ÁFRICA

CAMERÚN

GABÓN

Malabo

GUINEA ECUATORIAL

OCÉANO ATLÁNTICO

50 100 150 200 250 KILÓMETROS
0   50   100 150 MILLAS

N
W   E
S

ISLAS CANARIAS

La Palma

Tenerife

Santa Cruz de Tenerife

Gomera

Hierro

Gran Canaria

Las Palmas de Gran Canaria

Lanzarote

Fuerteventura

MARRUECOS

0   50   100 MILLAS
0   50   100 KILÓMETROS

Antes de empezar

Humberto Calzada (Cuba / Estados Unidos), *Premonición de paz*

Pasajes: Literatura is a sample of short stories, plays, poetry, and other literary works from some of the best-known, as well as several lesser-known, contemporary Hispanic writers. One of the reasons often given for studying a foreign language is to be able to read, and appreciate in the original, the literature that has been written in that language. Although this goal is a good one in theory, it is difficult to achieve in practice. For this reason, *Pasajes: Literatura* is not only a book *about* literature but also a book about *how to read* literature, an ability that can enhance and enrich your appreciation of Hispanic culture and the human experience. *Pasajes: Literatura* is structured to help you approach literature with more understanding and enjoyment.

- **Aproximaciones al texto.** This prereading section, which occurs with most reading selections, includes two general types of activities designed to help you "approach" the text you will read and to help you read with minimal use of the dictionary and/or translation. Answers to these activities are provided in the **Answer Appendix** when possible.

    The first type of activity consists of a description of a specific literary device (for example, characterization, irony, theme) with accompanying activities to help you recognize its use within the selection and appreciate its effect on you as the reader. In addition, the poetry sections have activities in a special **Aproximaciones al texto: La poesía** section to help you become aware of the poet's craft—what he or she does to put a poem together—and to increase your ability to understand and interpret what is being said. This section also contains explanations of and practice with reading strategies (word guessing, cognate recognition, skimming, outlining, and so forth), grammar tips (for example, simplifying sentences or recognizing the subjects and verbs of sentences), and cultural or other background information related to the reading.

    The second type of activity, **Palabras y conceptos**, contains a list of vocabulary useful for understanding and discussing the reading selection. These vocabulary items are practiced in various types of activities, so that by the time you begin to read, vocabulary that may have been previously unknown to you will have become familiar.

Both types of **Aproximaciones al texto** activities often encourage you to use certain strategies to familiarize yourself as much as possible with the general topic of the selection before you read it. These strategies include looking at titles, subtitles, and illustrations; thinking about and discussing what you already know about a certain topic; and so on. In the reading selections themselves, unfamiliar vocabulary, grammatical constructions, and idiomatic expressions are defined at the bottom of the page. These have been kept to a minimum to encourage you to apply the skills that you have practiced. In addition, in **Capítulos 1–5,** the past, future, and progressive tenses are indicated by in-text symbols to help you recognize those forms. Past tenses are indicated by ←, future tenses by →, and progressive tenses (the -*ing* form in English) by ∿.

■ Following each reading selection are one or more activities, occurring in sections entitled **Comprensión, Interpretación,** or **Aplicación** depending on the focus of the activity. These activities move from literal content questions to discussion and analysis of the selections. They are designed to improve your understanding and expand your appreciation of what you have read. Answers to the **Comprensión** activities are also provided in the **Answer Appendix** when possible.

We hope you will enjoy the readings in *Pasajes: Literatura;* they touch upon themes universal to the human experience, but are viewed from a particularly Hispanic perspective. We encourage you to be patient and to pursue carefully the reading strategies offered throughout the book (be honest: how long did it take you to learn to read in English?), in the hope that you will find yourself at the text's end eager and ready to continue reading Spanish literature.

NOTES ON GLOSSING

Words in the reading that are not in the chapter vocabulary and are not usually part of second-year college vocabulary are indicated by superscript numbers within the text and defined at the bottom of the page. If more than one word requires glossing, the superscript number will appear after the last word in the phrase, and the first word will be included at the bottom.

| in text: | Le dan las gracias por haberse dejado ver.[1] |
| gloss at bottom of page: | [1]haberse… *having let itself be seen* |

In the early chapters, definitions may be in either English or Spanish. In later chapters, Spanish predominates. When English is used, the definition appears in italic type. When Spanish is used, the definition appears in roman type. Words that can be guessed from the context are not glossed.

CAPÍTULO 1

Tipos y estereotipos

Fernando Botero (Colombia), *Ruben's Wife* (La esposa de Rubén)

Exploraciones

Muchas formas de expresión artística, como la literatura, la pintura y el cine, representan estereotípicamente a sus personajes (*characters*) y argumentos (*plots*). A veces el propósito de usar este tipo de representación es llamar la atención sobre los estereotipos para demostrar lo ridículos que son. Observe el cuadro de la izquierda. ¿Qué estereotipo(s) cree Ud. que se representa(n) aquí? ¿Se representa(n) de una forma seria o satírica? ¿Cuál cree que es el propósito de usar esta forma para representar estos estereotipos?

En parejas, piensen en programas de televisión, películas o libros que representan a los siguientes personajes o argumentos. Describan brevemente el tema de cada uno.

a. un niño travieso (*mischievous*)

b. el crimen pasional

c. un miembro de la mafia

d. el amor «perfecto»

e. la familia «ideal»

f. la vida estudiantil

- ¿Cómo están representados estos personajes y cómo son los argumentos en los programas, películas o libros que Uds. mencionaron?

- ¿Cuáles de los siguientes adjetivos (u otros) creen Uds. que reflejan la visión presentada en ellos: tradicional, verosímil (*true to life*), estereotípica, crítica, absurda, etcétera?

LECTURA I

LA CONCIENCIA (PARTE 1)

Aproximaciones al texto*

Convenciones literarias (Parte 1)

Many types of literature follow certain rules that lead to typical or even stereotypical patterns in the development of the characters and the plot. These rules, known as *literary conventions* (**convenciones literarias**), occur in all types of literature.

Every genre (**género**) and subgenre (**subgénero**)[†] have their own set of predetermined literary conventions that essentially establishes a "contract" between the author and the reader. For example, we know that a western follows different conventions than a murder mystery. Each genre is characterized by different kinds of characters, plots, settings (**ambientes**), and endings (**desenlaces**). Once identified, the genre allows the reader to make predictions about each of these elements.

A ¿Qué subgéneros corresponden a los personajes, argumentos o desenlaces típicos de las tablas a continuación?

Personajes			Subgéneros
1. Un hombre que lleva impermeable y fuma pipa	**2.** Un hombre en pantalones vaqueros con sombrero y chaqueta de cuero (*leather*)	**3.** Un individuo con una cabeza muy grande cubierta de antenas que emiten unos sonidos extraños	**a.** una película del oeste **b.** una película de ciencia ficción **c.** una novela de detectives

Argumentos			Subgéneros
1. Un hombre se enamora de una mujer y tiene muchas dificultades en conquistarla, pero al fin lo hace y se casan.	**2.** Un hombre se enamora de dos mujeres y no puede decidir a cuál de ellas ama más. Se casa con las dos (¡ellas no lo saben!) y se producen muchas complicaciones.	**3.** Un hombre se enamora de una mujer, pero su amor queda subordinado a la búsqueda (*search*) de un tesoro (*treasure*).	**a.** una comedia **b.** una novela rosa (*romance*) **c.** una historia de aventuras

---

*When possible, answers to **Aproximaciones al texto** and **Palabras y conceptos** are provided in the **Answer Appendix.**

[†]*Genre* refers to a class or category of literature. The major genres are the novel, poetry, drama, the short story, and the essay. Within a given genre there are many types of *subgenre;* for example, within the genre of the novel, there is the adventure story, the romance, science fiction, the murder mystery, and so on.

Desenlaces			Subgéneros
1. Un príncipe besa a una princesa dormida. Ella se despierta y una melodía romántica llena el teatro.	2. Una mujer amenaza (*threatens*) a su marido con abandonarlo. Él la mira con odio y le recuerda que la casa y todo su dinero están a nombre de él.	3. Un hombre vestido de negro con colmillos (*fangs*) muy largos y afilados da un grito diabólico y desaparece, tragado (*swallowed*) por la tierra.	**a.** una película de terror **b.** una telenovela (*soap opera*) **c.** un cuento de hadas (*fairy tale*)

Some kinds of literature follow the rules of their genre more closely than others. "Popular literature" that is aimed at a wider audience is usually more bound by literary convention than other kinds of literature. A well-known type of popular literature is the suspense story, or in Spanish **el cuento de suspenso.** It is similar to an Agatha Christie mystery or an Alfred Hitchcock episode of the classic television era in which the elements of surprise and irony play a vital role in the outcome of the plot.

B Lea las siguientes preguntas y contéstelas brevemente, basándose en su propia experiencia.

1. ¿Qué sabe Ud. del cuento de suspenso? ¿Cómo son los personajes? ¿Cómo es el argumento? Generalmente, ¿cómo termina?

2. ¿Cuáles son algunos de los problemas y conflictos que se tratan en esta clase de cuentos?

3. ¿Cómo es el lenguaje de estos cuentos? ¿popular? ¿serio? ¿emotivo? En su opinión, ¿refleja la forma de hablar de la clase baja? ¿de la clase media? ¿de los intelectuales?

4. ¿Cómo es el típico lector / la típica lectora del cuento de suspenso?

C ¡NECESITO COMPAÑERO! En parejas, exploren algunas respuestas para las siguientes preguntas.

1. ¿Qué tipos y estereotipos se podrían encontrar en una posada (*inn*) rural a principios del siglo xx? Comenten algunas de las características de un posadero (*innkeeper*) mayor que viaja con frecuencia, de una posadera joven que se queda sola en casa, de las criadas y de los mendigos (*beggars*) que frecuentarían el lugar.

2. Describan la actitud, acciones y aspecto físico de una persona desamparada (*homeless*) o de un vagabundo en la sociedad moderna. ¿Creen Uds. que habría sido semejante o diferente de uno en el siglo pasado? ¿Por qué sí o por qué no?

3. Lean las primeras líneas del cuento y expliquen el conflicto del personaje.

   Ya no podía más.[1] Estaba convencida de que no podría resistir más tiempo la presencia de aquel odioso[2] vagabundo. Estaba decidida a terminar. Acabar de una vez,[3] por malo que fuera, antes que soportar su tiranía.

   [1]Ya... *She couldn't stand it anymore*   [2]*hateful*   [3]Acabar... *To end it once and for all*

4. ¿Cómo reacciona el ser humano al enfrentarse con su conciencia? ¿Qué efecto tiene esto en sus acciones, reacciones y pensamientos? Expliquen.

D PAPEL Y LÁPIZ ¿Qué tal le resultó el análisis del cuento de suspenso? ¿Acertó? Elija dos o tres de los puntos a continuación y explórelos en su cuaderno de apuntes.

- Resuma las características que Ud. acaba de mencionar en la **Actividad B** y apúntelas en su cuaderno en un mapa semántico como el siguiente.

- En la televisión se presentan cuentos de misterio y suspenso; en ese formato se llaman telenovelas. Piense en una telenovela que Ud. (o sus amigos) mira con alguna frecuencia y explique sus temas.

- ¿Cuáles de las características que Ud. incluyó en el mapa se aplican también a la telenovela que acaba de identificar? ¿Hay características de la telenovela que no apuntó en el mapa? ¿Cuáles son?

- Escriba dos o tres oraciones en que resuma sus ideas sobre las semejanzas y diferencias entre el cuento de suspenso y la telenovela.

PALABRAS Y CONCEPTOS*

aguantar   to tolerate
amanecer   to break the dawn
arremolinar   to whirl around
azotar   to whip against
estremecerse   to shiver
marcharse   to leave, go away
mendigar   to beg
no poder (ue) más   to be at the end of one's rope
pedir (i, i) hospitalidad   to ask for hospitality
reponer fuerzas   to get back one's strength
soportar   to support, tolerate

la broma   joke

la calma   calm
la conciencia   conscience
la cuadra   stable
la huerta   garden
el huerto   orchard; garden
la ira   anger
la llamada   call
el Miércoles de ceniza   Ash Wednesday
la neblina   fog; mist
el posadero / la posadera   innkeeper
el pozo   well
la sorpresa   surprise
la tiranía   tyranny

°Although the **Palabras y conceptos** section is designed mainly for in-class use, some activities may be completed at home. When possible, answers are provided in the **Answer Appendix**.

la tormenta storm	desamparado/a homeless
el vagabundo vagabond, bum	extraño/a unknown; strange
el viento wind	negruzco/a blackish in color
	odioso/a hateful
andrajoso/a ragged	siguiente following
boquiabierto/a stunned (*from* **boca abierta**)	sorprendido/a surprised

A   ¿Qué se asocia con las siguientes palabras y conceptos? Explique.

1. la conciencia
2. pedir hospitalidad
3. una tormenta

B   ¿Qué ideas se asocian con los siguientes pares de palabras? Compare y contraste.

1. el vagabundo / el posadero
2. la calma / la tormenta
3. aguantar / no poder más

C   En esta lectura, la autora usa algunas palabras que se derivan de otras muy conocidas, por ejemplo: **posadera** de **posada.** ¿Puede Ud. indicar el significado de cada par de palabras?

1. posadera y posadero / posada
2. nube / neblina
3. negro / negruzco
4. ojos / ojillos
5. temor / atemorizar
6. boca abierta / boquiabierta

D   ENTRE TODOS Compartan sus observaciones e hipótesis de la **Actividad C** con los otros grupos. ¿Hay muchas opiniones diferentes?

- ¿Qué revela cada dibujo y cada texto sobre los personajes (las relaciones humanas y los conflictos que tendrán)? ¿sobre el ambiente del cuento?
- ¿Dónde y en qué época ocurre el cuento?
- ¿Cuál es la secuencia cronológica de los dibujos?
- Fíjense en el título del cuento. ¿Pueden Uds. adivinar de qué va a tratar el cuento? Consideren algunas posibilidades.

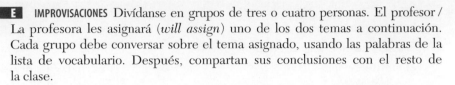

E **IMPROVISACIONES** Divídanse en grupos de tres o cuatro personas. El profesor / La profesora les asignará (*will assign*) uno de los dos temas a continuación. Cada grupo debe conversar sobre el tema asignado, usando las palabras de la lista de vocabulario. Después, compartan sus conclusiones con el resto de la clase.

1. Observen en la página 12 el primer dibujo del texto (la joven posadera hablando con el vagabundo en la puertecilla de la cocina). Busquen en el texto la parte que corresponde al dibujo, incluyendo el diálogo en que el vagabundo le pide hospitalidad por una noche. ¿Qué palabras de la lista corresponden al dibujo? ¿y en el texto que corresponde al dibujo? ¿Qué elementos del texto están representados en el dibujo? ¿Cómo se siente la posadera cuando oye lo que le pide el vagabundo? Y ¿cómo se siente después de darle posada al vagabundo: confiada, feliz, insegura o arrepentida?

   Basándose en el dibujo y en el diálogo entre la posadera y el vagabundo, hagan hipótesis sobre el argumento del texto que van a leer (piensen en los cuentos de suspenso o sicología). Por ejemplo, ¿cuál es el motivo del viejo, es decir, el que expresa directamente? ¿Tendrá otros motivos ocultos? ¿Qué va a hacer después de que le den posada? ¿Por cuánto tiempo va a quedarse? Busquen en la lista de vocabulario para obtener más ideas.

2. Lean el primer párrafo del texto y busquen el dibujo que corresponde a ese párrafo. ¿Qué palabras de la lista de vocabulario corresponden a cada dibujo? Busquen partes del texto que corresponden a los dibujos. ¿Quién llama a la puerta? ¿Qué tiempo hace afuera? En su opinión, ¿qué importancia tiene el tiempo (el viento, la lluvia, el frío) para el contexto?

   Basándose en los dibujos, hagan hipótesis sobre el texto que van a leer (piensen en los cuentos de suspenso o sicología). Por ejemplo, ¿qué relación puede existir entre la mujer que contesta la puerta y el vagabundo que llama? ¿De qué va a tratar la conversación entre ellos? Busquen en la lista de vocabulario para obtener más ideas.

F Ahora vuelva a observar los dibujos. ¿Qué indican con respecto al desenlace del cuento? Especule.

G **¡NECESITO COMPAÑERO!** En parejas, terminen cada afirmación a continuación con sus propias palabras.

1. Algo que hacen los vagabundos es…
2. Me gusta / No me gusta la calma antes de una tormenta porque…
3. Si alguien pide hospitalidad en mi casa, entonces…
4. Algo que los huéspedes (*guests*) deben hacer / no deben hacer es…
5. Para mí, la conciencia sirve para…

H ¿Qué emociones o reacciones se asocian con las expresiones a continuación?

1. Me gusta esta calma.
2. Dios le ampare.
3. Yo lo vi, con estos ojos.
4. Ya no podía más.

La conciencia (Parte 1)

SOBRE LA AUTORA **Ana María Matute (1926–)** se considera una de las escritoras españolas más galardonadas (*award-winning*) de la época actual. Su producción literaria prolífica abarca (*covers*) muchos temas diversos, pero su predilección por historias sobre la juventud, la incomunicación, la pobreza y el sufrimiento la distinguen como portavoz femenina de la realidad de la posguerra española. Como testigo de la violencia y la opresión de la Guerra Civil Española (1936–1939) en los años de su adolescencia, Matute reconoce y se interesa por los efectos de esa guerra sobre la sociedad, la economía y las relaciones interpersonales. Entre los premios literarios que ha recibido se incluyen el Premio Nacional de Literatura y el Premio Nadal; además, ha sido nombrada para el Premio Nobel de Literatura en 1976. Su carrera distinguida culminó en 1998 con su ingreso a la Real Academia Española de la Lengua, siendo la tercera mujer en ocupar esta posición en más de tres siglos. La selección a continuación viene de su colección de cuentos, *Historias de la Artámila* (1961), en los cuales la autora describe algunos personajes familiares que recuerda de la región de Mansilla de la Sierra, donde pasaba sus vacaciones de verano en su juventud. Su estilo es lírico y descriptivo y presenta al lector una visión crítica de la sociedad durante la posguerra que se enreda (*was entangled*) en un abismo de incomunicación.

1   Ya no podía (←)* más. Estaba (←) convencida de que no podría (→) resistir más tiempo la presencia de aquel odioso vagabundo. Estaba decidida a terminar. Acabar de una vez, por malo que fuera, antes que soportar su tiranía.

Llevaba (←) cerca de quince días en aquella lucha. Lo que no comprendía (←) era (←)
5   la tolerancia de Antonio para con aquel hombre. No: verdaderamente, era extraño.

El vagabundo pidió (←) hospitalidad por una noche: la noche del Miércoles de ceniza,† exactamente, cuando se batía (←) el viento arrastrando (�ↄↄ) un polvo negruzco,[1] arremolinado, que azotaba (←) los vidrios de las ventanas con un crujido[2] reseco. Luego, el viento cesó (←). Llegó (←) una calma extraña a la tierra y ella pensó (←), mientras cerraba (←) y
10   ajustaba (←) los postigos:[3] «No me gusta esta calma.»

Efectivamente, no había echado (←) aún el pasador[4] de la puerta cuando llegó aquel hombre. Oyó (←) su llamada sonando (�ↄↄ) atrás, en la puertecilla de la cocina:

[1]viento... *blackish wind*   [2]*creaking sound*   [3]*shutters*   [4]*bolt, lock*

Vocabulary, grammatical structures, and verb tenses that may be unfamiliar to you are glossed at the bottom of the page. The past tenses, the future, and the present participle (-ing*) are indicated with following symbols:

future → past ← present participle �ↄↄ

†Miércoles... *Ash Wednesday:* This day, which signals the beginning of observance of Lent in the Roman Catholic Church, or forty days before Easter, is marked by restraint, abstinence, and sobriety in accordance with church beliefs and customs.

—Posadera…

Mariana tuvo (←) un sobresalto.[5] El hombre, viejo
y andrajoso, estaba allí, con el sombrero en la mano,
en actitud de mendigar.

Dios le ampare… empezó (←) a decir. Pero los
ojillos del vagabundo le miraban (←) de un modo
extraño.[6] De un modo que le cortó las palabras.[7]

Muchos hombres como él pedían la gracia del
techo[8] en las noches de invierno. Pero algo había (←)
en aquel hombre que la atemorizó[9] sin motivo.

El vagabundo empezó a recitar su cantinela:[10]
«Por una noche, que le dejaran (→) dormir en la cuadra; un pedazo de pan y la cuadra: no pedía más. Se
anunciaba la tormenta[11] … »

En efecto, allá afuera, Mariana oyó el redoble de
la lluvia[12] contra los maderos de la puerta. Una lluvia
sorda, gruesa,[13] anuncio de la tormenta próxima.

—Estoy sola —dijo Mariana secamente.[14] Quiero decir… cuando mi marido está por los
caminos no quiero gente desconocida[15] en casa. Vete, y que Dios te ampare.

Pero el vagabundo se estaba quieto, mirándola (ᴖᴖ). Lentamente, se puso (←) su
sombrero y dijo: —Soy un pobre viejo, posadera. Nunca hice mal a nadie.[16] Pido bien poco:
un pedazo de pan…

En aquel momento las dos criadas, Marcelina y Salomé, entraron corriendo (ᴖᴖ). Venían
(←) de la huerta, con los delantales [17] sobre la cabeza, gritando (ᴖᴖ) y riendo (ᴖᴖ). Mariana
sintió (←) un raro alivio al verlas.[18]

—Bueno —dijo. Está bien… Pero sólo por esta noche. Que mañana cuando me levante
no te encuentre aquí…

El viejo se inclinó (←), sonriendo (ᴖᴖ), y dijo un extraño romance de gracias.[19]

Mariana subió (←) la escalera y fue (←) a acostarse. Durante la noche la tormenta azotó
(←) las ventanas de la alcoba y tuvo un mal dormir.[20]

A la mañana siguiente, al bajar a la cocina, daban (←) las ocho en el reloj de sobre la
cómoda.[21] Sólo entrar se quedó (←) sorprendida e irritada. Sentado a la mesa, tranquilo y
reposado, el vagabundo se desayunaba (←) opíparamente:[22] huevos fritos, un gran trozo de
pan tierno,[23] vino… Mariana sintió un coletazo de ira,[24] tal vez entremezclado de temor, y se
encaró con[25] Salomé, que tranquilamente se afanaba (←) en el hogar:

—¡Salomé! —dijo y su voz le sonó (←) áspera, dura—. ¿Quién te ordenó (←) dar a este
hombre… y cómo no se ha marchado (←) al alba[26]?

Sus palabras se cortaban (←), se enredaban (←) por la rabia[27] que la iba dominando
(ᴖᴖ). Salomé se quedó (←) boquiabierta…

—Pero yo… dijo. Él me dijo…

[5]*shock, fright*   [6]*de… in a strange way*   [7]*le… cut off her words, left her speechless*   [8]*pedían… asked for
the favor of shelter, a roof over their heads*   [9]*frightened*   [10]*plea*   [11]*Se… The storm was
stirring*   [12]*redoble… pounding of the rain*   [13]*sorda… deafening, heavy*   [14]*dryly*   [15]*unknown*
[16]*Nunca… I never harmed anyone*   [17]*aprons*   [18]*raro… strange relief upon seeing them*   [19]*romance…
expression of gratitude*   [20]*mal… bad night's sleep*   [21]*chest of drawers*   [22]*sumptuously, lavishly,
abundantly*   [23]*freshly baked*   [24]*coletazo… lash of anger*   [25]*se… confronted*   [26]*al… at sunrise*
[27]*anger, rage*

El vagabundo se había levantado (←) y con lentitud se limpiaba (←) los labios contra la manga.[28]

55   —Señora —dijo—, señora, Ud. no recuerda… Ud. dijo anoche: «Que le den al pobre viejo una cama en el altillo,[29] y que le den de comer cuanto pida.» ¿No lo dijo anoche la señora posadera? Yo lo oí (←) bien claro… ¿O está arrepentida ahora?

    Mariana quiso (←) decir algo, pero de pronto se le había helado la voz.[30] El viejo la miraba (←) intensamente, con sus ojillos negros y penetrantes. Dio media vuelta[31] y desaso-
60 segada[32] salió (←) por la puerta de la cocina, hacia el huerto.

    El día amaneció (←) gris, pero la lluvia había cesado (←). Mariana se estremeció (←) de frío. La hierba estaba empapada,[33] y allá lejos la carretera se borraba[34] en una neblina sutil. Oyó detrás de ella la voz del viejo, y sin querer, apretó (←) las manos una contra otra.

    —Quisiera hablarle algo, señora posadera… Algo sin importancia.
65   Mariana siguió (←) inmóvil, mirando (∩∩) hacia la carretera.

    —Yo soy un viejo vagabundo… pero a veces, los viejos vagabundos se enteran de[35] las cosas. Sí: yo estaba allí. «Yo lo vi (←)», señora posadera. «Lo vi, con estos ojos… »

    Mariana abrió (←) la boca. Pero no pudo (←) decir nada.

    —¿Qué estás hablando (∩∩) ahí,[36] perro? —dijo—. ¡Te advierto que mi marido llegará
70 (→) con el carro a las diez, y no aguanta bromas[37] de nadie!

    —¡Ya lo sé, ya lo sé que no aguanta bromas de nadie! —dijo el vagabundo—. Por eso, no querrá (→) que sepa nada… nada de lo que yo vi aquel día. ¿No es verdad?

    Mariana se volvió (←) rápidamente. La ira había desaparecido.[38] Su corazón latía,[39] confuso. «¿Qué dice? ¿Qué es lo que sabe… ? ¿Qué es lo que vio (←)?» Pero ató (←) su
75 lengua. Se limitó (←) a mirarle, llena de odio y de miedo. El viejo sonreía (←) con sus encías sucias y peladas.[40]

    —Me quedaré (→) aquí un tiempo, buena posadera: sí, un tiempo, para reponer fuer-zas, hasta que vuelva el sol. Porque ya soy viejo y tengo las piernas muy cansadas. Muy cansadas…
80   Mariana echó (←) a correr. El viento, fino, le daba en la cara.[41] Cuando llegó (←) al borde del pozo,[42] se paró (←). El corazón parecía (←) salírsele del pecho.

[28]*sleeve*   [29]*loft, attic*   [30]*se… her voice caught (lit. froze)*   [31]*Dio… She turned around*   [32]*uneasy, anxious*   [33]*soaked*   [34]*se… disappeared*   [35]*se… find out about*   [36]*there*   [37]*no… doesn't put up with nonsense*   [38]*disappeared*   [39]*was beating*   [40]*encías… dirty, toothless gums*   [41]*le… was blowing in her face*   [42]*al… at the edge of the well*

COMPRENSIÓN

A   ¿Cierto (**C**) o falso (**F**)? Corrija las oraciones falsas.

1. _____ La posadera admite que no puede continuar así.

2. _____ La noche que el viejo llegó, hacía buen tiempo.

3. _____ A Mariana no le gustaba la calma después de la tormenta.

4. _____ El vagabundo pidió hospitalidad por quince noches.

5. _____ Al oír «yo lo vi, con estos ojos», Mariana se sentía tranquila y en calma.

B Los siguientes dibujos ilustran elementos mencionados en la primera parte de «La conciencia». ¿Cuáles de ellos corresponden exactamente a ciertos pasajes del texto? ¿Cuáles de ellos no corresponden exactamente? Explique por qué. ¿En qué pasaje o escena del texto está presente cada elemento?

1.   2.   3.

4.   5.

C Llene los espacios con información de la primera parte de «La conciencia».

1. Mariana ya no _____ más tiempo.

2. Hacía _____ que ella luchaba con esa idea.

3. Había una calma extraña en la tierra, pero Mariana se sentía _____.

4. El vagabundo pidió _____ y por fin la posadera le dijo que sí.

5. Aquella noche, Mariana tuvo un mal dormir porque _____.

6. A la mañana siguiente, el vagabundo se encontraba en la cocina _____.

7. Cuando el viejo le dice a Mariana que ha visto algo, ella lo mira con _____.

8. Aunque ahora está por los caminos, _____ va a volver mañana.

INTERPRETACIÓN

■ **el/la narrador(a)** = la «voz» que relata la historia desde su propia perspectiva, la enfoca a su manera

A «La conciencia» viene de una colección de cuentos (*Historias de la Artámila*, 1961), en los cuales una narradora describe sus experiencias en el pueblo ficticio de Artámila y al mismo tiempo a los habitantes que se encuentran allí. ¿Puede Ud. identificar algunos tipos y estereotipos en la primera parte del cuento?

B En este cuento, el lector / la lectora encuentra algunas sorpresas que contribuyen al ambiente de suspenso. No se sabe lo que va a pasar o cómo los personajes van a reaccionar. Piense en algunos pasajes en los que hay «suspenso» en la primera parte de «La conciencia» y explique. ¿Existe alguna ironía?

¿Cuáles de las siguientes estrategias (u otras) utiliza la autora de «La conciencia» para mantener el interés de los lectores? Busque ejemplos en el texto.

- alternar el orden cronológico de los sucesos
- retener detalles importantes para crear un ambiente de suspenso
- crear personajes indecisos e impredecibles
- presentar sentimientos intensos y situaciones dramáticas
- combinar la narración con el diálogo
- darle al cuento un fin inesperado y abierto (sin conclusión definitiva)
- ¿ ?

APLICACIÓN

PAPEL Y LÁPIZ Según el texto que Ud. acaba de leer, ¿hay algunos indicios de que haya conflicto entre los personajes del cuento? ¿Cuál es el conflicto que Mariana «no podía aguantar más» y cómo se va a resolver? ¿Piensa Ud. que su esposo tiene el mismo conflicto u otro diferente? Explore esto en su cuaderno de apuntes.

- Tomando en cuenta las características de un cuento de suspenso (los personajes, el argumento, la trama), ¿cómo cree Ud. que va a reaccionar el esposo de Mariana al encontrar al vagabundo en la posada? ¿Cree Ud. que su reacción va a ser diferente de la de Mariana? ¿Por qué sí o por que no?
- ¿Qué puede hacer Mariana para resolver la situación? ¿Y cómo va a reaccionar ante esto el vagabundo? Investigue las posibilidades.
- Si Ud. se encontrara (*were to find yourself*) en la misma situación de Mariana, ¿qué haría o diría? ¿Cómo reaccionaria su familia si Ud. le permitiera la entrada a su casa a un extraño?

Escriba un párrafo para contestar estas preguntas y explicar lo que cree que va a pasar en la segunda parte del cuento.

LECTURA 2

LA CONCIENCIA (PARTE 2)
Aproximaciones al texto

Word guessing from context

Even though you do not know every word in the English language, you can probably read and understand almost anything in English without having to look up many unfamiliar words. You can do this because you have learned to make intelligent guesses about word meanings, based on the meaning of the surrounding passage (the context).

You can develop the same guessing skill in Spanish. Two techniques will help you. The first is to examine unfamiliar words to see whether they remind you of words in English or another language you know. Such words are called *cognates* (for example, *nation* and **nación**). The second technique is the same one you already use when reading in English, namely, scanning the context for possible clues to meaning.

Las siguientes oraciones están basadas en la primera parte de «La conciencia». Las palabras en letra cursiva (*italics*) son cognados. Las palabras subrayadas (*underlined*) pueden entenderse por el contexto; trate de adivinar su significado.

1. Estaba *convencida* de que no podría *resistir* más tiempo la presencia de aquel odioso *vagabundo*.

2. El hombre viejo y andrajoso estaba allí, con *el sombrero* en la mano, *en actitud* de mendigar.

3. ¡Te advierto que mi marido llegará con *el carro* a las diez, y no aguanta bromas de nadie!

PALABRAS Y CONCEPTOS

amenazar   to threaten

casarse (con)   to marry

dar(le) lástima (a alguien)   to pity (someone)

dormitar   to doze, snooze

estar harto/a (de)   to be fed up (with)

hacer algo gordo   to do something drastic

pasar hambre   to go hungry

pedir (i, i) dinero   to ask for money

sonreírse (i, i)   to smile

sentir (ie, i) piedad   to feel compassion, pity

subir mercancías   to pick up merchandise

temblar (ie)   to tremble, shake

tener fama (de)   to be known (for, as)

vigilar   to watch, keep a look out

la aldea   village

el aparcero   sharecropper

el comercio   business

la empalizada   fence

la holganza   leisurely stay

la niebla   fog, haze

el pordiosero   beggar

decidido/a   resolute, determined

desesperado/a   desperate

enamorado/a (de)   in love (with)

hosco/a   sullen, gloomy

temido/a   fearsome

ni siquiera   not even

■ **el antónimo** = palabra o expresión que expresa la idea contraria de otra

A   Describe una posible relación entre cada grupo de palabras.

MODELO: extraño/a / temblar / amenazar →
Una persona tiembla cuando un hombre extraño la amenaza.

1. las mercancías / el carro / llevar
2. no poder más / acabar / la presencia de alguien
3. el pordiosero / sentir piedad / pasar hambre
4. temblar / la conciencia / desesperado/a
5. estar harto/a de / no poder más
6. la niebla / vigilar / hosco/a

B Complete las oraciones con palabras de la lista. Luego indique si cada una es cierta (**C**) o falsa (**F**), según lo que ha leído en la primera parte del cuento.

MODELO: Mariana ya estaba _____ de la presencia de aquel viejo. →
Mariana ya estaba *harta* de la presencia de aquel viejo. (C)

aldea	comercio	harta	piedad
azotar	desesperada	hosco	temible

1. _____ Antonio y Mariana, además de ser posaderos, eran dueños del único _____ en la aldea.

2. _____ Durante la noche, la tormenta dejó de _____ las ventanas de su alcoba y por eso Mariana durmió tranquilamente.

3. _____ Cuando el viejo vagabundo le dijo a Mariana: «Yo lo vi, con estos ojos», ella no podía decir nada porque se sentía _____.

4. _____ El viejo vagabundo siente _____ por la posadera cuyo esposo es _____ y _____.

5. _____ El vagabundo dice que se quedará hasta que vuelva Salomé de la _____.

C Complete las oraciones a continuación con la forma correcta de las palabras y expresiones de las listas de vocabulario (**Partes 1** y **2**). Después, indique si en su opinión esas oraciones van a resultar ciertas o falsas en la segunda parte de «La conciencia». Justifique sus respuestas basándose en lo que ha leído y en lo que ve en los dibujos.

1. Mariana no _____ más y ahora está _____ a acabar de una vez.

2. Al principio, el _____ pidió hospitalidad para una noche, pero ahora empieza a _____ también.

3. Cuando Mariana ve que el viejo no se ha marchado a la mañana _____, se pone tan _____ e irritada que le dice que se vaya.

4. Antonio, el esposo de la posadera, tiene el único _____ de la aldea, y por eso, debe marcharse cada semana para subir _____.

5. El vagabundo piensa que nadie, ni _____ los niños, tiene la conciencia limpia, y si a un niño se le dice que uno sabe algo que él ha hecho, el niño _____.

6. Según el viejo, la posadera debe _____ a su esposo porque él también tiene motivos para permitir la _____ de los pordioseros en su casa.

D ¿Cuáles de los siguientes temas cree Ud. que se van a mencionar en la segunda parte del cuento y cuáles no? Explique.

el adulterio	la infidelidad	la seguridad
el engaño / el	el matrimonio	económica
desengaño	la pobreza	la violencia
la infelicidad	la resignación	

La conciencia (Parte 2)

1   Aquél fue el primer día. Luego, llegó Antonio con el carro. Antonio subía (←) mercancías de
Palomar cada semana. Además de posaderos tenían (←) el único comercio de la aldea. Su
casa, ancha y grande, rodeada por el huerto, estaba a la entrada del pueblo. Vivían (←) con
desahogo[1] y en el pueblo Antonio tenía (←) fama de rico. «Fama de rico», pensaba (←)
5   Mariana, desazonada.[2] Desde la llegada del odioso vagabundo, estaba pálida, desganada. «Y
si no lo fuera,[3] ¿me habría casado (←) con él, acaso[4]?» No. No era difícil comprender por
qué se había casado (←) con aquel hombre brutal, que tenía 14 años más que ella. Un hombre hosco y temido, solitario. Ella era guapa. Sí: todo el pueblo lo sabía (←) y decía que era
guapa. También Constantino, que estaba enamorado de ella. Pero Constantino era un simple
10 aparcero, como ella. Y ella estaba harta de pasar hambre, y trabajos, y tristezas. Sí: estaba
harta. Por eso se casó (←) con Antonio.

Mariana se sentía (←) un temblor extraño. Hacía (←) cerca de quince días que el viejo
entró (←) en la posada. Dormía (←), comía (←) y se despiojaba descaradamente[5] al sol,
en los ratos en que éste lucía (←), junto a la puerta del huerto. El primer día Antonio pre-
15 guntó (←):

—Y ése, ¿qué pinta ahí?[6]

—Me dio (←) lástima —dijo ella, apretando (ꓵ) entre los dedos los flecos de su chal.[7]
—Es tan viejo… y hace tan mal tiempo…

Antonio no dijo nada. Le pareció (←) que se iba (←) hacia el viejo como para echarle
20 de allí. Y ella corrió (←) escaleras arriba. Tenía miedo. Sí: tenía mucho miedo… «Si el viejo
vio a Constantino subir al castaño[8] bajo la ventana. Si le vio saltar a la habitación, las noches
que iba Antonio con el carro, de camino… ¿Qué podía querer decir, si no, con aquello de[9]…
"lo vi todo, sí, lo vi con estos ojos"?»

Ya no podía más. No: ya no podía más. El viejo no se limitaba (←) a vivir en la casa.
25 Pedía dinero, ya. Había empezado (←) a pedir dinero, también. Y lo extraño es que Antonio
no volvió a hablar de él. Se limitaba a ignorarle. Sólo que, de cuando en cuando, la miraba
(←) a ella. Mariana sentía (←) la fijeza[10] de sus ojos grandes, negros y lucientes, y
temblaba (←).

Aquella tarde Antonio se marchaba (←) a Palomar. Estaba terminando (ꓵ) de uncir los
30 mulos al carro y oía (←) las voces del mozo mezcladas a[11] las de Salomé, que le ayudaba (←).
Mariana sentía frío. «No puedo más. Ya no puedo más. Vivir así es imposible. Le diré (→) que
se marche, que se vaya. La vida no es vida con esta amenaza.» Se sentía enferma. Enferma
de miedo. Lo de Constantino, por su miedo, había cesado (←). Ya no podía verlo. La sola idea
le hacía castañetear[12] los dientes. Sabía (←) que Antonio la mataría (→). Estaba segura de
35 que la mataría. Le conocía (←) bien.

Cuando vio el carro perdiéndose (ꓵ) por la carretera bajó a la cocina. El viejo dormitaba
(←) junto al fuego. Le contempló (←), y se dijo: «Si tuviera valor[13] le mataría.» Allí estaban
las tenazas de hierro,[14] a su alcance. Pero no lo haría. Sabía que no podía hacerlo. «Soy
cobarde. Soy una gran cobarde y tengo amor a la vida.» Esto la perdía (←): «Este amor a la
40 vida… »

—Viejo —exclamó. Aunque habló en voz queda, el vagabundo abrió uno de sus ojillos
maliciosos. «No dormía», se dijo Mariana. «No dormía. Es un viejo zorro»[15].
—Ven conmigo —le dijo. Te he de hablar.[16]

[1]con… *comfortably*   [2]*restless*   [3]si… *if he were not*   [4]*perchance*   [5]se… *was delousing himself
shamelessly*   [6]¿qué… *what is he doing here?*   [7]flecos… *fringes of her shawl*   [8]subir… *climbing
the chestnut tree*   [9]con… *with that stuff about*   [10]*stare, gaze*   [11]mezcladas… *mixed with*   [12]*chatter*
[13]Si… *If I were brave (enough)*   [14]tenazas… *iron tongs*   [15]*fox*   [16]Te… *I need to talk to you.*

El viejo la siguió (←) hasta el pozo. Allí Mariana se
45 volvió a mirarle.

—Puedes hacer lo que quieras,[17] perro. Puedes decirlo
todo a mi marido, si quieres. Pero tú te marchas. Te vas de
esta casa, en seguida…

El viejo calló (←) unos segundos. Luego, sonrió (←).
50 —¿Cuándo vuelve el señor posadero?

Mariana estaba blanca. El viejo observó (←) su rostro
hermoso, sus ojeras.[19] Había adelgazado (←).

—Vete —dijo Mariana. —Vete en seguida.

Estaba decidida. Sí: en sus ojos lo leía (←) el vaga-
55 bundo. Estaba decidida y desesperada. Él tenía experiencia
y conocía esos ojos. «Ya no hay nada qué hacer», se dijo,
con filosofía. «Ha terminado (←) el buen tiempo. Acabaron
(←) las comidas sustanciosas,[19] el colchón,[20] el abrigo. Adelante, viejo perro, adelante. Hay que seguir.»

60 —Está bien —dijo—. Me iré (→). Pero él lo sabrá (→) todo…

Mariana seguía (←) en silencio. Quizás estaba aun más pálida. De pronto, el viejo tuvo
un ligero temor.[21] «Ésta es capaz[22] de hacer algo gordo. Sí: es de esa clase de gente que se
cuelga de un árbol[23] o cosa así.» Sintió piedad. Era joven, aún, y hermosa.

—Bueno —dijo—. Ha ganado (←) la señora posadera. Me voy… ¿qué le vamos a
65 hacer? La verdad, nunca me hice (←) demasiadas ilusiones… Claro que pasé (←) muy buen
tiempo aquí. No olvidaré (→) los guisos[24] de Salomé ni el vinito[25] del señor posadero… No
lo olvidaré. Me voy.

—Ahora mismo —dijo ella, de prisa—. Ahora mismo, vete… Y ya puedes correr, si quieres alcanzarle a él! Ya puedes correr, con tus cuentos sucios,[26] viejo perro…

70 El vagabundo sonrió con dulzura. Recogió (←) su cayado[27] y su zurrón.[28] Iba a salir, pero
ya en la empalizada, se volvía (←):

—Naturalmente, señora posadera, yo no vi nada. Vamos: ni siquiera sé si había algo que
ver. Pero llevo muchos años de camino, ¡tantos años de camino! Nadie hay en el mundo con
la conciencia pura, ni siquiera los niños. No: ni los niños siquiera, hermosa posadera. Mira a
75 un niño a los ojos, y dile: «¡Lo sé todo! ¡Anda con cuidado!» Y el niño temblará (→). Temblará
como tu, hermosa posadera.

Mariana sintió algo extraño, como un crujido, en el corazón. No sabía si era amargo o
lleno de una violenta alegría. No lo sabía. Movió (←) los labios y fue a decir algo. Pero el viejo
vagabundo cerró la puerta de la empalizada tras él, y se volvió a mirarla. Su risa era maligna,
80 al decir:

—Un consejo, posadera: vigila a tu Antonio. Sí: el señor posadero también tiene motivos
para permitir la holganza en su casa a los viejos pordioseros. ¡Motivos muy buenos, juraría
yo,[29] por el modo como me miró!

La niebla, por el camino, se espesaba (←), se hacía baja.[30] Mariana le vio partir, hasta
85 perderse en la lejanía.

[17]lo… *whatever you wish, desire*　[18]*bags under the eyes*　[19]*substantial, nourishing*　[20]*bedding,
mattress*　[21]*fear*　[22]*capable*　[23]se… *hangs themselves from a tree*　[24]*dishes*　[25]*nice wine*
[26]cuentos… *filthy stories, gossip*　[27]*walking stick, cane*　[28]*shepherd's bag, pouch*　[29]juraría…
I would promise/swear　[30]se… *was closing in*

COMPRENSIÓN

A ¿Cierto (**C**) o falso (**F**)? Corrija las oraciones falsas.

1. _____ Antes de la llegada del vagabundo a su casa, Mariana siente una calma extraña en la tierra, pero dice que no le gusta esa calma.

2. _____ Mariana y Antonio se casaron por amor.

3. _____ Después de casarse, Mariana dejó de pensar en y de ver al otro hombre que estaba enamorado de ella.

4. _____ El viejo dice que ha visto algo, y los lectores saben lo que es.

5. _____ Cuando Antonio se enteró de la presencia del vagabundo en su casa, lo echó inmediatamente.

6. _____ Al salir, el vagabundo le aconseja a Mariana que vigile a su esposo.

7. _____ Se resuelven los conflictos presentados a lo largo de la narración.

B ¿Quién lo dijo o lo diría? Indique con cuál de los personajes de «La conciencia» asociaría Ud. cada una de las siguientes declaraciones y en qué contexto las habrían dicho.

M = Mariana   C = Constantino   S = Salomé
V = el vagabundo   A = Antonio

1. _____ ¡No se preocupe! Yo sólo le dije que había visto algo para hacerle pensar en las consecuencias.

2. _____ Cuando mi esposo no está en casa, no quiero gente desconocida aquí.

3. _____ ¿Por qué permites que un mendigo entre aquí durante mi ausencia?

4. _____ Voy a subir por el árbol al lado de tu habitación esta noche.

5. _____ No puedo casarme contigo, ya que eres tan pobre como yo.

6. _____ ¡No me grite! Sólo le serví el desayuno porque pensaba que Ud. le había dado permiso.

7. _____ Creo que mi esposa tiene un amante.

8. _____ Ud. debe estar al tanto de las acciones de su esposo/a.

C Junte las palabras usando **ser, estar** o **tener** en el tiempo imperfecto. Luego explique si la afirmación es cierta (**C**) o falsa (**F**), según el cuento.

1. _____ su casa, ancha y grande

2. _____ desde la llegada del vagabundo, ella, contenta y tranquila

3. _____ Antonio, hosco y temido; además él, 14 años más que ella

4. _____ ella, joven y guapa

5. _____ Constantino, un simple aparcero; él, enamorado de ella también

6. _____ el señor posadero, motivos para permitir esto

7. _____ ninguno de ellos, la conciencia pura

D Explique el significado de los siguientes lugares, cosas o conceptos en el cuento. ¿Con qué personaje(s) se relacionan y qué emociones o impresiones transmiten?

1. la tormenta
2. los ojos/ojillos
3. el silencio de Antonio
4. la conciencia
5. la niebla
6. el casarse por dinero
7. el castaño al lado de la alcoba de Mariana

E ¡NECESITO COMPAÑERO! En parejas, contesten las preguntas a continuación.

1. Antes de la llegada del vagabundo, cesa el viento y llega una calma extraña que no le gusta a Mariana. Expliquen su actitud y la razón por la cual ella se encuentra en conflicto, es decir, entre la tormenta y la calma, a lo largo del cuento.

2. Los hechos imprevistos, las sorpresas y las reacciones de los personajes van creando suspenso en la narración, así que los lectores no saben lo que va a pasar de un pasaje a otro. Mencionen los que contribuyen más a crear la tensión dramática en la trama.

3. ¿Cuál es el efecto del diálogo en la progresión de la acción? ¿Y de los monólogos cuando Mariana habla consigo misma? ¿De qué manera sirven para avanzar la trama?

4. Al principio, Mariana siente piedad por el vagabundo, pero al final, el viejo la sintió por ella. ¿Pueden Uds. explicar la ironía de esta situación y su importancia dentro de la obra?

5. Uno de los personajes, Antonio, se desarrolla en una sola dimensión, y no habla directamente ni participa en los diálogos del cuento. ¿Qué valor tiene este hecho para la obra? ¿Creen Uds. que esto contribuye a la crisis de conciencia que sufre Mariana? Expliquen.

6. En su opinión, ¿cuál de los dos comprende mejor la sicología humana: el vagabundo o Mariana? Apoyen su respuesta con detalles del cuento.

7. En fin, ¿creen Uds. que el cuento presenta una visión positiva del ser humano o negativa? ¿Por qué?

F Escriba un breve resumen (de dos o tres oraciones) del cuento usando seis o siete palabras clave (*key*) de las listas de vocabulario (**Partes 1** y **2**).

INTERPRETACIÓN

A Conteste las siguientes preguntas según el cuento.

1. EL AMBIENTE

■ ¿Dónde ocurre la acción? ¿Parece que sucede en un pueblo o país en particular o puede suceder en muchos otros lugares? Explique.

■ ¿Cómo es la posada? ¿y la aldea? ¿Qué indica sobre la vida de los personajes su domicilio actual?

■ ¿Cuándo ocurre la acción? ¿En qué década o siglo? ¿En qué estación del año o fecha especial? ¿Cree Ud. que esto tiene alguna importancia simbólica?

2. EL CONFLICTO

- ¿Por qué pidió el viejo hospitalidad aquella noche? ¿Qué tiempo hacía?

- ¿Cómo reacciona Mariana cuando oye la llamada en la puertecilla de la cocina?

- Aunque al principio ella rechaza la petición del viejo, Mariana le da permiso cuando insiste por segunda vez. ¿Por qué?

- ¿Cómo es el esposo de Mariana? ¿y el hombre que estaba enamorado de ella antes de su matrimonio? ¿Por qué decidió ella casarse con Antonio?

- ¿Cuál es el conflicto entre Mariana y su esposo? ¿entre ella y el vagabundo? ¿entre ella y su conciencia? ¿Cómo se intensifica a lo largo de los quince días?

- En sus propias palabras, ¿cuál es el conflicto básico del cuento?

B Al final del cuento, se sugiere que Mariana debe vigilar a su esposo, Antonio, en el futuro. En su opinión, ¿por qué será esto? ¿Qué motivos tendrá él para consentir al vagabundo en su casa? ¿Cómo cree Ud. que va a seguir este matrimonio? ¿o cree que va a terminar? ¿Cómo?

C En su opinión, ¿es típico en los cuentos de suspenso el tema que se trata en este cuento? ¿Qué otros temas son típicos de este género? Indique cuáles de los siguientes temas son más apropiados o menos apropiados para un cuento o historia de suspenso, y también agregue algunos otros. ¿Qué revela esto sobre el género?

el abandono de la casa	la mala conciencia
el amor prohibido	la mentira
los encuentros clandestinos	los secretos
el engaño y la decepción	la vigilancia secreta
la infelicidad	

D **ENTRE TODOS** Estudien la lista de adjetivos a continuación. Seleccionen los adjetivos más apropiados para describir a cada uno de los tres personajes principales: Mariana, el vagabundo y Antonio. En su opinión, ¿hay otros adjetivos que también se podrían aplicar a estos personajes? ¿Cuáles son?

alegre	indiferente
astuto/a	insensible
avergonzado/a	intolerante
celoso/a	irritado/a
brutal	maligno/a
cansado/a	mentiroso/a
culpable	odioso/a
débil	pálido/a
decidido/a	sensible
dependiente	sinvergüenza
desesperado/a	sorprendido/a
dominante	sospechoso/a
engañado/a	temido/a
frío/a	tímido/a
fuerte	tolerante
hipócrita	tranquilo/a
independiente	

- ¿Cuál(es) de estos adjetivos usaría Mariana para describir a su esposo? ¿y al vagabundo? ¿Y cuáles usarían Antonio y el vagabundo para describir a ella? ¿Cómo describirían Uds. a Mariana? ¿y a su esposo? ¿y al vagabundo? Agreguen otros adjetivos que crean necesarios.
- ¿Con cuál de los personaje(s) les es más fácil a Uds. identificarse? ¿Por qué?
- ¿Cuáles de los personajes, episodios y acontecimientos de este cuento les parecen más intensos o dramáticos? ¿Cuáles les parecen más verosímiles? Expliquen.

APLICACIÓN

A Generalmente, los cuentos de suspenso tienen que ver con lo imprevisto y lo inesperado. ¿Qué elementos imprevistos o inesperados figuran en la trama de «La conciencia»?

B Típicamente, en los cuentos de este tipo se encuentran elementos irónicos, como por ejemplo cuando Mariana dice: «No me gusta esta calma». ¿Cuál es la ironía de esta afirmación?

C ¿Cómo cree Ud. que continuarán o terminarán las relaciones entre Mariana y Antonio? ¿Cómo resulta ser la vida de ella? ¿Cree Ud. que el desenlace del cuento explica el significado del título? ¿Quién(es) tiene(n) «la conciencia» sucia? ¿Cree Ud. que el desenlace tendría que ser diferente si el cuento se llevara a la televisión o al cine? ¿Por qué sí o por qué no?

D PAPEL Y LÁPIZ Según la conversación en clase, ¿cómo se imagina Ud. el fin de la historia de Mariana? ¿Prefiere Ud. un fin realista según el cual ella sigue casada con Antonio o un fin romántico en el cual ella se va con Constantino y abandona su vida actual? Explore esto en su cuaderno de apuntes. Describa en uno o dos párrafos cómo terminaría Ud. la obra. Indique el formato (telenovela / película de cine / programa de televisión / drama) que llevaría a cabo su versión y cómo sería el público al que se dirigiera.

E IMPROVISACIONES En grupos de tres o cuatro estudiantes, contesten las siguientes preguntas.
- ¿Cuál es la actitud hacia los desamparados en su ciudad/estado/país?
- ¿Cómo describirían Uds. la reacción típica hacia una persona que pide hospitalidad en este país? ¿Son parecidas a las maneras en que se trata a los desamparados en otros países?
- ¿Cómo se trata el tema del matrimonio infeliz y el adulterio en la literatura y en los programas de televisión en este país?
- ¿Cómo se manifiestan los conflictos de la conciencia en la vida moderna, especialmente en la literatura y los medios de comunicación?
- ¿Les parece que es posible tener una conciencia totalmente limpia y/o arrepentida? Expliquen.

Ahora, escriban una escena (dramática, cómica, de telenovela o de otro tipo) que trate el tema de la conciencia y prepárense para representarla ante la clase. Pueden elegir entre los siguientes personajes: la mujer infeliz e infiel con su amante, el esposo dominante y el amante de su esposa, o el vagabundo y el esposo de la posadera.

CAPÍTULO 2

La comunidad humana

Diego Rivera (México), *La leyenda de Quetzalcóatl*

Exploraciones

Estudie la reproducción de *La leyenda de Quetzalcóatl,* representada en el mural de la izquierda. Como toda leyenda, ésta intenta aclarar algunos de los misterios de la vida, en este caso para la gente de Mesoamérica (la región ocupada por las civilizaciones precolombinas que consiste en el centro y el sur de México y el norte de la América Central). La figura de Quetzalcóatl aparece en varias de las civilizaciones de esa zona, desde el siglo III hasta el siglo XVI, y cambia a lo largo de los años. En algunas épocas representa el dios de la vegetación y el descubridor del maíz y de la arquitectura, mientras que en otras se asocia con la guerra y el sacrificio humano. En la civilización azteca es adorado como el inventor del calendario y de los libros, así como el protector de los artesanos que labraban (*worked with*) el oro y el jade y hacían esculturas. ¿Cuáles de los rasgos mencionados de este dios aparecen en el mural de la izquierda? En parejas, identifiquen las partes del mural que en su opinión representan tales rasgos.

El ambiente que se encuentra en un mito o en una leyenda tiene características parecidas. ¿Cuáles de los siguientes adjetivos les parecen más apropiados para describir este tipo de ambiente? ¿Y cuáles son apropiados para describir la obra a la izquierda?

bello	moderno
científico	peligroso
cómico	primitivo
contemporáneo	realista
idealizado	técnico
mágico	terrorífico
misterioso	tranquilo

¿Hay otras palabras que Uds. añadirían (*would add*) a la lista? ¿Cuáles son?

LA LLORONA

Aproximaciones al texto

Convenciones literarias (Parte 2)

In **Capítulo 1** you learned about the suspense story, a literary form popular today. Myths, legends, fairy tales, and folktales are other forms of popular literature that have developed across the centuries in many cultures.

Myths usually involve divine beings and serve to explain some fundamental mystery of life. For example, the Greek myth of Persephone explains the cycle of the four seasons. Persephone was the beautiful daughter of Demeter, the goddess of the harvests. When Persephone was kidnapped by Hades (the god of the underworld) and forced to marry him, Demeter swore that she would never again make the earth green. Zeus (the king of the gods) intervened in the dispute. As a result, Persephone was allowed to return to the earth for part of the year but was obliged to spend the other part with her husband Hades in the underworld. Consequently, Demeter makes the earth flower, then go brown, according to the presence or absence of her beloved daughter.

Folktales and legends involve people and animals. They sometimes explain natural phenomena (how the skunk got its stripes, for example) or justify the existence of certain social and cultural practices, thus underscoring cultural values and ideals. In our own culture, for instance, there are many stories about Abraham Lincoln. Although some are based in fact, all are embellished to bring out certain American values, such as honesty, individual freedom, and the belief that hard work will lead to success, regardless of economic and social status.

A Cada uno de los siguientes personajes figura en el folklore norteamericano. ¿Recuerda Ud. alguna historia asociada con ellos? ¿Qué valores culturales representa cada uno? ¿Tienen que ver algunos con la explicación de un fenómeno natural?

1. Paul Bunyan
2. Davy Crockett
3. John Henry
4. Annie Oakley
5. Tom Sawyer
6. Rip Van Winkle

An important characteristic of myths, folktales, and legends is that they were originally transmitted orally, rather than in writing. This is obviously the case in cultures that have no written language, but even in many modern cultures, folktales and legends continue to be passed from one generation to the next through speech rather than writing. For this reason, the form and content of such tales are frequently modified.

B ¿Cuál de los tipos de personaje a continuación le parece a Ud. más característico de una leyenda o un mito? ¿Por qué?

1. un personaje actual (contemporáneo) o un personaje de otra época

2. un personaje que representa sólo una o dos características o un personaje de gran complejidad sicológica

3. un personaje que representa una mezcla de características positivas y negativas o un personaje que es totalmente malo (o totalmente bueno)

4. un personaje «estereotípico» o un personaje original, que no sigue ningún modelo conocido

C ¿Cuáles de las siguientes características lingüísticas le parecen a Ud. más típicas de las obras de transmisión oral? ¿Cuáles son más típicas de las obras de transmisión escrita? Explique.

1. el uso de ciertas fórmulas —frases o expresiones repetidas— para adelantar (*move forward*) la narración o presentar a los personajes (por ejemplo, *Honest Abe, once upon a time, happily ever after*)

2. el uso de un lenguaje complicado: oraciones largas, vocabulario abstracto y poco común

3. el uso de muchos recursos poéticos: el cambio del orden normal de las palabras, el simbolismo

4. el uso de la repetición y la rima

5. una narración que sigue un orden cronológico en la presentación de la acción

6. el uso frecuente del diálogo

7. un predominio de información puramente descriptiva (en contraste con información sobre la acción)

PALABRAS Y CONCEPTOS

ahogar(se) to drown
amonestar to warn
arrepentirse de to regret
atreverse a to dare
gritar to shout
hacer caso (de) to pay attention to, heed
parar(se) to stop, detain
traicionar to betray

el/la amante lover
la boda wedding
la calleja narrow street
la capa cape

la catedral cathedral
la conquista conquest
la época epoch, age
el fantasma ghost, phantom
el lago lake
el lamento cry, lament
la leyenda legend
el llanto lament, weeping
la Llorona legendary figure of a weeping woman
la luna moon
la orilla shore
la raza race
el rostro face

(Continúa)

la sangre blood	**lleno/a** full
	mestizo/a of mixed race
enloquecido/a crazed, insane	**muerto/a** dead
indígena indigenous, native	**oscuro/a** dark, obscure

A Empareje cada una de las palabras a la izquierda con la palabra correspondiente de la derecha.

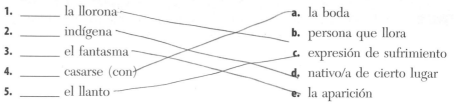

1. _____ la llorona
2. _____ indígena
3. _____ el fantasma
4. _____ casarse (con)
5. _____ el llanto

a. la boda
b. persona que llora
c. expresión de sufrimiento
d. nativo/a de cierto lugar
e. la aparición

B Empareje cada una de las palabras a la izquierda con su antónimo a la derecha.

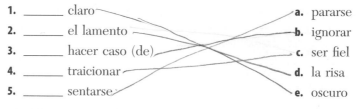

1. _____ claro
2. _____ el lamento
3. _____ hacer caso (de)
4. _____ traicionar
5. _____ sentarse

a. pararse
b. ignorar
c. ser fiel
d. la risa
e. oscuro

C Complete las siguientes oraciones lógicamente, usando la forma correcta de las palabras de la lista de vocabulario.

1. Durante la _____ colonial de la Nueva España, especialmente en las noches de luna _____, se podían oír los _____ de una mujer agonizante.

2. Según la _____ de «La Llorona», esta mujer vestida de blanco parecía una aparición o un _____.

3. El _____ de la mujer no se podía ver porque se cubría con un blanco velo.

4. Aunque mucha gente tenía miedo de mirarla, algunos valientes _____ a ver a la aparición desde sus ventanas.

5. En vez de seguir caminando, La Llorona _____ ante cruces, templos y cementerios.

6. Algunos pensaban que La Llorona era una diosa azteca que lloraba por la destrucción de _____ indígena.

7. Otros afirmaban que era «La Malinche», una mujer que _____ a su gente al ayudar a los españoles durante la conquista.

8. Según una mujer anciana, La Llorona lamentaba la muerte de sus hijos, que ella misma había _____ en un momento de desesperación.

D Mire los dibujos que acompañan «La Llorona». Describa brevemente a los personajes (¿quién[es]?), la escena (¿dónde?) y las acciones (¿qué?) de cada dibujo.

- ¿Le parece que hay un conflicto en la leyenda? Indique el dibujo que lo sugiere.

- Lea rápidamente el siguiente trozo de la leyenda e identifique a qué dibujo corresponde.

Según ella, hace mucho tiempo, y poco después de la conquista de México, había una mujer muy bella y esbella[1] que vivía en un barrio humilde de la capital. Esta mujer se llamaba doña Luisa de Olveros y era de raza mestiza, es decir, descendiente de mujer indígena y padre español. Un día, mientras paseaba por la Plaza Mayor, conoció a un joven capitán español, don Nuño, miembro de la prestigiosa y noble familia de los Montesclaros. Poco tiempo después, los dos se enamoraron. Doña Luisa quería casarse con el apuesto[2] capitán, aunque, al principio, no estaban claras las intenciones del capitán.

[1]*slender* [2]*dashing*

E **PAPEL Y LÁPIZ** Muchos mitos y leyendas tienen, además del argumento, otras características muy semejantes. Por ejemplo, muchos empiezan así: **Había una vez una mujer muy hermosa que vivía...** ¿Qué cree Ud. que va a pasar en una narración que comienza de esta manera? ¿Se va a tratar de una historia escrita o de un episodio transmitido verbalmente de una generación a otra? ¿Cómo cambian los detalles de una narración cuando ésta se transmite a través de varios siglos? Explore estas ideas en su cuaderno de apuntes.

- Escriba lo que le venga a la mente (*free write*) durante cinco minutos sobre los personajes, la escena y las acciones que pueden ser parte de una narración que empieza de esta manera.

- ¿Hay una idea principal en lo que acaba de escribir? Exprésela en una sola oración.

NOTA: La leyenda que Ud. va a leer viene de la mitología indígena de México. Data de la época colonial después de la llegada de los españoles a la capital azteca, Tenochtitlán, en el siglo XV, que después sería nombrada la capital de la Nueva España. Aunque han pasado más de cinco siglos, los mexicanos todavía expresan sus ideas y opiniones muy críticas sobre la conquista española, el maltrato de la gente indígena y en particular sobre la traición de una mujer indígena, «La Malinche», quien ayudó a Cortés como intérprete. En México todavía se aplica la palabra «malinchista» a una persona que rechaza la cultura mexicana a favor de otra cultura extranjera. Así que esta leyenda se puede interpretar como una expresión de lamento colectivo ante la pérdida de Tenochtitlán a manos de los invasores españoles o como una forma universal de lamento personal ante la muerte de un ser querido.

Como en el **Capítulo 1,** Ud. no debe pasar mucho tiempo tratando de comprender todos los detalles de la leyenda. Busque las ideas principales y use lo que ya sabe sobre el formato y el contenido de un mito y las ideas sugeridas por los dibujos para organizar la información y adivinar lo que no entiende por el momento. Recuerde que en las leyendas y el folklore hay mucha repetición, así que los lectores siempre tienen amplia oportunidad de sacar la información esencial.

La Llorona

México

SOBRE EL AUTOR **No se puede darle crédito** a ningún escritor determinado por la creación de la leyenda de La Llorona. Como toda leyenda o cuento folklórico, viene de una creación colectiva, cuyo estilo y detalles se han transmitido, pulido (*polished*) y refinado de generación en generación. La versión de «La Llorona» reproducida aquí trata de una versión antigua y colonial que le hace pensar al lector / a la lectora en los eventos históricos de la época colonial y su efecto en la conciencia colectiva de una nación.

1   Durante la época del virreinato[1] de la Nueva España, en lo que es ahora la gran ciudad de México, se oía hablar con frecuencia de la triste historia de una mujer que andaba por las calles lamentándose (ᘓᘓ) en voz alta y llorando (ᘓᘓ). Aunque la gente sentía curiosidad de saber la causa de este llanto, muchos ni se atrevían a salir a las callejas coloniales porque tenían miedo de verla. Pero, ¿por qué temían verla y qué es lo que habrían visto (←)?

5

    Pues, se ha dicho (←) que era una dama que andaba por las calles y plazas con un vestido blanco y vaporoso. Su pelo oscuro, muy largo, se movía con el viento. Llevaba también un velo[2] blanco que le cubría el rostro. Esta mujer agónica tenía la costumbre de pararse y gritar delante de las iglesias, delante de las imágenes de santo o cruces en nichos iluminados

10 y, en particular, enfrente de la gran catedral en la Plaza Mayor. Los testigos afirman que siempre lanzaba[3] un triste lamento antes de correr hacia las orillas de un lago cercano, como si estuviera[4] buscando (←) algo o a alguien. La gente se preguntaba quién sería aquella figura fantasmagórica.[5] Algunos creían que era una diosa azteca que lloraba por la destrucción de su raza, mientras que otros aseguraban que era «la Malinche», la mujer que había regresado

15 (←) del más allá[6] para pagar por su traición[7] contra su pueblo. Sólo una anciana en toda la ciudad sabía quién era en realidad aquel fantasma y había visto (←) a esta figura un par de veces durante sus largos años. Ella les contaba a sus nietos esta historia para que todo el mundo se enterara del[8] origen de la leyenda colonial.

    Según ella, hace mucho tiempo, y poco después de la conquista de México, había una

20 mujer muy bella y esbelta que vivía en un barrio humilde de la capital. Esta mujer se llamaba doña Luisa de Olveros y era de raza mestiza, es decir, descendiente de madre indígena y padre español. Un día, mientras paseaba por la Plaza Mayor, conoció (←) a un joven capitán español, don Nuño, miembro de la prestigiosa y noble familia de los Montesclaros.

    Poco tiempo después, los dos se enamoraron (←). Doña Luisa quería casarse con el

25 apuesto capitán aunque, al principio, no estaban claras las intenciones del capitán. Al enterarse del romance entre su hija y el capitán español, el padre de doña Luisa, preocupado por la situación, la amonestaba severamente.

    —Hija mía, un capitán español de sangre pura nunca se casaría[9] con una mujer de raza mestiza, aunque sea la más bella y esbelta del mundo.

30   Así que le recomendó (←) a su hija que sería mejor que no volviera a pensar en el capitán.[10] A pesar de estas amonestaciones, doña Luisa, quien estaba profundamente enamorada del apuesto capitán, sin hacerle caso a su padre, seguía sus relaciones apasionadas. Poco después, ella se fue (←) a vivir en un barrio elegante, donde don Nuño la había instalado (←) para visitarla todos los días. Aunque la pareja parecía feliz, todo empezó (←) a cambiar poco

[1]*vice-royalty, colony governed by the viceroy*   [2]*veil*   [3]*let out*   [4]*como… as if she were*   [5]*quién… who could that ghostly figure be*   [6]*del… from the afterlife*   [7]*treason*   [8]*se… would know about*   [9]*se… would marry*   [10]*no… to forget about the captain*

doña Luisa
don Nuño

Aunque doña Luisa quiere casar o don Nuño, él no está de acuerdo.

35 a poco. La pareja tuvo (←) tres hijos en muy poco tiempo, pero a pesar de las promesas, doña
Luisa y don Nuño no legalizaron (←) su unión. Todos los que los conocían decían que doña
Luisa trataba de complacer[11] a don Nuño en todo, pero, a pesar de esto, parece que don Nuño
iba perdiendo (∩∪) interés en ella. Cada vez que ella le pedía que se casaran (→), don Nuño
le daba una excusa para no hacerlo. Aunque él seguía manteniendo (∩∪) a ella y a sus niños
40 pequeños de la misma forma que antes, don Nuño se iba distanciando (∩∪).

El tiempo pasaba y doña Luisa se sentía cada día más sola y dolorida sin las atenciones
de don Nuño. Su amante casi no la visitaba y evitaba a los niños también. Sus pobres hijos
sólo contaban con su madre, que se ponía cada vez más triste y deprimida. Un día, movida
por un terrible presentimiento, doña Luisa decidió (←) visitar la casa elegante donde vivía su
45 amante con sus padres. Al acercarse a la casa elegante, notó (←) que había una fiesta. Se
celebraba la próxima boda de don Nuño con una joven española de sangre noble. Desesperada e histérica, doña Luisa entró (←) para confrontar al padre de sus hijos. Delante de todos
los invitados, le pidió (←) a su novio que no se olvidara de sus promesas y responsabilidades
con sus hijos. Pero don Nuño, altivo y arrogante, la echó (←) de la casa con un comentario
50 cruel, diciéndolo (∩∪) que nunca se casaría (→) con una mujer mestiza de sangre india. Doña
Luisa se puso (←) enloquecida. Humillada y desconsolada, no podía aceptar que su amante *lover*
la hubiera abandonado (←) después de sus promesas de amor. Llorando (∩∪), corrió (←)
hasta su casa y entre muchas lágrimas y gritos, maldecía[12] su sangre indígena y su linaje.[13] Su
tristeza fue más grande cuando entró en la casa y vio (←) a sus tres hijos inocentes que la
55 miraban bien asustados por el aspecto que tenía. Doña Luisa, entre sollozos[14] y gritos, los
acusó (←) de ser la causa de su ruptura con don Nuño. «Han arruinado (←) mi vida con Nuño», *mind*
pensaba doña Luisa, y empezó a tratarlos mal. Los niños lloraban desconsoladamente, pero
la mujer enloquecida no les hacía caso. En un momento de desesperación y locura, pensó
(←) que tal vez pudiera[15] recuperar a su amante si pudiera (→) dedicarse solamente a él, sin
60 el estorbo de sus hijos. Lo que pasó (←) después es como una pesadilla.[16] Llevó (←) a sus
lake *bank* hijos hasta las orillas del lago y, trastornada, los tiró[17] a las aguas frías y turbulentas. Los
pobrecitos se ahogaron (←) bajo la luz de una luna llena. Ella volvió (←) a casa y empezó a
esperar que don Nuño volviera (→). Cada día esperaba verlo llegar, pero él nunca volvió. Cada
noche escuchaba ella los gritos de sus niños muertos, y se arrepentía de sus acciones. Por eso,
65 empezó a pasear por las orillas del lago llorando y gimiendo:[18] «Ay, ay, ay, mis pobres hijitos…
¿dónde los encontraré (→)?» Por fin, una noche, ya no pudo (←) más y se tiró a las aguas
frías del mismo lago, donde murió (←) ahogada. *drowned* *mine*

[11]*please* [12]*cursed* [13]*lineage* [14]*moans* [15]*tal… perhaps she could* [16]*nightmare* [7]*threw* [18]*moaning*

pesar = quiet; to reign

como una conversación

el diminutivo una
forma de un sustantivo,
adjetivo o adverbio que se
forma agregando un sufijo
a la raíz de la palabra
(**-ito/a, -cito/a, -ecito/a,
-uelo/a**) para indicar que
el objeto al cual se refiere
es pequeño en tamaño.
También puede expresar
cariño por parte de la
persona que habla. En
cambio, los sufijos **-illo/a,
-cillo/a, -ete/a** y **-uelo/a** a
menudo expresan **de
poca importancia**.

Desde aquella noche, su alma sigue llorando, lamentándose y sufriendo (∿). Muchos testigos dicen que
70 durante las noches de luna, se puede oír una voz femenina
que lamenta su soledad y repite: «Ay, mis hijos. Aquí los
tiré (←), aquí los tiré, pero ¿adónde han ido (←)? ¿cuándo
los encontraré (→)?» Luego, dicen que una figura de mujer
agonizante aparece, con los ojos rojos por el llanto y la
75 figura de un cadáver. Recorre caminos, visita los pueblos y
las grandes ciudades, cruza arroyos y ríos, sube montes y
montañas, pero no deja de llorar. Algunos creen que ella
va en busca de niños inocentes para robarlos. Otros piensan que llega a las ventanas de las casas para hablar con
80 los niños adentro. No se detiene en ningún lugar el tiempo
suficiente para que alguien la pueda ver de cerca, pero
todos dicen que inspira miedo. Ya que siempre está llorando, gimiendo, buscando, gritando (∿) y lamentándose
por sus pobres hijos, la llaman «La Llorona». Su historia no tiene fin, puesto que todos la cuentan
85 de diferentes maneras. Desde aquel entonces, su fama sigue aumentando (∿) con cada generación. Nadie sabe dónde y cuándo aparecerá (→) la figura de La Llorona otra vez.

COMPRENSIÓN

A Indique las palabras de la derecha que se asocian con cada uno de los
personajes. Se puede usar algunas palabras más de una vez.

1. _____ doña Luisa de Olveros

2. _____ don Nuño

3. _____ el padre de doña Luisa

4. _____ los hijos de doña Luisa
y don Nuño

a. un capitán

b. una madre

c. un esposo

d. triste y desconsolado/a

e. un padre dedicado

f. de raza mestiza

g. de sangre pura

h. la caballerosidad (*chivalry*)

i. enamorado/a

j. desenamorado/a

k. maltratado/a

l. traicionero/a

m. culpable (*guilty*)

n. orgulloso/a y arrogante

o. condenado/a a muerte

p. responsable

q. irresponsable

r. bien conocido/a en la mitología

Ahora, haga una descripción detallada de uno de los personajes principales de
la lista y explique su papel en la leyenda. En su opinión, ¿cuál de ellos es
culpable de esta tragedia tan horrible? ¿Por qué? ¿Cree Ud. que podría pasar
algo semejante hoy en día? Explique.

B ¿Cierto (**C**) o falso (**F**)? Corrija las oraciones falsas.

1. _____ La acción ocurre poco antes de la conquista de Tenochtitlán, la capital azteca.

2. _____ Doña Luisa y su amante eran españoles nobles de sangre pura.

3. _____ El padre de doña Luisa permite que su hija se vea con el capitán español.

4. _____ Doña Luisa y el capitán decidieron casarse en la catedral.

5. _____ Después de un tiempo, don Nuño le prestaba menos atención a doña Luisa.

6. _____ Mientras doña Luisa le suplicaba a don Nuño, él la rechazó cruelmente.

7. _____ Cuando doña Luisa volvió a sus hijos, los ahogó en el lago.

8. _____ Según la leyenda, la mujer triste se conoce como La Llorona porque vaga (*wanders*) por las calles lamentando la pérdida de sus niños.

C Complete cada una de las oraciones con el imperfecto del verbo entre paréntesis. Luego ponga las oraciones a continuación en orden cronológico (de 1 a 9) según la leyenda de La Llorona.

_____ Cuando el capitán la atendía, la bella mestiza (**quedar**) impresionada por los buenos modales de él.

_____ El padre de doña Luisa le (**amonestar**) a su hija que un hombre de sangre pura no se casaría con ella.

_____ Mientras doña Luisa (**pasear**) por la Plaza Mayor, conoció a don Nuño.

_____ La pareja tuvo tres hijos que (**vivir**) con su madre.

_____ Doña Luisa no (**querer**) escuchar las predicciones de su padre preocupado.

_____ Cuando ella no (**poder**) más con la situación, se puso enloquecida y mató a sus hijos.

_____ Don Nuño, cada vez más arrogante, (**celebrar**) la próxima boda con una noble española cuando su amante llegó a la mansión de los Montesclaros.

_____ Se (**oír**) llantos de una mujer agonizante, especialmente en las noches de luna llena.

_____ Mientras que ella le (**suplicar**) a su amante, él la arrojó a un lado cruelmente.

Ahora, vuelva a pensar en la trama de la leyenda. En su opinión, ¿cuál es el punto culminante? ¿Por qué piensa Ud. eso?

D Use seis o siete de las palabras clave (*key*) de la lista de vocabulario para escribir un breve resumen (de dos o tres oraciones) de la leyenda.

INTERPRETACIÓN

A Conteste las siguientes preguntas sobre los personajes de la leyenda.

- ¿Cuántos personajes aparecen en la leyenda? ¿Son sencillos o complicados? ¿Se desarrollan en una sola dimensión o en varias dimensiones? ¿Qué valores representa cada uno?

- De los atributos que siguen, ¿cuáles se pueden aplicar a los distintos personajes y cuáles no se pueden aplicar a ninguno? ¿Qué revela esta preferencia por ciertas características en vez de otras en la leyenda?

amable	infiel
arrogante	irreflexivo/a
atento/a	justo/a
bello/a	neurótico/a
bueno/a	noble
cruel	pobre
débil	preocupado/a
desilusionado/a	protector(a)
enamorado/a	refinado/a
fuerte	rico/a
generoso/a	romántico/a
humilde	traicionero/a
impulsivo/a	vengativo/a
indiferente	

B ¡NECESITO COMPAÑERO! Piensen en el ambiente de «La Llorona». En cualquier historia, el ambiente tiene muchas características, pero algunas de ellas son más importantes que otras. Por ejemplo, todas estas características son típicas del ambiente de un cuento (o novela o película) del oeste.

los caballos	un paisaje árido
las cantinas (*saloons*)	el polvo
los espacios abiertos	romántico
el ganado (*cattle*)	la violencia
la injusticia / la justicia	

De estas características, ¿cuáles les parecen a Uds. que son las más básicas o esenciales para un cuento (una novela o película) del oeste? ¿Por qué?

Ahora, hagan una lista de todas las características del ambiente de la leyenda de La Llorona. Usen adjetivos o sustantivos, palabras o frases. Indiquen cuáles son las características más importantes de su lista. Por ejemplo, ¿cuáles parecen explicar o motivar la presencia de otras características en su lista? ¿Es posible eliminar u omitir algunas de las características de la lista sin cambiar radicalmente la leyenda?

C ENTRE TODOS Ahora comparen sus listas de **Actividad B** para tratar de llegar a un acuerdo sobre las características esenciales del ambiente. ¿Falta alguna característica importante o básica? Comparen el ambiente de esta leyenda con el de otras leyendas que Uds. conocen. ¿En qué se parecen y en qué se diferencian?

D Las leyendas y los mitos normalmente sirven tanto para explicar ciertas creencias y opiniones o para reforzar valores culturales.

- ¿Qué creencias sobre la época colonial de México se explican en la leyenda de La Llorona? Busque en el texto el lugar concreto donde se encuentra la información.

- ¿Qué valores o creencias culturales (o humanas) —especialmente los que tratan del amor apasionado, los lazos familiares y la justicia— se exaltan? Piense, por ejemplo, en las características de los personajes y del ambiente y en las relaciones entre los mestizos y los españoles de sangre pura.

- En su opinión, ¿presenta la leyenda una visión positiva o negativa de los españoles durante la época colonial de México? Explique.

E Ud. ya sabe que en toda leyenda se repiten ciertas frases cada vez que se nombra a ciertos personajes. Estas frases se llaman «epítetos». En inglés, algunos epítetos conocidos son «*Honest Abe*» o *Michael «Air» Jordan*. ¿Cuál es uno de los epítetos utilizados en esta leyenda? ¿Hay ciertas frases que se repiten cuando se menciona a doña Luisa? Si Ud. tuviera que inventar un epíteto para don Nuño, ¿cuál sería? ¿Por qué?

F IMPROVISACIONES En grupos de tres o cuatro personas, dramaticen una escena de la leyenda. Inventen diálogos y detalles para expresar los motivos y los sentimientos de los personajes antes y/o después del crimen. Luego, comparen su interpretación con las de otros grupos.

G ¡NECESITO COMPAÑERO! Vuelvan a pensar en la leyenda. Ahora, inventen un desenlace nuevo para la leyenda para que refleje sus propios valores culturales. ¿Cómo creen Uds. que los lectores de esta época recibirían la nueva versión de la leyenda? Explique su opinión.

> ■ **el desenlace** = la conclusión o la resolución de una obra literaria en la cual los eventos de la trama llegan a terminar de modo definitivo

APLICACIÓN

A ¿En qué sentido se puede decir que el cuento folklórico, la leyenda y el cuento de suspenso tienen algunas características en común? Piense en el tipo de lectores que los leen, en los personajes, en el lenguaje y en los tipos de conflicto que presentan.

B ¿Cree Ud. que las leyendas, los mitos y el folklore tienen sentido en el mundo moderno o que son géneros para generaciones pasadas? Explique. ¿Puede Ud. nombrar algunas leyendas todavía populares en la cultura norteamericana? ¿Son leyendas conocidas por todos o forman parte de la herencia étnica o geográfica de ciertos grupos determinados?

C PAPEL Y LÁPIZ Se dice que el folklore sirve para sintetizar los valores de una cultura. Explore esto en su cuaderno de apuntes. Piense en los siguientes cuentos y lo que representan.

Los tres cochinitos (*The Three Little Pigs*)
Blancanieves y los siete enanitos (*Snow White and the Seven Dwarfs*)
Caperucita Roja (*Little Red Riding Hood*)
Pinocho (*Pinocchio*)
Pocahontas
La Bella y la Bestia (*Beauty and the Beast*)

Escoja una de estos cuentos y explique brevemente los valores culturales que exalta. ¿Cree Ud. que estos valores son universales o solamente de nuestra cultura? Apunte estas ideas al respecto para explicar por qué piensa Ud. así.

CAPÍTULO 3

Costumbres y tradiciones

Pedro Figari (Uruguay), *El baile criollo*

Exploraciones

Estudie el cuadro que aparece en la página anterior. En parejas, hagan una lluvia de ideas sobre las imágenes del cuadro. Luego, hagan una lista de palabras descriptivas basadas en sus ideas. Pueden usar las siguientes preguntas para empezar la lluvia de ideas.

¿Quiénes son las personas en el cuadro?

¿Qué relaciones tienen entre sí?

¿Dónde están? ¿En qué país? ¿En qué lugar?

¿Qué hacen? ¿Celebran algo? ¿Qué?

Ahora, comparen su lista (o listas) de palabras con las de los otros estudiantes. Apunten las palabras en la pizarra y marquen cuántas veces se usó cada una. Usen las palabras más usadas para formar oraciones descriptivas. Finalmente, contesten la siguiente pregunta: ¿Estas palabras se pueden usar para describir alguna ocasión o celebración en la que Uds. participan? Descríbanla.

COMO AGUA PARA CHOCOLATE (PARTE 1)

Aproximaciones al texto

La novela (Parte 1)

Laura Esquivel's widely acclaimed, best-selling novel, *Como agua para chocolate* (1989) garnered numerous literary and cinematographic awards for its brilliantly crafted, forthright interpretation of Mexican life, customs, and traditions. Esquivel has greatly influenced and contributed to a more complete, enlightened understanding of the Mexican identity with this novel and its subsequent screenplay. In the novel, Esquivel employs an embracing colloquial narrative that intertwines emotionally charged memories with a collection of savory recipes that reflect the bittersweet experience of the principal characters, whose lives must adhere to questionable, outdated traditions. Esquivel combines magical realism with concrete, sensory details to convey the provincial family psyche during the turbulent years of the Mexican Revolution (1910–1920).

An important strategy for reading and understanding the novel is to consider the narrative conventions used. Esquivel uses both first person (**yo**) or the third person (**él, ella**). Other conventions to note as you read a novel are the plot, climax, and ending. A collective knowledge of social and historical customs, traditions, and rituals is very useful for understanding the language and literature of a particular culture, especially for foreign language students reading literary texts that explore cultural details.

In *Como agua para chocolate*, Laura Esquivel exposes the inner psychological turmoil generated by strict adherence to an archaic family tradition that requires the youngest daughter to refrain from courtship and marriage in order to care for her mother until the latter's death. The novel is a complex presentation of memories interspersed with a collection of recipes. The introductory pages focus primarily on the unusual circumstances of the main character's birth in the culinary environment that would deeply influence her relationships throughout life. The narrative quickly establishes the fundamental interplay of natural and supernatural forces that shape the course of the novel. The plot and the details of magically charged concoctions expose the influence of customs on the characters and give insight into the symbolic value of the celebrations and the cultural identity of the period.

Esquivel offers a literary feast of visual images that combine with luscious recipes suggestive of ambient heat, emotional depth, and unbridled passion. Just as the evocative title *Como agua para chocolate* suggests the heated temperature required to dissolve chocolate in water, the pages of the novel submerge the reader in situations of heated, emotional debate in which an obsolete tradition is challenged in favor of the creation of a more meaningful, connected one.

A **¡NECESITO COMPAÑERO!** Compartan sus opiniones sobre las siguientes costumbres y tradiciones de su propia familia. ¿Cuándo y cómo se celebra(n)? ¿Qué comidas, símbolos y objetos se asocian con cada una? ¿Qué sentimientos y emociones se puede evocar cada una? ¿Les gustaría a Uds. seguir conservando estas costumbres y tradiciones o no? ¿Por qué? ¿Hay otras que preferirían celebrar? ¿Por qué razones?

1. el Día de los Enamorados / de la Amistad
2. el Día de la Madre / del Padre
3. el Día de Acción de Gracias
4. la Noche Vieja o el Día de Año Nuevo
5. el cumpleaños o el día del santo de cada persona de la familia
6. la fiesta del compromiso matrimonial, la boda y/o el aniversario de bodas

B Lea el siguiente fragmento de *Como agua para chocolate*. Apunte las palabras y expresiones que crean imágenes visuales, auditivas y cinéticas para establecer el ambiente. Luego, conteste las preguntas.

Dicen que Tita era tan sensible que desde que estaba en el vientre[1] de mi bisabuela[2] lloraba y lloraba cuando ésta picaba cebolla: su llanto[3] era tan fuerte que Nacha, la cocinera de la casa, que era medio sorda,[4] lo escuchaba sin esforzarse.[5] Un día los sollozos[6] fueron tan fuertes que provocaron que el parto[7] se adelantara. Y sin que mi bisabuela pudiera decir ni pío,[8] Tita arribó a este mundo prematuramente, sobre la mesa de la cocina entre los olores de una sopa de fideos que se estaba cocinando, los del tomillo,[9] el laurel, el cilantro, el de la leche hervida,[10] el de los ajos y, por supuesto, el de la cebolla. Como se imaginarán, la consabida nalgada[11] no fue necesaria pues Tita nació llorando de antemano,[12] tal vez porque ella sabía que su oráculo[13] determinaba que en esta vida le estaba negado el matrimonio. Contaba Nacha que Tita fue literalmente empujada a este mundo por un torrente impresionante de lágrimas que se desbordaron[14] sobre la mesa y el piso de la cocina.

[1]*womb* [2]*great-grandmother* [3]*crying* [4]*deaf* [5]*sin… without exerting herself* [6]*sobs* [7]*childbirth* [8]*ni… anything at all,* [9]*thyme* [10]*boiling* [11]*consabida… usual slap on the buttocks* [12]*de… beforehand* [13]*oracle* [14]*se… overflowed*

> ■ **el realismo mágico** = la convención narrativa de presentar lo real y lo mágico o fantástico al mismo nivel, es decir, lo mágico o fantástico en un contexto real

1. ¿Qué cree Ud. que va a ocurrir en la vida de los personajes? ¿Por qué? ¿Cuál es el tono narrativo?
2. ¿Habla en primera persona o en tercera? ¿Habla de sí mismo/a o de otros? ¿Es omnisciente o tiene una perspectiva parcial de los sucesos?
3. ¿Participa en la acción o sólo la observa? ¿Expresa su propia opinión y sus sentimientos o se mantiene a distancia?
4. ¿Qué relación puede existir entre la narradora y el ambiente y los personajes que observa?
5. ¿Cree Ud. que la narradora tiene interés en el arte culinario? ¿Por qué razones?

C **PAPEL Y LÁPIZ** Mirando el título y los dibujos que acompañan la lectura, escriba una breve descripción de lo que Ud. supone que va a pasar en el cuento y sobre las relaciones entre los personajes que figuran en los dibujos. ¿Qué puede Ud. inferir acerca del ambiente físico, emocional y sicológico de los personajes de *Como agua para chocolate*? ¿Piensa Ud. que el título se refiere a una experiencia habitual o alguna excepcional y/o extraordinaria? ¿Cree Ud. que las consecuencias de esta experiencia pueden ser dulces y/o amargas, o tal vez una mezcla de ambas? Explique. Especule acerca de las posibles interpretaciones del título y la imagen visual que le sugiere al lector y escríbalas en su cuaderno de apuntes.

 D **¡NECESITO COMPAÑERO!** Vuelvan a pensar en la descripción anterior del nacimiento de Tita. Imagínense cómo sería la niñez de ella, su adolescencia y juventud en el ambiente del rancho familiar en la época de la Revolución mexicana. En su opinión, ¿qué comidas y especias harán que ella recuerde los acontecimientos más felices y tristes de su vida? Luego, compartan sus ideas con los demás.

PALABRAS Y CONCEPTOS

acabar(se) to finish, end
bordar to embroider
casarse (con) to marry
contar (ue) con to be [so many] years old
coser to sew
cuidar (de) to take care of
obligar(se) to obligate
opinar to think, to be of the opinion
pedir (i, i) la mano to propose marriage
pelar to peel
planchar to iron
protestar to protest
repartir to distribute
rezar to pray
sobrevivir to survive

el destino destiny
el entendedor one who understands
la estufa stove
la inquietud anxiety, restlessness
la juventud youth
la lágrima tear
el mandato order
el pozo well
la recámara bedroom
la vejez old age

amargo/a bitter
dulce sweet
interminable unending
tembloroso/a trembling

A Busque los antónimos de las siguientes palabras en la lista de vocabulario.
1. la juventud
2. dulce
3. la tranquilidad
4. abandonar, descuidar
5. limitado, finito

B Busque en la lista de vocabulario todas las palabras que se relacionan de una manera u otra con los siguientes conceptos.
1. los quehaceres domésticos
2. el amor
3. cocinar
4. la disciplina
5. el sino, la suerte

C Lea la siguiente selección de la novela y explique el significado de las palabras subrayadas.

Entonces Mamá Elena decía:

—Por hoy ya <u>terminamos con</u>[1] esto.

Dicen que <u>al buen entendedor pocas palabras</u>,[2] así que después de escuchar esta frase todas sabían qué era lo que tenían que hacer. Primero <u>recogían</u>[3] la mesa y después <u>se repartían las labores</u>:[4] una metía a las gallinas, otra sacaba agua del <u>pozo</u>[5] y la <u>dejaba lista</u>[6] para utilizarla en el desayuno y otra se encargaba de la leña para la estufa. Ese día ni <u>se planchaba</u>[7] ni <u>se bordaba</u>[8] ni <u>se cosía ropa</u>.[9] Después todas se iban a sus <u>recámaras</u>[10] a leer, rezar y dormir.

Vuelva a leer el párrafo. En su opinión, ¿cuál es la idea principal de la selección? ¿Cómo describiría Ud. la vida diaria de los personajes? En su opinión, ¿cómo serían las relaciones entre Mamá Elena y las demás? Describa su tono y el control que ejerce sobre las otras mujeres de la familia.

D **ENTRE TODOS** Las relaciones entre las mujeres de la familia y la ayuda doméstica pueden ser muy especiales. Terminen las siguientes oraciones de tres maneras diferentes para definir las expectativas y las responsabilidades de estas relaciones. ¡Cuidado con el uso del subjuntivo!

1. La madre espera que sus hijas _____.

2. Una vez que llegan a la adolescencia y/o la juventud, es costumbre que las jóvenes _____.

3. En una familia rural de la clase media, a veces se obliga a la cocinera a que _____ pero no es muy común que _____.

4. Para mantener buenas relaciones con sus hijas adolescentes, es preferible que la madre (no) _____ y es importante que las hijas (no) _____.

Ahora, piensen en todas las afirmaciones. ¿Reflejan las respuestas una visión positiva o negativa de las relaciones entre las mujeres? En su opinión, ¿qué es necesario para que estas relaciones sean buenas y que haya comunicación mutua?

Como agua para chocolate (Parte I)

SOBRE LA AUTORA **La celebrada escritora mexicana Laura Esquivel (1950–)** comenzó su carrera literaria como guionista cinematográfica (screenwriter). Con la publicación de su novela *Como agua para chocolate* (1989), que se convirtió en libro de mayor venta (best-selling), su obra tuvo una gran acogida (reception) y fue objeto de una crítica favorable. La novela emplea un estilo de *realismo mágico* para combinar lo doméstico y mundano con lo sobrenatural, elevando el arte culinario a un nivel simbólico que sirve para interpretar las fuentes de emociones generadas por diversas situaciones. Poco después de su publicación, Esquivel alcanzó fama mundial como guionista cinematográfica por la película del mismo título que tuvo gran éxito taquillero (box-office). La película fue galardonada (awarded) con un total de diez premios «Ariel» de la Acádemica Mexicana de Ciencias y Artes Cinematográficas. Tanto la novela como la película han sido traducidas a más de treinta idiomas.

México

En esta selección las mujeres de la familia matriarcal De la Garza se han reunido en la cocina del rancho para llevar a cabo el rito de la preparación del chorizo: Mamá Elena, sus hijas Gertrudis, Rosaura y Tita, Nacha la cocinera y Chencha la sirvienta. Por lo general, el tiempo se va volando rápidamente mientras hablan y gastan bromas. En cuanto se oscurece, todas escuchan atentamente mientras la figura dominante de Mamá Elena se dirige a ellas, indicándoles con voz determinada que su labor se ha terminado por hoy.

1   Dicen que al buen entendedor pocas palabras,[1] así que después de escuchar esta frase todas sabían qué era lo que tenían que hacer. Primero recogían la mesa y después se repartían las labores: una metía a las gallinas,
5   otra sacaba agua del pozo y la dejaba lista para utilizarla en el desayuno y otra se encargaba de la leña[2] para la estufa. Ese día ni se planchaba ni se bordaba ni se cosía ropa. Después todas se iban a sus recámaras a leer, rezar y dormir. Una de esas tardes, antes de que
10   Mamá Elena dijera (←) que ya se podían levantar de la mesa, Tita, que entonces contaba con quince años, le anunció con voz temblorosa que Pedro Muzquiz quería venir a hablar con ella…

       —¿Y de qué me tiene que venir a hablar ese
15   señor?

Dijo Mamá Elena luego de un silencio interminable que encogió el alma[3] de Tita.

Con voz apenas perceptible[4] respondió:

—Yo no sé.

Mamá Elena le lanzó una mirada[5] que para Tita encerraba todos los años de represión
20   que habían flotado (←) sobre la familia y dijo:

       —Pues más vale que le informes (→) que si es para pedir tu mano, no lo haga. Perdería (→) su tiempo y me haría (→) perder el mío. Sabes muy bien que por ser la más chica de las mujeres a ti te corresponde cuidarme hasta el día de mi muerte.

Dicho esto, Mamá Elena se puso lentamente de pie, guardó sus lentes dentro del delan-
25   tal y a manera de orden final repitió:

       —¡Por hoy, hemos terminado (←) con esto!

Tita sabía que dentro de las normas de comunicación de la casa no estaba incluido el diálogo, pero aun así, por primera vez en su vida intentó protestar a un mandato de su madre.

30   —Pero es que yo opino que…

       —¡Tú no opinas nada y se acabó! Nunca, por generaciones, nadie en mi familia ha protestado (←) ante esta costumbre y no va a ser una de mis hijas quien lo haga.

Tita bajó la cabeza y con la misma fuerza con que sus lágrimas cayeron sobre la mesa, así cayó sobre ella su destino. Y desde ese momento supieron ella y la mesa que no podían
35   modificar ni tantito la dirección de estas fuerzas desconocidas que las obligaban, a la una, a compartir con Tita, su sino, recibiendo sus amargas lágrimas desde el momento en que nació, y a la otra a asumir esta absurda determinación.

[1]Dicen… *A word to the wise is enough (proverb)*   [2]*firewood*   [3]*soul*   [4]apenas… *scarcely audible*
[5]le… *gave her a look*

COMPRENSIÓN

A **¡NECESITO COMPAÑERO!** Indiquen las descripciones a continuación que se asocian con cada uno de los personajes, conceptos y/o cosas. Algunos personajes tienen más de una descripción.

1. _____ Tita
2. _____ Mamá Elena
3. _____ todas las mujeres en la familia De la Garza
4. _____ Pedro Muzquiz
5. _____ la mesa
6. _____ el destino
7. _____ el amor apasionado

a. Hablaba(n) con miedo.
b. Vivía(n) bajo años de represión.
c. Mandaba(n) que su hija menor no se casara.
d. Vino (Vinieron) a pedir la mano de su amada.
e. Quiso (Quisieron) levantar su voz en contra.
f. Repartía(n) las labores diarias del rancho.
g. Le(s) cayó como un golpe.
h. Compartía(n) las lágrimas de alguien.
i. Sus progenitores cumplían fielmente con una tradición familiar.
j. No dejaba(n) de sentir la tristeza.
k. Motivaba(n) una protesta contra una costumbre.

Ahora, comenten lo que saben del aspecto físico y sicológico de Mamá Elena. ¿Cómo es su rutina diaria en el rancho? ¿Qué saben Uds. de su historia familiar, valores y preocupaciones? Luego, escriban un artículo breve sobre ella y comenten su código de disciplina y el efecto que ha tenido sobre su familia. En su opinión, ¿es posible que Mamá Elena también haya sido víctima de la misma tradición que ahora determina la dirección del futuro de Tita? Expliquen.

B Complete las oraciones a continuación con información de la lectura.

1. Al comenzar la lectura, los personajes se encontraron en _____ para _____.
2. Algunas de las labores típicas de las mujeres del rancho consistían en _____.
3. Después de cumplir con sus deberes en la cocina, todas se retiraron a sus recámaras para _____.
4. Una tarde Tita le dijo a Mamá Elena que un hombre pensaba venir a la casa a _____.
5. Según Mamá Elena, si Pedro viene al rancho será inútil porque _____.
6. Por primera vez en su vida, Tita _____.
7. Parece que por generaciones en la familia De la Garza nadie antes había protestado _____.
8. Desde el momento en que rompió en lágrimas, Tita supo que _____.
9. Desde el nacimiento de Tita, la mesa de la cocina ha recibido _____.
10. Tanto la mesa como Tita tendrán que enfrentar los efectos de _____.

C Use seis o siete palabras clave de la lista de vocabulario para hacer una predicción sobre el desenlace del conflicto planteado en la primera parte de la lectura.

INTERPRETACIÓN

A **¡NECESITO COMPAÑERO!** Vuelvan a leer el refrán con que se inicia esta selección de la lectura: «Dicen que al buen entendedor pocas palabras» y luego contesten las preguntas a continuación.

1. ¿Qué quiere decir este refrán y en qué situación se aplicaría?

2. En su opinión, ¿cuál de los personajes elegiría este refrán para dirigirse a los demás? ¿A quién(es) se lo dirigiría probablemente? ¿Por qué razones?

3. Comenten la denotación de la palabra «entendedor» y algunas de sus connotaciones, tomando en cuenta el conflicto generado por la tradición detallada en esta selección.

4. ¿En qué situaciones le convendría a uno dialogar o conversar usando un mínimo de palabras? ¿Y por qué razones?

5. Ahora, vuelvan a leer los diálogos entre Tita y Mamá Elena y analicen el léxico que cada una ha elegido para comunicarse. ¿Qué palabras enfatizan el nivel de tensión y desacuerdo entre las dos? ¿Cuál de ellas se siente obligada a responder con pocas palabras? En su opinión, ¿cuál de las dos sería la mejor entendedora? ¿Qué ironía existe en esta situación?

B **¡NECESITO COMPAÑERO!** Imagínese el encuentro emocional en que Pedro Muzquiz le comunica a Mamá Elena que está enamorado de Tita y que quiere casarse con ella lo más antes posible. En parejas, escriban un diálogo breve en que se discuten las ideas de ambos personajes acerca del amor profundo, el casarse por amor y la (im)posibilidad de romper con una tradición respetada por generaciones. Inventen todos los detalles que puedan cuyo resultado sea un argumento sólido que tal vez pueda cambiar el rumbo (*path*) del destino.

C **PAPEL Y LÁPIZ** En el último párrafo de la selección, la narradora le da características personales a la mesa, es decir, usa la personificación. Afirma que al mismo tiempo que Tita supo la dirección irremediable de su destino, le correspondió a la mesa entender que cualquier resistencia sería inútil ante las fuerzas con las que se enfrentaban: «No podían modificar ni tantito la dirección de estas fuerzas desconocidas que las obligaban, a la una, a compartir con Tita su sino, recibiendo sus amargas lágrimas desde el momento en que nació, y a la otra a asumir esta absurda determinación». Explore en su cuaderno de apuntes el significado de la mesa en la vida diaria de Tita, desde su nacimiento y cómo este objeto puede figurar en su futuro al dedicarse al arte culinario.

APLICACIÓN

A Relate lo que Ud. sabe sobre el carácter de Mamá Elena y contrástelo con el de Tita. En su opinión, ¿qué experiencias e influencias en los años formativos del individuo pueden contribuir a su capacidad o incapacidad de entablar (*establish*) y sostener comunicación con los demás? Explique.

B **¡NECESITO COMPAÑERO!** Explore el tema del amor profundo, el casarse por amor y el casarse sin amor por obligación, arreglo o convenio familiar. Luego, trabajando con otro/a estudiante, relaten las experiencias, emociones y consecuencias a las que se expone el individuo que no puede casarse con la persona que ama, y se casa con otra persona sin amor. ¿Cuáles serían las repercusiones de esta costumbre represiva en dicha persona, en su pareja, sus hijos y todos sus futuros descendientes?

C **IMPROVISACIONES** En parejas, dramaticen el momento en que Tita le cuenta a una de sus hermanas cuál es el propósito de la visita de Pedro. Piensen en cómo, dónde y cuándo ocurre la escena y la reacción de cada una al platicar sobre (*upon discussing*) el posible enlace romántico. Inventen todos los detalles necesarios para expresar las emociones y esperanzas, típicas de las jóvenes, ante la posibilidad de una boda. ¿Creen Uds. que Tita le vaya a pedir a su hermana que lo guarde en secreto? ¿Por qué razones?

LECTURA 2

COMO AGUA PARA CHOCOLATE (PARTE 2)

Aproximaciones al texto

La novela (Parte 2)

In the second excerpt from the novel *Como agua para chocolate,* Laura Esquivel further explores the burgeoning independent spirit of the youthful protagonist through a series of rhetorical directives that question the illogical consequences of a restrictive, disempowering social code. Keep in mind the author's purpose and what she wants to communicate as you explore the messages of the individual voices that alternate between first and third person narratives interspersed with diálogos and inner voice monologues.

¡NECESITO COMPAÑERO! Antes de leer, conversen en parejas sobre los siguientes temas.

1. ¿En qué situaciones de la vida se debe apoyar y/o cuestionar o protestar la autoridad? ¿Cómo y cuándo sería apropiado o inapropiado hacerlo?

2. ¿Qué preguntas se haría Ud. a sí mismo/a si se no tuviera la aprobación familiar antes de casarse con la persona amada? ¿Cómo podría defender su firme decisión de casarse a pesar de las consecuencias que acompañarían la oposición de su propia familia?

3. Piense en la actitud que asumiría una familia donde hay armonía y respeto mutuo, ante una decisión desconcertante tomada por un miembro de la familia. En su opinión, ¿qué haría esa familia en ese caso y qué se podría sugerir para resolver el conflicto? ¿Y cómo se enfrentaría una familia irrazonable en la misma situación frente a una decisión con la cual no está de acuerdo?

PALABRAS Y CONCEPTOS

acudir (a) to come to
agradar to please, be agreeable
asegurar to assure
atender (ie) (a) to attend, take care of
conformarse to conform, adapt
desistir (de) to desist (from)
disculparse to excuse oneself
doblegar to bend, force
llevar a cabo to carry out
sobrevivir to survive
velar to watch over, protect

el desconcierto disorder, confusion
la esperanza hope

la falla flaw
el fallecimiento death, demise
la interrogación interrogation
la oposición opposition
el recado message
la senectud senility; old age

conforme agreeable, resigned
disponible available
ligero/a light, unburdened
irremediablemente hopelessly
plenamente fully, completely

A Busque en la lista de vocabulario el sinónimo de cada palabra subrayada en las oraciones a continuación.

1. Había una <u>equivocación</u> en su plan para <u>cuidar a</u> las mujeres en la <u>vejez</u>.

2. Le mandó un <u>mensaje</u> pidiéndole <u>abandonar</u> su propósito.

3. Ya que no <u>estaba de acuerdo</u> con las respuestas a sus <u>preguntas</u>, decidió <u>lanzar</u> una investigación completa.

4. <u>El caos</u> generado por su presencia no era <u>completamente</u> inesperado.

B ¿Qué se asocia con las siguientes palabras y conceptos? Explique.

1. la senectud   2. irremediablemente

C ¿Qué emociones y/o actitudes se asocian con las siguientes expresiones?

1. ¡Tú no opinas nada y se acabó!

2. Se obedecía y punto.

3. Estaba logrando doblegar el carácter.

D Complete las oraciones a continuación con la forma correcta de las palabras y expresiones de las dos listas de vocabulario (**Partes 1** y **2**). Después indique si en su opinión las oraciones van a resultar ciertas o falsas en la segunda parte de la selección de *Como agua para chocolate*. Justifique sus respuestas, basándose en la primera parte y en lo que sabe de las costumbres y tradiciones de México durante la época designada.

1. En aquel tiempo, todas las mujeres _____ las obligaciones diarias. Mientras que algunas sacaban agua del _____, otras _____ ropa o recogían leña para _____.

2. La figura matriarcal les manda que _____ con sus ordenes y no les permite _____ en contra.

3. Al enfrentarse con su _____ desdichado, Tita empieza a derramar lágrimas _____ que cayeron con fuerza sobre la mesa.

4. A pesar de todo, parece que Tita está totalmente resignada y _____ con la idea de no _____ nunca para poder velar por su madre hasta su _____.

5. Se puede asegurar que si Pedro viene al rancho para _____ de Tita, su visita va a causar gran _____.

6. Según Mamá Elena, su hija menor va a estar plenamente _____ para casarse en cuanto _____ 18 años de edad.

7. En un acto de desesperación, Tita y Pedro intentan _____ la voluntad de Mamá Elena con la amenaza de fugarse juntos y/o casarse en secreto.

Como agua para chocolate (Parte 2)

1 Sin embargo, Tita no estaba conforme. Una gran cantidad de dudas e inquietudes acudían a su mente. Por ejemplo, le agradaría tener conocimiento de quién había iniciado esta tradición familiar. Sería (→) bueno hacerle saber a esta ingeniosa persona que en su perfecto plan para
5 asegurar la vejez de las mujeres había una ligera falla. Si Tita no podía casarse ni tener hijos, ¿quién la cuidaría (→) entonces al llegar a la senectud? ¿Cuál era la solución acertada en estos casos? ¿O es que no se esperaba que las hijas que se quedaban a cuidar a sus madres sobrevivieran mucho tiempo después del fallecimiento de sus progenitoras[1]?
10 ¿Y dónde se quedaban las mujeres que se casaban y no podían tener hijos, quién se encargaría de atenderlas? Es más, quería saber, ¿cuáles fueron las investigaciones que se llevaron a cabo para concluir que la hija menor era la más indicada para velar por su madre y no la hija mayor? ¿Se había tomado (←) alguna vez en cuenta la opinión de las
15 hijas afectadas? ¿Le estaba permitido al menos, si es que no se podía casar, el conocer el amor? ¿O ni siquiera eso[2]?

Tita sabía muy bien que todas estas interrogantes tenían que pasar irremediablemente a formar parte del archivo[3] de preguntas sin respuesta. En la familia De la Garza se obedecía y punto. Mamá Elena, ignorándola por completo,
20 salió muy enojada de la cocina y por una semana no le dirigió la palabra.
[…]
Mamá Elena se sentía reconfortada con el pensamiento de que tal vez ya estaba logrando doblegar el carácter de la más pequeña de sus hijas. Pero desgraciadamente albergó[4] esta esperanza por muy poco tiempo pues al día siguiente se presentó en casa Pedro Muzquiz
25 acompañado de su señor padre con la intención de pedir la mano de Tita. Su presencia en la casa causó gran desconcierto. No esperaban su visita. Días antes, Tita le había mandado (←) a Pedro un recado con el hermano de Nacha pidiéndole que desistiera de sus propósitos. Aquél juró que se lo había entregado a don Pedro, pero el caso es que ellos se presentaron en la casa. Mamá Elena los recibió en la sala, se comportó muy amable y les explicó la razón
30 por la que Tita no se podía casar.
—Claro que si lo que les interesa es que Pedro se case (→), pongo a su consideración a mi hija Rosaura, sólo dos años mayor que Tita, pero está plenamente disponible y preparada para el matrimonio…

[1]ancestors   [2]ni… not even that   [3]archive, file   [4]harbored

Al escuchar estas palabras, Chencha por poco tira[5] encima de Mamá Elena la charola[6]
35 con café y galletas que había llevado (←) a la sala para agasajar[7] a don Pascual y a su hijo.
Disculpándose, se retiró apresuradamente hacia la cocina, donde la estaban esperando Tita,
Rosaura y Gertrudis para que les diera (←) un informe detallado de lo que acontecía en la
sala. Entró atropelladamente y todas suspendieron de inmediato sus labores para no perderse
una sola de sus palabras.

[5]spills   [6]tray, serving platter (Mex.)   [7]entertain

COMPRENSIÓN

A ¿A cuál de los personajes se refiere cada afirmación a continuación? Algunos se pueden usar más de una vez. Justifique su respuesta con detalles de la lectura.

1. _____ Mamá Elena
2. _____ Pedro
3. _____ don Pascual
4. _____ Tita
5. _____ Rosaura
6. _____ Gertrudis
7. _____ Chencha

a. Se sentía agobiado/a por tantas dudas.
b. Esperaba la decisión en la cocina.
c. Acompañaba a su hijo/a en un momento decisivo.
d. Impuso una disciplina física y verbal para doblegar la voluntad de los/las demás.
e. Se sorprendió al oír la proposición.
f. Se enfrenta con la idea de casarse sin amor.
g. Anunció los detalles del acontecimiento en la sala.
h. Por muchos años, va a sentirse afectado/a por esta decisión.

B Cambie los verbos entre paréntesis por la forma apropiada del pretérito o el imperfecto, según el contexto. Luego diga si las oraciones son ciertas (**C**) o falsas (**F**) y corrija las falsas.

1. _____ No (**caber**) duda que esta tradición familiar no les (**agradar**) a las hijas de Mamá Elena.

2. _____ Tita (**querer**) saber cuáles (**ser**) las investigaciones que (**llevarse**) a cabo para llegar a esta conclusión irremediable.

3. _____ Como de costumbre, Mamá Elena (**responder**) con calma a todas las preguntas de su hija menor.

4. _____ Antes de la llegada de Pedro, Tita le (**haber**) mandado un mensaje pidiéndole que no viniera a la casa, pero a pesar de todo, Pedro no (**desistir**) de su propósito.

5. _____ El ambiente emocional de la casa (**cambiarse**) precipitadamente durante la visita.

6. _____ Delante de todas las mujeres, Pedro le (**pedir**) la mano a Tita, pero ésta (**sentirse**) obligada a rechazarlo debido a la tradición.

INTERPRETACIÓN

A **PAPEL Y LÁPIZ** Haga el papel de Pedro y explore su perspectiva de la tradición que ahora influye en su destino. Imagínese que le escribe una carta detallada a Tita hablándole de sus intenciones amorosas y comunicándole sus ideas y pensamientos después de salir. ¿Qué emociones habrán sentido él y su padre, don Pascual? ¿Qué pasos puede dar Pedro ahora para reanudar (*resume*) su comunicación con Tita y estar siempre a su lado? ¿Cree Ud. que Pedro va a considerar la idea de Mamá Elena o la va a rechazar? Explore las razones para ambas decisiones en su cuaderno de apuntes.

B **IMPROVISACIONES** En grupos de tres o cuatro personas, dramaticen una escena inspirada por la segunda lectura. Inventen diálogos y detalles para expresar los motivos y los sentimientos de los personajes antes y/o después del encuentro entre Mamá Elena, Pedro y don Pascual. Luego, comparen su interpretación con las de otros grupos.

C **¡NECESITO COMPAÑERO!** Vuelva a pensar en la tradición por la que Tita es obligada a permanecer soltera y quizás hasta a guardar rencor contra Pedro y/o su hermana Rosaura para siempre. En parejas, inventen un desenlace nuevo para la novela para que refleje los valores culturales de Uds. No se olviden de mencionar como serían las relaciones entre Pedro y Tita si se hubieran vivido (*had lived*) en esta época. Ahora, imagínense que se publica esta nueva versión a principios del siglo xx. ¿Cómo creen Uds. que habrían acogido (*would have received*) esta versión de los sucesos los lectores de entonces? Expliquen.

APLICACIÓN

A **¡NECESITO COMPAÑERO!** ¿Cree Ud. que el desenlace de la segunda parte explique en parte el significado del título en la vida de Tita y/o Pedro? En parejas, contesten las preguntas a continuación explorando las diversas emociones y sensaciones sugeridas por la lectura.

1. ¿Qué imágenes visuales se asocian con la preparación del chocolate caliente?

2. ¿Cómo afecta la temperatura del agua la disolución del chocolate y el sabor peculiar de la bebida?

3. En su opinión, ¿hay algunas situaciones en que la cólera, la exasperación, la frustración puedan llevar a una persona a sentirse como si estuviera como agua (hirviendo [*boiling*]) para chocolate? ¿Cuáles son?

4. ¿Cómo se sentiría Ud. si se encontrara en una situación semejante?

B **IMPROVISACIONES** En grupos de tres o cuatro estudiantes, escriban una escena de telenovela que trate sobre el amor apasionado entre dos personas profundamente afectadas por circunstancias fuera de su control y prepárense para representarla ante la clase. Deben tomar en cuenta los valores y creencias arraigados en la cultura y sociedad de ese entonces. Expliquen cómo van a desafiar (*challenge*) las consecuencias de sus decisiones y, al mismo tiempo, las fuerzas desconocidas que tratan de dirigir cada paso de su suerte.

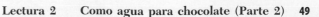

CAPÍTULO 4

La familia

Cosme Proenze (Cuba), *La abuela*

Exploraciones

El cuadro a la izquierda representa a una mujer vieja. Su manera de vestir y sus facciones son tradicionales; se podrían (*could be*) considerar estereotipadas. El título del cuadro fija esta figura dentro de un esquema de ideas y descripciones bastante definido.

Explore ese esquema de ideas. Haga una lista de palabras y frases que se podrían usar para describir esta figura. Use las siguientes categorías como guía.

la descripción física (edad, facciones, tamaño, postura)

la ropa (la prenda, el color, el estilo)

el título *La abuela*

las relaciones con su familia

¿Tiene Ud. algunas ideas sobre la nacionalidad de esta mujer? ¿Qué opina Ud. de su familia? ¿Es grande? ¿pequeña? ¿Tiene muchos nietos? ¿Cómo son sus relaciones con sus hijos? ¿con sus nietos?

Ahora, haga una lista de palabras y descripciones que describan a su(s) abuela(s) o a su idea de una abuela. Luego, compare las dos listas que Ud. hizo. ¿Qué tienen en común? ¿En qué son diferentes?

La artista le dio un título previsible al cuadro. En su opinión, ¿por qué usó un título previsible? Ahora, imagínese que la artista le pone otro título a este mismo cuadro. ¿Cómo cambian sus ideas sobre la figura según el título? Piense en las siguientes posibilidades y trate de pensar en otra original.

Mi mamá

El orden

La soledad

El vestido negro

¿ ?

Ahora, compare sus ideas sobre los títulos con las de sus compañeros de clase. Comparen también sus listas de palabras y frases sobre las abuelas: la abuela del cuadro y el concepto o la experiencia de abuela que Uds. tienen. ¿Hay muchas diferencias entre sus ideas y opiniones? ¿Creen Uds. que el concepto de la abuela es bastante «fijo»? ¿Es importante este concepto en cuanto a sus ideas de lo que es una familia?

LECTURA 1

EL NIETO

Aproximaciones al texto

La «desfamiliarización» (Parte 1)

In popular literature, such as romances, soap operas, and comic books, texts do not have many possible interpretations; rather, they fulfill the reader's expectations along conventional lines. Readers often enjoy this type of literature because they know what to expect.

As a reading or viewing public becomes more sophisticated, however, it finds this fulfillment of expectations boring and begins to demand more. This phenomenon is apparent today in the movie industry, which often takes a well-known film type and parodies or spoofs it, turning the conventions inside out. This process is called "defamiliarization." For instance, there have been many parodies of the classic cowboy movie, one example of which is *Cat Ballou.* In this film the cowboy who comes to rescue the lady in distress turns out to be a drunk, and the helpless female proves to be more than capable of defending herself *and* taking care of the wayward hero. A similar reversal of expectations occurs in a detective story that has no solution or one in which the detective "did it."

Breaking with convention or with the literary pattern is very common in literature and in other art forms that are not addressed specifically to a mass audience. In the defamiliarization process, texts shake readers free from their preconceived ideas and make them see phenomena as if for the first time.

Obviously, there are limits to the use of defamiliarization, since a total break with literary convention would impede communication. Most writers work within a middle range, using and reshaping conventional materials to create new expressions and new approaches to human reality.

A Imagínese que Ud. es director(a) de cine o de televisión. ¿Qué cambios haría (*would you make*) en los siguientes programas o tipos de película para romper con el patrón convencional?

1. **UNA PELÍCULA DE HORROR**

   Patrón convencional: Un científico crea un monstruo en su laboratorio. El monstruo se escapa del laboratorio y rapta (*kidnaps*) a una mujer bella. El héroe persigue al monstruo, lo mata, salva a la mujer y se casa con ella.

   Versión nueva:

2. **UNA PELÍCULA DE TIPO TARZÁN**

   Patrón convencional: Un niño es abandonado en la selva y una familia de animales lo adopta. El niño crece y se convierte en defensor de los animales y de la naturaleza.

   Versión nueva:

3. UNA TELENOVELA

Patrón convencional: Una pareja de ancianos lleva muchos años sin ver a su nieto. Un día aparece un joven y la anciana lo invita a pasar a su casa. Descubre que es su nieto y que éste es ahora un hombre muy rico y poderoso.

Versión nueva:

B **PAPEL Y LÁPIZ** En este capítulo, Ud. va a examinar el uso de la desfamiliarización en un cuento que explora la definición de «la familia». Para identificar los elementos desfamiliarizados, es útil establecer primero las expectativas con respecto al tema (en este caso, la familia) para luego poder decir de qué manera cada elemento difiere de lo esperado. Es decir, ¿qué es lo típico de una familia? ¿Cuáles son los motivos y los procesos que caracterizan la formación de una familia? ¿Y cuáles son los motivos y los procesos que caracterizan su disolución? Explore esto en su cuaderno de apuntes.

Resuma una historia «típica» o «tradicional» de una familia completando el siguiente párrafo. ¡Cuidado! A veces se necesita una palabra, y a veces una frase, para llenar los espacios en blanco.

Por tradición, el proceso de formar una familia empieza con dos (jóvenes / mayores)[1] —_____[2] y _____[3]— que se enamoran y deciden _____[4]. Si los padres de la novia o del novio se oponen a la unión, puede pasar una de dos cosas: o _____[5] o _____[6]. En el primer caso, esto resulta en _____[7] entre los recién casados y sus suegros. El segundo caso puede terminar en la tragedia, ya que los dos enamorados _____[8]. Si no hay oposición, los novios _____[9] con la intención de vivir _____[10] por el resto de su vida. Después de algún tiempo, los esposos deciden tener uno o dos _____[11].

En muchos casos, el matrimonio dura toda la vida, pero en otros _____[12]. Con frecuencia, las causas incluyen _____[13]. El divorcio puede ser amigable, pero lo más común es que _____[14]. Suele ser (mejor / peor)[15] cuando la pareja tiene mucho dinero y otras cosas materiales, pero en todo caso la división de _____[16] puede causar grandes tensiones. La situación se agrava cuando la pareja tiene _____[17] porque _____[18]. Las consecuencias pueden ser que _____[19].

PALABRAS Y CONCEPTOS

agradecer to thank

alargar to hand, pass (*something to someone*)

arreglar to fix

arrimarse to come close

asomarse to lean out of (*a window or opening*)

detener (ie) to stop (*something*)

estar encargado de to be in charge of

picar hielo to chip ice

ponerse de pie to stand up

reparar to fix, repair

restaurar to restore

sudar to sweat

tropezar (ie) con to bump into

valer la pena to be worth the effort

volverse (ue) to turn around

la acera sidewalk

el anciano / la anciana old man / old woman

la barba beard

la bodega grocery store

(Continúa)

el carnet ID card	**el sudor** sweat
la cuadra (city) block	
el marco frame	**agradecido/a** thankful
las obras (construction) works	
el plano plan, architectural drawing	**a cuadros** plaid
la restauración restoration	**calle arriba/abajo** up/down the street
el retrato photo, portrait	

A   ¿Qué palabras de la lista de vocabulario se relacionan con cada una de las siguientes categorías? ¡Cuidado! Una misma palabra puede pertenecer a más de una categoría.

1. la construcción
2. la fotografía
3. la ayuda o cooperación
4. los movimientos del cuerpo

B   **¡NECESITO COMPAÑERO!** Describan los dibujos que acompañan el cuento «El nieto», usando todas las palabras de la lista de vocabulario que puedan. Luego, preparen una breve descripción de lo que Uds. suponen que va a pasar en el cuento y sobre las relaciones entre los personajes que figuran en los dibujos. Compartan sus predicciones con las demás parejas para ver en qué coinciden. ¿Hay mucha diferencia de opiniones?

C   **ENTRE TODOS**   Las relaciones entre los abuelos y los nietos pueden ser muy especiales. Terminen las siguientes oraciones de tres maneras diferentes para definir las expectativas y las responsabilidades de estas relaciones. ¡Cuidado con el uso del subjuntivo!

1. Los abuelos esperan que sus nietos _____.
2. Los nietos suelen pedir que sus abuelos _____.
3. Para mantener buenas relaciones con sus nietos adolescentes, es preferible que los abuelos (no) _____ y es importante que los nietos (no) _____.

¿Reflejan las respuestas una visión positiva o negativa de las relaciones entre los abuelos y los nietos? ¿Qué es necesario para que estas relaciones sean buenas? Comparen estas oraciones con las ideas que apuntaron sobre el cuadro *La abuela* de la página 52.

El nieto

Cuba

SOBRE EL AUTOR   El cuentista, ensayista y novelista (1931–2005) Antonio Benítez Rojo nació en La Habana, Cuba. En 1967 ganó el prestigioso Premio Casa de las Américas donde luego sirvió de director para el Centro de Estudios Caribeños. También fue profesor de español en Amherst College, Massachusetts, donde le dieron el título de «Thomas B. Walton Jr. Memorial Professor of Spanish».

1 El hombre debía ser[1] uno de los arquitectos encargados de
las obras de restauración del pueblo, pues se movía de aquí
para allá con los bolsillos prendidos de lapiceros[2] y bolígrafos de colores. Podía tener unos treinta años, tal vez algo
5 más, pero no mucho más, pues su barba era apretada[3] y de
un castaño parejo,[4] y en general, hacía buena figura con sus
ajustados[5] pantalones de trabajo y camisa a cuadros, con
sus botas españolas y el rollo de planos en la mano y su
gorra[6] verde olivo, verdaderamente maltrecha y deste-
10 ñida.[7]

Quizá por ser mediodía no había obreros en los anda-
mios,[8] ni junto a las pilas de arena y escombros,[9] ni sobre la
armazón[10] de tablas[11] que apenas dejaba ver la fachada[12] de
la gran casa, alzada[13] mucho tiempo atrás[14] en el costado[15]
15 más alto de la plaza de hermoso empedrado.[16] El sol recor-
taba[17] las cornisas[18] de tejas[19] rojas, sin duda ya restauradas,
de las casas vecinas, y caía a plomo[20] sobre la pequeña casa,
de azotea achatada y muros roídos,[21] que se embutía en la
hilera[22] de construcciones remozadas[23] como un diente sin remedio.

20 El hombre caminó calle abajo, hasta llegar frente a la pequeña casa, y allí se volvió y miró
hacia la plaza del pueblo, tal vez para juzgar cómo marchaban las obras de la gran casa. Al
poco rato desplegó[24] el plano, volvió a mirar calle arriba e hizo un gesto de inconformidad
mientras dejaba que el plano se enrollara por sí solo.[25] Fue entonces que pareció reparar en[26]
el sol, pues salió de la calle y se arrimó a la ventana cerrada de la pequeña casa; se secó el
25 sudor con un pañuelo y miró de nuevo hacia las obras.

—¿Quiere un vaso de limonada? —dijo la anciana de cara redonda que se había aso-
mado (←) al postigo.[27]

El hombre se volvió con un gesto de sorpresa, sonrió agradecido y dijo que sí. Enseguida
la puerta se abrió, y la figura amable y rechoncha[28] de la anciana apareció en el vano[29] y lo
30 invitó a entrar.

De momento el hombre no parecía distinguir bien el interior de la casa, pues tropezó
con un sillón[30] de rejillas hundidas y saltadas a trechos,[31] que empezó a balancearse[32] con
chirridos[33] a un lado de la sala.

—Siéntese —sonrió la anciana—. Ahora le traigo la limonada. Primero voy a picar hielo
35 —agregó como si se excusara (←) por anticipado[34] de cualquier posible demora.[35]

El hombre detuvo el balanceo del sillón y, después de observarlo, se sentó cuidadosa-
mente. Entonces, ya habituado a la penumbra[36] de la sala, miró a su alrededor:[37] la consola[38]
de espejo manchado,[39] el otro sillón, el sofá con respaldo[40] en forma de medallones, los apagados paisajes[41] que colgaban de las paredes. Su mirada resbaló[42] indiferente por el resto de
40 los objetos de la habitación, pero, de repente, se clavó[43] en la foto de carnet que, en un
reducido marco de plata, se hallaba[44] sobre la baja mesa del centro.

El hombre, precipitadamente, se levantó del sillón y tomó el retrato, acercándoselo (ᑎᑎ)
a los ojos. Así permaneció, dándole (ᑎᑎ) vueltas en las manos, hasta que sintió los pasos[45]

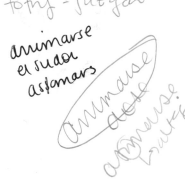

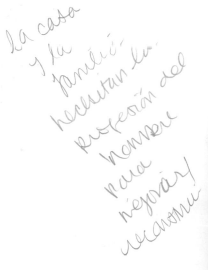

[1]debía… *must have been*   [2]bolsillos… *pockets full of mechanical pencils*   [3]*thick*   [4]castaño… *even
chestnut color*   [5]*tight-fitting*   [6]*cap*   [7]maltrecha… *worn and faded*   [8]*scaffolding*   [9]pilas… *heaps
of sand and debris*   [10]*framework*   [11]*planks*   [12]*façade*   [13]*constructed*   [14]mucho… *long time ago*
[15]*side*   [16]*cobblestones*   [17]*was outlining*   [18]*cornices*   [19]*roof tiles*   [20]a… *directly*   [21]azotea… *flattened
roof and damaged walls*   [22]se… *was crammed into the row*   [23]*rejuvenated*   [24]*he unfolded*
[25]se… *roll up by itself*   [26]reparar… *to notice*   [27]*shutter*   [28]*chubby*   [29]*opening*   [30]*rocking chair*
[31]rejillas… *sagging and partially cracked cane work*   [32]*rock*   [33]*creakings*   [34]por… *in advance*
[35]*delay*   [36]*oscuridad*   [37]*surroundings*   [38]*wall table*   [39]*black-spotted*   [40]*back*   [41]apagados… *faded
landscapes*   [42]*glided*   [43]se… *it was riveted*   [44]se… *estaba*   [45]*footsteps*

de la anciana aproximarse por el corredor. Entonces lo puso en su lugar y se sentó con movimientos vacilantes.

La anciana le alargó el plato con el vaso.

—¿Quiere más? —dijo con su voz clara y cordial, mientras el hombre bebía sin despegar[46] los labios del vaso.

—No, gracias —replicó éste poniéndose de pie y dejando el vaso junto al retrato—. Es fresca su casa —añadió sin mucha convicción en la voz.

—Bueno, si no se deja entrar el sol por el frente, se está bien. Atrás, en el patio, no hay problemas con el sol; tampoco en la cocina.

—¿Vive sola?

—No, con mi esposo —dijo la anciana—. Él se alegra mucho de que estén arreglando las casas de por aquí. Fue a la bodega a traer los mandados[47]… ¿Usted sabe si piensan arreglar esta casa?

—Pues… bueno, habría que ver[48]…

—Es lo que yo le digo a mi esposo —interrumpió la anciana con energía—. Esta casa no es museable.[49] ¿No es así como se dice? Lo leí en una revista.

El hombre sonrió con embarazo[50] e hizo ademán[51] de despedirse. Caminó hacia la puerta seguido de la mujer.

—Le agradezco mucho —dijo—. La limonada estaba muy buena.

—Eso no es nada —aseguró la mujer al tiempo que abría la puerta al resplandor[52] de la calle—. Si mañana está todavía por aquí y tiene sed, toque sin pena.[53]

—¿Esa persona del retrato… es algo suyo[54]? —preguntó el hombre como si le costara[55] encontrar las palabras.

—Mi nieto —respondió la mujer—. Esa foto es de cuando peleaba contra la dictadura[56] en las lomas[57] de por aquí. Ahora se casó y vive en La Habana.

El hombre sólo atinó[58] a mover la cabeza y salió con prisa de la casa. Una vez en la calle, se detuvo, pestañeó[59] bajo el intenso sol y miró hacia la puerta, ya cerrada.

—¿Van a reparar nuestra casa? —le preguntó un anciano que llevaba dos grandes cartuchos[60] acomodados en el brazo; de uno de ellos salía una barra de pan.[61]

—Trataremos de hacerlo —dijo el hombre—. Pero usted sabe como son estas cosas… Aunque creo que sí. En realidad vale la pena.

—Desentonaría[62] mucho en la cuadra —dijo el anciano—. Le quitaría presencia[63] a las demás —añadió con un dejo de astucia.[64]

—Sí, tiene razón —respondió el hombre mirando hacia la casa—. La estuve viendo por dentro. Por dentro está bastante bien.

—Ah, menos mal. El problema es el techo ¿no? Pero eso no sería[65] un problema grande, ¿no? La de al lado[66] tampoco tenía techo de tejas, y mírela ahora lo bien que luce.[67]

De improviso[68] el anciano dio unos pasos hacia el hombre y, abriendo la boca, le observó detenidamente[69] el rostro.[70]

—Usted es… —empezó a decir con voz débil.

[46]sin… *without removing*   [47]*groceries*   [48]habría… *we would just have to see*   [49]*a museum piece*
[50]*embarrassment*   [51]*gesture*   [52]*brightness*   [53]toque… *don't hesitate to knock*   [54]algo… *someone related to you*   [55]como… *as if it were hard for him*   [56]*dictatorship (of Batista in 1958)*   [57]*hills*
[58]*managed*   [59]*blinked*   [60]*grocery bags*   [61]barra… *baguette*   [62]*It would be out of place*   [63]Le… *It would take away from the effect*   [64]dejo… *trace, touch of shrewdness*   [65]no… *wouldn't be*
[66]La… *The house next door*   [67]*it looks*   [68]De… *Unexpectedly*   [69]*attentively*   [70]*cara*

—Sí.

90 —¿Ella lo reconoció? —preguntó el hombre después de pasarse la lengua por los labios.

—Creo que no. Adentro estaba un poco oscuro. Además, han pasado (←) años y ahora llevo barba.

El anciano caminó cabizbajo[71] hacia el poyo[72] de la puerta y, colocando (∩∪) los cartuchos
95 en la piedra, se sentó trabajosamente[73] junto a ellos.

—Vivíamos en La Habana, pero los dos somos de aquí. Éste es un pueblo viejo. Quisimos regresar y pasar estos años aquí. No tenemos familia. Es natural, ¿no? —dijo el anciano, ahora mirándose (∩∪) los zapatos, gastados[74] y torcidos en las puntas[75]—. El mismo día en que llegamos… Ahí mismo —dijo señalando (∩∪) un punto en la acera—, ahí mismo estaba el
100 retrato. ¿Usted vivía cerca?

—No, andaba por las lomas. Pero a veces bajaba al pueblo. Tenía una novia que vivía… Me gustaba caminar por esta plaza —dijo el hombre señalando (∩∪) vagamente calle arriba—. Me parece que comprendo la situación —añadió dejando (∩∪) caer el brazo.

—No, no puede comprender. No tiene la edad para comprender… La gente de enfrente,
105 los de al lado, todos creen que usted es su nieto. Tal vez ella misma. ✳

—¿Por qué sólo *su* nieto?

—La idea fue de ella —respondió el anciano—. Siempre fue muy dispuesta,[76] dispuesta y un poco novelera.[77] Es una pena que no hayamos podido (←) tener familia. Ella, ¿comprende?

110 —Lo siento.

—¿Qué va a hacer? —preguntó el anciano, mirando (∩∪) al hombre con ojos vacíos.

—Pues, dígale a la gente de enfrente y de al lado que el nieto de La Habana vino a trabajar un tiempo aquí.

El anciano sonrió y sus ojos cobraron brillo.[78]

115 —¿Le sería mucha molestia[79] venir esta noche por acá? —El hombre fue junto a él y lo ayudó a levantarse.

—Sería[80] lo natural, ¿no le parece? —dijo mientras le alcanzaba[81] los cartuchos.

---

[71]*head down* [72]*stone bench* [73]con dificultad [74]*worn out* [75]torcidos… *turned up at the toes*
[76]*clever* [77]*given to inventing stories* [78]cobraron… *shone* [79]¿Le… *Would it be too much trouble for you* [80]*It would be* [81]*handed*

COMPRENSIÓN

A Cambie los verbos entre paréntesis por la forma apropiada del presente de indicativo o de subjuntivo, según el contexto. Luego diga si las oraciones son ciertas (**C**) o falsas (**F**) y corrija las falsas.

1. _____ El hombre le manda a la anciana que le (**traer**) un vaso de limonada.

2. _____ La anciana no quiere que el hombre (**entrar**) en su casa, ya que está sola.

3. _____ El hombre dice que (**hacer**) fresco dentro de la casa.

4. _____ El anciano quiere que los obreros (**arreglar**) su casa.

5. _____ El hombre insiste en que la mujer le (**decir**) de quién es el retrato.

6. _____ El anciano sabe que el retrato (**ser**) del arquitecto.

7. _____ El anciano espera que el arquitecto (**volver**) esa noche.

8. _____ El arquitecto dice que no (**poder**) volver porque tiene mucho trabajo.

B Elija todos los adjetivos de la lista a continuación que mejor describan a cada uno de los personajes del cuento. Al final, compare sus listas de los tres personajes para averiguar cuáles son las características que comparten. ¿Qué revelan estos rasgos compartidos en cuanto a los valores de los personajes?

agradable	delgado	imaginativo	sentimental
alegre	educado	instruido	sofisticado
analfabeto	egoísta	listo	tímido
arrogante	elegante	patético	trabajador
cansado	enojado	pobre	triste
cómico	generoso	rico	urbano
comunicativo	humilde	rural	viejo

C ¡NECESITO COMPAÑERO! Determinen a cuál(es) de los personajes corresponde cada uno de los siguientes objetos. Luego, comparen sus resultados con los de los otros estudiantes. Si algunos dieron respuestas diferentes, discutan hasta que todos estén de acuerdo con las asociaciones hechas.

los bolígrafos de colores	la limonada	los planos
la camisa a cuadros	el marco	el sillón
la gorra verde olivo	los mandados	los zapatos gastados

D Busque en el cuento dónde se encuentra exactamente la siguiente información.

1. por qué la pareja vive en esa casa
2. por qué el joven está allí
3. por qué la vieja dice que el hombre del retrato es su nieto

INTERPRETACIÓN

A A continuación se mencionan algunos de los pensamientos y acciones de los personajes del cuento. Explique la causa de cada uno. ¡Cuidado! Puede haber más de una respuesta para cada oración.

1. La anciana le ofrece un vaso de limonada al hombre.
2. El hombre mira con mucha atención el retrato que está sobre la mesa.
3. Para la anciana, el hombre del retrato que está en la mesa es su nieto.
4. El anciano invita al hombre a volver esa misma noche.
5. El hombre dice que va a volver a visitar a los ancianos.

B ENTRE TODOS Vuelvan a la **Actividad C** de la página 56 y repasen las respuestas que Uds. dieron en cuanto a las relaciones entre los abuelos y los nietos.

■ ¿Cuántas de las expectativas y recomendaciones que mencionaron caracterizan las relaciones entre el joven y los ancianos del cuento?

■ ¿Qué elementos que existen en estas relaciones no mencionaron Uds.?

■ ¿Qué aspectos de las relaciones entre los personajes del caso presentado les parecen más significativos? Expliquen.

C ¿En qué sentido son las relaciones entre el joven y los viejos típicas de las que existen entre abuelos y nietos? ¿En qué sentido desfamiliarizan la idea generalizada de lo que constituye una familia? ¿Cuáles de los siguientes elementos son necesarios para producir este nuevo tipo de familia?

un matrimonio cariñoso
un matrimonio desigual
un matrimonio progresista
un matrimonio tradicional
una sociedad en donde hay
  poco crimen

una sociedad patriarcal
una sociedad pobre
una sociedad rural
una sociedad socialista

¿Es posible decir que el cuento sugiera una desfamiliarización de la familia tradicional? ¿Por qué sí o por qué no?

D El hecho de que los personajes de un cuento no tengan nombre puede indicar la ausencia de personalidad, como en una sociedad moderna e impersonal, o puede indicar que son representativos de cierto tipo de persona. En este texto, ¿cuál de estos dos efectos le parece más evidente? ¿Qué otras impresiones puede dejar este anonimato en el lector / la lectora?

APLICACIÓN

A El cuento «El nieto» presenta un concepto de familia que no tiene lazos consanguíneos, es decir, que no se basa en relaciones de sangre. ¿Qué otros ejemplos de familias sin lazos consanguíneos se ven en la sociedad moderna? ¿Cree Ud. que la sociedad contemporánea acepta totalmente el matrimonio sin hijos? ¿Hay algunas maneras que se han institucionalizado hoy en día de «inventar» a un hijo o a un nieto? Explique.

B Para la anciana del cuento, tener hijos es un hecho de gran importancia. ¿Es tan importante para el marido de ella? ¿Es igualmente importante para las mujeres hoy en día? ¿y para los hombres? ¿Cuáles de las siguientes afirmaciones le parecen que reflejan la opinión de un sector considerable de la gente de hoy?

1. Los matrimonios que deciden no tener hijos son egoístas.
2. El hombre que no puede tener hijos no es hombre.
3. La gente debe poder decidir si quiere formar una familia o no.
4. La gente que no tiene hijos va a sentirse más solitaria en la vejez que la que tiene hijos.
5. La pareja sin hijos es más feliz.
6. El matrimonio tiene como fin principal la reproducción.
7. La pareja sin hijos es más responsable socialmente hoy en día, ya que la sobrepoblación es un problema grave para nuestro planeta.

C PAPEL Y LÁPIZ Vuelva a la **Actividad B Papel y lápiz** de la página 55 para repasar lo que Ud. escribió sobre la familia típica. Usando el esquema que se da allí, determine en qué punto la familia descrita en «El nieto» difiere de la narrativa de la familia «normal». A partir de ese punto, escriba una breve historia sobre la formación de este nuevo tipo de familia.

ME BESABA MUCHO

Aproximaciones al texto: La poesía

Reading poetry, like reading other types of literature, requires special skills. In the **Aproximaciones al texto: La poesía** sections of this text, you will learn a number of techniques that will help you read poetry with greater ease and appreciate it more fully. In later chapters, you will practice all of these separate poetry reading strategies and apply them to several poems.

Connotation versus denotation (Parte 1)

One of the most important things to keep in mind when reading poetry is the difference between connotation and denotation. *To denote* is *to mean, to be a name or a designation for:* in English, for example, the word that denotes the four-legged domestic animal that barks is *dog*. The denotation of a word is its standard dictionary definition. On the other hand, *to connote* is *to signify* or *to suggest*. To some people, the word *dog* connotes the feelings of warmth or friendliness. For others, however, *dog* may connote ferocity or danger. In general, a word's denotation is fixed by the language itself. In contrast, a word's connotations depend on the context in which it occurs and on the individual speaker or reader.

Due to the nature of the poetic form, every word and sound carries a special, and sometimes dually symbolic, meaning. If a particular word or phrase is repeated within a poem, the poet is emphasizing the repeated element. If the meaning of the word changes over the course of the verses, the context might also lend itself to other connotations. By reading the poem aloud, the reader may hear, as well as visualize, the pattern of repetition and achieve a more complete interpretation of the underlying message. In the poem **"Me besaba mucho,"** for example, the act of writing reflective verses about a past love affair is evoked not only by the repetition of the title and references to kisses, but also by implied comparisons of the *past*, in which the poet experienced a special connectedness with his beloved, and the *now* in which this connectedness has been severed. The basic idea is underscored by the interplay of references to *then* and *now*, which force the reader to consider how the love that was once so immensely encompassing is no longer that way, and now only leaves behind lingering, unending sorrow. The reader should pay close attention to the composite imagery of sight, sound, and movement that is implicit in the poem. If the poem were another medium of expression, like a painting or musical composition, what would the reader visualize? What would he or she hear? What movement, or lack of movement, would he or she observe? By reflecting on all possible connotations of a particular word or phrase, as well as the feelings and experiences associated with it, the reader will arrive at a more complete interpretation of the poem.

Word order

As you know, word order is much more flexible in Spanish than in English. Adverbial phrases may be placed at the end of the verse for effect, and the adjective can precede the noun. Likewise, the subject often follows the verb.

Ella presentía que era corto el plazo   poner en sus besos una eternidad.
Ella presentía que el plazo era corto   poner una eternidad en sus besos.

This flexibility is very useful in poetry because it makes it easier for the poet to make lines rhyme, and it gives Spanish poetry a natural, flowing quality that sets it apart from English poetry, which is often perceived as being very different in tone and structure from spoken English.

Follow these suggestions as you read Spanish poetry.

■ Look up all words whose denotation you do not know.

■ Determine what is the subject and what is the verb.

■ Reorganize the words in particular verses so that you can grasp their meaning more easily.

A Dé en inglés la denotación y las posibles connotaciones de las siguientes palabras.

1. inquieto

2. febril

3. premura

4. presentir

5. herida

6. eternidad

B Lea las siguientes estrofas del poema «Me besaba mucho».° Primero, examine con cuidado las palabras en letra cursiva y dé en inglés su denotación y posibles connotaciones. Después, reorganice las palabras en las estrofas para que le sea más fácil entender su significado cuando lea el poema entero.

Me besaba mucho, *como si temiera irse* muy *pronto*

Ella *presentía* que era *corto* el *plazo*
que la vida *herida* por el *latigazo*
del viento, *aguardaba* ya…

quería *dejarme* su alma en cada *abrazo*,
poner en sus besos una *eternidad*.

C Mire el dibujo que acompaña el poema. Primero describa el ambiente que rodea a la pareja y luego, al hombre solitario sin ella. ¿Cómo se siente él en la primera imagen? ¿Y en la segunda? ¿En qué aspectos se asemejan las dos imágenes? ¿Y en qué difieren? ¿Qué imágenes visuales, auditivas y cinéticas se asocian con un lugar como éste, especialmente de noche? ¿Y de día? ¿Qué las haría diferentes?

°Las siguientes palabras le pueden ser útiles para referirse a la poesía.

la estrofa *stanza (verse)*   la poesía *poetry (genre)*   el verso *line (of a poem)*
el poema *poem*   la rima *rhyme*

D ¿Qué palabras de la lista asocia Ud. con las figuras del dibujo y los elementos a su alrededor? ¿Hay algunas palabras que no se asocien con ninguno? Comparta sus asociaciones con otros estudiantes. ¿Hay muchas opiniones diferentes entre Uds.?

el alumbramiento	desdichado/a	(in)comprensión	la pasión
el amor profundo	doloroso/a	(in)quieto/a	el recuerdo
la ansiedad	la eternidad	la (in)tranquilidad	resignarse
apasionado/a	la felicidad	la lejanía	romántico/a
la brevedad	herido/a	la muerte	solitario/a
el cariño	idílico/a	la oscuridad	la tristeza

PALABRAS Y CONCEPTOS

aguardar   await, expect

besar(se)   to kiss

presentir (ie)   to have a presentiment, foreboding of

temer   to fear

el abrazo   embrace, hug

el alma (*f.*)   soul

la ansiedad   anxiety

el latigazo   lash, reproof

el plazo   term (*period of time*)

la premura   hurry, haste, urgency

febril   feverish, restless

herido/a   wounded

como si temiera   as if she/he feared

A   Complete las siguientes oraciones con la forma correcta de las palabras de la lista de vocabulario.

1. Cuando alguien se preocupa por algo constantemente, se puede sentir _____.

2. Al saludarse, dos personas que se quieren _____.

3. Una persona _____ siente mucho dolor físico, emocional o mental.

4. Adivinar que va a ocurrir algo antes de que suceda equivale a _____.

5. Si alguien tiene miedo de algo, entonces lo _____.

6. Algo a corto _____ no va a durar por largo tiempo.

7. Los sentimientos más profundos se sienten en _____.

B   ¡NECESITO COMPAÑERO! Completen las siguientes oraciones de maneras diferentes para describir las expectativas, emociones y reacciones que se puedan anticipar en un poema romántico.

1. La persona amada prefiere que su amado/a le dé _____ como muestra del amor que le tiene.

2. El amor entre dos personas enamoradas se puede describir como _____.

3. Si alguien demuestra una prisa inexplicable, puede ser porque _____.

4. Algo que los amantes no desean presentir es _____.

5. Entre dos personas que se aman, la separación y la ausencia de la persona amada les causa _____.

C Haga un mapa semántica para cada una de las siguientes palabras. Escriba los mapas en una sola hoja de papel, colocando cada mapa en un rincón (*corner*) de la página.

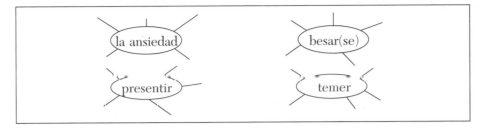

Ahora busque palabras o ideas que los cuatro mapas tienen en común. Imagínese que va a escribir un poema basado en las ideas de sus mapas. El poema de Amado Nervo se titula «Me besaba mucho». ¿Qué título va a tener su poema? ¿Cuál va ser el tema de su poema? Después, compare sus mapas y el título que escogió con los de un compañero / una compañera.

Me besaba mucho

SOBRE EL AUTOR **El poeta Amado Nervo (1870–1919)** se considera un genio de la poesía neorromántica mexicana. Nacido Juan Crisóstomo Ruiz de Nervo, se identificó como Amado Nervo, nombre que le puso su padre para simplificar su verdadero apellido, Ruiz de Nervo. Aunque muchos lo tomaron por seudónimo, el poeta insistía que no lo era y bromeaba sobre el nombre tan lírico y adecuado para un poeta de temas románticos. Desde edad juvenil se dedicó a escribir versos que se destacaron por su sensibilidad y claridad. Entre sus libros más conocidos e interpretados están *Perlas negras y místicas* (1898), *En voz baja* (1909), *Serenidad* (1915) y *La amada inmóvil* que se publicó póstumamente. Sus temas predilectos abarcan el amor apasionado y la soledad, y se evolucionan hasta la política, siempre aportando al lector la oportunidad de revivir las intensas experiencias vividas por el poeta. Con la muerte prematura en 1912 de Ana Cecilia Luisa Daillez, su musa poética y el gran amor de su vida, el poeta le dedicó sus versos más reconocidos en la colección titulada *La amada inmóvil*. En el poema a continuación que viene de esa colección, el poeta reflexiona sobre los momentos apasionados vividos con ella, en los cuales él no presentía lo inevitable, lo que le causaría un dolor tan profundo como la eternidad.

México

1   Me besaba mucho, como si temiera
irse muy temprano… Su cariño era
inquieto, nervioso.
                    Yo no comprendía
5   tan febril premura. Mi intención grosera
nunca vio muy lejos…
                       ¡Ella presentía!

Ella presentía que era corto el plazo,
que la vela herida por el latigazo
10 del viento, aguardaba ya… , y en su ansiedad
quería dejarme su alma en cada abrazo,
poner en sus besos una eternidad.

COMPRENSIÓN

A Reflexione sobre el poema y conteste las preguntas a continuación con información de los versos.

1. ¿Quién es la voz poética?

2. ¿Qué acontecimiento lo/la ha motivado a escribir su poesía?

3. ¿Qué tipo de relaciones existían entre el/la hablante y la persona a quien se refiere con el pronombre «ella»?

4. ¿Cómo se presenta a esta persona? ¿Qué cualidades tenía?

5. Según el poeta, ¿cómo lo besaba y abrazaba su amada?

6. ¿Qué no podía comprender él? Y ella, ¿qué podía comprender o presentir?

7. ¿Cómo se siente él ahora? ¿Qué sigue causándole dolor?

B ¿Qué palabras y expresiones emplea el poeta para describir las acciones de su amada? ¿Y el tiempo que pasaron juntos? ¿Y las intenciones de él y ella? Comente la referencia a la vida. ¿Qué sensación o sensaciones evocan las palabras «herida por el latigazo del viento»? ¿Cuáles son algunas de sus connotaciones para el lector?

C **PAPEL Y LÁPIZ** Busque en el poema todos los verbos que sugieran las emociones y la sensibilidad afectiva. ¿Cuál de ellos se repite? ¿Piensa Ud. que el poeta emplea la repetición para sugerir la ironía de lo que ella percibía?

D ¿Qué palabras y expresiones del poema enfatizan el concepto del amor apasionado, la ansiedad y el dolor? Cite los versos que apoyen su respuesta.

E **¡NECESITO COMPAÑERO!** En parejas, hagan una lista de todas las palabras que se refieren a «ella» y a sus acciones en el poema. ¿Qué tiempos verbales se emplean? En su opinión, ¿por qué escogió el poeta estas formas verbales? Ahora piensen en las descripciones del poeta. Exploren las posibles connotaciones de estas descripciones. Ahora, compartan sus ideas con los demás e indiquen en qué aspectos se asemejan o difieren.

INTERPRETACIÓN

A Conteste las siguientes preguntas.

1. ¿Cómo son el tono y el tema del poema? ¿Qué sabemos acerca del narrador y sus nociones románticas?

2. Si Ud. fuera pintor(a) y tuviera que interpretar este poema por medio de una pintura, ¿cómo pintaría (*would you paint*) al poeta? ¿Y a la mujer amada? ¿Qué características trataría (*would you try*) Ud. de distinguir en la cara de ambos? ¿En qué lugar o ambiente pintaría a cada uno de ellos? ¿Qué colores, objetos y/o símbolos elegiría (*would you choose*) para comunicar la intensidad de su inquietud y tristeza? ¿Hay colores que Ud. evitaría (*would you avoid*)? ¿Por qué?

3. Si Ud. fuera músico, ¿qué tipo de música escribiría para interpretar el tema de «Me besaba mucho»? ¿Qué artistas y composiciones musicales ya conoce Ud. que evocarían los mismos sentimientos que el poeta menciona en los últimos dos versos del poema? Por lo general, ¿qué tipo de emociones se sugieren y/o repiten en el coro de estas producciones musicales?

B Vuelva a leer el poema con más atención. Anote las diferentes imágenes visuales, auditivas y cinéticas de los versos en su cuaderno de apuntes. ¿Qué cosas se ven? ¿se oyen? ¿se perciben? ¿Qué acciones o movimientos hay? Explique la importancia de cada una con respecto a las relaciones entre el narrador y su amada.

APLICACIÓN

IMPROVISACIONES Imagínense que la pareja presentada en «Me besaba mucho» pudiera volver a vivir su relación amorosa, dándoles la oportunidad de reflexionar sobre la brevedad del amor y la necesidad de apreciar cada momento como si fuera el último para ellos. Haga el papel del poeta y explíquele a su amada las razones por las cuales Ud. no pudo comprender la situación que ella presentía y por qué escribió el verso que dice: «Mi intención grosera nunca vio muy lejos». Háblele de sus emociones, de la profundidad de su dolor al momento de perderla para siempre y de lo que hizo para poder sobrevivir.

CAPÍTULO 5

Geografía, demografía, tecnología

Oswaldo Guayasamín (Ecuador), *Manos de la esperanza*

Exploraciones

Estudie el cuadro a la izquierda y luego indique todas las palabras que en su opinión lo describen.

abstracto	cruel	natural
amor	delicado	primitivo
el arte	femenino	sufrimiento
artificial	fuerte	tierno (*tender*)
la ciencia	joven	el trabajo
la ciencia ficción	masculino	trágico
cómico	el miedo	viejo

¿Es un cuadro moderno o tradicional? ¿del siglo XIX, del XX o del XXI? ¿Qué elementos del cuadro lo revelan?

Los cuadros y los textos pueden transmitir una visión positiva o negativa de la cultura de su tiempo. ¿Cómo se relaciona el cuadro de la página anterior con los temas de geografía, demografía y tecnología de este capítulo? ¿Cuáles son los elementos positivos de la sociedad contemporánea? ¿Cuáles son los negativos? En grupos de tres estudiantes, hagan dos listas de esos elementos —una de los positivos y otra de los negativos— para ver cuál es más larga. Luego, comparen su lista con las de los otros grupos. ¿Están todos de acuerdo en cuanto a su visión de la cultura actual?

PAPEL Y LÁPIZ En su cuaderno de apuntes, explore más la relación del cuadro con los temas de geografía, demografía y tecnología.

- Organice sus ideas sobre la sociedad moderna en un mapa semántico como el siguiente.

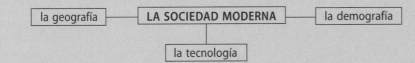

- Analice las asociaciones que Ud. apuntó en su mapa. ¿Son una mezcla de lo positivo y lo negativo o predomina uno sobre otro?
- Escriba varias oraciones para resumir sus ideas y expresar la idea principal que contiene su mapa.

LA ɪᴡᴍ MIL

Aproximaciones al texto

La deshumanización

Dehumanization, or the gradual elimination of humankind's fundamental and definitive characteristics, is an essential element in the development of science fiction and futuristic stories since this literary genre centers around the contrasts and conflicts generated by man's dependency on the latest technological advances. The dehumanizing process may be developed, nurtured, and revealed in a variety of ways, such as the characters' actions, interactions with other characters, clothing, and their attitudes or beliefs toward societal conventions and norms. In addition, the collective characters may identify with a specific locale or tradition, or they might accept and later reject that milieu (environment), which reveals a great deal about their psychological and social values.

In futuristic fiction, the reporting of human interaction through monologue, dialogue, or narrative description is often underscored by exaggeration, irony, and parody and allows the reader to reflect on the fundamental changes wrought by the increasing dependency on technology. The complexities of the plot, especially the interplay between the characters who gravitate toward the technology, underscore the universal challenges that humankind faces in the path of progress.

In the following activities, you will read a brief passage that highlights some of the negative consequences of impersonal, electronic communication. As you read, keep in mind the advantages and disadvantages of the situation. What details allow you to construct a visual image of the characters and the society in which they exist? Is the narrator's tone cynical, satirical, or humoristic?

A El siguiente pasaje viene del cuento que va a leer en esta parte: «La ɪᴡᴍ mil», escrito por la escritora ecuatoriana Alicia Yáñez Cossío.

■ Lea la selección, prestando atención primero a las aplicaciones del aparato (*machine*) inventado, la «ɪᴍᴡ mil», cuyo nombre sirve de título a este cuento, y después a las preguntas que alguna gente le hacía a ese aparato.

Por medio de[1] la ɪᴡᴍ mil, se podía escribir cualquier tipo de literatura, componer música y hasta hacer pinturas. Los trabajos de creación fueron desapareciendo[2] porque cualquier gente, con tiempo y paciencia suficiente, podía hacer cualquier obra semejante y hasta superior a la que hicieron los antiguos artistas, sin tener que exprimir[3] el cerebro, ni sentir nada extraño y anormal.

Algunas gentes se pasaban sacando datos[4] a la ɪᴡᴍ mil por el gusto de conocer algo. Otras lo hacían por salir de un apuro[5] y otras le preguntaban cosas sin ninguna importancia, simplemente por el placer[6] de que alguien les contestara alguna cosa aunque fuera de su mundo familiar y aburrido.

[1]Por… *By means of*   [2]fueron… *kept disappearing*   [3]sin… *without having to exert*
[4]se… *overdid it getting information, data*   [5]*tight spot*   [6]*pleasure*

—¿Qué es etatex?

—¿Qué quiere decir híbrido[7]?

—¿Cómo se hace un pastel de chocolate?

—¿Qué quiere decir «Pastoral de Beethoven»?

—¿Cuántos habitantes hay actualmente en el mundo?

—¿Quién fue Viriato°?

—¿Qué distancia hay de la Tierra a Júpiter?

—¿Cómo pueden eliminarse las pecas[8]?

—¿Cuántos asteroides se han descubierto este año?

—¿Para qué sirve el páncreas?

—¿Cuándo fue la última guerra mundial?

—¿Qué edad tiene mi vecina?

—¿Qué quiere decir recíproco?

Las modulaciones de la voz incidían[9] sobre unas membranas electrónicas supersensibles[10] que se conectaban con el cerebro de la máquina y computaban en seguida el dato pedido,[11] que no siempre era el mismo porque por el tono de la voz, la máquina computaba el dato escuetamente[12] o con las referencias necesarias.

[7]*hybrid*   [8]*freckles*   [9]*fell*   [10]*hypersensitive*   [11]*requested*   [12]*simply, directly*

■ Ahora, indique las palabras entre paréntesis que mejor completen la descripción a continuación. Al final, llene los espacios en blanco con información del texto.

En este pasaje, la autora empieza a describir las aplicaciones de (un personaje / una máquina)[1] que se llama (IWM diez / IWM mil).[2] Ella dice que el número de obras creativas fue (aumentado / reducido)[3] porque con el aparato la gente con tiempo y/e (suficiente / insuficiente)[4] paciencia podía crear obras de literatura, música y pintura de calidad (igual / desigual)[5] y hasta (inferior / superior)[6] a las obras que los (nuevos / antiguos)[7] artistas crearon, (sin / sólo con)[8] tener que pensar. El narrador / La narradora afirma que ciertas personas le hacían preguntas a la innovación sólo por el (disgusto / placer)[9] de pasar el tiempo y otras para _____.[10] Típicamente, la máquina respondía _____[11] con los datos pedidos, que no siempre eran (los mismos / diferentes)[12] porque el tono de la voz de la persona que hacía la pregunta determinaba los datos y las referencias que _____.[13]

B **¡NECESITO COMPAÑERO!** Lean la siguiente parte del cuento «La IWM mil» y piensen en los atributos humanos que se le han dado a la máquina. En su opinión, ¿cómo se personifica a la IWM mil? ¿Se parece a algo que Uds. ya conocen en la vida actual? Expliquen.

Se había inventado un aparato que se llamaba la IWM mil y éste fue el último invento porque con él se dio por terminada[1] toda una era. La IWM mil era una máquina muy pequeña, del tamaño[2] de un antiguo maletín escolar.[3] Era muy manuable, de poco peso y estaba al alcance[4] económico de cualquier persona que se interesara por saber algo. En la IWM mil estaba encerrado[5] todo el saber humano y todo el conocimiento de todas las bibliotecas del mundo antiguo y moderno.

[1]*se… was considered over*   [2]*size*   [3]*school bag*   [4]*al… within reach*   [5]*enclosed*

■ **la personificación** = el hecho de atribuir de ciertas características y cualidades humanas a los animales o a las cosas inanimadas o abstractas

°Viriato (179–139 b.c.) was a Spanish chieftain who led Lusitanian rebels against the dominant Roman troops.

PALABRAS Y CONCEPTOS

computar   to compute
consultar   to consult
crear   to create
darse cuenta de   to realize
dejar de lado   to leave aside
depender (de)   to depend (on)
desaparecer   to vanish
estar al alcance   to be within the reach of
olvidarse de   to forget about
rodearse de   to be surrounded
soñar (ue) en   to dream about
suministrar   to provide

el adelanto de la técnica   technological advance
el aparato   apparatus, machine
el barco   boat
la computadora   computer
el conocimiento   knowledge, cognition

la copa (de un árbol)   tree top
el dato   data, information
la enseñanza   teaching
el invento   invention
la obra   work, piece of work
el ordenador   computer (*Sp.*)
el pormenor   detail
la preocupación   preoccupation, worry
el saber   learning, knowledge, lore
el ser humano   human being
el zumo   juice

anticuado/a   antiquated
respectivo/a   respective
sabio/a   wise, learned (person)
verdadero/a   true, real

ni siquiera   not even

A **¡NECESITO COMPAÑERO!** Examinen los usos de una computadora u ordenador y los trabajos que uno puede realizar y no puede realizar con uno de estos aparatos en la vida moderna. ¿Qué no podía hacer la gente antes del invento de la computadora? ¿Creen Uds. que esto podría ser considerado como una ventaja? ¿Sería desventaja? ¿Por qué?

B **ENTRE TODOS** Imagínense que Uds. han conseguido una IWM mil y describan cómo, cuándo y dónde la van a usar. Describan los usos que tendrá (*will have*) y algunos de los que no tendrá. Luego, trabajen juntos para indicar cómo sería (*would be*) la civilización moderna sin este invento. ¿Creen Uds. que la sociedad en general sería mejor si ninguna persona lo tuviera? ¿o sería peor? Expliquen.

C ¡NECESITO COMPAÑERO! Completen las afirmaciones a continuación. Compartan sus respuestas con sus compañeros de clase.

1. El adelanto tecnológico que necesito / deseo / utilizo más en la vida diaria es _____.

2. Algunos de los usos típicos para la computadora son _____.

3. En mi opinión, los artistas deben / no deben usar la computadora para crear el arte (pinturas, dibujos, música) porque _____.

4. En el mundo actual, la sociedad depende de la tecnología para _____.

5. Algo que está desapareciendo debido a la proliferación de las computadoras es _____ porque _____.

6. Si yo pudiera escaparme a un lugar imaginario en donde no existieran los últimos adelantos de la tecnología, allí podría _____.

7. Para mí, la sociedad utópica tendrá / no tendrá _____.

8. Una persona «civilizada» es aquélla que _____.

D IMPROVISACIONES Divídanse en grupos de tres o cuatro personas. El profesor / La profesora les asignará uno de los dos temas a continuación. Cada grupo debe conversar sobre el tema asignado, usando las palabras de la lista de vocabulario. Después, compartan sus conclusiones con el resto de la clase.

1. Observen el primer dibujo del texto. ¿Qué palabras de la lista de vocabulario corresponden aquí? Y en el texto, ¿cómo se describe lo que pasa en el dibujo? En su opinión, ¿cuál es el conflicto? ¿Cómo se siente cada uno de los personajes? ¿Por qué? Inventen un diálogo entre ellos y hagan predicciones acerca de una solución.

2. Lean el siguiente pasaje del texto y luego busquen el dibujo que corresponde a ese párrafo.

Después del jet, toman un lento barco, luego una canoa, caminan muchos kilómetros a pie y llegan a Takandia. Allí se ven rodeados de seres horribles, los cuales ni siquiera se ponen un discreto taparrabo,[1] viven en las copas de los árboles, comen carne cruda porque no conocen el fuego y se pintan el cuerpo con zumos vegetales.

[1]*louncloth*

¿Qué palabras de la lista de vocabulario aparecen en el párrafo? ¿Qué elementos del dibujo se describen en el pasaje? ¿Quiénes son las personas que llegan a la isla? ¿Y quiénes son los seres que encuentran allí? ¿Cómo viven? En su opinión, ¿qué sorpresas les esperan a los dos grupos? Expliquen.

La IWM mil

Ecuador

■ **el epígrafe** = cita breve de un autor que se pone al principio de una obra literaria, que sugiere lo que la ha inspirado

SOBRE LA AUTORA **Alicia Yáñez Cossio (1929–)** nació en Quito, Ecuador, en una familia de doce hijos. Desde su juventud, se escapaba de la rutina diaria para escribir poemas y cuetos de fantasía en los cuales relataba la existencia de personajes imaginativos y activos. Además de ser escritora y maestra, igual que ama de casa y madre de cinco hijos a quienes dedicaba la mayor parte de su tiempo, Yáñez Cossio seguía escribiendo en varios géneros, inclusive novelas y cuentos futuristas en los cuales ella lamenta algunos adelantos de la tecnología que sirven para complicar la existencia del ser humano. El cuento que va a leer a continuación es una parodia que presenta una visión negativa de la vida moderna en la cual la creatividad, la innovación y el individualismo se vuelven valores arbitrarios, creando así una gran desilusión en el ser humano.

«*Un hombre no es sino lo que sabe.*» Francis Bacon

1　Hace mucho tiempo, todos los profesores desaparecieron tragados[1] y digeridos[2] por el nuevo sistema. Se cerraron todos los centros de enseñanza porque eran anticuados, y sus locales se convirtieron en casas habitacionales[3] donde pululaban[4] gentes sabias y muy organizadas, pero incapaces de crear nada nuevo.

5　　El saber era un artículo que se podía comprar y vender. Se había inventado un aparato que se llamaba la IWM mil y éste fue el último invento porque con él se dio por terminada toda una era. La IWM mil era una máquina muy pequeña, del tamaño de un antiguo maletín escolar. Era muy manuable, de poco peso y estaba al alcance económico de cualquier persona que se interesara por saber algo. En la IWM mil estaba encerrado todo el saber humano y todo

10　el conocimiento de todas las bibliotecas del mundo antiguo y moderno.

　　Nadie tenía que tomarse la molestia de aprender[5] algo porque la máquina que llevaba colgada de la mano,[6] o que estaba sobre cualquier mueble de la casa, le suministraba cualquier conocimiento. Su mecanismo era tan perfecto, y tan precisos los datos que daba, que no había quien tuviera la osadía de comprobarlos[7] por su cuenta. Su manejo era tan sencillo

15　que los niños se pasaban jugando (ᴨ) con ella. Era una prolongación del cerebro humano. Muchas gentes no se separaban de ella ni siquiera durante los actos más personales e íntimos. Eran más sabios mientras más dependían del aparato.

　　Una gran mayoría, al saber que el conocimiento estaba tan al alcance de la mano, nunca había tocado una IWM mil, ni siquiera por curiosidad. No sabían leer ni escribir.

20　　Se sentían felices de tener una preocupación menos y disfrutaban[8] más de los otros adelantos de la técnica.

　　Por medio de la IWM mil, se podía escribir cualquier tipo de literatura, componer música y hasta hacer pinturas. Los trabajos de creación fueron desapareciendo (ᴨ) porque cualquier gente, con tiempo y paciencia suficiente, podía hacer cualquier obra semejante y hasta supe-

25　rior a la que hicieron los antiguos artistas, sin tener que exprimir el cerebro, ni sentir nada extraño y anormal.

[1]*swallowed*　[2]*digested*　[3]casas… *living quarters*　[4]*swarmed, abounded*　[5]tomarse… *to bother learning*　[6]llevaba… *carried by hand*　[7]osadía… *audacity to verify them*　[8]*enjoyed*

Algunas gentes se pasaban sacando datos a la IWM mil por el gusto de conocer algo. Otras lo hacían por salir de un apuro y otras le preguntaban cosas sin ninguna importancia, simplemente por el placer de que alguien les contestara alguna cosa aunque fuera de su

30 mundo familiar y aburrido.

—¿Qué es etatex?

—¿Qué quiere decir híbrido?

—¿Cómo se hace un pastel de chocolate?

—¿Qué quiere decir «Pastoral de Beethoven»?

35 —¿Cuántos habitantes hay actualmente en el mundo?

—¿Quién fue Viriato?

—¿Qué distancia hay de la Tierra a Júpiter?

—¿Cómo pueden eliminarse las pecas?

—¿Cuántos asteroides se han descubierto este año?

40 —¿Para qué sirve el páncreas?

—¿Cuándo fue la última guerra mundial?

—¿Qué edad tiene mi vecina?

—¿Qué quiere decir recíproco?

Las modulaciones de la voz incidían sobre unas membranas electrónicas supersensibles

45 que se conectaban con el cerebro de la máquina y computaban en seguida el dato pedido, que no siempre era el mismo porque por el tono de la voz, la máquina computaba el dato escuetamente o con las referencias necesarias.

A veces dos sabios se ponían a charlar y cuando alguno tenía una opinión diferente, consultaba a su respectiva máquina, planteaba el problema a su modo[9] y las máquinas habla-

50 ban y hablaban. Se hacían objeciones por su cuenta y muchas veces ya no eran los sabios sino[10] las máquinas quienes trataban de convencerse entre sí. Los que habían empezado la discusión escuchaban, y cuando se cansaban de escuchar, se ponían a apostar[11] cuál de las máquinas se iba a quedar con la última palabra debido a[12] la potencia de los respectivos generadores.

55 Los enamorados hacían conjugar a sus máquinas todos los tiempos del verbo amar y escuchaban canciones román- ticas. En las oficinas y lugares administrativos se daban órdenes por cintas magnetofónicas[13] y las IWM mil comple- taban los detalles[14] del trabajo. Muchas gentes se habitua-

60 ron a conversar sólo con sus respectivas máquinas, así nadie les contradecía[15] porque sabían lo que la máquina iba a res- ponder, o porque creían que entre una máquina y un ser humano no podía existir rivalidad. Una máquina no podía acusar a nadie de ignorante, podían preguntar todo.

65 Muchas peleas y discusiones caseras[16] se hacían por medio de la IWM mil, pedían al aparato que dijera al contrin- cante[17] las palabras más soeces[18] y los insultos más viles en el volumen más alto, y cuando querían hacer las paces,[19] las hacían en seguida porque no fueron ellos sino las IWM mil

70 quienes las dijeron.

[9]a… his own way   [10]but rather   [11]se… they would start betting   [12]debido… due to   [13]por… on tape   [14]details   [15]contradicted   [16]discusiones… domestic arguments   [17]opponent   [18]más… filthiest [19]hacer… to make up; to make peace

Los hombres empiezan a sentirse realmente mal. Consultan a sus IWM mil y éstas les dicen que sus organismos no pueden tolerar una sola dosis más de pastillas estimulantes porque han llegado al límite de la tolerancia, y además computa que las posibilidades de suicidio van en aumento y que se hace necesario un cambio de vida.

75   La gente quiere volver al pasado, pero es demasiado tarde; algunos intentan dejar de lado sus IWM mil, pero se sienten indefensos. Entonces consultan a las máquinas si existe algún lugar en el mundo donde no haya nada parecido a las IWM mil, y las máquinas dan las señas[20] y pormenores de un lugar remoto que se llama Takandia. Algunos empiezan a soñar con Takandia. Regalan la IWM mil a los que sólo tienen una IWM cien. Comienzan a realizar una serie

80   de actos extraños: van a los museos, se quedan en las secciones de libros mirando (ᑎᑐ) algo que les intriga sobremanera[21] y quisieran tenerlo entre sus manos: son pequeños y maltratados silabarios[22] en los cuales los niños de las civilizaciones antiguas aprendían lentamente a leer valiéndose de signos,[23] para lo cual debían asistir a un determinado sitio que se llamaba escuela. Los signos se llamaban letras, las letras se dividían en sílabas y las sílabas estaban

85   hechas de vocales y de consonantes. Cuando las sílabas se juntaban formaban palabras y las palabras eran orales y escritas… Cuando estas nociones se hacen del dominio general,[24] algunos hombres vuelven a estar muy contentos porque son los primeros conocimientos adquiridos por sí mismos y no a través de la IWM mil.

Muchos salen de los museos a las pocas tiendas de anticuarios que quedan y no paran

90   hasta encontrar silabarios, los cuales ruedan de[25] mano en mano, a pesar de que se pagan por ellos precios altísimos. Cuando tienen los silabarios se ponen a descifrarlos: aeiou, ma me mi mo mu, pa pe pi po pu. Les resulta fácil y ameno.[26] Cuando saben leer adquieren todos los pocos libros que pueden, son pocos, pero son libros: *Acción de la clorofila sobre las plantas*, *Los Miserables* de Víctor Hugo, *Cien recetas de cocina*, *Historia de las Cruzadas*… Se ponen a

95   leer y cuando pueden adquirir conocimientos por sí mismos, empiezan a sentirse mejor. Dejan de tomar pastillas estimulantes. Tratan de comunicar estas nuevas sensaciones a sus semejantes. Algunos los miran con recelo[27] y desconfianza, y los catalogan como locos. Entonces estas pocas personas son las que se apresuran a comprar un pasaje para Takandia.

100   Después del jet, toman un lento barco, luego una canoa, caminan muchos kilómetros a pie y llegan a Takandia. Allí se ven rodeados de seres horribles, los cuales ni siquiera se ponen un discreto taparrabo, viven en las copas de los árboles, comen carne cruda porque

105   no conocen el fuego y se pintan el cuerpo con zumos vegetales.

Los hombres que han llegado a Takandia se dan cuenta de que por primera vez en sus vidas están entre verdaderos seres humanos y empiezan a sentirse feli-

110   ces. Buscan amigos, gritan como ellos y empiezan a quitarse la ropa y a dejarla tirada entre las matas.[28] Los habitantes de Takandia se olvidan por unos momentos de los visitantes para pelearse por las ropas que encuentran tiradas…

[20]dan… *give the directions*   [21]*exceedingly*   [22]*primers (books to teach spelling)*   [23]valiéndose… *making use of symbols*   [24]se… *become common knowledge*   [25]ruedan… *pass from*   [26]*pleasing, pleasant*   [27]*mistrust*   [28]dejarla… *to toss it into the bushes*

COMPRENSIÓN

A ¿Cierto (**C**) o falso (**F**)? Corrija las oraciones falsas.

1. _____ La acción empieza en una isla en el tiempo actual.

2. _____ Bajo el nuevo sistema, la creatividad de la gente sabia aumentaba.

3. _____ Aunque la IWM mil era popular, todavía era inaccesible para mucha gente debido a su precio alto.

4. _____ La máquina funcionaba como si fuera (*as if it were*) una extensión del cerebro humano.

5. _____ Por medio de la IWM mil, los escritores, músicos y artistas podían crear sus obras sin hacer ningún esfuerzo cerebral.

6. _____ Cuando alguien le hacía una pregunta a la máquina, ésta tomaba mucho tiempo para responder.

7. _____ Después de sentirse agobiada (*overwhelmed*) por el aparato, la raza humana ve que se necesita un cambio de vida.

8. _____ Aunque la gente quiere volver al pasado, se da cuenta de que no hay ningún lugar que no tenga una IWM mil.

9. _____ Al ponerse a leer y aprender información por sí mismos, los hombres sabios se sienten más confiados, aunque sus contrincantes los tratan con desconfianza.

10. _____ Cuando llegan a la tierra soñada de Takandia, los hombres empiezan a sentirse tristes.

B Complete las siguientes oraciones según el cuento.

1. Después de que los profesores desaparecieron, las universidades e instituciones de enseñanza tuvieron que cerrarse porque _____.

2. En vez de aprender por los métodos tradicionales de pensar, leer y escribir, la gente sólo tenía que _____.

3. La IWM mil era una máquina de tamaño pequeño que _____.

4. Aunque mucha gente utilizaba la máquina para enterarse de cualquier cosa, había una gran mayoría que _____.

5. Una de las consecuencias del uso constante de la IWM mil era _____.

6. Con el paso del tiempo, los hombres empezaron a sentirse mal porque _____.

7. Según la IWM mil, había un lugar remoto donde no se podía _____.

8. Cuando la gente deja de depender de _____ las máquinas, empieza a sentirse mejor, pero los que todavía dependen de ellas _____.

9. Al llegar a Takandia, los hombres se encuentran rodeados de _____ que viven en _____.

10. Para adaptarse a la vida en el nuevo lugar, los recién llegados empiezan a _____.

C Describa brevemente en español los siguientes lugares, cosas o personas.

1. la IWM mil
2. la raza humana antes y después del invento de la IWM mil
3. un silabario
4. Takandi
5. el saber y el concimiento

D **¡NECESITO COMPAÑERO!** Indiquen los adjetivos que describen la IWM mil según la información del cuento. ¿Cuáles podrían agregarse a la lista a continuación? Luego, compartan sus ideas con los demás. ¿Qué revelan sus descripciones acerca de la percepción del aparato?

aburrido	confiable	estimulante	informativo/a
anticuado/a	costoso/a	fundamental	lento/a
(in)capaz de	curioso/a	ignorante	manuable
pensar	deseado	imperfecto/a	peligroso
cerebral	difícil de	indispensable	preciso
complicado/a	manejar		

Ahora escriban una descripción (de dos o tres líneas) de la IWM mil y el efecto que tuvo sobre la civilización. En su opinión, ¿fue positivo este efecto o negativo? ¿Por qué?

E Explique con sus propias palabras cuál es el conflicto básico expresado en el cuento.

INTERPRETACIÓN

A Según el narrador / la narradora, los sabios de la sociedad desaparecieron a causa del nuevo sistema. Busque información en el texto para confirmar esta idea y explique las consecuencias. En su opinión, ¿qué características tenía la IWM mil que hicieran este cambio tan drástico?

B ¿Qué semejanzas y diferencias se podían distinguir entre las comunicaciones de la IWM mil y las del ser humano? Describa una de esas ventajas y una de las desventajas tanto del ser humano como de la máquina.

C ¿Qué revelan las preguntas que algunas personas le hacían a la IWM mil acerca de sus preocupaciones, intereses y problemas de la vida diaria? ¿Cuál(es) de esas preguntas le parecería(n) a Ud. más verosímil(es) y cuál(es) más inverosímil(es), aplicada(s) a nuestra sociedad? ¿Por qué?

D En su opinión, ¿por qué quería la gente volver al pasado con los museos, las tiendas de anticuarios y los silabarios? Busque el pasaje del cuento que menciona esta preocupación y explíquelo con sus propias palabras.

E Si Ud. pudiera imaginar un lugar parecido a Takandia, ¿en qué continente o país lo encontraría probablemente? ¿Qué esperaría encontrar allí? ¿Qué imágenes visuales, auditivas y cinéticas asociaría Ud. con ese paisaje?

F ¿Cuál es el tema del cuento? ¿y el subtema? Mencione el papel de la computadora en el mundo de hoy y su influencia en los otros avances tecnológicos (el avión / el jet, los satélites, el transbordador espacial [*space shuttle*] y el teléfono celular) que dependen de ella.

G Examine el uso de la exageración, la ironía y la parodia en el texto para plantear el problema de la impersonalización y deshumanización que enfrenta la sociedad moderna. ¿Qué ironía existe en el hecho de que algunas personas, en particular las que se obsesionan más por los últimos adelantos, acaban por mudarse a una isla remota? En su opinión, ¿cómo ha contribuido la tecnología a la destrucción de la sociedad?

H El cuento tiene un fin abierto, es decir, que no hay una conclusión definitiva. ¿Por qué cree Ud. que su autora eligió esta técnica narrativa para terminarlo? Explique.

APLICACIÓN

A **PAPEL Y LÁPIZ** Según el cuento que Ud. acaba de leer, ¿cuál es la visión de la civilización antes de rodearse de los adelantos de la tecnología? ¿Es positiva esta visión o negativa? ¿Cómo es después? Vuelva a pensar en las impresiones que Ud. tiene de la gente que depende del aparato, sus valores y preocupaciones. Luego, haga el papel de una de estas personas e imagínese cómo ha cambiado su vida después de tener una IWM mil y escríbale una carta a alguien que no la tiene explicándole por qué Ud. depende tanto de ella. ¿Cómo podría Ud. convencer a esa persona de que debería conseguir su propia máquina en seguida? Use detalles del texto e invente otros necesarios para apoyar su argumento.

B Imagínese que Ud. acaba de regresar de una visita a Takandia. Compare las semejanzas y las diferencias entre aquel lugar, incluyendo su ritmo de vida, con el lugar donde Ud. vive actualmente. En su opinión, ¿cuál(es) serían las ventajas de vivir en un lugar así? ¿y las desventajas? Explique.

C **PAPEL Y LÁPIZ** La situación presentada en «La IWM mil» es una parodia que pone en ridículo la idea de una sociedad obsesionada y consumida por los últimos avances tecnológicos. Examine esta idea en su cuaderno de apuntes, sugiriendo algunas maneras de incorporar tales avances en la vida moderna sin que el individuo deje de pensar, crear y expresarse por sí mismo.

D Al final del cuento, se sugiere que los hombres que acaban de llegar a Takandia van a tener sorpresas y enfrentar conflictos en su nuevo ambiente. En su opinión, ¿serán agradables o desagradables esas experiencias? ¿Cómo cree Ud. que terminará el cuento?

E La autora Alicia Yáñez Cossio empieza el cuento con una cita del filósofo, Francis Bacon: «Un hombre no es sino lo que sabe». ¿Qué significado puede tener esta afirmación en el contexto de «La IWM mil»? ¿Está Ud. de acuerdo con esta idea? ¿Por qué sí o por qué no?

F En su opinión, ¿qué adelantos de la tecnología pueden llevar a la deshumanización, es decir, a la destrucción de la raza humana y la civilización, como la conocemos? Explique y dé ejemplos para apoyar su opinión.

G **IMPROVISACIONES** En grupos de tres, inventen un final diferente y original para el cuento y prepárense para dramatizarlo frente a la clase. Pueden agregar otros personajes y detalles para representarlo. Después de la presentación, comparen sus dramatizaciones con las de los demás. ¿En qué aspectos se asemejan y en cuáles difieren?

APOCALIPSIS
Aproximaciones al texto
La «desfamiliarización» (Parte 2)

Writers use different approaches to break with the reader's expectations. A frequent technique employed in narrative literature to disrupt accepted patterns of communication is the introduction of a new type of narrator, perhaps an "innocent" or "detached" one, who does not fully comprehend what he or she is reporting, observing, and telling. This narrator, who remains outside the normal power structure, communicates a vision of the events that does not take for granted certain conventions. What is normal is now challenged, turned upside-down, confronted with another perspective that does not accept the natural order of things. The narrator might employ long, detailed, and uninterrupted descriptions for lack of appropriate terminology, or will repeat what others have said without understanding the full meaning of the words. Hence, the narrator appears to present a distorted or eerie echo of institutionalized discourse, thus emerging as less than human, even super-human or robotic. Because the narrator remains on the fringes, or outside the system, and does not know its rules or the language normally used to express this reality, the defamiliarization technique offers the reader the opportunity to step back and reconsider events with a fresh vision and a more critical eye.

In the following activities you will be asked to read excerpts from a **micro-cuento** narrated by an unfamiliar narrator, whose presence in the future is foreboding. What do you know about the world in which he or she exists, based upon the limited amount of information that you are given? How do you arrive at this knowledge? How does the narration break with the conventional, preconceived notions of daily life, the progression of time, and the values of modern society?

A En la época moderna con la exploración del ciberespacio, algunas ideas de la ciencia ficción se acercan más y más a la realidad. ¿Cuál es la visión del futuro que se presenta en las siguientes líneas del microcuento, «Apocalipsis»? ¿Cómo será el futuro? ¿el ser humano? ¿el planeta?

1. La extinción de la raza de los hombres se sitúa aproximadamente a fines del siglo XXXII.

2. Los hombres ya no necesitaban comer, ni dormir, ni hablar, ni leer, ni escribir, ni pensar, ni hacer nada.

3. Les bastaba apretar (*push*) un botón y las máquinas lo hacían todo por ellos.

4. Sólo había máquinas… No se podía dar un paso ni hacer un ademán (*gesture*) sin tropezarse con una de ellas.

5. Finalmente los hombres fueron eliminados.

   Ahora, ¿qué sabe Ud. acerca del narrador? ¿Quién y cómo es? ¿Cómo se sabe? ¿Cómo difiere del narrador típico que narra un cuento convencional? ¿Qué visión tiene del tiempo pasado, presente y futuro?

B ¡NECESITO COMPAÑERO! Apunten por lo menos cinco ideas «fantásticas» sobre cómo será la vida en el siglo XXXII y cómo serán los seres humanos en cien años. Luego compartan sus ideas con los demás para determinar en qué se asemejan y en qué difieren.

C ¡NECESITO COMPAÑERO! ¿Qué valor les dan Uds. a las siguientes cosas que representan la cultura y la civilización de la humanidad? Expliquen la importancia de cada una en la actualidad y luego pónganlas en orden de importancia (de 1 a 10). ¿Qué revelan los resultados acerca de la raza humana? ¿acerca del papel de la tecnología?

_____ la música clásica, en particular las nueve sinfonías de Beethoven

_____ las antigüedades (los muebles, pinturas, las bellas artes)

_____ los vinos finos, por ejemplo, los de Burdeos (*Bordeaux*)

_____ los tapices flamencos

_____ la obra de Verdi

_____ la *Piedad* de Miguel Ángel (*Michelangelo*)

_____ las ruinas griegas y romanas, como el Partenón y el Foro Trajano (*Trajan's* [*Roman*] *Forum*)

_____ las sequoias gigantes de California

_____ las catedrales góticas

_____ los automóviles

D Ahora, examine el título del cuento y estudie el dibujo que lo acompaña. Tomando en cuenta también las líneas que acaba de leer, determine lo que es un «microcuento», el género que el escritor emplea para desarrollar su visión del futuro. ¿Representa una visión familiar de la realidad? Explique. ¿Cuáles son las cosas esenciales para mantener una alta calidad de vida, según nuestra civilización moderna? ¿Parece que el narrador acepta el valor y la importancia de estas cosas? ¿Por qué? ¿Cómo supone Ud. que va a ser este cuento? ¿cómico o serio? ¿emocionante o indiferente? ¿Presentará una visión del futuro que está de acuerdo con los valores de la sociedad actual? Explique.

PALABRAS Y CONCEPTOS

alcanzar   to reach, attain
apretar (ie)   to press
duplicarse   to duplicate
situarse   to occur, take place
tropezar(se) (ie) con   to bump into, stumble over

el ajedrez   chess
las antigüedades   antiques, antiquities
el Apocalipsis   Apocalypse, Apocalypsis
la extinción   extinction

la golondrina   swallow
la raza   race
la sinfonía   symphony
el tapiz   tapestry

disponible   available
flamenco/a   Flemish
gótico/a   Gothic
paulatinamente   gradually

A   Nombre por lo menos cuatro cosas de la lista de vocabulario que se asocian con la civilización y la cultura. ¿Qué valor tiene cada una para Ud.?

B   ¿Cuáles son algunas de las cosas del mundo civilizado y culto que no se pueden o deben duplicar en su opinión? ¿Por qué?

C   ¿Qué cosas se asocian con la extinción? Nombre algunas cosas extintas y luego indique una de las posibles razones de su desaparición.

D   Explique la importancia cultural y/o histórica y social de cada una de las siguientes cosas. ¿Cuál(es) representa(n) los avances tecnológicos de la actualidad? ¿Tiene Ud. una opinión negativa o positiva de cada una? ¿Por qué?

1. los discos compactos de música clásica, popular, contemporánea
2. los museos de arte clásico
3. las ruinas de civilizaciones anteriores
4. la computadora, la impresora y la red de comunicación
5. el teléfono inalámbrico (*cordless*) o celular
6. los parques de diversiones
7. los estadios de deportes
8. los mapas electrónicos
9. las tiendas de antigüedades
10. los coches, las motocicletas y las bicicletas
11. las comidas orgánicas
12. el televisor de colores / de pantalla grande
13. las transacciones bancarias electrónicas
14. la cirugía láser

E Defina brevemente los siguientes términos en español.

1. la raza humana

2. paulatinamente

3. alcanzar la perfección

F En su opinión, ¿cuáles son algunos de los avances tecnológicos que han alcanzado la perfección? ¿Han mejorado o empeorado la calidad de la vida? ¿Cómo? ¿Cuál(es) le gustaría a Ud. ver eliminado(s) si fuera posible? Explique.

Apocalipsis

Argentina

SOBRE EL AUTOR **Marco Denevi (1922–1998),** uno de los escritores más destacados de Hispanoamérica, nació en Buenos Aires, Argentina, en 1922. Se considera un autor prolífico y profundamente compenetrado de la realidad social, política y económica de su país natal. Sus extensas publicaciones incluyen más de sesenta obras, entre ellas novelas, dramas, cuentos y colecciones de poesía. Además de ganar aclamación por su primera novela *Rosaura a las diez,* es el inventor del «microcuento», o sea un cuento corto que le presenta al lector una nueva perspectiva de los mitos y las leyendas clásicas de la literatura. Muchas de sus otras se relacionan con los efectos de la tecnología en el hombre moderno. En el microcuento a continuación, «Apocalipsis», Denevi presenta una visión fantástica del futuro.

1　La extinción de la raza de los hombres se sitúa aproximadamente a fines del siglo XXXII. La cosa ocurrió así: las máquinas habían alcanzado (←) tal perfección que los hombres ya no necesitaban comer, ni dormir, ni hablar, ni leer, ni
5　escribir, ni pensar, ni hacer nada. Les bastaba apretar un botón y las máquinas lo hacían todo por ellos. Gradualmente fueron desapareciendo (ꞁꞁ) las mesas, las sillas, las rosas, los discos con las nueve sinfonías de Beethoven, las tiendas de antigüedades, los vinos de Burdeos, las golondri-
10　nas, los tapices flamencos, todo Verdi, el ajedrez, los telescopios, las catedrales góticas, los estadios de fútbol, la Piedad de Miguel Ángel, los mapas, las ruinas del Foro Trajano, los automóviles, el arroz, las sequoias gigantes, el Partenón. Sólo había máquinas. Después los hombres empezaron a
15　notar que ellos mismos iban desapareciendo (ꞁꞁ) paulatinamente y que en cambio las máquinas se multiplicaban. Bastó poco tiempo para que el número de los hombres quedase reducido a la mitad y el de las máquinas se duplicase. Las máquinas terminaron por ocupar todos los sitios disponibles. No se podía dar un paso ni hacer un además sin tropezarse con una de ellas. Finalmente los hombres fueron eliminados. Como el
20　último se olvidó de desconectar las máquinas, desde entonces seguimos funcionando (ꞁꞁ).

■ **la sátira** = cualquier escrito que censura o pone algo o a alguien en ridículo

COMPRENSIÓN

A ¿Cierto (**C**) o falso (**F**)? Corrija las oraciones falsas.

1. _____ En este microcuento, la raza humana se extingue a fines del siglo actual.

2. _____ Los hombres se morían porque ya no podían comer.

3. _____ De repente fueron desapareciendo los objetos funcionales, las antigüedades y las bellas artes.

4. _____ Por fin, las máquinas se duplicaban y el número de los hombres se reducía.

5. _____ Parece que el último hombre desconectó las máquinas.

B Basándose en el microcuento, nombre una comida y una bebida que probablemente desaparecieron. Indique también unos objetos de uso diario y varias manifestaciones de las bellas artes que iban desapareciendo. ¿Cuál es la utilidad y la necesidad de estos objetos y cosas en la vida del ser humano? ¿Qué efecto tiene cada uno para Ud.? ¿Cómo sería su vida si estos objetos ya no existieran?

C ¡NECESITO COMPAÑERO! Contesten las preguntas a continuación. Busquen en el texto información para apoyar sus respuestas.

1. ¿En qué siglo/año transcurre la acción?

2. ¿Cómo utilizaron los hombres las máquinas al principio? ¿Cómo iba cambiando la situación?

3. Según el microcuento, las cosas fueron desapareciendo gradualmente, es decir, poco a poco. ¿Por qué? ¿Qué revela esto acerca de los hombres que utilizaban las máquinas?

4. ¿De qué se dieron cuenta (*realized*) los hombres después de la duplicación y la multiplicación de las máquinas?

5. ¿Por qué dice el narrador: «no se podía dar un paso sin tropezarse con una máquina»?

6. ¿Qué papel tuvo el ser humano en la extinción de la raza?

7. ¿Quién narra el microcuento? ¿Cómo se sabe?

INTERPRETACIÓN

A En «Apocalipsis», los hombres inventan máquinas que los llevan a su propia destrucción. ¿Cree Ud. que las máquinas también podrían (*could*) inventar maneras de destruirse? Explique.

B Muchas historias del Apocalipsis se refieren al fin del mundo como algo terrible, catastrófico y rápido. ¿Cómo transcurrió el fin de la civilización y de la humanidad en este cuento? ¿Por qué cree Ud. que el escritor lo describió así? ¿De qué forma es este fin «desfamiliar» para el lector / la lectora?

C En su opinión, ¿es nuestro mundo parecido al mundo descrito en «Apocalipsis»? Explique en qué son diferentes y semejantes los dos mundos. ¿Qué elementos fantásticos y reales se ven en cada uno? ¿Vamos gradualmente hacia el mundo futurístico del cuento? Explique.

D ¡NECESITO COMPAÑERO! Completen las siguientes oraciones con sus propias ideas y opiniones sobre el pasado, el presente y el futuro.

1. En el pasado, la raza humana dependía de _____ para sobrevivir, pero en el presente depende de _____. En el futuro es posible que la humanidad dependa de _____.

2. Si yo pudiera (*could*) ayudar a conservar un sitio de interés histórico y cultural, sería (*would be*) _____ porque _____.

3. En mi familia, las máquinas de mayor uso en nuestras vidas son _____.

4. En el futuro, el hombre no va a necesitar _____.

5. Si las máquinas controlaran el mundo, entonces _____.

6. Algunas de las máquinas que prefiero no usar son _____ porque _____.

7. Cuando yo era joven, dependía de _____, pero ahora dependo de _____.

8. Para mí, la palabra «Apocalipsis» significa _____.

APLICACIÓN

A PAPEL Y LÁPIZ En este cuento, Denevi enumera las cosas que iban desapareciendo gradualmente antes de la extinción de la raza humana y antes de la multiplicación de las máquinas. ¿Por qué cree Ud. que los hombres del microcuento inventaron las máquinas? ¿No se había alcanzado la perfección en otras invenciones? ¿Cómo se difieren las máquinas de las otras manifestaciones de la humanidad que el escritor menciona a lo largo del cuento? ¿Piensa Ud. que los avances científicos y tecnológicos tienen más valor para la sociedad actual? ¿Por qué?

B ESCENARIOS Si Ud. fuera director(a) de cine, ¿cómo realizaría (*would you produce*) una producción cinematográfica basada en este microcuento? ¿Qué eventos y acontecimientos tendría que (*would you have to*) filmar para desarrollar el tema del «Apocalipsis»? ¿Qué evidencia del progreso de la civilización se revelaría (*would be revealed*) a lo largo de la producción? ¿Cuál sería (*would be*) el conflicto central? ¿Tendría (*Would it have*) un desenlace familiar o «desfamiliar»? ¿Por qué?

C GUIONES Vuelva a pensar en el tema del Apocalipsis. Ahora haga el papel del último hombre o la última mujer que existe antes de este evento. Escriba un breve ensayo detallando cómo se podría cambiar el desenlace de la situación y salvarse la vida y tal vez la humanidad. ¿Qué necesitaría Ud. (*would you need*) hacer primero para efectuar un cambio profundo e inmediato? Detalle las medidas que debería (*you should*) tomar para evitar la destrucción total. Luego comparta sus ideas con la clase.

CAPÍTULO 6

El hombre y la mujer en el mundo actual

Rufino Tamayo (México), *La pareja*

Exploraciones

El cuadro de la página anterior rompe con la tradición del retrato (*portrait*) de una pareja. ¿Qué elementos del cuadro le parecen inquietantes (*disquieting*) o innovadoras? ¿En qué aspectos le parece que el cuadro rompe con la tradición del retrato? ¿Quiénes son las dos figuras? ¿Qué pueden representar las paredes? ¿los colores? De la siguiente lista, marque todas las interpretaciones que se puedan hacer sobre este cuadro de Rufino Tamayo.

- Las dos figuras representan un matrimonio.
- Representan el final de sus relaciones.
- Representan la unión entre los sexos.
- Las figuras se parecen mucho porque representan a todas las parejas.
- El color predominante es tan importante como las dos figuras.
- La escena representa el vacío (*emptiness*) del mundo actual.
- ¿ ?

Compare sus respuestas con las de los otros estudiantes de la clase. ¿Hay algunas interpretaciones que todos escogieron? ¿Hay otras que todos creen que no son probables? ¿Hay algunas interpretaciones que a Uds. se les ocurren, pero que no están en la lista? Comenten las diferencias de opinión para tratar de llegar a un consenso.

PAPEL Y LÁPIZ El título que el artista le puso a este cuadro puede tener bastante impacto en la interpretación de la obra. Apunte en su cuaderno de apuntes cómo el título «La pareja» influye en su interpretación del cuadro. Luego apunte dos o tres títulos alternativos y explique cómo éstos pueden cambiar su interpretación.

ROSAMUNDA

Aproximaciones al texto

Puntos de vista masculinos y femeninos

A knowledge of the literary and social conventions implicit in a text is a helpful tool for understanding the text. This is true for all kinds of texts, since even uncomplicated messages, such as those communicated in popular literature and in advertisements, require a great deal of cultural as well as linguistic knowledge to be understood.

The more one reads and becomes familiar with literary conventions, the easier it is to understand literary texts. Knowledge of literary conventions, however, does not necessarily imply only one interpretation of a text. Think of how many pages have been written on the character of Hamlet! An important reason for different interpretations is that each reader brings his or her personal experiences and perceptions to the text.

In recent years attention has focused on the differences between readers, and in particular, between male and female readers. Men and women appear to react to texts in different ways, whether for biological or sociohistorical reasons. Texts that are generally popular with one sex are often disliked by the other. And certain experiences that male writers and critics have presented as universal are limited to the male sphere of action, being either outside female experience or experienced negatively by women. For example, in James Joyce's *Portrait of the Artist As a Young Man,* the male protagonist contemplates a young woman on a beach and, through her sensuality and beauty, comes to a more profound understanding of beauty and of the universe in general. A male reader may well identify with this experience and incorporate Joyce's feelings and meaning, but a female reader may not respond in the same way; the presentation of female beauty as perceived by the male may be an alien experience for her.

A ¿Cuáles de los siguientes subgéneros cree Ud. que comúnmente se asocian más con el sexo femenino (**F**) y cuáles con el masculino (**M**)?

1. _____ novelas o películas de guerra
2. _____ novelas de ciencia ficción
3. _____ historias de amor
4. _____ novelas históricas
5. _____ comedias musicales
6. _____ novelas de espías
7. _____ melodramas
8. _____ películas de tipo «Indiana Jones»
9. _____ novelas rosa
10. _____ películas de tipo «Rambo»

Ahora piense en las siguientes obras y haga el mismo análisis.

11. _____ *The Clan of the Cave Bear* de Jean Auel

12. _____ *Spiderman*, versión de tebeo (*comic book*)

13. _____ *Silas Marner* de George Eliot

14. _____ *Little House on the Prairie* de Laura Ingalls Wilder

15. _____ *Pelican Brief* de John Grisham

16. _____ *Dungeons and Dragons*

17. _____ *It Takes a Village* de Hillary Rodham Clinton

18. _____ *It* de Stephen King

19. _____ *If Life Is a Bowl of Cherries, What Am I Doing in the Pits?* de Erma Bombeck

20. _____ la revista *Car and Driver*

Often the beginning paragraphs of a story or novel are the most difficult to follow because the context has not yet been fully established. To understand the beginning of the story in this chapter, use all the strategies practiced thus far. Focus on the words you know rather than on the words you don't know; be confident in your ability to guess unfamiliar words from context; and look for the overall sense of the passage rather than concentrating on every detail.

B Lea el siguiente pasaje —sobre una mujer que hace un viaje en tren— y luego conteste las preguntas en la página siguiente.

NOTA: Beginning in this chapter, symbols for verb tenses will be dropped. Remember that any verb form that ends in **-ndo** is the equivalent of English *-ing:* **hablando** = *speaking*, **comiendo** = *eating*, and so on. You can now recognize the forms of the past participle (for example, **comido, roto, trabajado**) and their use with **haber** to form the present perfect (**he comido** = *I have eaten*). Unfamiliar vocabulary, new grammatical structures, and various other verb forms will continue to be glossed at the bottom of the page.

> Estaba amaneciendo,[1] al fin. El departamento de tercera clase olía[2] a cansancio, a tabaco y a botas de soldado. Ahora se salía de la noche como de un gran túnel y se podía ver a la gente acurrucada, dormidos hombres y mujeres en sus asientos duros. Era aquél un incómodo vagón-tranvía,[3] con el pasillo atestado de cestas y maletas. Por las ventanillas se veía el campo y la raya plateada del mar.
>
> Rosamunda se despertó. Todavía se hizo una ilusión placentera al ver la luz entre sus pestañas[4] semicerradas. Luego comprobó que su cabeza colgaba hacia atrás,[5] apoyada en el respaldo[6] del asiento y que tenía la boca seca de llevarla abierta. Se rehizo, enderezándose.[7] Le dolía el cuello —su largo cuello marchito[8]—. Echó una mirada a su alrededor y se sintió aliviada al ver que dormían sus compañeros de viaje. Sintió ganas de estirar[9] las piernas entumecidas —el tren traqueteaba, pitaba[10]—. Salió con grandes precauciones, para no despertar, para no molestar, «con pasos de hada[11]» —pensó—, hasta la plataforma.

[1]Estaba... *Day was breaking* [2]*smelled* [3]incómodo... *uncomfortable train car* [4]*eyelashes* [5]colgaba... *was hanging back* [6]*back* [7]*straightening up* [8]*withered* [9]*stretch* [10]*whistled* [11]*fairy*

1. ¿Dónde tiene lugar la escena? ¿Quiénes están allí?
2. ¿Es temprano o tarde? ¿Tiene esto importancia? ¿Suele significar algo esta hora del día?
3. ¿Huele (*Smells*) bien o mal el tren?
4. ¿Cuántas personas están despiertas?
5. Mire la última oración del párrafo otra vez.
   ■ ¿Cuál es el sujeto?
   ■ ¿Qué connotaciones tiene la frase «con pasos de hada»? ¿Cuáles de los siguientes adjetivos asocia Ud. con esa frase?

anticuado	feo	masculino	simple
bello	fuerte	moderno	sofisticado
delicado	ideal	real	torpe (*slow,*
femenino	joven	romántico	*clumsy*)

PALABRAS Y CONCEPTOS

aborrecer   to hate, abhor

amenazar   to threaten

atar   to lace up

casarse (con)   to marry, get married (to)

comprobar (ue)   to verify, ascertain

convidar   to invite (*to a meal*)

dar pena   to cause grief, pain

odiar   to hate

salvar   to save

el alrededor   surroundings

el amanecer   dawn

el asiento   seat

el cansancio   fatigue

el carnicero   butcher

la cinta   ribbon

el collar   necklace

la lágrima   tear

el lujo   luxury

la mariposa   butterfly

la naturaleza   nature

la paliza   beating

el pelo   hair

el pendiente   earring

la plata   silver

asombrado/a   astonished

borracho/a   drunk

celoso/a   jealous

desdichado/a   unfortunate

estrafalario/a   odd, strange

flaco/a   skinny

necio/a   foolish, stupid

soñador(a)   dreamy

tosco/a   rough, coarse

A ¡NECESITO COMPAÑERO! Indiquen qué palabras de la lista de vocabulario tienen una connotación masculina y cuáles se asocian con lo femenino. Luego, compartan sus conclusiones con el resto de la clase.

B ¡NECESITO COMPAÑERO! Indiquen qué palabras de la lista de vocabulario tienen una connotación más bien positiva y cuáles se asocian más con lo negativo. Luego, comparen sus conclusiones con las del resto de la clase.

C Defina brevemente los siguientes términos en español.

1. el pelo
2. el asiento
3. el amanecer

D ¿En qué circunstancias haría Ud. una de las siguientes acciones?

1. casarse con
2. soñar
3. comprobar
4. escaparse de su alrededor
5. hacer un viaje por tren
6. inventar una historia
7. volver a vivir con alguien
8. trabar (*strike up*) conversación con una persona desconocida en un viaje

E Mire con atención los dibujos que acompañan el cuento «Rosamunda» y luego indique si las siguientes afirmaciones son ciertas (**C**) o falsas (**F**).

1. _____ La mujer del primer dibujo ha olvidado atarse los zapatos.
2. _____ En el segundo dibujo se comprueba que toda la familia de la mujer tiene interés en la historia que ella narra.
3. _____ En este mismo dibujo se ve que la mujer cuenta cómo unos hombres la convidaron a cenar.
4. _____ El hombre en este dibujo parece estar muy asombrado al oír la historia de la mujer.

F ¿Qué connotaciones tienen los siguientes pares de palabras?

1. sueño / realidad
2. monotonía / aventura
3. artista / carnicero
4. las palizas / la delicadeza

G ¿Qué revela el título «Rosamunda»? ¿Es un nombre común? ¿A qué sexo pertenece el/la protagonista? ¿A cuál de los géneros a continuación pertenece el cuento, probablemente? (¡Cuidado! Puede haber más de una respuesta.)

1. el cuento militar
2. el cuento de aventuras
3. el cuento de amor
4. el cuento de ciencia ficción
5. el cuento de detectives
6. el cuento sicológico

H **ENTRE TODOS** Comenten los siguientes temas para llegar a un acuerdo.

- En su opinión, ¿por qué atraen ciertos subgéneros a uno u otro sexo? ¿Qué experiencias necesita tener un lector / una lectora para apreciar cada uno de los subgéneros mencionados en la **Actividad A** de **Aproximaciones al texto**? ¿Cómo se presenta a la mujer o al hombre en cada género? ¿Hay algo en esta presentación que explique la preferencia o aversión de uno u otro sexo por el subgénero?

- Con respecto a *Pasajes: Literatura,* ¿cuáles de las selecciones de los capítulos anteriores les han gustado más a los hombres de la clase y cuáles les han gustado más a las mujeres? ¿Qué factores pueden explicar esto?

- En muchas obras contemporáneas se representa el desarrollo sicológico del / de la protagonista, quien pasa por una serie de pruebas hasta madurarse. Frecuentemente en estas obras, el proceso es distinto según el sexo de ese personaje porque hasta recientemente, los hombres y las mujeres pasaban por distintas etapas en su proceso hacia la madurez. ¿Cuáles de los siguientes «pasos» les parecen más típicos de un personaje masculino (**M**) o de un personaje femenino (**F**), y cuáles les parecen comunes a ambos sexos (**A**)? ¿Están de acuerdo los otros miembros de la clase? ¿Quiénes están en desacuerdo? ¿Por qué será?

1. _____ X abandona a su familia y sale a buscar fortuna.
2. _____ X decide estudiar y seguir una carrera.
3. _____ Los padres de X quieren que se case con cierta persona, pero X decide casarse con la persona a quien ama.
4. _____ X se casa, su matrimonio acaba mal, ve que su vida no tiene sentido y se suicida.
5. _____ X no se adapta muy bien a la sociedad en que vive, tiene algunos problemas con las autoridades y decide empezar una nueva vida en las selvas de África.
6. _____ X se enamora, pero se da cuenta de que su amor impide su desarrollo y abandona a la persona amada para continuar su proceso de maduración.
7. _____ X es artista; cree que sus relaciones personales impiden su creatividad y, por eso, rompe con su amante.
8. _____ X seduce a varios individuos, los abandona y luego se casa con un individuo puro y bello.

I PAPEL Y LÁPIZ Estudie los dibujos que acompañan el cuento «Rosamunda» y, tomando en cuenta el título, los primeros párrafos del cuento (que ya leyó en la página 87) y las palabras de la lista de vocabulario, describa en su cuaderno de apuntes lo que cree que va a pasar. Incluya en su descripción respuestas a las preguntas *¿quién?, ¿dónde?, ¿cuándo?* y *¿qué pasa?*

NOTA: The following story is told in both the first and third person. The first-person narrative occurs in the dialogues between the two main characters, Rosamunda and a soldier, and also in their interior monologue (that is, their unspoken thoughts). The third-person narrative unfolds on two levels. The first is the voice of an objective and distant observer who, like a camera, simply records what can be seen. The second is the voice of an omniscient narrator who reveals the inner feelings of the two characters, thus communicating to the reader information that otherwise would not be known. The shifting back and forth from one level to another adds a variety of dimensions to the story and forces the reader to question the accuracy of the descriptions presented.

Rosamunda

SOBRE LA AUTORA **Carmen Laforet (1921–2004)** es una novelista española. Su primera novela Nada (1944) es considerada como una de las primeras obras importantes escritas después de la Guerra Civil Española (1936–1939) que abrió el paso a una visión crítica de la España de la dictadura de Franco. Además de novelas, Laforet escribió libros de cuentos y narraciones sobre sus viajes por Europa y América.

España

1 Estaba amaneciendo, al fin. El departamento de tercera clase olía a cansancio, a tabaco y a botas de soldado. Ahora se salía de la noche como de un gran túnel y se podía ver a la gente acurrucada, dormidos hombres y mujeres en sus asientos duros. Era aquél un incómodo vagón-tranvía, con el pasillo atestado de cestas y maletas. Por las ventanillas se veía el campo
5 y la raya plateada del mar.

Rosamunda se despertó. Todavía se hizo una ilusión placentera al ver la luz entre sus pestañas semicerradas. Luego comprobó que su cabeza colgaba hacia atrás, apoyada en el respaldo del asiento y que tenía la boca seca de llevarla abierta. Se rehizo, enderezándose. Le dolía el cuello —su largo cuello marchito—. Echó una mirada a su alrededor y se sintió ali-
10 viada al ver que dormían sus compañeros de viaje. Sintió ganas de estirar las piernas entumecidas —el tren traqueteaba, pitaba—. Salió con grandes precauciones, para no despertar, para no molestar, «con pasos de hada» —pensó—, hasta la plataforma.

El día era glorioso. Apenas[1] se notaba el frío del amanecer. Se veía el mar entre naranjos.[2] Ella se quedó como hipnotizada por el profundo verde de los árboles, por el claro horizonte
15 de agua.

—«Los odiados, odiados naranjos… Las odiadas palmeras[3]… El maravilloso mar… »

[1]*Hardly, Scarcely*   [2]*orange trees*   [3]*palm trees*

—¿Qué decía usted?

A su lado estaba un soldadillo. Un muchachito pálido. Parecía bien educado. Se parecía a[4] su hijo. A un
20 hijo suyo que se había muerto. No al que vivía; al que vivía, no, de ninguna manera.

—No sé si será[5] usted capaz de entenderme —dijo [ella], con cierta altivez[6]—. Estaba recordando unos versos[7] míos. Pero si usted quiere, no tengo inconve-
25 niente en recitar…

El muchacho estaba asombrado. Veía a una mujer ya mayor, flaca, con profundas ojeras.[8] El cabello[9] oxigenado, el traje de color verde, muy viejo. Los pies calzados en unas viejas zapatillas de baile… , sí, unas
30 asombrosas zapatillas de baile, color de plata, y en el pelo una cinta plateada también, atada con un lacito[10]… Hacía mucho que él la observaba.

—¿Qué decide usted? —preguntó Rosamunda, impaciente—. ¿Le gusta o no oír recitar?

35 —Sí, a mí…

El muchacho no se reía porque le daba pena mirarla. Quizá más tarde se reiría.[11] Además, él tenía interés porque era joven, curioso. Había visto[12] pocas cosas en su vida y deseaba conocer más. Aquello era una aventura. Miró a Rosamunda y la vio soñadora. Entornaba[13] los ojos azules. Miraba al mar.

40 —¡Qué difícil es la vida!

Aquella mujer era asombrosa. Ahora había dicho esto con los ojos llenos de lágrimas.

—Si usted supiera,[14] joven… Si usted supiera lo que este amanecer significa para mí me disculparía.[15] Este correr hacia el Sur. Otra vez hacia el Sur… Otra vez a mi casa. Otra vez a sentir ese ahogo[16] de mi patio cerrado, de la incomprensión de mi esposo… No se sonría
45 usted, hijo mío; usted no sabe nada de lo que puede ser la vida de una mujer como yo. Este tormento infinito[17]… Usted dirá[17] que por qué le cuento todo esto, por qué tengo ganas de hacer confidencias, yo, que soy de naturaleza reservada… Pues, porque ahora mismo, al hablarle, me he dado cuenta de que tiene usted corazón y sentimiento y porque esto es mi confesión. Porque, después de usted, me espera, como quien dice,[18] la tumba… El no poder
50 hablar ya a ningún ser humano… , a ningún ser humano que me entienda.

Se calló, cansada, quizá, por un momento. El tren corría, corría… el aire se iba haciendo cálido,[19] dorado. Amenazaba un día terrible de calor.

—Voy a empezar a usted mi historia, pues creo que le interesa… Sí. Figúrese[20] usted una joven rubia, de grandes ojos azules, una joven apasionada por el arte… De nombre, Rosamunda… Rosamunda ¿ha oído?… Digo que si ha oído mi nombre y qué le parece.

El soldado se ruborizó[21] ante el tono imperioso.

—Me parece bien… bien.

—Rosamunda… —continuó ella, un poco vacilante.

Su verdadero nombre era Felisa; pero, no se sabe por qué, lo aborrecía. En su interior
60 siempre había sido Rosamunda, desde los tiempos de su adolescencia. Aquel Rosamunda se había convertido en la fórmula mágica que la salvaba de la estrechez de su casa, de la

[4]Se… He resembled [5]are likely to be [6]orgullo [7]lines of poetry [8]bags under her eyes [9]pelo
[10]little bow [11]se… he would laugh [12]Había… He had seen [13]She half-closed [14](only) knew
[15]you would forgive [16]opresión [17]probably wonder [18]como… as they say [19]se… was becoming
hot [20]Imagínese [21]se… blushed

monotonía de sus horas; aquel Rosamunda convirtió al novio zafio y colorado[22] en un príncipe de leyenda. Rosamunda era para ella un nombre amado, de calidades

65 exquisitas… Pero ¿para qué explicar al joven tantas cosas?

—Rosamunda tenía un gran talento dramático. Llegó a actuar con éxito brillante. Además, era poetisa. Tuvo ya cierta fama desde su juventud… Imagínese, casi una niña,

70 halagada, mimada[23] por la vida y, de pronto, una catástrofe… El amor… ¿Le he dicho a usted que era ella famosa? Tenía 16 años apenas, pero la rodeaban por todas partes los admiradores. En uno de los recitales de poesía, vio al hombre que causó su ruina. A… A mi marido, pues Rosamunda,

75 como usted comprenderá,[24] soy yo. Me casé sin saber lo que hacía, con un hombre brutal, sórdido y celoso. Me tuvo encerrada años y años. ¡Yo!… Aquella mariposa de oro que era yo… ¿Entiende?

(Sí, se había casado, si no a los 16 años, a los 23; pero

80 ¡al fin y al cabo[25]!… Y era verdad que le había conocido un día que recitó versos suyos en casa de una amiga. Él era carnicero. Pero, a este muchacho, ¿se le podían contar[26] las cosas así? Lo cierto era aquel sufrimiento suyo, de tantos años. No había podido ni recitar un solo verso, ni aludir a sus pasados éxitos —éxitos quizá inventados, ya que no se acordaba[27] bien; pero… — Su mismo hijo solía decirle que se volvería[28] loca de pensar y llorar tanto. Era peor

85 esto que las palizas y los gritos de él cuando llegaba borracho. No tuvo a nadie más que al hijo aquél, porque las hijas fueron descaradas[29] y necias, y se reían de ella, y el otro hijo, igual que su marido, había intentado hasta encerrarla.)

—Tuve un hijo único. Un solo hijo. ¿Se da cuenta?[30] Le puse[31] Florisel… Crecía delgadito, pálido, así como usted. Por eso quizá le cuento a usted estas cosas. Yo le contaba mi magní-

90 fica vida anterior. Sólo él sabía que conservaba un traje de gasa,[32] todos mis collares… Y él me escuchaba, me escuchaba… como usted ahora, embobado.[33]

Rosamunda sonrió. Sí, el joven la escuchaba absorto.

—Este hijo se me murió. Yo no lo pude resistir… Él era lo único que me ataba a aquella casa. Tuve un arranque,[34] cogí mis maletas y me volví a la gran ciudad de mi juventud y de

95 mis éxitos… ¡Ay! He pasado unos días maravillosos y amargos. Fui acogida[35] con entusiasmo, aclamada de nuevo por el público, de nuevo adorada… ¡Comprende mi tragedia? Porque mi marido, al enterarse de[36] esto, empezó a escribirme cartas tristes y desgarradoras: no podía vivir sin mí. No puede, el pobre. Además es el padre de Florisel, y el recuerdo del hijo perdido estaba en el fondo[37] de todos mis triunfos, amargándome.

100 El muchacho veía animarse[38] por momentos a aquella figura flaca y estrafalaria que era la mujer. Habló mucho. Evocó un hotel fantástico, el lujo derrochado[39] en el teatro el día de su «reaparición»; evocó ovaciones delirantes y su propia figura, una figura de «sílfide[40] cansada», recibiéndolas.

—Y, sin embargo, ahora vuelvo a mi deber… Repartí[41] mi fortuna entre los pobres y

105 vuelvo al lado de mi marido como quien va a un sepulcro.

[22]zafio… *boorish and ruddy* [23]halagada… *flattered, spoiled* [24]*can probably guess* [25]¡al… *it's all the same!* [26]se… *could he be told* [27]no… *she didn't remember* [28]se… *she would go* [29]*impudent* [30]¿Se… ¿*Comprende?* [31]Le… *I named him* [32]*gauze, muslin* [33]*fascinado* [34]*fit* [35]Fui… *Me recibieron* [36]enterarse… *descubrir* [37]*background* [38]veía… *saw become enlivened* [39]*squandered* [40]*sylph, nymph* [41]*Dividí*

Rosamunda volvió a quedarse[42] triste. Sus pendientes eran largos, baratos; la brisa los hacía ondular… Se sintió desdichada, muy «gran dama»… Había olvidado aquellos terribles días sin pan en la ciudad grande. Las burlas de sus amistades ante su traje de gasa, sus abalorios[43] y sus proyectos fantásticos. Había olvidado aquel largo comedor con mesas de pino
110 cepillado,[44] donde había comido[45] el pan de los pobres entre mendigos[46] de broncas toses.[47] Sus llantos,[48] su terror en el absoluto desamparo[49] de tantas horas en que hasta los insultos de su marido había echado de menos. Sus besos a aquella carta del marido en que, en su estilo tosco y autoritario a la vez,[50] recordando al hijo muerto, le pedía perdón y la perdonaba.

El soldado se quedó mirándola. ¡Qué tipo más raro, Dios mío! No cabía duda[51] de que
115 estaba loca la pobre… Ahora [ella] le sonreía… Le faltaban dos dientes.

El tren se iba deteniendo[52] en una estación del camino. Era la hora del desayuno, de la fonda[53] de la estación venía un olor apetitoso… Rosamunda miraba hacia los vendedores de rosquillas.[54]

—¿Me permite usted convidarla, señora?

120 En la mente del soldadito empezaba a insinuarse una divertida historia. ¿Y si contara[55] a sus amigos que había encontrado en el tren una mujer estupenda y que… ?

—¿Convidarme? Muy bien, joven… Quizá sea la última persona que me convide… Y no me trate con tanto respeto, por favor. Puede usted llamarme Rosamunda… no he de enfadarme por eso.[56]

[42]volvió… *again became*   [43]*glass beads*   [44]pino… *scrubbed pine*   [45]había… *she had eaten*   [46]*beggars*   [47]broncas… *hoarse coughs*   [48]*sobs*   [49]*helplessness*   [50]a… *al mismo tiempo*   [51]No… *No había duda*   [52]se… *was stopping*   [53]*restaurante*   [54]*sweet fritters*   [55]*he should tell*   [56]no… *it won't bother me*

COMPRENSIÓN

A Vuelva a la actividad **Papel y lápiz** de la página 91 y compare sus predicciones anteriores con lo que sabe ahora sobre el cuento. ¿Qué elementos pudo predecir y cuáles no?

B Complete las siguientes oraciones según el cuento «Rosamunda».

1. El cuento tiene lugar en _____.
2. Rosamunda habla al soldado porque _____.
3. Rosamunda lleva ropa _____.
4. El soldado nunca ha conocido a nadie que _____.
5. Rosamunda dice que le espera la tumba porque _____.
6. A Rosamunda le gusta el nombre Rosamunda porque _____.
7. Rosamunda dice que se casó a los 16 años, pero en realidad _____. No dice la verdad porque _____.
8. Rosamunda dice que sólo tuvo un hijo porque _____.
9. Cuando Rosamunda fue a la ciudad, encontró _____.
10. El soldado cree que Rosamunda _____.

C Complete esta tabla con información del cuento.

	Lugar en que está(n)	Características físicas	Características sicológicas y emocionales	Sueños e ideales
Rosamunda				
el soldado				
los hijos				
el marido				

D ¿Cómo reacciona Ud.? Lea las oraciones a continuación y luego exprese su reacción a cada una, usando una de las siguientes frases. ¡Cuidado! A veces hay que usar el subjuntivo e incorporar también complementos pronominales.

es verdad   no creo
es obvio   dudo
es posible   no es verdad
es imposible

MODELO: La autora del cuento es Carmen Laforet. →
          Es verdad que la autora es Carmen Laforet.

1. Hay tres protagonistas en el cuento: Rosamunda, el soldado y Florisel.
2. Rosamunda viaja a la ciudad para visitar al soldado.
3. Rosamunda está contenta con su viaje.
4. Rosamunda tiene unos 20 años.
5. Rosamunda es soltera.
6. La ropa de Rosamunda revela mucho acerca de su carácter.
7. El soldado es un don Juan.
8. El soldado se llama Felipe.
9. El soldado considera a Rosamunda una mujer fascinante.
10. Rosamunda se considera a sí misma una figura trágica.
11. A Rosamunda no le gusta su verdadero nombre.
12. Rosamunda no quiere revelar al soldado nada de su pasado.

E Los personajes del cuento comparan lo que tienen en realidad con lo que quisieran (*they would like*) tener. ¿Qué diría (*would say*) cada uno de ellos en los siguientes contextos?

1. ROSAMUNDA: Tengo un marido que _____. Prefiero un marido que _____.
2. EL MARIDO: Tengo una esposa que _____. Quiero una esposa que _____.
3. EL HIJO QUE MURIÓ: Tengo un padre que _____. Quiero un padre que _____.
4. LAS HIJAS: Tenemos un padre que _____. Preferimos un padre que _____. Tenemos una madre que _____. Queremos una madre que _____.
5. EL SOLDADO: (Antes del viaje) No conozco a una mujer que _____. (Ahora) Puedo decir que conozco a una mujer que _____.

F En este cuento hay dos narradores principales: Rosamunda/Felisa y el narrador omnisciente. ¿Quién habla en los siguientes párrafos? ¡Cuidado! En algunos alternan los dos narradores.

1. en el primer párrafo

2. en el segundo párrafo

3. en el párrafo que empieza en la línea 18

4. en el párrafo que empieza en la línea 79

G ¿Qué semejanzas o diferencias hay entre la versión de Rosamunda y la versión que nos da el narrador omnisciente? Complete la tabla a continuación. ¡Cuidado! A veces el narrador no nos da su versión directamente. En su opinión, ¿cuál podría ser (could be) la versión del narrador?

Versión de Rosamunda	Versión del narrador
Se casó a los 16 años.	
Se casó con un hombre brutal, sórdido y celoso.	
Tenía una vida familiar muy triste.	
Florisel la entendía y la admiraba.	
Rosamunda volvió a la ciudad cuando se le murió el hijo.	
En la ciudad, Rosamunda fue acogida con mucho entusiasmo y tuvo mucho éxito.	
El esposo le escribió a Rosamunda rogándole (begging her) que volviera (she return) a casa.	
El soldado la convida porque la encuentra irresistible.	

INTERPRETACIÓN

A ¿Qué parte de la historia que narra Rosamunda le parece a Ud. inventada por ella y qué parte le parece real? ¿Por qué? ¿Cómo se imagina Ud. al marido de Rosamunda? ¿Hasta qué punto cree Ud. que la visión que ella nos presentó sea verdadera? ¿Es posible que Rosamunda haya inventado toda la historia?

B ¿Qué visión tiene Rosamunda de sí misma? ¿Qué visión tiene el soldado de ella? ¿Qué visión parece tener el narrador con respecto a Rosamunda? ¿Cree Ud. que el cuadro de Rufino Tamayo que aparece al principio de este capítulo refleja un conflicto parecido entre la vida y las relaciones que una mujer desea tener y las que tiene? ¿Qué diferencias observa Ud. entre las relaciones entre las figuras del cuadro de Tamayo y las de este cuento?

C ¿Cómo va a ser la historia que inventa el soldado sobre su encuentro con Rosamunda? ¿Para quién(es) la va a inventar: para hombres o mujeres? ¿Cómo va a influir esto en la manera en que el soldado «escribe» su cuento?

D ¿Con quién simpatiza Ud. en el cuento: con el soldado, con Rosamunda o con el narrador? ¿Cree Ud. que el narrador adopta un punto de vista femenino o masculino? Justifique su respuesta.

E En su opinión, ¿quién es responsable del fracaso del matrimonio: Rosamunda o su marido? ¿Cómo cree Ud. que va a ser la vida de Rosamunda después de que vuelva con su marido? ¿Por qué?

F ¡NECESITO COMPAÑERO! Completen la siguiente tabla y después comparen sus respuestas con las de los demás compañeros de clase para ver en qué coinciden y en qué difieren.

	Dos cosas que nunca haya(n) hecho	Dos cosas que hace(n) con frecuencia	Una acción que haya(n) hecho y de la que esté(n) contento/a/os/as	Una acción que haya(n) hecho y de la que no esté(n) contento/a/os/as	Algo que no haya(n) hecho todavía pero que posiblemente haga(n) dentro de poco
Rosamunda					
el soldado					
el marido					
el hijo que murió					
los hijos que sobreviven					

G ¿Por qué cree Ud. que Laforet hace transcurrir (*take place*) la acción de su cuento en un tren? ¿Qué otros ambientes serían (*would be*) igualmente apropiados? ¿Por qué?

APLICACIÓN

PAPEL Y LÁPIZ En los viajes o en otros encuentros con desconocidos, algunas personas prefieren no hablar nada mientras que otras les cuentan toda su vida. Explore este tema en su cuaderno de apuntes.

- En la película *Forrest Gump,* el protagonista les cuenta su vida a una serie de individuos que se sientan a su lado en el banco de un parque público. ¿Le ha ocurrido a Ud. algo parecido en una estación de tren, en un autobús, durante un viaje en avión o en algún otro lugar? Describa brevemente lo que pasó.

- ¿Qué características suelen tener las personas que prefieren no hablar con desconocidos en los lugares públicos y en los vehículos de transporte público? ¿Y cuáles suelen tener los individuos que hablan abiertamente con personas desconocidas sobre su vida privada?

LECTURA 2

HOMBRE PEQUEÑITO

Aproximaciones al texto: La poesía

Los símbolos

A symbol (**un símbolo**) signifies or represents something else. For example, a cross is an object made of two pieces of wood or other material that can symbolize the Christian faith, the suffering of Christ, the power of religion, or the protection offered by God to believers. The use of symbols has the same function as that of connotative language: Both enable the writer to suggest multiple meanings with single words. Some symbols are universal; others vary from culture to culture.

A A continuación hay una lista de palabras que se usan simbólicamente en la poesía. ¿Qué momentos o etapas de la vida simbolizan? Hay más de una respuesta en cada caso.

1. el amanecer
2. el invierno
3. un huevo
4. el mar
5. el mármol (*marble*)

B Imagínese que Ud. trabaja en el departamento de arte de una compañía que quiere diseñar un lema (*slogan*) o símbolo para los siguientes clientes. ¿Qué sugiere Ud. en cada caso?

1. un club para ejercicios aeróbicos
2. un grupo de médicos que se especializa en atender emergencias
3. una fábrica de ropa para mujeres
4. una compañía que se especializa en inversiones (*investments*)
5. una universidad

PALABRAS Y CONCEPTOS

amar to love   **la jaula** cage   **mientras tanto** meanwhile

A   Comente en qué sentido o en qué contexto las palabras **amar** y **jaula** se pueden asociar y en qué sentido o contexto pueden resultar contradictorias.

B   Termine la siguiente oración a base del dibujo que acompaña el primer poema.

     Un pájaro hembra (*female*) está en una jaula; mientras tanto,…

C   ¿Qué connotaciones puede tener la palabra **pequeño**? ¿Puede tener distintas connotaciones según se refiera a una mujer o a un hombre? Explique.

D   ¿Qué connotaciones le sugieren las siguientes palabras? ¿Cuáles de ellas son positivas y cuáles negativas?

1. un pájaro

2. una jaula

3. escaparse

Hombre pequeñito

SOBRE LA AUTORA **Alfonsina Storni (1892–1938)** fue una poeta argentina que escribió sobre las dificultades de la mujer en una sociedad dominada por los hombres. Su poesía frecuentemente expresa melancolía, amargura y desilusión. Mientras Ud. lee este poema, piense en cómo Storni utiliza el simbolismo para trasmitir su mensaje.

Argentina

1   Hombre pequeñito, hombre pequeñito,
Suelta[1] a tu canario que quiere volar…
Yo soy el canario, hombre pequeñito,
Déjame saltar.

5   Estuve en tu jaula, hombre pequeñito,
Hombre pequeñito que jaula me das.
Digo pequeñito porque no me entiendes,
Ni me entenderás.[2]

Tampoco te entiendo, pero mientras tanto
10   Ábreme la jaula, que quiero escapar;
Hombre pequeñito, te amé media hora,
No me pidas más.

[1]*Free*   [2]*will you understand*

COMPRENSIÓN

 A   En el poema «Hombre pequeñito», ¿hay un hablante o una hablante? ¿A quién se dirige esa persona?

B   ¿Qué le pide al hombre? ¿Por qué?

INTERPRETACIÓN

> ■ **la voz poética** = voz lírica por medio de la cual el poeta comunica sus emociones, y cuya perspectiva se entiende a lo largo del poema

A   ¿Cómo se presenta a la mujer en el poema?

B   ¿Qué palabra se repite con frecuencia en el poema? ¿Qué efecto tiene esta repetición en el lector / la lectora?

C   ¿Cuáles son los dos símbolos básicos de «Hombre pequeñito»? ¿Qué comunican?

D   ¿Qué significan las frases «te amé media hora, / No me pidas más»? Explique su respuesta.

LECTURA 3

ME GUSTAS CUANDO CALLAS

PALABRAS Y CONCEPTOS

callar(se) to be quiet	**el alma** (*f.*) soul
parecerse (a) to resemble	**el anillo** ring

A   ¿Qué asociaciones hace Ud. con las siguientes palabras de la lista de vocabulario?

1. el alma

2. callar(se)

3. parecerse

B   Explique cómo cree Ud. que un anillo puede evocar algo simple.

C   El título del poema a continuación es «Me gustas cuando callas». ¿Tiene este título connotaciones positivas o negativas? Explique.

D ¿Qué connotaciones pueden tener las siguientes metáforas/imágenes?

1. mariposa de sueño
2. mariposa en arrullo (*cooing*)
3. te pareces a la palabra melancolía
4. eres como la noche

Me gustas cuando callas

> **SOBRE EL AUTOR El chileno Pablo Neruda (1904–1973),** quien recibió el Premio Nobel de Literatura en 1971, es uno de los poetas más importantes de la literatura hispánica. El mundo poético de Neruda ha ejercido una notable influencia en la poesía contemporánea. El siguiente poema pertenece a la colección titulada *Veinte poemas de amor y una canción desesperada* (1924), uno de sus primeros y más conocidos libros.

Chile

1   Me gustas cuando callas porque estás como ausente,
    y me oyes desde lejos, y mi voz no te toca.
    Parece que los ojos se te hubieran volado[1]
    y parece que un beso te cerrara la boca.

5   Como todas las cosas están llenas de mi alma
    emerges de las cosas, llena del alma mía.
    Mariposa de sueño, te pareces a mi alma,
    y te pareces a la palabra melancolía.
    Me gustas cuando callas y estás como distante.

10 Y estás como quejándote, mariposa en arrullo.
    Y me oyes desde lejos, y mi voz no te alcanza:[2]
    déjame que me calle con el silencio tuyo.

    Déjame que te hable también con tu silencio
    claro como una lámpara, simple como un anillo.

15 Eres como la noche, callada y constelada.[3]
    Tu silencio es de estrella, tan lejano y sencillo.

    Me gustas cuando callas porque estás como ausente.
    Distante y dolorosa como si hubieras muerto.[4]
    Una palabra entonces, una sonrisa basta.

20 Y estoy alegre, alegre de que no sea cierto.

[1]se... *might have left you*   [2]*reach*   [3]llena de estrellas   [4]como... *as if you had died*

COMPRENSIÓN

A ¿Habla un hablante o una hablante en este poema?

B ¿Quién es el **tú** del poema? ¿Cómo se presenta a esta persona? Dé algunos ejemplos de las cualidades que tiene y con qué la compara el poeta.

INTERPRETACIÓN

A ¿Qué representa la amada para el hablante? ¿Por qué prefiere que no hable? ¿Por qué el poeta la compara con la noche?

B Ahora que Ud. ha leído el poema, ¿qué connotaciones tienen las frases «mariposa de sueño» y «mariposa en arrullo»? ¿Es distinta su interpretación ahora de la que aparece en sus respuestas de la **Actividad D** de **Palabras y conceptos**? ¿En qué es distinta? ¿En qué sentido se puede parecer una mariposa al alma?

C En la última estrofa surge una nota nueva, inesperada. ¿Qué es? ¿Por qué cree Ud. que se introduce? ¿Cómo es la reacción del hablante?

D Mire con atención los tres dibujos a continuación y determine cuál capta mejor las relaciones entre el hablante y el **tú** del poema «Me gustas cuando callas». Explique su respuesta.

1.   2.   3.

E Los dos poemas de este capítulo hablan de las relaciones amorosas entre un hombre y una mujer. ¿En qué sentido son semejantes las dos visiones presentadas de estas relaciones? ¿Cómo difiere una de la otra?

F En su opinión, ¿sería (*would be*) igual la reacción de un lector masculino a la de una lectora femenina ante estos dos poemas? ¿Por qué sí o por qué no? Si Ud. tuviera que (*had to*) elegir entre ser el hombre o la mujer en los dos poemas, ¿cuál elegiría (*would you choose*) ser? Explique.

APLICACIÓN

A ¿Qué indican «Rosamunda», «Hombre pequeñito» y «Me gustas cuando callas» sobre la sociedad descrita por los autores y sobre las relaciones entre ambos sexos en esas sociedades? ¿Cree Ud. que exista la misma clase de relaciones entre hombres y mujeres en este país? Explique.

B En «Hombre pequeñito», el pájaro enjaulado simboliza la situación de la mujer. ¿A qué otras situaciones de la vida puede aplicarse este símbolo?

C En este capítulo se han presentado ciertos tipos: el hombre joven e ingenuo, la mujer estrafalaria e insatisfecha con su matrimonio, el carnicero insensible y brutal, la amada que quiere independizarse. ¿Son universales estos personajes o sólo representan unos tipos hispanos? ¿Puede Ud. nombrar algunos personajes parecidos entre los que aparecen en la televisión, las películas o los libros de los años recientes en este país?

D Es muy común exagerar la historia de la propia vida cuando uno está hablando con una persona desconocida a quien no volverá a ver jamás (*will not see again*). ¿Cómo cree Ud. que contarían (*would tell*) su vida los siguientes personajes si estuvieran (*they were*) en estas circunstancias?

1. Un estudiante de esta universidad. Quiere ser abogado, pero no estudia mucho porque le gustan las fiestas y al día siguiente no tiene ganas de asistir a las clases. Durante el verano piensa buscar un trabajo en la playa para poder ganar algo de dinero y, al mismo tiempo, pasarlo bien. Ahora habla con un señor distinguido, que parece ser un profesional que ha triunfado.

2. Una estudiante de su universidad. Estudia muchísimo; casi nunca sale; recibe notas excelentes. Está aburrida de su vida y sabe que hay algo más que los estudios. Por eso, ha buscado un trabajo de verano en *Disneyworld*, donde trabajan muchos estudiantes de varias partes del país. Ahora habla con el jefe de los trabajadores estudiantiles, un hombre joven y guapo. Ella no sabe mucho de él, pero quisiera (*she would like*) saber más.

E En el libro *Men Are from Mars, Women Are from Venus* de John Gray, se habla de que la incomprensión entre hombres y mujeres se debe muchas veces a que hay diferencias entre lo que los hombres y las mujeres consideran esencial en las relaciones entre ambos. ¿Le parece cierto? ¿Puede dar como ejemplo un caso que Ud. conozca? ¿Puede ocurrir esto en la clase? ¿A qué se deberán las discrepancias entre los estudiantes de uno y otro sexo cuando tratan un mismo tema? Reflexione sobre este asunto y prepare un pequeño informe para presentar a la clase.

F PAPEL Y LÁPIZ En su cuaderno de apuntes, explore más los temas presentados, ya sea en la **Actividad A** o en la **Actividad E** de esta sección de **Aplicación**.

CAPÍTULO 7

El mundo de los negocios

Diego Rodríguez, (Argentina),
Tren de madrugada

Exploraciones

Estudie el cuadro de la página anterior y conteste estas preguntas. ¿Dónde están las figuras representadas en el cuadro? ¿En qué ciudad pueden estar? ¿Adónde van? ¿Qué parte del día es? ¿Qué hacen las figuras del cuadro? ¿Cuáles de estas preguntas se pueden contestar con el título del cuadro? Imagínese que Ud. es una de las figuras. ¿Cuál es? ¿Qué hace Ud.? ¿Adónde va Ud.? ¿En qué ciudad está? ¿Cómo se siente? ¿Quiénes son las otras personas? Comparta sus respuestas con otros miembros de la clase para saber si tienen las mismas ideas o no.

PAPEL Y LÁPIZ Apunte sus respuestas y las de los otros miembros de la clase en su cuaderno de apuntes, organizándolas en un mapa semántico. ¿Cuál parece ser la idea principal presentada en el mapa? Escriba unas oraciones para resumirla.

LECTURA 1

EL DELANTAL BLANCO (PARTE 1)
Aproximaciones al texto

El drama

As you know, writers and readers depend on certain conventions or patterns when they write and read. Genre is an important convention, serving as a kind of contract between the writer and the reader. Although many writers use defamiliarization to make the experience of reading more interesting, they must respect literary conventions to some extent or the reader simply will not comprehend their work. Drama is one of the five major genres; others are the novel, the short story, the essay, and the poem. In comparison with other genres, many literary theorists consider drama to be the genre most bound by convention and the least difficult to define. Like other genres, it includes a theme (**el tema**) and, like novels and short stories, it has a story line or plot (**el argumento**). Drama, as well as narrative, is generally constructed around a conflict (**el conflicto**) between individuals or beliefs. In other respects, the characteristics of drama are unique to the genre.

Using the following questions and activities as a guide and drawing on your own knowledge and experience of the theater, determine some of the characteristics of drama.

A **LA EXTENSIÓN** (*Length*)

- ¿Cuál es la extensión normal de una obra de teatro?
- ¿Cuáles de los siguientes factores contribuyen a limitar la extensión?

1. el costo de la producción
2. el talento del dramaturgo / de la dramaturga
3. la atención del público
4. el número de actores
5. el tamaño del teatro
6. la presentación oral de la información

B **LOS RECEPTORES** En toda comunicación, hay tres elementos: el emisor / la emisora (*sender*), el mensaje (*message*) y el receptor / la receptora (*receiver*). En una novela el autor / la autora manda el mensaje por medio de uno o más narradores. Los lectores son los receptores. El caso del drama representado en el teatro es algo más complicado.

Lea con atención la siguiente lista e indique cuáles de las figuras son emisores y cuáles son receptores. A veces una figura puede ser emisor y receptor a la vez. ¿Puede Ud. indicar quiénes hacen este doble papel?

1. el autor / la autora
2. el actor / la actriz
3. el director / la directora
4. el personaje
5. el público

C **EL ESCENARIO**

- ¿Dónde se suele ver un drama?
- ¿Cómo afectan los siguientes aspectos de la obra dramática este espacio físico?

1. el número de personajes
2. la complejidad de la acción
3. el trasfondo (*background*) en que tiene lugar la acción y el número de cambios en él

D **EL LENGUAJE** En el teatro, el público recibe el mensaje auditiva y visualmente (escucha a los actores y ve el escenario), en contraste con la novela, en la que los lectores leen la información y tienen que imaginarse el escenario. Cuando leemos una obra de teatro, tenemos que imaginarnos el aspecto visual y auditivo a base de las acotaciones (*stage directions*) y nuestra imaginación, tratando de figurar cómo el director / la directora y los actores presentarían (*would perform*) la obra. Cuando una persona lee una novela, puede volver a leer las páginas anteriores si quiere aclarar una idea o resolver un dilema. Esto no es posible cuando uno presencia (*is present at*) un drama, lo cual tiene un efecto en el lenguaje dramático.

Indique cuáles de las siguientes características son típicas de la obra dramática.

1. parlamentos (*speeches*) largos
2. parlamentos cortos
3. oraciones largas y complicadas con muchas cláusulas dependientes
4. la repetición de información esencial
5. expresiones coloquiales
6. un lenguaje literario complicado

E **EL CONTROL SOCIAL** Algunos críticos creen que el drama es el género más susceptible al control social. Esto puede incluir la censura del gobierno, pero también puede ser un control menos evidente, por ejemplo, uno que viene de la industria teatral, o del público, que tiene la opción de asistir o no a una obra.

Pensando en lo que el dramaturgo / la dramaturga necesita hacer para que se represente su obra y en el tipo de persona que generalmente va al teatro, ¿en cuál de los siguientes artistas cree Ud. que un gobierno totalitario de derecha o de izquierda tendría (*would have*) más interés? ¿Por qué?

1. un(a) poeta
2. un(a) novelista
3. un dramaturgo / una dramaturga

PALABRAS Y CONCEPTOS

arrendar (ie)   to rent
bañarse   to swim, bathe
entretenerse (ie)   to enjoy oneself
pasarlo bien   to have a good time
raptar   to kidnap
tenderse (ie)   to stretch out
tirar   to throw

tomar el sol   to sunbathe
veranear   to vacation

el blusón   cover-up (*clothing*)
la bolsa   bag
el bolsillo   pocket; money (*slang*)
la carpa   beach tent

(Continúa)

la clase (social) class	el traje de baño bathing suit
el delantal apron; domestic uniform	el veraneo summer vacation
la plata money; silver	
la revista magazine	duro/a tough, hard
el sueldo salary	tostado/a tanned

A Nombre cuatro objetos de la lista de vocabulario que se encuentran en la playa.

B Nombre cuatro actividades de la lista de vocabulario que se hacen comúnmente durante el verano.

C ¿Qué palabras de la lista de vocabulario se asocian con los ricos y cuáles con los menos afortunados? Explique.

D Defina brevemente en español.

1. el sueldo
2. veranear
3. raptar
4. el blusón

E Explique la diferencia entre los siguientes pares de palabras.

1. arrendar / comprar
2. lavarse / bañarse
3. el delantal / el traje de baño

F Mire con atención el primer dibujo que acompaña la primera parte de *El delantal blanco* de este capítulo. ¿Qué imágenes despierta en Ud.?

G Mire los dibujos que acompañan el drama. ¿Dónde tiene lugar la acción? ¿Quiénes son los personajes que aparecen en la obra? ¿Cuál parece ser la relación entre ellos? ¿Qué cambio se nota con respecto a las dos mujeres en los dibujos? ¿Qué conflictos parece haber en la obra?

H En su opinión, ¿qué quiere decir la frase «clase social»? ¿Qué características asocia Ud. con la clase alta? ¿con la clase media? ¿y con la clase baja? ¿Ha leído Ud. algún texto o visto alguna película en que un individuo intente hacerse pasar por miembro de otra clase o en que una persona de la clase alta cambie su posición con otra de la clase baja o viceversa? ¿Para quién es más fácil el cambio? Explique. En esas obras, ¿cómo reaccionan los otros personajes? ¿Notan el cambio? ¿Cómo se sabe a qué clase pertenece una persona? ¿Por su ropa? ¿su manera de hablar? ¿sus valores? ¿ ?

I PAPEL Y LÁPIZ Vuelva al cuadro que aparece al principio del capítulo. ¿A qué clase social parece que pertenecen los individuos que se ven allí? ¿Cambiaría (*Would you change*) su interpretación del cuadro si el título fuera «Tranvía playera»? ¿Cambiaría su interpretación de las personas, de sus razones por estar allí, de las emociones que sienten en el lugar, etcétera? En su cuaderno de apuntes, anote sus comentarios al respecto y compárelos con sus respuestas y las de la clase la primera vez que hablaron del cuadro.

El delantal blanco (Parte 1)

SOBRE EL AUTOR **Sergio Vodanović (1926–2001)** fue un dramaturgo chileno cuya obra dramática abarca el realismo crítico e incorpora retratos complejos de personajes y actitudes. En *El delantal blanco*, Vodanović cuestiona la validez de ciertos valores y papeles sociales.

Chile

PERSONAJES

LA SEÑORA
LA EMPLEADA
DOS JÓVENES

LA JOVENCITA
EL CABALLERO DISTINGUIDO

1 *La playa.*

Al fondo, una carpa.

Frente a ella, sentadas a su sombra, la señora y la empleada. La señora está en traje de baño y, sobre él, usa un blusón de toalla[1] blanca que le
5 *cubre hasta las caderas.[2] Su tez está tostada por un largo veraneo. La empleada viste su uniforme blanco. La señora es una mujer de treinta años, pelo claro, rostro[3] atrayente aunque algo duro. La empleada tiene veinte años, tez blanca, pelo negro, rostro plácido y agradable.*

LA SEÑORA: *(Gritando hacia su pequeño hijo, a quien no ve y que se*
10 *supone está a la orilla[4] del mar, justamente, al borde del escenario.)* ¡Alvarito! ¡Alvarito! ¡No le tire* arena a la niñita! ¡Métase al agua! Está rica… ¡Alvarito, no! ¡No le deshaga el castillo a la niñita! Juegue con ella… Sí, mi hijito… juegue…

15 LA EMPLEADA: Es tan peleador[5]…

LA SEÑORA: Salió[6] al padre… Es inútil corregirlo. Tiene una personalidad dominante que le viene de su padre, de su abuelo, de su abuela… ¡sobre todo de su abuela!

LA EMPLEADA: ¿Vendrá[7] el caballero[8] mañana?

20 LA SEÑORA: *(Se encoge de hombros con desgana.[9])* ¡No sé! Ya estamos en marzo, todas mis amigas han regresado y Álvaro me tiene todavía aburriéndome en la playa. Él dice que quiere que el niño aproveche[10] las vacaciones, pero para mí que es él quien está aprovechando. *(Se*
25 *saca[11] el blusón y se tiende a tomar sol.)* ¡Sol! ¡Sol! Tres

[1]*terrycloth* [2]*hips* [3]*cara* [4]*edge* [5]*combative* [6]*Es igual* [7]*Will come*
[8]*gentleman* (se refiere al marido) [9]*Se… She shrugs her shoulders indifferently.*
[10]*take advantage of* [11]*Quita*

---

*Note that **la señora** uses the **Ud.** form when speaking to her son. Although this form usually denotes formality or distance, in Chile and some other Latin American countries it is used to express intimacy and affection.

meses tomando sol. Estoy intoxicada de sol. (*Mirando inspectivamente a la empleada.*) ¿Qué haces tú para no quemarte?

30

LA EMPLEADA: He salido tan poco de la casa…

LA SEÑORA: ¿Y qué querías? Viniste a trabajar, no a veranear. Estás recibiendo sueldo, ¿no?

LA EMPLEADA: Sí, señora. Yo sólo contestaba su pregunta…

35

La señora permanece[12] tendida recibiendo el sol. La empleada saca de una bolsa de género una revista de historietas fotografiadas y principia[13] a leer.

LA SEÑORA: ¿Qué haces?

40 LA EMPLEADA: Leo esta revista.

LA SEÑORA: ¿La compraste tú?

LA EMPLEADA: Sí, señora.

LA SEÑORA: No se te paga tan mal, entonces, si puedes comprarte tus revistas, ¿eh?

■ **la acotación** = notas que se ponen en una obra de teatro y que indican la acción de los personajes

45 *La empleada no contesta y vuelve a mirar la revista.*

LA SEÑORA: ¡Claro! Tú leyendo y que Alvarito reviente,[14] que se ahogue[15]…

LA EMPLEADA: Pero si está jugando con la niñita…

LA SEÑORA: Si te traje a la playa es para que vigilaras a Alvarito y no para que te pusieras a leer.

50 *La empleada deja la revista y se incorpora[16] para ir donde está Alvarito.*

LA SEÑORA: ¡No! Lo puedes vigilar desde aquí. Quédate a mi lado, pero observa al niño. ¿Sabes? Me gusta venir contigo a la playa.

LA EMPLEADA: ¿Por qué?

LA SEÑORA: Bueno… no sé… Será[17] por lo mismo que me gusta venir en auto, aunque la casa esté a dos cuadras.[18] Me gusta que vean el auto. Todos los días, hay alguien que se para al lado de él y lo mira y comenta. No cualquiera tiene un auto como el de nosotros… Claro, tú no te das cuenta de la diferencia. Estás demasiado acostumbrada a lo bueno… Dime… ¿Cómo es tu casa?

55

LA EMPLEADA: Yo no tengo casa.

60 LA SEÑORA: No habrás nacido[19] empleada, supongo. Tienes que haberte criado[20] en alguna parte, debes haber tenido padres… ¿Eres del campo?

LA EMPLEADA: Sí.

LA SEÑORA: Y tuviste ganas de conocer la ciudad, ¿ah?

LA EMPLEADA: No. Me gustaba allá.

65 LA SEÑORA: ¿Por qué te viniste, entonces?

LA EMPLEADA: Tenía que trabajar.

LA SEÑORA: No me vengas con ese cuento. Conozco la vida de los inquilinos[21] en el campo. Lo pasan bien. Les regalan una cuadra[22] para que cultiven. Tienen alimentos gratis y hasta les sobra[23] para vender. Algunos tienen hasta sus vaquitas… ¿Tus padres tenían vacas?

70

[12]queda [13]empieza [14]*gets carried away by the waves* [15]*se… he drowns* [16]*se… se levanta*
[17]*Probablemente es* [18]*blocks* [19]*No… You were not born* [20]*haberte… have grown up* [21]*tenant farmers* [22]*small piece (of land)* [23]*les… they have extra*

LA EMPLEADA: Sí, señora. Una.

LA SEÑORA: ¿Ves? ¿Qué más quieren? ¡Alvarito! ¡No se meta tan allá que puede venir una ola! ¿Qué edad tienes?

LA EMPLEADA: ¿Yo?

75   LA SEÑORA: A ti te estoy hablando. No estoy loca para hablar sola.

LA EMPLEADA: Ando en[24] los veintiuno...

LA SEÑORA: ¡Veintiuno! A los veintiuno yo me casé. ¿No has pensado en casarte?

La empleada baja la vista[25] y no contesta.

LA SEÑORA: ¡Las cosas que se me ocurre preguntar! ¿Para qué querrías[26] casarte? En la casa
80   tienes de todo: comida, una buena pieza,[27] delantales limpios... Y si te casa-
            ras... ¿Qué es lo que tendrías[28]? Te llenarías de chiquillos,[29] no más.

LA EMPLEADA: (*Como para sí.*) Me gustaría casarme...

LA SEÑORA: ¡Tonterías![30] Cosas que se te ocurren por leer historias de amor en las revistas
            baratas... Acuérdate de esto: Los príncipes azules[31] ya no existen. No es el color
85   lo que importa, sino el bolsillo. Cuando mis padres no me aceptaban un pololo[32]
            porque no tenía plata,[33] yo me indignaba, pero llegó Álvaro con sus industrias
            y sus fundos y no quedaron contentos hasta que lo casaron conmigo. A mí no
            me gustaba porque era gordo y tenía la costumbre de sorberse los mocos,[34]
            pero después en el matrimonio, uno se acostumbra a todo. Y llega a la conclu-
90   sión que todo da lo mismo, salvo la plata. Sin la plata no somos nada. Yo tengo
            plata, tú no tienes. Ésa es toda la diferencia entre nosotras. ¿No te parece?

LA EMPLEADA: Sí, pero...

LA SEÑORA: ¡Ah! Lo crees, ¿eh? Pero es mentira. Hay algo que es más importante que la
            plata: la clase. Eso no se compra. Se tiene o no se tiene. Álvaro no tiene clase.
95   Yo sí la tengo. Y podría[35] vivir en una pocilga[36] y todos se darían cuenta de[37] que
            soy alguien. No una cualquiera. Alguien. Te das cuenta, ¿verdad?

LA EMPLEADA: Sí, señora.

LA SEÑORA: A ver. Pásame esa revista. (*La empleada lo hace. La señora la hojea.[38] Mira algo y
            lanza una carcajada.[39]*) ¿Y esto lees tú?

100   LA EMPLEADA: Me entretengo,[40] señora.

LA SEÑORA: ¡Qué ridículo! ¡Qué ridículo! Mira a este roto[41] vestido de smoking.[42] Cualquiera
            se da cuenta que está tan incómodo en él como un hipopótamo con faja[43]...
            (*Vuelve a mirar en la revista.*) ¡Y es el conde[44] de Lamarquina! ¡El conde de Lamar-
            quina! A ver... ¿Qué es lo que dice el conde? (*Leyendo.*) «Hija mía, no permitiré
105   jamás[45] que te cases con Roberto. Él es un plebeyo.[46] Recuerda que por nuestras
            venas corre sangre azul.» ¿Y ésta es la hija del conde?

LA EMPLEADA: Sí. Se llama María. Es una niña sencilla y buena. Está enamorada de Roberto,
            que es el jardinero del castillo. El conde no lo permite. Pero... ¿sabe? Yo creo
            que todo va a terminar bien. Porque en el número[47] anterior Roberto le dijo a
110   María que no había conocido[48] a sus padres y cuando no se conoce a los padres,
            es seguro que ellos son gente rica y aristócrata que perdieron al niño de chico
            o lo secuestraron...

---

[24]Ando... Tengo casi   [25]baja... *looks down*   [26]*would you want*   [27]*bedroom*   [28]*would you have*
[29]Te... *You'd be pregnant all the time*   [30]*Rubbish!*   [31]príncipes... *Prince Charmings*   [32]*novio*
[33]*dinero*   [34]sorberse... *sniffle*   [35]*I could*   [36]*pigsty*   [37]se... *would realize*   [38]*leafs through*   [39]*guffaw*
[40]Me... *Mato el tiempo*   [41]*loser*   [42]vestido... *tuxedo*   [43]*girdle*   [44]*Count*   [45]no... *I will never permit*
[46]*commoner; plebian*   [47]*issue*   [48]no... *had never known*

| LA SEÑORA: | ¿Y tú crees todo eso? |
| LA EMPLEADA: | Es bonito, señora. |

115   LA SEÑORA: ¿Qué es tan bonito?

LA EMPLEADA: Que lleguen a pasar cosas así. Que un día cualquiera, uno sepa que es otra persona, que en vez de ser pobre, se es rica, que en vez de ser nadie se es alguien, así como dice Ud.…

LA SEÑORA: Pero no te das cuenta que no puede ser… Mira a la hija… ¿Me has visto a mí

120   alguna vez usando unos aros[49] así? ¿Has visto a alguna de mis amigas con una cosa tan espantosa[50]? ¿Y el peinado? Es detestable. ¿No te das cuenta que una mujer así no puede ser aristócrata?… ¿A ver? Sale fotografiado aquí el jardinero…

LA EMPLEADA: Sí. En los cuadros[51] del final. (*Le muestra en la revista. La señora ríe encantada.*)

125   LA SEÑORA: ¿Y éste crees tú que puede ser un hijo de aristócrata? ¿Con esa nariz? ¿Con ese pelo? Mira… Imagínate que mañana me rapten a Alvarito. ¿Crees tú que va a dejar por eso de tener su aire de distinción?

LA EMPLEADA: ¡Mire, señora! Alvarito le botó[52] el castillo de arena a la niñita de una patada.[53]

LA SEÑORA: ¿Ves? Tiene cuatro años y ya sabe lo que es mandar, lo que es no importarle los

130   demás. Eso no se aprende. Viene en la sangre.

LA EMPLEADA: (*Incorporándose.*) Voy a ir a buscarlo.

LA SEÑORA: Déjalo. Se está divirtiendo.

La empleada se desabrocha[54] el primer botón de su delantal y hace un gesto en el que muestra estar acalorada.

135   LA SEÑORA: ¿Tienes calor?

LA EMPLEADA: El sol está picando fuerte.

LA SEÑORA: ¿No tienes traje de baño?

LA EMPLEADA: No.

LA SEÑORA: ¿No te has puesto nunca traje de baño?

140   LA EMPLEADA: ¡Ah, sí!

LA SEÑORA: ¿Cuándo?

LA EMPLEADA: Antes de emplearme. A veces, los domingos, hacíamos excursiones a la playa en el camión del tío de una amiga.

LA SEÑORA: ¿Y se bañaban?

145   LA EMPLEADA: En la playa grande de Cartagena. Arrendábamos trajes de baño y pasábamos todo el día en la playa. Llevábamos de comer y…

LA SEÑORA: (*Divertida.*) ¿Arrendaban trajes de baño?

LA EMPLEADA: Sí. Hay una señora que arrienda en la misma playa.·

LA SEÑORA: Una vez con Álvaro, nos detuvimos en Cartagena a echar bencina[55] al auto y

150   miramos a la playa. ¡Era tan gracioso! ¡Y esos trajes de baño arrendados! Unos eran tan grandes que hacían bolsas por todos los lados y otros quedaban tan chicos que las mujeres andaban con el traste[56] afuera. ¿De cuáles arrendabas tú? ¿De los grandes o de los chicos?

La empleada mira al suelo taimada.[57]

155   LA SEÑORA: Debe ser curioso… Mirar el mundo desde un traje de baño arrendado o envuelta en un vestido barato… o con uniforme de empleada como el que usas tú… Algo parecido le debe suceder a esta gente que se fotografía para estas historietas: se ponen smoking o un traje de baile y debe ser diferente la forma como miran a los demás, como se sienten ellos mismos… Cuando yo me puse mi

---

[49]*earrings*   [50]*hideous*   [51]*pictures*   [52]*tiró, destruyó*   [53]*kick*   [54]*se… unbuttons*   [55]*gasolina*
[56]*bottom*   [57]*sullenly*

160 primer par de medias,[58] el mundo entero cambió para mí. Los demás eran diferentes; yo era diferente y el único cambio efectivo era que tenía puesto un par de medias… Dime… ¿Cómo se ve el mundo cuando se está vestida con un delantal blanco?

LA EMPLEADA: (*Tímidamente.*) Igual. La arena tiene el mismo color… las nubes son iguales…
165 Supongo.

LA SEÑORA: Pero no… Es diferente. Mira. Yo con este traje de baño, con este blusón de toalla, tendida sobre la arena, sé que estoy en «mi lugar», que esto me pertenece[59]… En cambio tú, vestida como empleada, sabes que la playa no es tu lugar, que eres diferente… Y eso, eso te debe hacer ver todo distinto.

170 LA EMPLEADA: No sé.

LA SEÑORA: Mira. Se me ha ocurrido[60] algo. Préstame tu delantal.

LA EMPLEADA: ¿Cómo?

LA SEÑORA: Préstame tu delantal.

LA EMPLEADA: Pero… ¿Para qué?

175 LA SEÑORA: Quiero ver cómo se ve el mundo, qué apariencia tiene la playa cuando se la ve encerrada en un delantal de empleada.

LA EMPLEADA: ¿Ahora?

LA SEÑORA: Sí, ahora.

LA EMPLEADA: Pero es que… No tengo un vestido debajo.

180 LA SEÑORA: (*Tirándole el blusón.*) Toma… Ponte esto.

LA EMPLEADA: Voy a quedar en calzones[61]…

[58]*stockings*   [59]*belongs*   [60]*Se… I just thought of*   [61]*underwear*

COMPRENSIÓN

A Cambie los verbos entre paréntesis por la forma apropiada de un tiempo verbal en el pasado. ¡Cuidado con el uso del subjuntivo! Luego indique si cada oración es cierta (**C**) o falsa (**F**) y corrija las oraciones falsas.

1. _____ El marido de la señora (**querer**) que su familia (**quedarse**) en la playa.

2. _____ La señora (**estar**) contenta en la playa.

3. _____ La señora (**traer**) a la empleada a la playa para que (**tomar**) el sol.

4. _____ La empleada (**venir**) a trabajar en la ciudad porque no (**gustarle**) el campo.

5. _____ Los padres de la señora (**querer**) que ella (**casarse**) con Álvaro porque él (**tener**) mucho dinero.

6. _____ Antes de casarse, a la señora no (**gustarle**) que Álvaro (**sorberse**) los mocos.

7. _____ La empleada (**estar**) segura que Roberto, el muchacho de la historieta que ella (**leer**), (**ser**) hijo de aristócratas.

8. _____ Cuando la empleada (**vivir**) en el campo, a veces (**ir**) a la playa y (**arrendar**) un traje de baño.

9. _____ Una vez la señora (**ver**) a unas muchachas que (**llevar**) trajes arrendados.

10. _____ La señora (**insistir**) en que la gente de la clase baja (**mirar**) el mundo del mismo modo que la gente de la clase alta.

B Complete la siguiente tabla con la información apropiada. Utilice el mayor número posible de palabras de la lista de vocabulario (páginas 107–108).

	La señora	La empleada
la ropa		
la edad		
el estado civil		
la actitud ante el matrimonio		
la visión de la vida en el campo		
la visión de las historietas de las revistas		
la clase social		

C Haga una breve descripción de Alvarito, basándose en la información de *El delantal blanco*. ¿Qué edad tiene? ¿Cómo es físicamente? ¿Cómo se comporta (*does he behave*)?

INTERPRETACIÓN

A ¿Qué conflictos se presentaron en la primera parte de la obra?

B ¿Qué opina la señora de la empleada? En la opinión de la señora, ¿en qué son distintas ella y la empleada? ¿Está Ud. de acuerdo? ¿Por qué sí o por qué no?

C ¿Por qué cree Ud. que a la empleada le gusta leer historietas? ¿Qué clase de revistas cree Ud. que lee la señora? ¿Por qué cree eso?

D ¡NECESITO COMPAÑERO! ¿Qué creen Uds. que va a pasar en la segunda (última) parte de la obra? En parejas, hagan algunas conjeturas, basándose en detalles y elementos específicos de la primera parte cuando puedan. Luego, compárenlas con las de los otros estudiantes para ver en qué se parecen y en qué se diferencian sus ideas.

E PAPEL Y LÁPIZ ¿Cómo cree Ud. que va a acabar esta obra? En su cuaderno de apuntes, escriba su versión del final.

LECTURA 2

EL DELANTAL BLANCO (PARTE 2)

PALABRAS Y CONCEPTOS

acabarse   to end
detenerse (ie)   to stop
quedarle bien (a uno)   to look nice (on someone)
recoger   to pick up
tutear   to address with the **tú** form
vestirse (i, i) de   to dress as; to dress in
volverse (ue)   to turn; to become

los anteojos para el sol   sunglasses

el chiste   joke
la pelota   ball
la riña   fight, quarrel
la uña   toenail; fingernail

desconcertado/a   disconcerted, confused
gracioso/a   funny

atrás   behind

A   ¿Con cuál de los personajes ya presentados en la obra asocia Ud. las siguientes palabras o frases?

1. los anteojos para el sol
2. sentirse desconcertado
3. la riña con el esposo
4. recoger
5. las uñas pintadas
6. vestirse de blanco
7. una historia de amor
8. la pelota
9. tutear a la dependienta en una carpa
10. quedarse atrás

B   Busque los antónimos de las siguientes palabras en la lista de vocabulario.

1. continuar   2. serio   3. empezar

C   Termine cada oración con una expresión lógica.

1. No le queda bien el vestido; es demasiado _____.
2. La mujer se volvió loca y empezó a _____.
3. La señora contó un chiste y la empleada tuvo que reírse aunque no le parecía _____.

El delantal blanco (Parte 2)

1   LA SEÑORA: Es lo suficiente largo como para cubrirte. Y en todo caso vas a mostrar menos que lo que mostrabas con los trajes de baño que arrendabas en Cartagena. (*Se levanta y obliga a levantarse*
5   *a la empleada.*) Ya. Métete en la carpa y cámbiate.

Prácticamente obliga a la empleada a entrar a la carpa y luego lanza al interior de ella el blusón de toalla. Se dirige
10 *al primer plano[1] y le habla a su hijo.*

LA SEÑORA: Alvarito, métase un poco al agua. Mójese las patitas siquiera[2]... No sea tan de rulo[3]... ¡Eso es! ¿Ves que es rica el agüita? (*Se vuelve hacia la carpa y habla hacia dentro de ella.*) ¿Estás lista?
15 (*Entra a la carpa.*)

Después de un instante, sale la empleada vestida con el blusón de toalla. Se ha prendido[4] el pelo hacia atrás y su aspecto ya difiere algo de la tímida muchacha que conocemos. Con delicadeza se tiende de bruces[5] sobre la arena. Sale la señora abotonándose aún su delantal blanco. Se va a
20 *sentar delante de la empleada, pero vuelve un poco más atrás.*

LA SEÑORA: No. Adelante no. Una empleada en la playa se sienta siempre un poco más atrás que su patrona.[6] (*Se sienta sobre sus pantorrillas[7] y mira, divertida, en todas direcciones.*)

La empleada cambia de postura[8] con displicencia.[9] La señora toma la revista de la empleada
25 *y principia a leerla. Al principio, hay una sonrisa irónica en sus labios que desaparece luego al interesarse por la lectura. Al leer mueve los labios. La empleada, con naturalidad, toma de la bolsa de playa de la señora un frasco de aceite bronceador[10] y principia a extenderlo con lentitud por sus piernas. La señora la ve. Intenta una reacción reprobatoria, pero queda desconcertada.*

30 LA SEÑORA: ¿Qué haces?

La empleada no contesta. La señora opta por seguir la lectura. Vigilando de vez en vez[11] con la vista lo que hace la empleada. Ésta ahora se ha sentado y se mira detenidamente[12] las uñas.

LA SEÑORA: ¿Por qué te miras las uñas?
LA EMPLEADA: Tengo que arreglármelas.
35 LA SEÑORA: Nunca te había visto[13] antes mirarte las uñas.
LA EMPLEADA: No se me había ocurrido.[14]
LA SEÑORA: Este delantal acalora.
LA EMPLEADA: Son los mejores y los más durables.
LA SEÑORA: (*Divertida.*) Y tú no te ves nada de mal con esa tenida.[15] (*Se ríe.*) Cualquiera se
40 equivocaría.[16] Más de un jovencito te podría[17] hacer la corte[18]... ¡Sería como para contarlo![19]

[1]primer... *front stage*   [2]Mójese... *Wet your feet at least.*   [3]No... *Don't act as if you have never seen water.*   [4]*pinned up*   [5]de... *face down*   [6]*mistress*   [7]*calves*   [8]*posición*   [9]*indiferencia*   [10]frasco... *bottle of suntan lotion*   [11]de... *de vez en cuando*   [12]*closely*   [13]había... *had I seen*   [14]había... *had occurred*   [15]*outfit*   [16]se... *could make a mistake*   [17]*could*   [18]hacer... *to court*   [19]¡Sería... *It would make a good story!*

LA EMPLEADA:	Alvarito se está metiendo muy adentro. Vaya a vigilarlo.
LA SEÑORA:	(*Se levanta inmediatamente y se adelanta.*[20]) ¡Alvarito! ¡Alvarito! No se vaya tan adentro… Puede venir una ola. (*Recapacita*[21] *de pronto y se vuelve desconcertada hacia la empleada.*)
LA SEÑORA:	¿Por qué no fuiste tú?
LA EMPLEADA:	¿Adónde?
LA SEÑORA:	¿Por qué me dijiste que yo fuera a vigilar a Alvarito?
LA EMPLEADA:	(*Con naturalidad.*) Ud. lleva el delantal blanco.
LA SEÑORA:	Te gusta el juego, ¿ah?

55 *Una pelota de goma, impulsada por un niño que juega cerca, ha caído a los pies de la empleada. Ella la mira y no hace ningún movimiento. Luego mira a la señora. Ésta, instintivamente, se dirige a la pelota y la tira en la dirección en que vino. La empleada busca en la bolsa de playa de la señora y se pone*
60 *sus anteojos para el sol.*

LA SEÑORA:	(*Molesta.*) ¿Quién te ha autorizado para que uses mis anteojos?
LA EMPLEADA:	¿Cómo se ve la playa vestida con un delantal blanco?
LA SEÑORA:	Es gracioso. ¿Y tú? ¿Cómo ves la playa ahora?
LA EMPLEADA:	Es gracioso.
LA SEÑORA:	(*Molesta.*) ¿Dónde está la gracia?
LA EMPLEADA:	En que no hay diferencia.
LA SEÑORA:	¿Cómo?
LA EMPLEADA:	Ud. con el delantal blanco es la empleada; yo con este blusón y los anteojos oscuros soy la señora.
LA SEÑORA:	¿Cómo?… ¿Cómo te atreves a decir eso?
LA EMPLEADA:	¿Se habría molestado[22] en recoger la pelota si no estuviese[23] vestida de empleada?
LA SEÑORA:	Estamos jugando.
LA EMPLEADA:	¿Cuándo?
LA SEÑORA:	Ahora.
LA EMPLEADA:	¿Y antes?
LA SEÑORA:	¿Antes?
LA EMPLEADA:	Sí. Cuando yo estaba vestida de empleada…
LA SEÑORA:	Eso no es juego. Es la realidad.
LA EMPLEADA:	¿Por qué?
LA SEÑORA:	Porque sí.
LA EMPLEADA:	Un juego… un juego más largo… como el «paco-ladrón»[24]. A unos les corresponde ser «pacos», a otros «ladrones».
LA SEÑORA:	(*Indignada.*) ¡Ud. se está insolentando!
LA EMPLEADA:	¡No me grites! ¡La insolente eres tú!
LA SEÑORA:	¿Qué significa eso? ¿Ud. me está tuteando?
LA EMPLEADA:	¿Y acaso tú no me tratas de tú?

[20]*se… goes forward*   [21]*She reconsiders*   [22]*Se… Would you have bothered*   [23]*no… you weren't*
[24]*cops and robbers*

LA SEÑORA:	¿Yo?
LA EMPLEADA:	Sí.
90 LA SEÑORA:	¡Basta ya! ¡Se acabó este juego!
LA EMPLEADA:	¡A mí me gusta!
LA SEÑORA:	¡Se acabó! (*Se acerca violentamente a la empleada.*)
LA EMPLEADA:	(*Firme.*) ¡Retírese![25]

La señora se detiene sorprendida.

95 LA SEÑORA:	¿Te has vuelto loca?
LA EMPLEADA:	Me he vuelto señora.
LA SEÑORA:	Te puedo despedir en cualquier momento.
LA EMPLEADA:	(*Explota en grandes carcajadas, como si lo que hubiera oído[26] fuera el chiste más gracioso que jamás ha escuchado.*)
100 LA SEÑORA:	¿Pero de qué te ríes?
LA EMPLEADA:	(*Sin dejar de reír.*) ¡Es tan ridículo!
LA SEÑORA:	¿Qué? ¿Qué es tan ridículo?
LA EMPLEADA:	Que me despida… ¡Vestida así! ¿Dónde se ha visto a una empleada despedir a su patrona?
105 LA SEÑORA:	¡Sácate esos anteojos! ¡Sácate el blusón! ¡Son míos!
LA EMPLEADA:	¡Vaya a ver al niño!
LA SEÑORA:	Se acabó el juego, te he dicho. O me devuelves mis cosas o te las saco.[27]
LA EMPLEADA:	¡Cuidado! No estamos solas en la playa.
LA SEÑORA:	¿Y qué hay con eso? ¿Crees que por estar vestida con un uniforme blanco no van a reconocer quién es la empleada y quién la señora?
110	
LA EMPLEADA:	(*Serena.*) No me levante la voz.

La señora, exasperada, se lanza sobre la empleada y trata de sacarle el blusón a viva fuerza.

LA SEÑORA:	(*Mientras forcejea.[28]*) ¡China![29] ¡Y te voy a enseñar quién soy! ¿Qué te has creído? ¡Te voy a meter presa![30]

115   *Un grupo de bañistas han acudido[31] al ver la riña: dos jóvenes, una muchacha y un señor de edad madura y de apariencia muy distinguida. Antes que puedan intervenir la empleada ya ha dominado la situación manteniendo bien sujeta[32] a la señora contra la arena. Ésta sigue gritando ad libitum[33] expresiones como: «rota cochina»… «ya te las vas a ver con mi marido»… «te voy a mandar presa»… «esto es el colmo», etcétera, etcétera.*

120 UN JOVEN:	¿Qué sucede?
EL OTRO JOVEN:	¿Es un ataque?
LA JOVENCITA:	Se volvió loca.
UN JOVEN:	Puede que sea efecto de una insolación.[34]
EL OTRO JOVEN:	¿Podemos ayudarla?
125 LA EMPLEADA:	Sí. Por favor. Llévensela. Hay una posta[35] por aquí cerca…
EL OTRO JOVEN:	Yo soy estudiante de Medicina. Le pondremos[36] una inyección para que se duerma por un buen tiempo.
LA SEÑORA:	¡Imbéciles! ¡Yo soy la patrona! Me llamo Patricia Hurtado, mi marido es Álvaro Jiménez, el político…
130 LA JOVENCITA:	(*Riéndose.*) Cree ser la señora.
UN JOVEN:	Está loca.
EL OTRO JOVEN:	Un ataque de histeria.
UN JOVEN:	Llevémosla.

[25]*Get back!*   [26]*como… as if what she had heard*   [27]*quito violentamente*   [28]*she struggles*   [29]*¡Sirvienta!*   [30]*in jail*   [31]*llegado*   [32]*pinned down*   [33]*ad… improvising*   [34]*sunstroke*   [35]*first-aid station*   [36]*Le… Let's give her*

135	LA EMPLEADA:	Yo no los acompaño… Tengo que cuidar a mi hijito… Está ahí, bañándose…
	LA SEÑORA:	¡Es una mentirosa! ¡Nos cambiamos de vestido sólo por jugar! ¡Ni siquiera tiene traje de baño! ¡Debajo del blusón está en calzones! ¡Mírenla!
140	EL OTRO JOVEN:	(*Haciéndole un gesto al joven.*) ¡Vamos! Tú la tomas por los pies y yo por los brazos.
	LA JOVENCITA:	¡Qué risa! ¡Dice que está en calzones!

Los dos jóvenes toman a la señora y se la llevan, mientras ésta se resiste y sigue gritando.

145	LA SEÑORA:	¡Suéltenme! ¡Yo no estoy loca! ¡Es ella! ¡Llamen a Alvarito! ¡Él me reconocerá[37]!

Mutis[38] de los dos jóvenes llevando en peso a la señora. La empleada se tiende sobre la arena, como si nada hubiera sucedido,[39] aprontándose[40] para un prolongado baño de sol.

	EL CAB. DIST.*:	¿Está Ud. bien, señora? ¿Puedo serle útil en algo?
150	LA EMPLEADA:	(*Mira inspectivamente al señor distinguido y sonríe con amabilidad.*) Gracias. Estoy bien.
	EL CAB. DIST:	Es el símbolo de nuestro tiempo. Nadie parece darse cuenta, pero a cada rato, en cada momento sucede algo así.
	LA EMPLEADA:	¿Qué?
155	EL CAB. DIST.:	La subversión del orden establecido. Los viejos quieren ser jóvenes; los jóvenes quieren ser viejos; los pobres quieren ser ricos y los ricos quieren ser pobres. Sí, señora. Asómbrese[41] Ud. También hay ricos que quieren ser pobres. Mi nuera va todas las tardes a tejer[42] con mujeres de poblaciones callampas.[43] ¡Y le gusta hacerlo! (*Transición.*) ¿Hace mucho tiempo que está con Ud.?
160	LA EMPLEADA:	¿Quién?
	EL CAB. DIST.:	(*Haciendo un gesto hacia la dirección en que se llevaron a la señora.*) Su empleada.
	LA EMPLEADA:	(*Dudando. Haciendo memoria.*) Poco más de un año.
165	EL CAB. DIST.:	¡Y así le paga a Ud.! ¡Queriéndose hacer pasar por una señora! ¡Como si no se reconociera a primera vista quién es quién! (*Transición.*) ¿Sabe Ud. por qué suceden estas cosas?
	LA EMPLEADA:	¿Por qué?
	EL CAB. DIST.:	(*Con aire misterioso.*) El comunismo…
	LA EMPLEADA:	¡Ah!
170	EL CAB. DIST.:	(*Tranquilizador.*) Pero no nos inquietemos. El orden está restablecido. Al final, siempre el orden se restablece… Es un hecho… Sobre eso no hay discusión… (*Transición.*) Ahora, con permiso, señora. Voy a hacer mi footing[44] diario. Es muy conveniente a mi edad. Para la circulación, ¿sabe? Y Ud. quede tranquila. El sol es el mejor sedante.[45] (*Ceremoniosamente.*) A sus órdenes, señora. (*Inicia el mutis. Se vuelve.*) Y no sea muy dura con su empleada, después que se haya tranquilizado… Después de todo… Tal vez tengamos algo de culpa nosotros mismos… ¿Quién puede decirlo? (*El caballero distinguido hace mutis.*)

[37]*will recognize* [38]*Exit* [39]*como… as if nothing had happened* [40]*getting ready* [41]*Sorpréndase*
[42]*weave, knit* [43]*squatter* [44]*running, jogging* [45]*tranquilizante*

―――――――――――――

*El… el caballero distinguido

La empleada cambia de posición. Se tiende de espaldas para recibir el sol en la cara. De pronto se acuerda de Alvarito. Mira hacia donde él está.

180   LA EMPLEADA: ¡Alvarito! ¡Cuidado con sentarse en esa roca! Se puede hacer una nana[46] en el pie… Eso es, corre por la arenita… Eso es, mi hijito… (*Y mientras la empleada mira con ternura[47] y delectación maternal cómo Alvarito juega a la orilla del mar se cierra lentamente el Telón.*)

[46]*boo-boo*   [47]*tenderness*

COMPRENSIÓN

A   Complete cada oración de la primera columna con todas las frases posibles de la segunda columna.

1. _____ Después de que la empleada sale de la carpa,…
2. _____ Después de que la señora sale de la carpa,…
3. _____ Para los jóvenes bañistas,…
4. _____ Para el caballero distinguido,…

a. se sienta atrás de la otra.
b. se pone aceite bronceador.
c. se tiende en la arena.
d. mueve los labios al leer.
e. la señora tomó demasiado sol.
f. recoge la pelota y la tira.
g. el mundo está permanentemente ordenado y no puede cambiar.
h. la señora está loca.
i. se mira las uñas.
j. los empleados deben sentir agradecimiento hacia los patrones.
k. manda que la otra vigile a Alvarito.

B   Complete las siguientes oraciones según *El delantal blanco*. ¡Cuidado con el uso del subjuntivo!

1. La señora le dijo a Alvarito que…
2. Antes de cambiar la ropa con la empleada, la señora creía que…
3. A la señora le sorprendió que la empleada…
4. La empleada se ríe de que la señora…
5. Los jóvenes bañistas no creen que…
6. La empleada dice que no acompaña a los jóvenes porque…
7. El caballero distinguido quiere un mundo en el que…
8. Al final de la obra la empleada le grita a Alvarito para que…

INTERPRETACIÓN

La clase debe dividirse en grupos de tres o cuatro estudiantes. El profesor / La profesora le asignará una de las siguientes actividades a cada grupo. Después de hacerlas, los varios grupos deben compartir sus respuestas con los otros miembros de la clase.

A EL AMBIENTE / EL LECTOR/PÚBLICO

- ¿Dónde tiene lugar el drama? ¿En qué otros ambientes podría (could) transcurrir? ¿en una tienda? ¿dentro de la casa de la señora? ¿Qué cambios habría que hacer (would have to be made) si se localizara en otros ambientes?

- ¿Qué visión del mundo tiene la señora? ¿y la empleada? Como público/lectores, ¿con cuál de las dos simpatizan Uds.? ¿Qué técnicas se utilizan en la obra para hacer que el público / los lectores simpatice(n) con una de ellas y no con la otra?

B EL TEMA / EL ARGUMENTO / EL CONFLICTO

- Den un breve resumen del argumento de *El delantal blanco* contestando las siguientes preguntas: ¿Quién? ¿Cuándo? ¿Dónde? ¿Qué? ¿Por qué?

- ¿Cuáles son algunos de los posibles temas de la obra? ¿Cuál les parece que es el más importante? ¿Por qué?

- El drama se concentra en dos personajes femeninos. ¿Creen Uds. que se trata de un conflicto o de una situación exclusivamente femenina? ¿Por qué sí o por qué no?

- ¿Cuál es el conflicto de la obra? Identifiquen en el texto los lugares en que éste se revela. ¿Cómo se relaciona el conflicto con el tema principal?

- ¿Qué crítica social hay en el texto? ¿Qué esperaba la señora cuando sugirió el experimento? ¿Salió tal como ella se lo había imaginado? Expliquen.

C LOS PERSONAJES

- Nombren a los personajes de la obra. ¿Por qué será que las dos mujeres no tienen nombres?

- Completen las siguientes oraciones para llegar a una caracterización de los distintos personajes.

1. Álvaro (el marido): Antes de casarme yo quería una mujer que... Ahora quiero una mujer que...

2. La señora: De joven yo quería un marido que... Ahora tengo un marido que...

3. La empleada: Yo buscaba una patrona que... Tengo una patrona que...

4. Alvarito: Mi madre siempre me dice que... La empleada me dice que... Yo quiero...

- Busquen en las dos listas de vocabulario (páginas 107–108 y 115) cinco sustantivos o verbos que caractericen a la señora y cinco que caractericen a la empleada. Expliquen por qué asocian estas palabras con los personajes.

- ¿Quién es la protagonista, la señora o la empleada? Cuando ellas cambian de ropa, ¿qué cambios ocurren en su manera de actuar y de tratarse? Busquen ejemplos dentro de la obra para comprobar su opinión. ¿Cuál de las dos habla más en la obra? ¿Qué importancia tiene esto?

- A veces en una obra hay personajes estáticos (que no cambian) y a veces hay personajes dinámicos (que cambian). ¿Son estáticas o dinámicas la señora y la empleada? Expliquen.

- ¿Son necesarios todos los personajes? ¿Cómo cambiaría (*would change*) la obra si se quitara a Alvarito? ¿al caballero distinguido?

APLICACIÓN

A En *El delantal blanco* se estudia la relación entre una criada y la señora de la casa. ¿Cree Ud. que es posible que haya igualdad en una relación de este tipo? ¿Por qué sí o por qué no? ¿Son las relaciones entre criados y patrones diferentes de las que existen entre jefes y empleados en una oficina? Explique.

B La empleada en *El delantal blanco* no puede encontrar trabajo en el campo y por eso se muda a la ciudad. ¿Se mudaría Ud. (*Would you move*) a otro pueblo para encontrar trabajo? ¿a otro estado? ¿a otro país? ¿Cómo se imagina Ud. que era la situación en el campo que hizo que la criada se mudara a la ciudad? ¿Cuáles de estas circunstancias le parecen a Ud. que son las más difíciles?

C La señora cree que el dinero es lo más importante en un matrimonio. De los siguientes elementos, ¿cuáles le parecen a Ud. más importantes para que un matrimonio tenga éxito?

1. el dinero
2. el éxito profesional del hombre
3. el éxito profesional de la mujer
4. pertenecer a la misma religión
5. pertenecer a la misma clase social
6. tener el mismo nivel de educación
7. tener buenas relaciones sexuales
8. la amistad
9. tener hijos
10. no tener hijos
11. ser de la misma raza
12. ser del mismo país
13. ser guapos
14. compartir un pasatiempo (*hobby*)

LECTURA 3

LA UNITED FRUIT CO.

Aproximaciones al texto: La poesía

Extended metaphor

You have already studied such poetic devices as denotation, connotation, symbolism, and altered word order. Another device common to poetry is *imagery*. Imagery generally is based on comparisons between elements.

When a comparison is very explicit, it is called a *simile*. Similes are often recognizable by the words *like* or *as*, which join the two elements of the comparison: *Love is like a flower*. A *metaphor* is an implied comparison: *Love is a flower*. It creates a fresh relationship between two or more elements and the ideas associated with them. Metaphors involve connotation and may include the use of symbols.

Although an author may use several unrelated comparisons in a poem, he or she can also use a single comparison throughout an entire poem. This is called an *extended metaphor*. By means of this device, two distinct frames of reference are made to coexist in the work. Each frame of reference is denoted by the naming of elements that pertain to it, but the meaning of the work lies in the relationship between the two frames of reference.

En este breve pasaje, se emplea una metáfora extendida con un toque humorístico. Lea el pasaje, buscando en él los elementos que denotan los dos marcos (*frames*) distintos de nivel que se explican a continuación.

> Tengo un vecino completamente loco. Hace varias semanas empezó a construir un barco muy grande y ayer le oí hablar con su mujer y sus tres hijos de como pronto iban a empezar las lluvias anunciadas. Yo escuché las noticias en la televisión anoche y el meteorólogo no dijo nada de tormentas ni de lluvias. Se lo dije a mi vecino, pero insiste en que conoce a un meteorólogo fenomenal y si éste dice que va a llover, así es. Pues hoy empezó a llover y ahora veo que mi vecino está metiendo todos sus muebles y animales en el barco. Además, ha mandado a sus hijos al parque zoológico a recoger más animales. Están todos locos. Yo no salgo de casa durante esta tormenta para nada. Parece que no va a acabar en muchos días.

NIVEL 1 *la edad moderna, denotada por la televisión, un meteorólogo, el zoológico*

NIVEL 2 *los tiempos bíblicos, denotados por el barco grande, la mujer y sus tres hijos, el hecho de meter todos los muebles y animales en el barco, la sugerencia de que lloverá por muchos días.*

EL SIGNIFICADO, CONNOTADO POR LA RELACIÓN ENTRE LOS DOS NIVELES *recreación humorística de un episodio de la Biblia. El humor proviene del hecho de referirse a Dios como un gran meteorólogo, de la revelación lenta del nivel bíblico y de la percepción por parte de los lectores de que el narrador no tiene idea del destino que le espera.*

PALABRAS Y CONCEPTOS

bautizar to baptize
desembarcar to set sail

la cintura waistline; belt
la dictadura dictatorship

la mermelada marmalade
la mosca fly
el racimo cluster, bunch

jugoso/a juicy

A ¿Qué relación existe entre las siguientes expresiones?

1. la cintura / Centroamérica

2. el racimo / la mermelada

3. desembarcar / la compañía multinacional

4. bautizar / renacer

5. jugoso / la mosca

6. «Banana Republic» / la dictadura

B ¿Qué sugiere para Ud. el título «La United Fruit Co.»?

C ¡NECESITO COMPAÑERO! En parejas, estudien el dibujo que acompaña el poema «La United Fruit Co.». ¿Qué representa la forma redonda en el centro del dibujo? ¿De quién puede ser la mano? ¿y los barcos? ¿Qué llevarán (*might they carry*) adentro? ¿Adónde transportarán (*might they transport*) su carga? ¿Quiénes pueden ser los que están en el agua? ¿Qué queda en el muelle (*dock*)? ¿Va a quedar allí permanentemente? ¿Cuáles de los elementos del dibujo tienen connotaciones negativas y cuáles tienen connotaciones positivas? Expliquen sus respuestas.

D Neruda compara la United Fruit Co. con un episodio bíblico. Lea rápidamente los primeros once versos (*lines*) e identifique las palabras que se relacionan con el episodio bíblico. ¿A qué episodio bíblico se alude? ¿Qué connotaciones tiene este episodio para la cultura occidental?

E ¿Quién es el sujeto del verbo «bautizó» en el verso diez? Reescriba los versos doce a dieciséis para que el orden de las palabras sea más fácil de entender.

La United Fruit Co.

SOBRE EL AUTOR **Pablo Neruda** (**Capítulo 6**) también fue importante como un poeta social de gran calidad. El poema a continuación pertenece al *Canto general* (1950).

Chile

■ **la estrofa** = división regular en número y forma de los versos de una composición poética

1 Cuando sonó la trompeta, estuvo
todo preparado en la tierra,
y Jehová repartió[1] el mundo
a Coca-Cola Inc., Anaconda,*
5 Ford Motors y otras entidades;
la Compañía Frutera Inc.
se reservó lo más jugoso,
la costa central de mi tierra,
la dulce cintura de América.

10 Bautizó de nuevo sus tierras
como «Repúblicas Bananas»,
y sobre los muertos dormidos,
sobre los héroes inquietos
que conquistaron la grandeza,
15 la libertad y las banderas,[2]
estableció la ópera bufa:[3]
enajenó los albedríos,[4]
regaló coronas de César,
desenvainó[5] la envidia, atrajo
20 la dictadura de las moscas,
moscas Trujillos, moscas Tachos,
moscas Carías, moscas Martínez,
moscas Ubicos,[†] moscas húmedas
de sangre humilde y mermelada,
25 moscas borrachas que zumban[6]
sobre las tumbas populares,
moscas de circo, sabias[7] moscas
entendidas en[8] tiranía.

Entre las moscas sanguinarias[9]
30 la Frutera desembarca,
arrasando[10] el café y las frutas,

[1]*divided up* [2]*flags* [3]cómica, absurda [4]enajenó... tomó control de los hombres [5]reveló [6]*buzz*
[7]inteligentes [8]entendidas... que saben mucho de [9]que quieren/buscan sangre [10]totalmente
llena de

---

*Anaconda Copper, Inc., a U.S.-owned enterprise that until the early 1970s controlled most of Chile's copper industry.

[†]Trujillos... Rafael Leónidas Trujillo, dictador de la República Dominicana (1930–1961); Anastasio (Tacho) Somoza, dictador de Nicaragua (1936–1956); Tiburcio Carías Andino, dictador de Honduras (1933–1948); Maximiliano Hernández Martínez, dictador y jefe del partido conservador que gobernó El Salvador desde 1931 hasta 1944; Jorge Ubico, dictador de Guatemala (1931–1944).

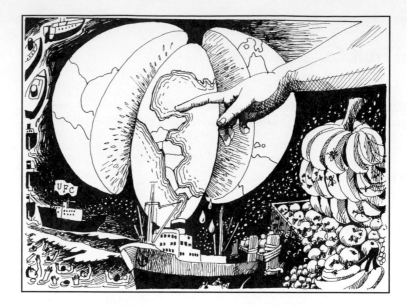

en sus barcas que deslizaron[11]
como bandejas[12] el tesoro
de nuestras tierras sumergidas.

35 Mientras tanto, por los abismos
azucarados[13] de los puertos,
caían indios sepultados
en el vapor de la mañana:
un cuerpo rueda,[14] una cosa
40 sin nombre, un número caído,
un racimo de fruta muerta
derramada en el pudridero.[15]

[11]se fueron   [12]*trays*   [13]cubiertos de azúcar   [14]se mueve como una pelota   [15]derramada… echada en un montón de basura

COMPRENSIÓN

Subraye todos los adjetivos en el poema. Haga una lista de los que se refieren a la *United Fruit Company* y otra lista de los que se refieren a Centroamérica. ¿Es más positiva una lista que otra? ¿Qué otras diferencias hay entre las dos listas?

INTERPRETACIÓN

A ¿Por qué elige Neruda las moscas para hacer la comparación con los dictadores? ¿Qué otros elementos añade para hacer aún más fuerte el impacto de esta comparación?

B Neruda divide el poema en cuatro partes. ¿Se diferencia la última parte de las tres primeras? Explique su respuesta, dando ejemplos concretos.

C ¿Por qué cree Ud. que Neruda utiliza el Génesis como la base de una metáfora extendida? ¿Qué diferencias hay entre la versión bíblica de la creación y la de Neruda?

APLICACIÓN

A Tanto en *El delantal blanco* como en «La United Fruit Co.» se ve una fuerte crítica social. ¿Qué critica cada obra? ¿A quién(es) se culpa(n) en cada caso? ¿Qué sabe Ud. de la situación sociopolítica de Centroamérica hoy en día? ¿Todavía tienen los Estados Unidos intereses económicos allí? ¿intereses políticos? Neruda critica duramente a la United Fruit Co., a la Ford, a la Coca-Cola y, por implicación, a los Estados Unidos. ¿Cuál es la imagen que se tiene actualmente de los Estados Unidos en Centroamérica? ¿Y en los demás países de Hispanoamérica?

B **PRO Y CONTRA** Divídanse en tres grupos de cuatro o seis estudiantes para debatir el siguiente tema. La mitad de cada grupo debe preparar los argumentos a favor, mientras que la otra mitad prepara los argumentos en contra. Los otros estudiantes de la clase deben preparar preguntas que hacer durante el debate.

PERSPECTIVA A

Las compañías multinacionales deben preocuparse más por el bienestar económico de los países que les proveen materias primas (*raw materials*).

PERSPECTIVA B

Las compañías multinacionales no son responsables del bienestar económico de la gente de los países que les proveen recursos económicos. Esta responsabilidad es de los gobiernos de esos países.

CAPÍTULO 8

Creencias e ideologías

Carmen Lomas Garza, (Estados Unidos), *El milagro*

Exploraciones

Nuestras creencias individuales y colectivas funcionan como sistemas para interpretar la vida. Para muchas personas, la comunidad es donde pueden afirmar y practicar sus creencias e ideologías.

Estudie el cuadro a la izquierda. Primero, describa esta comunidad. ¿Dónde viven? ¿De qué viven? ¿Qué herencias y creencias comparten? Explique qué problema(s) comparten y qué impacto tiene esto en el sistema de creencias de la comunidad. ¿Cuál es el milagro representado en la pintura? En su opinión, ¿hay mucha diversidad de creencias o ideologías en esta comunidad?

Ahora explore los sistemas de creencias. ¿Qué pueden revelar del individuo o qué características se asocian con las personas que tienen determinados sistemas de creencias? Empareje las personas de la izquierda con las características de la derecha.

Personas

1. _____ Alguien que cree en el amor romántico…

2. _____ Alguien que cree en los augurios (*omens*)…

3. _____ Una persona marxista leninista…

4. _____ Una persona muy religiosa…

5. _____ Alguien que cree en la ciencia empírica…

6. _____ Alguien que confía en la omnipotencia del dinero…

Características

a. cree que puede comprar la felicidad.

b. cree en la vida después de la muerte.

c. sueña con encontrar el amor de su vida.

d. confía en la razón y la lógica.

e. quiere eliminar las clases sociales.

f. les tiene miedo a los gatos negros

¿Son incompatibles algunas de estas creencias? ¿Cuáles de ellas? ¿Qué pasaría (*would happen*) si una persona tuviera al mismo tiempo dos o más de estas creencias «incompatibles»? Piense, por ejemplo, en los conflictos que podría (*could*) tener una bióloga muy religiosa, un marxista supersticioso o un hombre de negocios muy romántico.

Compare sus ideas con las de sus compañeros de clase. Luego, imagínense que uno de los personajes del cuadro a la izquierda tiene un sistema de creencias que no está conforme (*fit in*) para nada con el sistema de creencias de la comunidad. Decidan cuál de los personajes es y comenten los problemas que podría tener dentro de esta comunidad.

ESPUMA Y NADA MÁS

Aproximaciones al texto

La crítica cultural

You have already seen how certain texts use defamiliarization to challenge preconceived ideas and propose new perspectives (**Capítulos 4** and **5**). Also, in **Capítulo 6,** you learned how perceptions may vary according to the gender of the person reading the text. In fact, the interpretation of a phenomenon will vary according to an individual's interests, social position, beliefs, and ideologies. These ideologies are often contradictory, not only among different groups in a society (such as liberals versus conservatives), but also within a given individual. For example, although Marxism and religious faith are generally antithetical ("Religion is the opium of the people," according to Karl Marx), there are many Marxists in Latin America who are also deeply Catholic.

> ■ **la crónica** = género literario que consiste en el relato de hechos históricos

Cultural criticism studies how literary texts and other works of art represent these ideological conflicts. Its basic assumption is that every culture is characterized by ideological contradictions and inconsistencies. Such inconsistencies often produce conflicting impulses within an individual. In the essays of the renowned Colombian author Hernando Téllez, for example, the author analyzes the social and psychological conflicts of his countrymen. In the capital city of Bogotá, the wave of violence and destruction was so great during the 1950s that marshal law was imposed.°

This period of struggle and violence, aptly called "La Violencia" by Colombians, has had a devastating effect on the social and political atmosphere, which is reflected in Téllez's writings. In sum, the intertextual references to the contradictions in a given set of values or beliefs serve to illustrate how the dominant ideology seeks to eliminate inconsistencies, and how the individual who disagrees is forced to view his own beliefs with a fresh perspective.

A Una obra narrativa contiene una rica variedad de información que a veces no está expresada directamente. El lector tiene que determinar qué información se presenta y cuál es su significado. Debe preguntarse, por ejemplo, qué quiere compartir el escritor con sus lectores. ¿Qué creencias e ideologías se afirman? Cuando el escritor emplea la primera persona como punto de vista, la perspectiva está limitada a la del narrador o narradora. El lector debe tratar de formarse una imagen visual del narrador y pensar en las siguientes preguntas: ¿Cuáles son sus cualidades y sus defectos? ¿Se puede confiar en él o ella? ¿Se expresan sus motivos por medio de la narración o se ocultan?

°The assassination of José Eliecer Gaitán, a popular leader of the liberal party, **el Partido Liberal,** on April 9, 1948, resulted in a wave of violence and destruction known as «**el bogotazo**». The violence continued for several years, resulting in a military coup that took control of the government in 1957. Since 1958 the country has held regular presidential elections. For many years, the **Partido Liberal** maintained a wide margin of victories, but Colombia has since moved from a two-party system to a multi-party system.

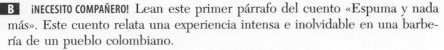

B **¡NECESITO COMPAÑERO!** Lean este primer párrafo del cuento «Espuma y nada más». Este cuento relata una experiencia intensa e inolvidable en una barbería de un pueblo colombiano.

■ Al leer, apunten las descripciones de los dos personajes y el ambiente físico en que se encuentran. Contesten las siguientes preguntas: ¿Quién narra? ¿Con quién habla? ¿En qué lugar transcurre la acción? ¿Cuál de los dos inspira miedo? Piense en el conflicto que existe entre ellos.

No saludó al entrar. Yo estaba repasando sobre una badana[1] la mejor de mis navajas,[2] y cuando lo reconocí me puse a temblar. Pero él no se dio cuenta.[3] Para disimular continué repasando la hoja.[4] La probé luego sobre la yema del dedo gordo[5] y volví a mirarla contra la luz. En ese instante se quitaba el cinturón ribeteado de balas[6] de donde pendía la funda[7] de la pistola. Lo colgó de uno de los clavos del ropero[8] y encima colocó el kepis.[9] Volvió completamente el cuerpo para hablarme y, deshaciendo el nudo[10] de la corbata, me dijo: «Hace un calor de todos los demonios. Aféiteme.»

[1]*leather strap*   [2]*razors*   [3]*no… he didn't realize*   [4]*blade*   [5]*yema… fleshy part of the fingertip of the thumb*   [6]*bullets*   [7]pendía… *was hanging from the holster*   [8]*clavos… hooks of the clothesrack*   [9]*military cap*   [10]*knot*

■ Ahora, completen las afirmaciones con información del pasaje del cuento.

1. El narrador es _____.

2. La voz narrativa está hablando con _____.

3. El lugar en que se encuentran es _____.

4. Cuando el narrador ve al protagonista _____.

C Antes de continuar la lectura, conteste las siguientes preguntas. ¿Qué importancia temática pueden tener las palabras «Espuma y nada más»? ¿Qué imágenes visuales sugiere la palabra «espuma»? Mirando los dibujos que acompañan la lectura, ¿cómo es la barbería? ¿Quiénes son los dos personajes? ¿En qué se asemejan y en qué difieren? ¿Qué está haciendo el barbero cuando entra el cliente? ¿Qué hace el cliente en el primer dibujo? En el segundo, ¿en qué están pensando los dos? ¿Qué esperaría (*would expect*) Ud. ver en una barbería de un pueblo rural? ¿Cómo se saludarían (*would greet each other*) el barbero y su clientela? ¿De qué temas hablarían (*would talk*)? ¿Cree Ud. que ir a una barbería sería (*would be*) una experiencia agradable o desagradable? Explique.

D **PAPEL Y LÁPIZ** En su cuaderno de apuntes, explore las creencias que un individuo puede tener con respecto a algunos de los siguientes temas. ¿Hay contradicciones? ¿Cómo las resuelve Ud.?

1. sus deberes como estudiante frente a (*versus*) su vida romántica

2. sus ideas políticas (libertad, igualdad) frente a sus creencias religiosas (control, jerarquías)

3. sus ideales sociales (solidaridad, bienestar para todos) frente a sus ambiciones económicas (comodidad, lujo, seguridad)

4. su confianza en la lógica frente a sus impulsos irracionales o su intuición

PALABRAS Y CONCEPTOS

afeitar(se)   to shave
anudar   to tie
batir   to whip, whisk
castigar   to punish
colgar (ue)   o hang
comprobar (ue)   to find out, prove
darse cuenta (de)   to realize
degollar (ue)   to slit, cut the throat of
enjabonar   to soap, lather
ensayar   to try out, practice
mancharse (de)   to stain
pulir   to polish
sudar   to sweat
traicionar   to betray

el asesino   assassin, murderer
la bala   bullet
la badana   leather strap
el barbero / la barbera   barber
la barbilla   chin
la brocha   brush (for shaving)
el coraje   mettle, fierceness

la espuma   foam, lather
la funda   holster
el fusilamiento   shooting, execution (by a firing squad)
el golpe   strike
la hoja   blade (of a knife, razor)
el kepis   military cap
la navaja   razor
el partidario   supporter
el puesto   position, place
el revolucionario / la revolucionaria   revolutionary
el vengador / la vengadora   avenger
el verdugo   executioner, hangman

aturdido/a   upset
clandestino/a   clandestine, hidden
pulido/a   polished
tibio/a   lukewarm

¡zas!   whack, wham, bang!

A   Identifique todas las palabras de la lista de vocabulario que pueden relacionarse con las siguientes categorías.

1. la barbería
2. el control militar
3. el revolucionario
4. el miedo
5. la violencia

B   ¿Qué palabra no pertenece al grupo?

1. la barbilla	la espuma	enjabonar	degollar
2. la brocha	el fusilamiento	la pistola	el asesino
3. el kepis	clandestino	el revolucionario	el secreto
4. anudar	pulir	la navaja	la badana
5. degollar	sudar	la navaja	la hoja

C Complete las siguientes oraciones de una forma lógica, usando palabras de la lista de vocabulario.

1. El capitán quiere que el barbero le _____ la barba de cuatro días.

2. El barbero mezclaba el jabón con agua tibia hasta que subió la _____.

3. Se puso a temblar de los nervios; estaba muy _____ al ver al enemigo.

4. Los militares habían _____ de los árboles a los rebeldes.

5. El narrador revela que es un revolucionario _____, en secreto.

6. No quiere _____ de sangre, sólo de espuma y nada más.

7. Al terminar, la barba del capitán había quedado limpia, templada y _____.

8. Le habían dicho al capitán Torres que el revolucionario lo mataría, y por eso vino para _____.

Espuma y nada más

Colombia

SOBRE EL AUTOR Hernando Téllez (1908–1966), distinguido periodista, ensayista y cuentista colombiano, fue uno de los más notables intelectuales del siglo xx. Nacido en Bogotá, inició su carrera literaria a temprana edad, colaborando en la revista Universidad, un interés que cultivó con gran fervor durante el resto de su vida, destacándose como crítico literario. También participó en la política y la diplomacia de su país, temas que se reflejan en su única obra narrativa, *Cenizas para el viento y otras historias,* una colección de cuentos que se publicó en 1950. Su mensaje literario es pesimista. Para él, lo más importante es el éxito del individuo en cualquier momento de su vida. Sobre todo, su gran sentido social de la justicia penetra sus estudios del ser humano. En el cuento a continuación, «Espuma y nada más», Téllez desarrolla el tema del coraje del hombre que se enfrenta consigo mismo y logra vencerse, a pesar de sus emociones. Se manifiesta un doble nivel de conflicto, el social y el sicológico, entre el narrador y el protagonista. Los dos personajes se encuentran en un momento intenso de crisis que se resuelve con un fin sorprendente e irónico.

1 No saludó al entrar. Yo estaba repasando sobre una badana la mejor de mis navajas. Y cuando lo reconocí me puse a temblar. Pero él no se dio cuenta. Para disimular continué repasando la hoja. La probé luego sobre la yema del dedo gordo y volví a mirarla contra la luz. En ese instante se quitaba el cinturón ribeteado de balas de donde pendía la funda de la pistola. Lo colgó

5 de uno de los clavos del ropero y encima colocó el kepis. Volvió completamente el cuerpo para hablarme y, deshaciendo el nudo de la corbata, me dijo: «Hace un calor de todos los demonios. Aféiteme.» Y se sentó en la silla. Le calculé cuatro días de barba. Los cuatro días de la última excursión en busca de los nuestros.[1] El rostro aparecía quemado, curtido[2] por el sol. Me puse a preparar minuciosamente el jabón. Corté unas rebanadas de la pasta,[3] dejándolas caer en el

10 recipiente,[4] mezclé un poco de agua tibia y con la brocha empecé a revolver. Pronto subió la

[1]los… *our people (the revolutionaries)*   [2]*tanned (like leather)*   [3]rebanadas… *slices of the paste, soap*   [4]*container*

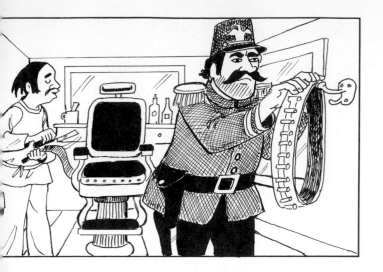

espuma. «Los muchachos de la tropa deben tener tanta barba como yo.» Seguí batiendo la espuma. «Pero nos fue bien, ¿sabe? Pescamos a los principales. Unos vienen muertos y otros todavía viven. Pero pronto estarán todos muertos.» «¿Cuántos cogieron?» pregunté. «Catorce. Tuvimos que internarnos[5] bastante para dar con[6] ellos. Pero ya la están pagando. Y no se salvará ni uno, ni uno.» Se echó para atrás en la silla al verme con la brocha en la mano, rebosante de espuma.[7] Faltaba ponerle la sábana.[8] Ciertamente yo estaba aturdido. Extraje del cajón una sábana y la anudé al cuello de mi cliente. Él no cesaba de hablar. Suponía que yo era uno de los partidarios del orden. «El pueblo habrá escarmentado[9] con lo del otro día», dijo. «Sí», repuse mientras concluía de hacer el nudo sobre la oscura nuca, olorosa a sudor.[10] «Estuvo bueno, ¿verdad?» «Muy bueno», contesté mientras regresaba a la brocha. El hombre cerró los ojos con un gesto de fatiga y esperó así la fresca caricia[11] del jabón. Jamás lo había tenido tan cerca de mí. El día en que ordenó que el pueblo desfilara por el patio de la Escuela para ver a los cuatro rebeldes allí colgados, me crucé con él un instante. Pero el espectáculo de los cuerpos mutilados me impedía fijarme[12] en el rostro del hombre que lo dirigía todo y que ahora iba a tomar en mis manos. No era un rostro desagradable, ciertamente. Y la barba, envejeciéndolo un poco,[13] no le caía mal.[14] Se llamaba Torres. El capitán Torres. Un hombre con imaginación, porque ¿a quién se le había ocurrido antes colgar a los rebeldes desnudos y luego ensayar sobre determinados sitios del cuerpo una mutilación a bala? Empecé a extender la primera capa[15] de jabón. Él seguía con los ojos cerrados. «De buena gana me iría a dormir un poco», dijo, «pero esta tarde hay mucho que hacer.» Retiré la brocha y pregunté con aire falsamente desinteresado: «¿Fusilamiento?» «Algo por el estilo, pero más lento», respondió. «¿Todos?» «No. Unos cuantos apenas.» Reanudé[16] de nuevo la tarea de enjabonarle la barba. Otra vez me temblaban las manos. El hombre no podía darse cuenta de ello y ésa era mi ventaja. Pero yo hubiera querido que él no viniera. Probablemente muchos de los nuestros lo habrían visto entrar. Y el enemigo en la casa impone condiciones. Yo tendría que afeitar esa barba como cualquiera otra, con cuidado, con esmero,[17] como la de un buen parroquiano, cuidando de que[18] ni por un sólo poro fuese a brotar una gota[19] de sangre. Cuidando de que la piel quedara limpia, templada,[20] pulida, y de que al pasar el dorso[21] de mi mano por ella, sintiera la superficie[22] sin un pelo. Sí. Yo era un revolucionario clandestino, pero era también un barbero de conciencia, orgulloso de la pulcritud[23] en su oficio. Y esa barba de cuatro días se prestaba para una buena faena.[24]

Tomé la navaja, levanté en ángulo oblicuo las dos cachas,[25] dejé libre la hoja y empecé la tarea, de una de las patillas[26] hacia abajo. La hoja respondía a la perfección. El pelo se presentaba indócil[27] y duro, no muy crecido, pero compacto. La piel iba apareciendo poco a poco. Sonaba la hoja con su ruido característico, y sobre ella crecían los grumos[28] de jabón mezclados con trocitos de[29] pelo. Hice una pausa para limpiarla, tomé la badana de nuevo y me puse a asentar[30] el acero, porque yo soy un barbero que hace bien sus cosas. El hombre que había mantenido los ojos cerrados, los abrió, sacó una de las manos por encima de la sabana, se palpó[31] la zona del rostro que empezaba a quedar libre de jabón y me dijo: «Venga Ud. a las seis, esta tarde, a

[5]*to go deep into (an area)* [6]*dar… to find, come across* [7]*rebosante… dripping with lather* [8]*sheet* [9]*learned a lesson* [10]*olorosa… smelling like sweat* [11]*fresca… cool caress, touch* [12]*me… prevented me from noticing* [13]*envejeciéndolo… making him appear a little old* [14]*no… was not unattractive* [15]*la… first layer* [16]*I went back to* [17]*con… painstakingly* [18]*cuidando… being careful* [19]*fuese… bring forth a single drop* [20]*soft* [21]*back* [22]*surface* [23]*neatness, perfection* [24]*se… was going to be a big job* [25]*handles* [26]*sideburns* [27]*unruly* [28]*blobs* [29]*trocitos… bits of* [30]*to sharpen* [31]*se… touched, felt*

la Escuela.» «¿Lo mismo del otro día?» le pregunté horrorizado. «Puede que resulte mejor», respondió. «¿Qué piensa Ud. hacer?» «No sé todavía. Pero nos divertiremos.» Otra vez se echó hacia atrás y cerró los ojos. Yo me acerqué con la navaja en alto.[32] «¿Piensa castigarlos a todos?» aventuré tímidamente. «A todos.» El jabón se secaba sobre la cara. Debía apresurarme. Por el

60 espejo, miré hacia la calle. Lo mismo de siempre: la tienda de víveres[33] y en ella dos o tres compradores. Luego miré el reloj: las dos y veinte de la tarde. La navaja seguía descendiendo. Ahora de la otra patilla hacia abajo. Una barba azul, cerrada.[34] Debía dejársela crecer como algunos poetas o como algunos sacerdotes.[35] Le quedaría bien. Muchos no lo reconocerían. Y mejor para él, pensé, mientras trataba de pulir suavemente todo el sector del cuello. Porque allí

65 sí que debía manejar con habilidad la hoja, pues el pelo, aunque en agraz,[36] se enredaba en pequeños remolinos.[37] Una barba crespa.[38] Los poros podían abrirse, diminutos, y soltar su perla de sangre. Un buen barbero como yo finca[39] su orgullo en que eso no ocurra a ningún cliente. Y éste era un cliente de calidad. ¿A cuántos de los nuestros había ordenado matar? ¿A cuántos de los nuestros había ordenado que los mutilaran?... Mejor no pensarlo. Torres no sabía que yo

70 era su enemigo. No lo sabía él ni lo sabían los demás. Se trataba de un secreto entre muy pocos precisamente para que yo pudiese informar a los revolucionarios de lo que Torres estaba haciendo en el pueblo y de lo que proyectaba[40] hacer cada vez que emprendía[41] una excursión para cazar revolucionarios. Iba a ser, pues, muy difícil explicar que yo lo tuve entre mis manos y lo dejé ir tranquilamente, vivo y afeitado.

75 La barba le había desaparecido casi completamente. Parecía más joven, con menos años de los que llevaba a cuestas cuando entró.[42] Yo supongo que eso ocurre siempre con los hombres que entran y salen de las peluquerías. Bajo el golpe de mi navaja Torres rejuvenecía, sí, porque yo soy un buen barbero, el mejor de este pueblo, lo digo sin vanidad. Un poco más de jabón, aquí, bajo la barbilla, sobre la manzana,[43] sobre esta gran vena. ¡Qué calor! Torres

80 debe estar sudando como yo. Pero él no tiene miedo. Es un hombre sereno que ni siquiera piensa en lo que ha de hacer esta tarde con los prisioneros. En cambio yo, con esta navaja entre las manos, puliendo y puliendo esta piel, evitando que brote sangre de estos poros, cuidando todo golpe, no puedo pensar serenamente. Maldita[44] la hora en que vino, porque yo soy un revolucionario, pero no soy un asesino. Y tan fácil como resultaría matarlo. Y lo

85 merece. ¿Lo merece? No, ¡qué diablos! Nadie merece que los demás hagan el sacrificio de convertirse en asesinos. ¿Qué se gana con ellos? Pues nada. Vienen otros y otros y los primeros matan a los segundos y éstos a los terceros y siguen y siguen hasta que todo es un mar de sangre. Yo podría cortar ese cuello, así, ¡zas! ¡Zas! No le daría tiempo de quejarse y como tiene los ojos cerrados no vería ni el brillo[45] de la navaja ni el brillo de mis ojos. Pero estoy

90 temblando como un verdadero asesino. De ese cuello brotaría[46] un chorro de sangre sobre la sábana, sobre la silla, sobre mis manos, sobre el suelo. Tendría que cerrar la puerta. Y la sangre seguiría corriendo por el piso, tibia, imborrable,[47] incontenible,[48] hasta la calle, como un pequeño arroyo escarlata. Estoy seguro de que un golpe fuerte, una honda incisión,[49] le evitaría todo dolor. No sufriría. ¿Y qué hacer con el cuerpo? ¿Dónde ocultarlo? Yo tendría que

95 huir, dejar estas cosas, refugiarme lejos, bien lejos. Pero me perseguirían hasta dar conmigo. «El asesino del capitán Torres. Lo degolló mientras le afeitaba la barba. Una cobardía.» Y por otro lado: «El vengador de los nuestros. Un hombre para recordar (aquí mi nombre). Era el barbero del pueblo. Nadie sabía que él defendía nuestra causa...» ¿Y qué? ¿Asesino o héroe? Del filo de esta navaja depende mi destino. Puedo inclinar un poco más la hoja y hundirla.[50]

100 La piel cederá como la seda, como el caucho,[51] como la badana. No hay nada más tierno que la piel del hombre y la sangre siempre esta ahí, lista a brotar. Una navaja como ésta no traiciona. Es la mejor de mis navajas. Pero yo no quiero ser un asesino, no señor. Ud. vino para

---

[32]en... *held high* [33]*foodstuffs* [34]barba... *thick, dark beard* [35]*priests* [36]en... *quite short*
[37]se... *was tangled in little swirls* [38]*unruly, unmanageable* [39]*rests, bases* [40]*he was planning*
[41]*he undertook* [42]con... *looking younger than he seemed to be* [43]*Adam's apple* [44]*Curse, Damned be*
[45]*gleam, shine* [46]*gush, stream* [47]*indelible* [48]*unstoppable* [49]honda... *deep cut, wound*
[50]*sink it in* [51]*rubber*

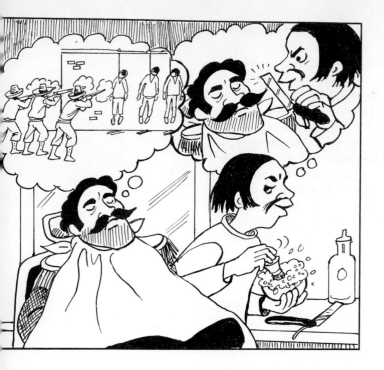

que yo lo afeitara. Y yo cumplo honradamente con mi trabajo… No quiero mancharme de sangre. De espuma
105 y nada más. Ud. es un verdugo y yo no soy más que un barbero. Y cada cual en su puesto. Eso es. Cada cual en su puesto.

La barba había quedado limpia, pulida y templada. El hombre se incorporó para mirarse en el
110 espejo. Se pasó las manos por la piel y la sintió fresca y nuevecita.

«Gracias», dijo. Se dirigió al ropero en busca del cinturón, de la pistola y del kepis. Yo debí estar muy pálido y sentía la camisa empapada.[52] Torres concluyó
115 de ajustar la hebilla,[53] rectificó la posición de la pistola en la funda y, luego de alisarse[54] maquinalmente los cabellos, se puso el kepis. Del bolsillo del pantalón extrajo unas monedas para pagarme el importe[55] del servicio. Y empezó a caminar hacia la puerta. En el
120 umbral[56] se detuvo un segundo y volviéndose me dijo:

«Me habían dicho que Ud. me mataría. Vine para comprobarlo. Pero matar no es fácil. Yo sé por qué se lo digo.»[57] Y siguió calle abajo.

[52]*soaked, drenched* [53]*belt buckle* [54]*smooth* [55]*cost* [56]*threshold, doorway* [57]*por… what I'm talking about*

COMPRENSIÓN

A Complete estas oraciones según la información del cuento.

1. El personaje que entra en la barbería para ser afeitado es _____.
  a. un revolucionario clandestino
  b. el capitán Torres
  c. uno de los partidarios del orden

2. Cuando el barbero lo reconoció _____.
  a. se puso nervioso
  b. dejó de trabajar
  c. el capitán lo saludó cordialmente

3. A lo largo de la conversación, se revela que el capitán Torres acaba de _____.
  a. coger a unos catorce revolucionarios
  b. matar a algunos de los revolucionarios cogidos, pero no a todos
  c. ambos (a y b)

4. Mientras afeita al capitán el barbero, no se olvida de la imagen horrorosa de _____.
  a. un hombre degollado enfrente de la plaza
  b. los cuatro cadáveres colgados en el patio de la Escuela
  c. un chorro de sangre en su mano

5. Aunque el narrador le confiesa al lector que está contemplando la idea de un crimen, no lo hace y _____.
   a. decide juntarse a las tropas del capitán
   b. se lo confiesa todo al capitán
   c. cumple su trabajo honradamente

6. En las últimas líneas del cuento, el lector se entera de que el capitán Torres también ha vivido una experiencia intensa, porque los suyos le habían dicho que _____.
   a. los revolucionarios se habían escapado
   b. el pueblo trataría de perseguirlo
   c. el barbero lo mataría

B Dé la forma correcta de cada verbo entre paréntesis. Use el presente de subjuntivo o de indicativo o el infinitivo. Después, ponga las oraciones en orden cronológico (de 1 a 6) según el cuento. ¡Cuidado! Recuerde que la narración hace referencias a ciertos acontecimientos que ocurrieron antes de la escena en la barbería.

_____ a. El capitán Torres manda que sus tropas (**colgar**) _____ desnudos los cadáveres de cuatro revolucionarios en el patio de la Escuela.

_____ b. Al contemplar a su enemigo, el narrador se enfrenta consigo mismo y dice que no es posible que él (**cometer**) _____ un crimen.

_____ c. Es obvio que el barbero (**estar**) _____ preocupado porque está sudando y le tiemblan las manos notablemente mientras afeita a Torres.

_____ d. Después de su última excursión de cuatro días, el capitán entra en la barbería y le pide al barbero que lo (**afeitar**) _____.

_____ e. Mientras conversan, el capitán invita al barbero a ir a la Escuela otra vez para que (**poder**) _____ ver a los castigados.

_____ f. Al despedirse, el capitán afirma que no es fácil (**matar**) _____ a otro.

C El conflicto de este cuento se dramatiza por medio de dos personajes que se encuentran en un momento de crisis. ¿Cuál es el conflicto? Busque las líneas en el cuento que refieren a la exposición, la complicación y la resolución del conflicto.

D Vuelva a leer el último párrafo del cuento cuando el capitán Torres revela que los demás le habían dicho que el barbero lo mataría. ¿Qué características de su personalidad y su actitud hacia la vida se revelan por medio de estas líneas? ¿Cuál es la ironía de la situación?

E ¡NECESITO COMPAÑERO! Comenten el significado y la importancia de los episodios de narración retrospectiva (*flashbacks*) que se describen a través del diálogo entre el capitán Torres y el narrador. ¿De qué se entera el lector por medio de ellos?

INTERPRETACIÓN

A El narrador describe al capitán Torres físicamente y se refiere a su carácter por medio de sus comentarios. Sin embargo, el lector sabe muy poco acerca de su actitud hacia el mundo en que él vive hasta el final del cuento. Reflexione sobre el personaje del capitán y conteste las preguntas a continuación.

- ¿Qué imagen mental tenía Ud. del capitán al principio? ¿Y después de leer el cuento? ¿Qué mensajes o ideas transmiten sus acciones y comentarios? ¿Tiene una visión optimista o pesimista del mundo? ¿Es un personaje estático o dinámico, en su opinión? Explique.

- Ahora, imagínese que Ud. es miembro de la tropa del capitán. ¿Qué clase de líder es él? ¿Lo respeta Ud.? ¿Cómo se lleva el capitán con los demás del pueblo? ¿Cómo reacciona Ud. ante sus órdenes?

- ¿Qué características cree Ud. que se destacarían (*would stand out*) en un retrato oficial del capitán Torres? Explique.

 B **¡NECESITO COMPAÑERO!** Contesten las siguientes preguntas con información del cuento.

1. ¿Quién narra el cuento? ¿Cuál es su posición u oficio en el pueblo? ¿Cómo es su personalidad? ¿Qué piensa Ud. del narrador? ¿Le cae bien o mal? ¿Inspira confianza o no? ¿Cuáles son algunos de los adjetivos que lo describen? Explique.

2. ¿Cómo es el capitán? ¿Qué puede simbolizar su nombre? ¿Qué se sabe acerca de su historia como militar? Haga una lista de los atributos del capitán. ¿Predomina lo negativo o lo positivo?

3. ¿Por qué temblaba y se encontraba aturdido el barbero cuando vio entrar al capitán Torres? ¿Y mientras lo afeita?

4. ¿De qué hablaban el narrador y el capitán? ¿Cuál es el tono de su conversación?

5. Comente el dilema del narrador. ¿Cómo disimulaba su problema?

6. Evalúe la decisión del narrador de actuar honradamente y no matar al capitán. ¿Qué pensamientos conflictivos había tenido el narrador antes de tomar esta decisión? Busque las líneas del texto para confirmarlo.

7. ¿Cuál es el tema del cuento? ¿Qué tiene que ver el título con la idea principal? ¿Tiene el título un sentido metafórico? ¿Qué otros títulos o subtítulos podría Ud. sugerir para el cuento?

C ¿Qué estereotipos y valores cuestiona el cuento por medio del doble conflicto social y sicológico?

D El conflicto sicológico del cuento viene de la lucha del individuo que se enfrenta consigo mismo y logra conquistar sus debilidades o permite dejarse vencer por ellas. En su opinión, ¿cómo se enfrentan los dos personajes con su realidad? ¿Cuál logra conquistar sus debilidades? ¿Cuál se deja vencer por ellas? ¿En qué se asemejan y en qué difieren los dos? Apoye su respuesta con información del cuento.

E Comente los temores que uno podría tener si fuera uno de los revolucionarios clandestinos del pueblo imaginario en «Espuma y nada más».

APLICACIÓN

A A lo largo de su carrera literaria, el escritor colombiano Hernando Téllez participó en la política y la diplomacia de su país natal. Este cuento profundiza el tema del coraje ante «el bogotazo», un episodio en que surgió una gran oleada de violencia y destrucción que resultó en la imposición de la ley marcial en la capital. ¿Cómo se manifiestan las ideas del escritor hacia los conflictos sociales y políticos? ¿Cómo expresa su desprecio hacia la violencia que impregnaba la realidad colombiana en las décadas de los 1940 y 1950?

B ¡NECESITO COMPAÑERO! Hagan una entrevista. Uno de Uds. debe hacer el papel de un/una periodista que trabaja para una revista clandestina y el otro / la otra debe hacer el papel del capitán Torres. El/La periodista debe hacer preguntas sobre las guerras fratricidas en el pueblo imaginario del cuento «Espuma y nada más».

- Preguntas sobre el conflicto entre el gobierno / el militar actual y los revolucionarios:

  ¿Cuáles son los valores y motivos que representan los dos grupos? ¿Qué eventos han llevado al momento de crisis? ¿Por qué ha estallado la última ola de violencia? ¿Qué piensa hacer el capitán para resolver el conflicto? ¿Qué solución o compromiso existe para acabar con las guerras fratricidas?

- Después de la entrevista, trabajen juntos para escribir un breve artículo de prensa, detallando los comentarios del capitán Torres. Compártanlo con los demás. ¿En qué aspectos se asemejan las entrevistas y en qué difieren?

C PAPEL Y LÁPIZ Escriba una jornada típica del narrador de «Espuma y nada más». ¿Cómo es la vida del barbero? ¿Qué técnicas usa en su oficio? ¿Por qué se merece el título de «mejor barbero del pueblo»? ¿Cómo mantiene un equilibrio entre su identidad pública y su identidad clandestina de revolucionario?

D Analice la decisión del narrador ante la tentación de matar al enemigo. ¿Qué hizo para conquistar sus debilidades y cumplir con su trabajo? ¿Qué consejo podría Ud. darle a alguien que se encuentra en una situación semejante? ¿Qué le diría Ud. sobre las consecuencias de sus acciones?

E Al principio del cuento, el silencio sirve para crear un ambiente sicológico de conflicto que genera una tensión dramática entre los dos personajes. Luego se rompe el silencio con los comentarios del capitán acerca de la violencia. Según el narrador: «Él no cesaba de hablar.»

- Primero, piense en lo que asocia Ud. con el silencio. ¿Cree Ud. que el silencio puede representar la represión militar? ¿Podría ser también un elemento que crea un ambiente hostil y violento que silencia a la oposición? ¿Es posible que el silencio también pueda representar ciertas experiencias que se niegan? Explique.

- ¿Qué asocia Ud. con un desconocido / una desconocida que rompe el silencio y no deja de hablar? ¿Cree Ud. que esta acción demuestra interés por entablar una conversación o sólo es una reacción nerviosa? ¿Cómo reacciona Ud. en situaciones difíciles o tensas? ¿Habla mucho o no dice nada? ¿Trata de romper el silencio o de guardarlo?

- ¿Qué otras interpretaciones podría Ud. dar a una situación en que el silencio forma gran parte del ambiente? Explore algunas posibilidades en su cuaderno de apuntes.

PADRE NUESTRO

Aproximaciones al texto

La parodia

A parody is a form of intertextualilty° that imitates in a ridiculing, belittling manner the style, content, creator, or message of a particular work. Although the resulting parodic works are often not taken seriously, parodies (also called spoofs or lampoons) crop up regularly in the film, television, and music industries. Note, for example, *Austin Powers, Airplane, The Daily Show,* and the music of "Weird Al" Yankovic. However, literary parodies that ridicule other works, subgenres, or messages, may also constitute serious contributions in the genre of the works they intend to satirize. For example, in Spanish literature, Miguel de Cervantes's masterpiece, the renowned novel *Don Quijote de la Mancha,* may be interpreted as the ultimate parody of the once-popular genre of the chivalric novel and its protagonist, the noble knight who performs heroic deeds.

A En parejas, hagan una lista de por lo menos cinco parodias que Uds. conocen. Para cada una, describan lo que la parodia critica. ¿Es una obra en particular o un género? ¿Es el estilo de un autor o género o es el mensaje? Comparen su lista con las de otros estudiantes.

B Mire con atención el dibujo que acompaña el poema en la página 142, el poema «Padre nuestro» de Nicanor Parra. ¿Qué hace el hombre en el centro del dibujo? ¿Quiénes son las otras figuras?

C ¿Qué palabra(s) de la siguiente lista asocia Ud. con cada figura del dibujo? (¡Cuidado! Es posible que una palabra se asocie con más de una figura.) ¿Hay algunas palabras que no tengan asociación con ninguna figura? Comparta sus asociaciones con los otros estudiantes de la clase. ¿Hay muchas opiniones diferentes entre Uds.?

agobiado	débil	malo
bueno	duda	paz
confianza	fuerte	poderoso
control	impotente	travieso

D El título del poema de Parra es también el título de otra obra muy conocida universalmente. ¿La reconoce Ud.? ¿Quién es el padre y quiénes son los hijos?

°See **Capítulos 11** and **12** for more information on intertextuality.

PALABRAS Y CONCEPTOS

el ceño   frown; scowl
el cielo   heaven

desleal   disloyal

fruncido/a   wrinkled
rodeado/a   surrounded
vulgar   common, ordinary

El significado puede depender del tema o también de otra palabra. Empareja cada oración con la palabra que corresponde a la palabra subrayada.

1. _____ El <u>cielo</u> está despejado.

2. _____ No veo lo especial en esa ropa. Es <u>vulgar</u>.

3. _____ Mamá está muy preocupada. Siempre tiene el <u>ceño</u> fruncido estos dias.

4. _____ Pero, ¿qué dices? ¡No seas tan <u>vulgar</u>!

5. _____ Mi abuelito murió el año pasado. Está en el <u>cielo</u>.

6. _____ Pero, ¿qué pasa con ese <u>ceño</u>? ¿Estás enojado?

a. ordinary
b. sky
c. brow
d. scowl
e. heaven
f. vulgar

Padre nuestro

SOBRE EL AUTOR Nicanor Parra (1914–) es un poeta chileno que también es profesor de matemáticas y física. En 2000, ganó el Premio Reina Sofía de Poesía Iberoamericano. Su segunda colección poética se titula *Poemas y antipoemas* (1954). Como lo indica el título, Parra no emplea en los poemas de esta colección los recursos tradicionales (*imágenes, metáforas, etcétera*). Al contrario, elige un lenguaje directo y satírico para captar las frustraciones de la vida moderna y para demostrar el fracaso de la civilización.

Chile

■ **el encabalgamiento** = cuando en vez de hacer la pausa acostumbrada al final de un verso, éste se enlaza con el siguiente verso

1 Padre nuestro que estás en el cielo
Lleno de toda clase de problemas
Con el ceño fruncido   frown

Como si fueras un hombre vulgar y corriente
5 No pienses más en nosotros.

Comprendemos que sufres
Porque no puedes arreglar las cosas.

Sabemos que el Demonio no te deja tranquilo
Desconstruyendo lo que tú construyes.

10 Él se ríe de ti
Pero nosotros lloramos contigo.

Padre nuestro que estás donde estás
Rodeado de ángeles desleales — disloyal
Sinceramente
15   no sufras más por nosotros.
Tienes que darte cuenta
De que los dioses no son infalibles
Y que nosotros perdonamos todo.

COMPRENSIÓN

A Complete estas oraciones según el poema de Parra. Si más de una respuesta es correcta, explique por qué.

1. El hablante del poema se dirige a _____.
   a. su padre
   b. Dios
   c. un cura

2. El hablante quiere explicarle que _____.
   a. necesita su ayuda
   b. entiende que él no puede controlar al Demonio
   c. le parece ridículo

3. Al final del poema, _____.
   a. el hablante perdona a Dios
   b. el hablante le pide perdón a Dios
   c. el hablante le pide a Dios que perdone al Demonio

B Describa las relaciones entre Dios y el ser humano sugeridas en el poema. ¿Qué características tienen los seres humanos en este poema? ¿En qué se parecen esas características a las del Dios de algunas religiones? ¿Cómo es el Dios que se describe en el poema? ¿En qué se parece a los seres humanos?

INTERPRETACIÓN

A ¿Cuál es el tema de este poema? ¿Qué sabemos de Dios y cómo lo sabemos? ¿Es religioso o antirreligioso el poema? ¿Es humorístico o es serio? Explique sus respuestas.

B Vuelva a leer el poema con más atención y conteste las siguientes preguntas. ¿Por qué dice Parra que «nosotros lloramos contigo»? ¿Qué connotaciones tiene «el ceño fruncido»? ¿Qué quiere decir con «nosotros perdonamos todo»?

C Este poema se basa en una obra muy famosa universalmente. ¿Cuál es? ¿En qué sentido se puede decir que hay una «desfamiliarización» en el poema de Parra?

APLICACIÓN

A Describa las relaciones entre Dios y el hombre sugeridas en el poema de Nicanor Parra. ¿Cuál es el papel del diablo en el universo presentado por Parra? Si Dios es tal como lo describe Parra, ¿qué implicaciones hay para el universo? ¿Qué imagen de Dios prefiere Ud., la de un ser omnipotente o la que presenta Parra? Explique.

B **PAPEL Y LÁPIZ** Vuelva a leer sus apuntes sobre las creencias en conflicto que Ud. exploró para la **Actividad D** de la página 131. Después, en su cuaderno de apuntes, bosqueje (*sketch*) un poema o un cuento que represente el conflicto que Ud. ya exploró. ¿Qué grupo social o qué tipo de individuos cree Ud. que podrán (*could*) identificarse con su obra? ¿Qué tipo de personas van a oponerse? ¿Por qué?

CAPÍTULO 9

Los hispanos en los Estados Unidos

Theresa Rosado (Puerto Rico),
Un pueblo unido

Exploraciones

Para todo grupo minoritario, una de las estrategias importantes para mejorar sus condiciones sociales y enriquecer su propia herencia cultural es la notoriedad (*awareness*) pública. Los hispanos en los Estados Unidos han utilizado el arte y la literatura —entre otros medios— para lograr notoriedad y para expresar sus diferencias culturales. El cuadro a la izquierda es un ejemplo de este esfuerzo por difundir públicamente la experiencia hispana en los Estados Unidos. ¿Cuál es el tema principal del cuadro? ¿A qué grupos se ven representados en el cuadro? ¿Cree Ud. que esta obra se propone fomentar la participación del pueblo hispano en algo? ¿En qué?

Además del arte y la literatura, ¿qué otros medios pueden ser eficaces para que los hispanos alcancen (*reach*) mayor reconocimiento y respeto dentro de los Estados Unidos? De la siguiente lista, seleccione las tres estrategias que, en su opinión, podrían ser más efectivas.

1. Fomentar una cultura bilingüe en el campo de los negocios, en el sistema educativo, en el gobierno, en los medios de comunicación, etcétera.
2. Servir activamente en el ejército de los Estados Unidos.
3. Organizar celebraciones étnicas en las calles de las ciudades principales.
4. Adquirir poder económico.
5. Promover la fundación de programas sociales para ayudar a las familias, a las madres solteras, en las cárceles, etcétera, o participar en ellos.
6. Destacarse (*Excel*) en actividades de interés público: los deportes, la política, el mundo del espectáculo, etcétera.
7. ¿ ?

Comparta sus selecciones con el resto de la clase. ¿En qué puntos coinciden? ¿Por qué razones? ¿Por qué creen Uds. que cada estrategia es más efectiva o menos efectiva que las otras?

LECTURA 1

NO SPEAK ENGLISH

Aproximaciones al texto

El tono de una obra narrativa

You will recall from previous readings that the narrator is the agent who relates the story line and may represent, challenge, or criticize the ideas that are conveyed through the reading. For example, in the short story, **"Espuma y nada más,"** of **Capítulo 8,** the author Hernando Téllez employs a first-person narrator whose views reflect his own values, as well as his opinions of the disastrous social and political upheavals in his native Colombia. In this chapter, you will be asked to consider the significance of the tone of a narrative. How do the descriptions, dialogues, and nuances reveal the attitude and beliefs of the author toward the storyline that unfolds?

In Sandra Cisneros's "No speak English," from her semiautobiographical collection *La casa en Mango Street,* a young Mexican-American girl vividly narrates her experiences growing up in Chicago's South Side. The tone of the story is molded by the characters' strong cultural identity and the need to forge a new identity in order to achieve dreams in a complex bilingual, bicultural environment. Before reading "No speak English," consider the visual and sensory imagery of the setting evoked by the title. What would one expect to see and hear in a crowded apartment building of an inner-city Chicago neighborhood in the late 1960s and early 1970s? What tone would the reader anticipate in the reading: one of illusion and hope, or one of disillusion and despair? How would the reader's prior knowledge of and experience with disadvantaged youths in an impoverished minority area enable him or her to understand the tone of the narrative?

A Lea el siguiente fragmento de «No speak English». ¿Cuál es el tono? ¿Cuál es el propósito del cuento? ¿Qué quiere compartir la narradora con el lector / la lectora?

Arriba, arriba, arriba subió con su nene-niño en una cobija[1] azul, el hombre cargándole las maletas, sus sombrereras color lavanda,[2] una docena[3] de cajas de zapatos de satín de tacón alto.[4] Y luego ya no la vimos.

Alguien dijo que porque ella es muy gorda, alguien que por los tres tramos de escaleras,[5] pero yo creo que ella no sale porque tiene miedo de hablar inglés, sí, puede ser eso, porque sólo conoce ocho palabras: sabe decir *He not here* cuando llega el propietario,[6] *No speak English* cuando llega cualquier otro[7] y *Holy smokes.* No sé dónde aprendió eso, pero una vez oí que lo dijo y me sorprendió.

[1]*blanket* [2]sombrereras... *lavender hat boxes* [3]*dozen* [4]zapatos... *high heel satin shoes* [5]tramos... *flights of stairs* [6]*landlord* [7]cualquier... *anyone else*

■ En su opinión, ¿cómo refleja el tono los pensamientos y valores de la narradora? ¿Y de su comunidad?

- Como lector(a), ¿simpatiza Ud. con la mujer que se describe en estas líneas? ¿En que circunstancias decidiría Ud. quedarse aislado/a dentro de su vivienda por un tiempo y/o evitaría encontrarse con el propietario? Explique.

- ¿Por qué cree Ud. que la narradora se sorprende al oírla pronunciar expresiones como *Holy smokes*?

- ¿Habría sido diferente la perspectiva del cuento si el narrador hubiera sido del sexo masculino en vez del femenino? ¿Qué detalles se eliminarían y/o agregarían? Explique.

B Mire el dibujo que acompaña el cuento. ¿Quiénes aparecen en el dibujo? ¿Hay un solo personaje principal o hay varios? ¿Quién(es) será(n)? ¿Dónde parece tener lugar la acción? ¿En qué época? ¿En qué circunstancias se encuentran los personajes? De acuerdo con el dibujo, ¿a qué puede referirse el título, «No speak English»? ¿Quién lo diría? ¿A quién? ¿Lo diría en voz baja o lo gritaría? Explique.

C A continuación se presentan algunas líneas del cuento «No speak English». Léalas y utilice las siguientes preguntas como guía para describir y comentar las imágenes visuales de los personajes y el ambiente cultural. ¿Se presentan algunos estereotipos que se podrían asociar con cualquier grupo minoritario en cualquier lugar o solamente con el grupo descrito en este cuento? ¿Cree Ud. que la narradora tiene una visión completa o parcial de los acontecimientos? ¿Está fuera de la acción o participa en ella? ¿Expresa sus sentimientos o parece distanciarse de los hechos? ¿Parece digna de confianza o no?

1. Y luego un día Mamacita y el nene-niño llegaron en un taxi amarillo…. El hombre tuvo que jalarla, el chofer del taxi empujarla.

2. Floreció de súbito. Inmensa, enorme, bonita de ver desde la puntita (*little point*) rosa salmón de la pluma de su sombrero hasta los botones de rosa de sus dedos de pie.

3. Dice mi padre que cuando él llegó a este país comió *jamanegs* durante tres meses… Era la única palabra que se sabía.

4. Todo el día se sienta junto a la ventana y sintoniza (*tunes in to*) el radio en un programa en español y canta todas las canciones nostálgicas de su tierra con voz que suena a gaviota (*sounds like a seagull*).

5. Hogar es una casa en una fotografía, una casa color de rosa, rosa como geranio (*geranium*) con un chorro de luz azorada (*stream of broken light*).

D PAPEL Y LÁPIZ En su cuaderno de apuntes, explore la identidad de la narradora de este cuento. ¿Qué sabe Ud. acerca de su identidad? Adivine cómo y quién es, y cuántos años tiene. ¿Qué relación existe entre ella y la Mamacita? ¿Le tiene compasión? ¿Qué lazos culturales las unen y/o separan? Explique.

E ¡NECESITO COMPAÑERO! Piensen en cómo debe sentirse un individuo cuando se encuentra suspendido entre dos mundos culturales. Esta experiencia formó parte de la juventud de la autora, Sandra Cisneros, quien describe los obstáculos que ella misma enfrentaba como una joven adolescente en un barrio pobre de Chicago. Comenten el tema y compartan sus ideas con la clase.

PALABRAS Y CONCEPTOS

cargar   to take, carry
chillar   to shriek, screech, scream
cruzar   to cross
empujar   to push
gritar   to shout
hartarse (de)   to become fed up (with)
jalar   to pull
sonar (ue) a (+ *sustantivo*)   to sound like
suspirar   to sigh

la cadera   hip
la caja   box
la cobija   blanket
el dedo de pie   toe
el departamento / piso   apartment

la docena   dozen
la escalera   staircase
el hogar   home, family domicile
el propietario / la propietaria   landlord/ landlady; owner

grueso/a   thick, bulky, stout
nostálgico/a   nostalgic
suavecito/a   very smooth (*diminutive*)

calle abajo   down the street
de súbito   suddenly
para siempre   forever
¡Por Dios!   For goodness sake!
¡Puf!   Ugh!

A Busque el antónimo de cada palabra a continuación en la lista de vocabulario.

1. callarse
2. estrecho, delgado
3. empujar
4. lentamente
5. contentarse con

B ¿Qué imágenes visuales, cinéticas y auditorias asocia Ud. con alguien que... ?

1. se pone a chillar / gritar / llorar
2. se aplica a un apodo (*nickname*) como Mamacita
3. trabaja día y noche para ahorrar dinero
4. lleva zapatos de satín de tacón alto
5. pinta de color de rosa las paredes de su departamento / su casa
6. tiene que ser empujada y jalada por otra persona para salir de un lugar
7. canta las canciones nostálgicas de su tierra
8. escucha escondido/a a los demás

C ¿Qué recuerdos especiales tiene Ud. del lugar donde vivió durante su niñez y adolescencia? Comente sus experiencias, su barrio, sus vecinos y la cultura de su barrio con detalles positivos y/o negativos para Ud.

D **ENTRE TODOS** En grupos de tres o cuatro estudiantes, hablen de las experiencias de los mexicanoamericanos/chicanos en los Estados Unidos. El profesor / La profesora le asignará a cada grupo uno de los siguientes temas. Compartan la información sobre su tema con los demás. Incluyan detalles sobre la vida diaria, las familias, las condiciones y experiencias que enfrentan para llegar a ser bilingües/biculturales y realizar sus sueños.

el acceso a la educación bilingüe / universitaria / posgraduada
la supervivencia de la unidad familiar
el acceso a recursos económicos/ médicos/ y sociales
los vecindarios / las viviendas / los propietarios
el mundo laboral (los lugares de trabajo)

No speak English

SOBRE LA AUTORA **La celebre escritora chicana, Sandra Cisneros (1954–),** es conocida por sus novelas, cuentos, poemas y bosquejos (*sketches*) literarios que presentan al lector la experiencia hispánica desde el punto de vista de alguien que tiene herencia mexicana, ha crecido en los Estados Unidos y que, aunque habla inglés, todavía se encuentra entre el cruce (*crossroad*) de dos mundos culturales. Cisneros nació en Chicago, hija de madre mexicanoamericana y padre mexicano, y creció en un barrio pobre y minoritario del vecindario South Side. En su juventud la autora experimentó los mismos desafíos que se detallan en la experiencia semi-autobiográfica que se transmite por medio de la voz inocente, conmovedora y convincente de la joven narradora adolescente, Esperanza Cordero, en su renombrada colección de cuentos, *La casa en Mango Street* (1984). El cuento que se presenta a continuación, «No speak English», relata con fuerte realismo y sentido del humor las observaciones juveniles de una narradora quien muestra con una decisiva prosa fragmentada que el corazón sí se puede romper, especialmente cuando el ser humano se siente privado de esa lengua melódica, melancólica y expresiva que le da voz a sus sueños.

1   Mamacita es la mujer enorme del hombre al cruzar la calle, tercer piso al frente. Rachel dice que su nombre debería ser *Mamasota,* pero yo creo que eso es malo.

El hombre ahorró su dinero para traerla. Ahorró y ahorró porque ella estaba sola con el nene-niño en aquel país. Él trabajó en dos trabajos. Llegó noche a casa y salió tempranito.
5   Todos los días.

Y luego un día Mamacita y el nene-niño llegaron en un taxi amarillo. La puerta del taxi se abrió como el brazo de un mesero. Y va saliendo un zapatito color de rosa, un pie suavecito como la oreja de un conejo, luego el tobillo grueso, una agitación de caderas, unas rosas fucsia y un perfume verde. El hombre tuvo que jalarla, el chofer del taxi empujarla. Empuja,
10   jala. Empuja, jala. ¡Puf!

Floreció de súbito. Inmensa, enorme, bonita de ver desde la puntita rosa salmón de la pluma de su sombrero hasta los botones de rosa de sus dedos de pie. No podía quitarle los ojos a sus zapatitos.

Arriba, arriba, arriba subió con su nene-niño en una cobija azul, el hombre cargándole las maletas, sus sombrereras color lavanda, una docena de cajas de zapatos de satín de tacón alto. Y luego ya no la vimos.

Alguien dijo que porque ella es muy gorda, alguien que por los tres tramos de escaleras, pero yo creo que ella no sale porque tiene miedo de hablar inglés, sí, puede ser eso, porque sólo conoce ocho palabras: sabe decir *He not here* cuando llega el propietario, *No speak English* cuando llega cualquier otro y *Holy smokes.* No sé dónde aprendió eso, pero una vez oí que lo dijo y me sorprendió.

Dice mi padre que cuando él llegó a este país comió *jamanegs* durante tres meses. Desayuno, almuerzo y cena. *Jamanegs.* Era la única palabra que se sabía. Ya nunca come jamón con huevos.

Cualesquiera[1] sean sus razones, si porque es gorda, o no puede subir las escaleras, o tiene miedo al idioma, ella no baja. Todo el día se sienta junto a la ventana y sintoniza el radio en un programa en español y canta todas las canciones nostálgicas de su tierra con voz que suena a gaviota.

Hogar. Hogar. Hogar es una casa en una fotografía, una casa color de rosa, rosa como geranio con un chorro de luz azorada. El hombre pinta de color de rosa las paredes de su departamento, pero no es lo mismo, sabes. Todavía suspira por su casa color de rosa y entonces, creo, se pone a chillar. Yo también lloraría.

Algunas veces el hombre se harta. Comienza a gritar y puede uno oírlo calle abajo.

Ay, dice ella, ella está triste.

Oh, no, dice él, no otra vez.

¿Cuándo, cuándo, cuándo?, pregunta ella.

¡Ay, caray! Estamos *en* casa. Ésta *es* la casa. Aquí estoy y aquí me quedo. ¡Habla inglés!, *speak English,* ¡por Dios!

¡Ay!, Mamacita, que no es de aquí, de vez en cuando deja salir[2] un grito, alto, histérico, como si él hubiera roto el delgado hilito[3] que la mantiene viva, el único camino de regreso a aquel país.

Y entonces, para romper su corazón para siempre, el nene-niño, que ha comenzado a hablar, empieza a cantar el comercial de la Pepsi que aprendió de la tele.

No speak English, le dice ella al nene-niño que canta en un idioma que suena a hoja de lata.[4] *No speak English, no speak English.* No, no, no. Y rompe a llorar.

[1]*Whatever*   [2]deja… *lets loose*   [3]como… *as if he had broken the delicate thread*   [4]hoja… *tin sheet*

COMPRENSIÓN

A   Indique a quién se describe en cada oración a continuación: la narradora, Rachel, Mamacita, el hombre, el nene-niño, el padre de la narradora, la autora Sandra Cisneros o a varios personajes a la vez. ¿Hay descripciones que no se apliquen a ninguno? Apoye sus respuestas con referencias al texto.

1. Vive o ha vivido en un barrio pobre de un grupo minoritario.

2. No podía hablar inglés cuando llegó a los Estados Unidos, pero poco a poco empezó a aprenderlo y/o cantar en inglés.

3. Llevaba un sombrero con una pluma y zapatitos de color rosado.

4. Tiene o ha tenido miedo de hablar inglés.

5. Se siente o se sentía aislado/a y/o marginado/a en su hogar.

6. No pudieron conocer a su vecina porque no volvieron a verla después de su llegada.

7. Se sorprendió al oír la expresión *Holy smokes*.

8. Se ha hartado de comer jamón con huevos.

9. Insiste en que se asimile a la cultura mayoritaria para salir adelante.

10. Se impacienta cuando se enfrenta con las limitaciones del monolingüismo.

▮▮▮ **B** ¡NECESITO COMPAÑERO! Contesten las siguientes preguntas sobre el cuento.

1. ¿Quién y cómo es Mamacita? ¿De dónde será? ¿Qué aspectos exagerados de su apariencia física se ven a través de los ojos de la narradora?

2. ¿Cómo describe la narradora la llegada de Mamacita y el nene-niño a su nuevo domicilio? ¿Qué palabras utiliza para describir su salida del taxi? ¿Qué imágenes visuales y/o emociones sugiere el uso de la exclamación «¡Puf!»?

3. Por lo visto, los vecinos no vuelven a ver a Mamacita después de su llegada, pero a veces la oyen repetir algunas palabras en inglés. ¿Cuáles son y en qué situaciones las usa para comunicarse? ¿Por qué razones no sale nunca del departamento?

4. Para Mamacita, ¿qué es el hogar y de qué color es? ¿Y para el hombre que trabajó en dos trabajos para traerla al nuevo país? ¿Qué hace el hombre para complacerla y convencerla de que «ésta *es* la casa»?

5. Parece que el hombre se harta de vez en cuando y se lo dice a la mujer. ¿Qué declaraciones suyas indican que él ha tomado la decisión de quedarse y asimilarse a su nuevo país? ¿Qué tono emplea para decírselo a la mujer?

6. ¿Cómo reacciona la mujer cuando el nene-niño empieza a hablar y cantar en inglés después de ver la televisión? ¿Qué le dice al nene-niño?

INTERPRETACIÓN

▮▮▮ **A** Usando su imaginación, conteste las preguntas, inventando los detalles necesarios para describir el lugar donde habitan los vecinos de la narradora, y su ambiente. ¿Dónde queda el departamento y como sería por fuera y por dentro, en su opinión? ¿Cómo habría sido el departamento antes (y después) de la llegada de Mamacita y el nene-niño? ¿Qué colores, objetos y símbolos propios de la cultura de esta familia predominarían? ¿Cómo refleja el color rosa el estado de ánimo de Mamacita? ¿Qué cambios se efectuarán en la vivienda misma con el paso del tiempo, especialmente en cuanto el nene-niño empiece a crecer y a asimilarse a la cultura mayoritaria?

▮▮▮ **B** Comente sobre el uso de los apodos en la cultura hispánica. ¿Cuántos apodos conoce Ud.? En su opinión, ¿qué connotaciones tienen y/o qué estereotipos sugieren los apodos Mamacita y Mamasota? ¿Y otros como Papacito, Papito y Abuelito/a? ¿Piensa Ud. que el uso del diminutivo puede tener otras interpretaciones además de un término de cariño? En fin, ¿qué importancia tiene la ausencia de nombres de pila (*first names*) y de apellidos (*surnames*) en un cuento que trata de personas de una minoría en una sociedad dominada por el grupo mayoritario?

C PAPEL Y LÁPIZ Explore el siguiente tema en su cuaderno de apuntes. ¿Cómo se siente un hijo o una hija de una familia pobre y minoritaria cuando se da cuenta de que uno de sus padres está tratando de asimilarse a la cultura mayoritaria para sobrevivir y salir adelante, mientras que el otro / la otra rechaza cada oportunidad que tiene de aprender el idioma, lo que le facilitaría este puente cultural entre dos mundos. ¿Qué experiencias chocantes (*shocking*) va a tener? ¿Cuáles tendrán mayor impacto en su vida? ¿Cómo va a lograr mantener su propia identidad y al mismo tiempo incorporarse con éxito en la sociedad mayoritaria?

APLICACIÓN

A Imagínese que Ud. es el nene-niño a los 20 años de edad y acaba de realizar su sueño de conseguir una beca (*scholarship*) para asistir a la universidad de su predilección. Escríbales una carta a sus padres agradeciéndoles por su apoyo, consejos y ayuda (tanto emocional como económica) durante su niñez, adolescencia y juventud.

■ Hábleles de sus recuerdos de la niñez y de cómo y cuándo Ud. se dio cuenta de que podía comunicarse con los dos en ambos idiomas. ¿Qué medios de comunicación (la tele, la radio, la computadora, la red / el Internet) utilizaba para estar al tanto (*to be up to date*) de todo?

■ Describa cómo Ud. llegó a ser bilingüe a pesar de las limitaciones del ambiente socio-económico en que creció y lo que ellos, sus padres, hicieron para que el inglés fuera parte de su vida diaria. ¿Qué sacrificios tuvieron que hacer ellos para que Ud. tuviera acceso a los recursos necesarios para seguir los estudios?

■ ¿Cree Ud. que ha logrado éxito en su vida? ¿Cuáles son sus planes para el futuro? ¿Piensa Ud. que su destino será diferente del destino de sus antiguos compañeros del barrio? Explique.

■ Por fin, ¿qué consejos les daría Ud. a otros jóvenes que vienen de una familia minoritaria pobre para que puedan asimilarse al nuevo ambiente y mantener su identidad cultural al mismo tiempo?

B IMPROVISACIONES En grupos de tres o cuatro estudiantes, hagan una interpretación de las líneas en las que la narradora dice que Mamacita grita «como si él hubiera roto el delgado hilito que la mantiene viva». ¿De dónde se deriva su dolor emocional? ¿Cómo se manifiesta su nostalgia y añoranza (*homesickness*)? ¿Cuál es el incidente que la lleva al colmo (*limit*) de la desesperación y rompe su corazón para siempre? ¿Piensan Uds. que es esta nostalgia la que la ha hecho «invisible» en el nuevo hogar, a pesar de su cuerpo voluminoso? ¿Qué le podrían sugerir para aliviar su situación? Exploren las posibilidades.

UNA CAJA DE PLOMO QUE NO SE PODÍA ABRIR

Aproximaciones al texto

Los diferentes tipos de narración

As you know, the author of a work of literature is the individual who writes the work. The narrator is the agent in the work who relates the story. The narrator is not the same as the author: The author may change or continue to evolve, but the narrator is fixed within the text. Furthermore, the author may choose a narrator who represents the very ideas that the author wishes to criticize. For example, in the novel *El túnel,* the narrator is a paranoid artist who murders the woman he loves and then tells his story to justify his actions. Although the author, Ernesto Sábato, wants us to understand his narrator and may share some of his feelings of alienation, the two are by no means the same.

Narrators can be of many different types. The narrator may be a character in the story or outside the story. An example of the latter is the "omniscient" narrator in many traditional novels, who is all-seeing and all-knowing. The narrator can be presented so as to be easily perceived by the reader or hidden so that there appears to be no narrator. In addition, the narrator may be either distant (objective) or sympathetic to the characters; either reliable (truthful) or unreliable (attempting to deceive the reader). The narrator may discuss himself or herself or other characters, but even if a narration is in the first person (I/**yo**) it is not necessarily more truthful or objective, nor does it mean that the narrator is the main character of the work. Finally, there may be a single narrator in a text or several, either succeeding each other in chronological order or shifting back and forth.

To a large extent, the choice of narrator determines the structure of the story, the emotional tone with which it will be told, the perspective from which the reader will view the action, and the quantity of information the reader will receive. You will find that identifying the narrator and the narrator's perspective helps to fill in the "gaps" in the text and make sense out of it.

A En la página 154, se presentan varios párrafos que narran la historia del cuento «Una caja de plomo (*lead*) que no se podía abrir» desde diferentes puntos de vista. Lea cada uno y utilice las siguientes preguntas como guía para describir a cada narrador.

- ¿Es omnisciente o tiene una visión parcial de los acontecimientos?
- ¿Está fuera de la acción o participa en ella?
- ¿Parece distanciado y no afectado por la acción o expresa sus opiniones y sentimientos?
- ¿Parece digno de confianza (*trustworthy*) o no?
- ¿Habla en primera persona o en tercera?
- ¿Habla de sí mismo o habla de otros?

1. En enero de 1952, la delegación oficial del ejército de los Estados Unidos le entregó a la Sra. Emilia de Ramírez los restos de su hijo Ramón, quien murió en la guerra de Corea. Doña Milla, como la llamaban afectuosamente en su pueblo, manifestó a gritos su contrariedad por no poder abrir la caja para ver por última vez a su hijo. Los vecinos también miraban la caja con suspicacia y dudaban si en realidad contenía los restos de su amigo.

2. Casi me muero de desesperación cuando ese señor militar me informó que en esa caja estaba mi Moncho. ¡En una caja de plomo, mi pobre hijo, y no en una caja de madera, como Dios manda! Pero lo más terrible es que la caja ésa no se podía abrir y por eso no te pude ver por última vez, mi hijito, para darte la bendición y despedirme. ¿Quién sabe si de verdad estabas en esa caja, mi Moncho, o si todavía estás perdido por allá tan lejos?

3. La madre del cabo[1] Ramírez se puso histérica cuando la delegación del ejército le entregó los restos de su hijo, traídos desde Corea con tanto costo y esfuerzo. Ni ella ni sus vecinos mostraron el más mínimo respeto por la delegación oficial o por la bandera nacional que cubría el ataúd.[2] Esta madre y sus vecinos son un típico ejemplo de los individuos que dan prioridad a sus sentimientos personales sin pensar en el país, que necesita del heroísmo de sus ciudadanos para defender la seguridad nacional en tierras remotas.

4. Esto sucedió hace dos años, cuando llegaron los restos de Moncho Ramírez, que murió en Corea. Bueno, eso de «los restos de Moncho Ramírez» es un decir,[3] porque la verdad es que nadie llegó a saber nunca lo que había dentro de aquella caja de plomo que no se podía abrir. De plomo, sí, señor, y que no se podía abrir; y eso fue lo que puso como loca a doña Milla, la mamá de Moncho, porque lo que ella quería era ver a su hijo antes de que lo enterraran y… Pero más vale[4] que yo empiece a contar esto desde el principio.

[1]*corporal* [2]*coffin* [3]*saying* [4]*más… es mejor*

 B. PAPEL Y LÁPIZ En su cuaderno de apuntes, explore más a fondo las diferencias entre los párrafos de la actividad anterior. ¿Cómo cambia el cuento según cambia el tipo de narrador? ¿Hace que el cuento sea más formal o más informal? ¿más fácil o más difícil de entender? ¿más emotivo o más frío? ¿Qué modo de presentación le gusta más a Ud.? ¿Por qué?

PALABRAS Y CONCEPTOS

acudir   to come, answer a call
caber   to fit
hacer caso   to pay attention
llevarse   to take (awvay)

la bandera   flag
la espalda   back
la pieza   room
el plomo   lead (*metal*)

el principio	beginning	a voces	in a loud voice
el ranchón	low-income apartment complex (*P.R.*)	al principio	in the beginning
el reclutamiento	recruitment	de espaldas	with one's back turned
el teniente	lieutenant	de repente	suddenly

A ¿Qué palabra no pertenece al grupo? Explique por qué.

1. la bandera · el teniente · el reclutamiento · la espalda
2. hacer caso · acudir · el plomo · a voces
3. el principio · la caja · enterrar · caber
4. la pieza · el ranchón · caber · de repente

B **ENTRE TODOS** Divídanse en cuatro grupos. Cada grupo debe elegir uno de los argumentos a continuación en forma esquemática.

1. The story of how changing historical times influenced three generations of women (grandmother, mother, and daughter) and their relationships with each other.

2. The adventures of two young men and a dog exploring Alaska.

3. The story of two children who run away from home and eventually find happiness with an old man who lives alone in the mountains.

4. The story of a Puerto Rican widow whose son is drafted by the United States government to serve in the Korean War and is killed in battle.

■ Con sus compañeros, sugieran tres o más posibles maneras de narrar la historia y luego escojan la que les parezca más adecuada. Recuerden fijarse en la forma en que se presentan los hechos y no en los hechos mismos (no lo que pasa sino la perspectiva desde la que se enfoca). Al final, cada grupo debe explicar por qué la manera de narrar que eligieron les parece preferible a las otras. ¿Qué información les fue posible presentar en cada caso? ¿Qué información les fue posible esconder? ¿Qué prejuicios les fue posible revelar o disfrazar? ¿Qué conocimientos y experiencias fue necesario atribuir a cada personaje y cómo puede cambiar esto la narrativa? No se olviden de que también se puede usar un narrador omnisciente.

Si los otros miembros de la clase han pensado en otras maneras de narrar la historia, deben sugerírselas al grupo apropiado y discutirlas entre todos hasta que se llegue a un acuerdo.

C Estudie los dibujos que acompañan «Una caja de plomo que no se podía abrir». ¿Quiénes aparecen en los dibujos? ¿Hay un solo personaje principal o hay varios? ¿Quién(es) será(n) (*might it/they be*)? ¿Dónde parece tener lugar la acción? ¿Qué conflicto parece haber? ¿Entre quiénes? De acuerdo con los dibujos, ¿qué puede ser la caja de plomo?

D ¿Qué connotaciones tienen las siguientes palabras?

el plomo
el reclutamiento militar
la guerra de Corea
el funeral militar

Una caja de plomo que no se podía abrir

Puerto Rico

SOBRE EL AUTOR **José Luis González (1926–1996)** escribió muchos cuentos sobre la vida urbana puertorriqueña. Este escritor puertorriqueño vivió los últimos años de su vida en México, pues renunció a la ciudadanía estadounidense por motivos políticos. El siguiente cuento narra el encuentro entre algunos puertorriqueños y un oficial del ejército de los Estados Unidos. El relato describe en microcosmos el tipo de conflicto que González consideraba inevitable entre la gente de estas dos culturas.

1 Esto sucedió hace dos años, cuando llegaron los restos de Moncho Ramírez, que murió en Corea. Bueno, eso de «los restos de Moncho Ramírez» es un decir, porque la verdad es que nadie llegó a saber nunca lo que había dentro de aquella caja de plomo que no se podía abrir. De plomo, sí, señor, y que no se podía abrir; y eso fue lo que puso como loca a doña Milla,

5 la mamá de Moncho, porque lo que ella quería era ver a su hijo antes de que lo enterraran y... Pero más vale que yo empiece a contar esto desde el principio.

Seis meses después que se llevaron a Moncho Ramírez a Corea, doña Milla recibió una carta del gobierno que decía que Moncho estaba en la lista de los desaparecidos en combate. La carta se la dio doña Milla a un vecino para que se la leyera porque venía de los Estados

10 Unidos y estaba en inglés. Cuando doña Milla se enteró de[1] lo que decía la carta, se encerró en sus dos piezas y se pasó tres días llorando. No les abrió la puerta ni a los vecinos que fueron a llevarle guarapillos.[2]

En el ranchón se habló muchísimo de la desaparición de Moncho Ramírez. Al principio algunos opinamos que Moncho seguramente se había perdido en algún monte y ya apare-

15 cería[3] el día menos pensado.[4] Otros dijeron que a lo mejor los coreanos o los chinos lo habían hecho prisionero y después de la guerra lo devolverían. Por las noches, después de comer, los hombres nos reuníamos en el patio del ranchón y nos poníamos a discutir esas dos posibilidades, y así vinimos a llamarnos «los perdidos» y «los prisioneros», según lo que pensáramos que le había sucedido a Moncho Ramírez. Ahora que ya todo eso es un recuerdo, yo me

20 pregunto cuántos de nosotros pensábamos, sin decirlo, que Moncho no estaba perdido en ningún monte ni era prisionero de los coreanos o los chinos sino que estaba muerto. Yo pensaba eso muchas veces, pero nunca lo decía, y ahora me parece que a todos les pasaba igual. Porque no está bien eso de ponerse a dar por muerto a nadie[5] —y menos a un buen amigo como era Moncho Ramírez, que había nacido en el ranchón—antes de saberlo uno

25 con seguridad. Y además, ¿cómo íbamos a discutir por las noches en el patio del ranchón si no había dos opiniones diferentes?

Dos meses después de la primera carta, llegó otra. Esta segunda carta, que le leyó a doña Milla el mismo vecino porque estaba en inglés igual que la primera, decía que Moncho Ramírez había aparecido. O, mejor dicho, lo que quedaba de Moncho Ramírez. Nosotros nos

30 enteramos de eso por los gritos que empezó a dar doña Milla tan pronto supo lo que decía la carta. Aquella tarde todo el ranchón se vació en las dos piezas de doña Milla. Yo no sé cómo cabíamos allí, pero allí estábamos toditos, y éramos unos cuantos como quien dice. A doña

[1]se... supo   [2]una bebida como el té   [3]*he would appear*   [4]el... *when they least expected it*   [5]dar... *to give somebody up for dead*

Milla tuvieron que acostarla las mujeres cuando todavía no
era de noche porque de tanto gritar, mirando el retrato de
35 Moncho en uniforme militar entre una bandera americana
y un águila con un mazo de flechas[6] entre las garras,[7]
se había puesto como tonta. Los hombres nos fuimos saliendo
al patio poco a poco, pero aquella noche no hubo discusión
porque ya todos sabíamos que Moncho estaba muerto y era
40 imposible ponerse a imaginar.

Tres meses después llegó la caja de plomo que no se
podía abrir. La trajeron una tarde, sin avisar, en un camión
del Ejército, cuatro soldados de la Policía Militar con rifles y
guantes blancos. A los cuatro soldados les mandaba un
45 teniente, que no traía rifle, pero sí una cuarenta y cinco en
la cintura. Ése fue el primero en bajar del camión. Se plantó
en medio de la calle, con los puños[8] en las caderas y las
piernas abiertas, y miró la fachada[9] del ranchón como mira
un hombre a otro cuando va a pedirle cuentas por[10] alguna
50 ofensa. Después volteó[11] la cabeza y les dijo a los que estaban en el camión:

—Sí, aquí es. Bájense.

Los cuatro soldados se apearon, dos de ellos cargando la caja, que no era del tamaño de
un ataúd,[12] sino más pequeña y estaba cubierta con una bandera americana.

55 El teniente tuvo que preguntar a un grupo de vecinos en la acera cuál era la pieza de la
viuda de Ramírez (ustedes saben cómo son estos ranchones de Puerta de Tierra: quince o
veinte puertas, cada una de las cuales da a una vivienda, y la mayoría de las puertas sin
número ni nada que indique quién vive allí). Los vecinos no sólo le informaron al teniente
que la puerta de doña Milla era la cuarta a mano izquierda, entrando, sino que siguieron a
60 los cinco militares dentro del ranchón sin despegar[13] los ojos de la caja cubierta con la bandera
americana. El teniente, sin disimular la molestia que le causaba el acompañamiento, tocó a
la puerta con la mano enguantada de blanco.[14] Abrió doña Milla y el oficial le preguntó:

—¿La señora Emilia viuda de Ramírez?

Doña Milla no contestó en seguida. Miró sucesivamente al teniente, a los cuatro solda-
65 dos, a los vecinos, a la caja.

—¿Ah? —dijo como si no hubiera oído[15] la pregunta del oficial.

—Señora, ¿usted es doña Emilia viuda de Ramírez?

Doña Milla volvió a mirar la caja cubierta con la bandera. Levantó una mano, señaló,
preguntó a su vez con la voz delgadita:

70 —¿Qué es eso?

El teniente repitió, con un dejo[16] de impaciencia:

—Señora, ¿usted es... ?

—¿Qué es eso, ah? —volvió a preguntar doña Milla, en ese trémulo tono de voz con que
una mujer se anticipa siempre a la confirmación de una desgracia.

75 —Dígame, ¿qué es eso?

El teniente volteó la cabeza, miró a los vecinos. Leyó en los ojos de todos la misma
interrogación. Se volvió nuevamente hacia la mujer; carraspeó,[17] dijo al fin:

—Señora... El Ejército de los Estados Unidos...

[6]mazo... *bundle of arrows* [7]*claws* [8]*fists* [9]*façade* [10]pedirle... *to ask him to explain* [11]*he turned*
[12]*coffin* [13]*quitar* [14]enguantada... *que llevaba un guante blanco* [15]como... *as if she hadn't heard*
[16]*poco* [17]*he cleared his throat*

Se interrumpió, como quien olvida de repente algo
80 que está acostumbrado a decir de memoria.

—Señora… —recomenzó—. Su hijo, el cabo Ramón
Ramírez…

Después de esas palabras dijo otras que nadie llegó
a escuchar porque ya doña Milla se había puesto[18] a dar
85 gritos, unos gritos, tremendos que parecían desgarrarle la
garganta.

Lo que sucedió inmediatamente después resultó
demasiado confuso para que yo, que estaba en el grupo
de vecinos detrás de los militares, pueda recordarlo bien.
90 Alguien empujó con fuerza y en unos instantes todos nos
encontramos dentro de la pieza de doña Milla. Una mujer
pidió agua de azahar[19] a voces, mientras trataba de impedir que doña Milla se clavara las uñas en el rostro.[20] El
teniente empezó a decir: «¡Calma! ¡Calma!», pero nadie le
95 hizo caso. Más y más vecinos fueron llegando, como lla-
mados por el tumulto, hasta que resultó imposible dar un
paso dentro de la pieza. Al fin varias mujeres lograron llevarse a doña Milla a la otra habitación. La hicieron tomar
agua de azahar y la acostaron en la cama. En la primera
100 pieza quedamos sólo los hombres. El teniente se dirigió
entonces a nosotros con una sonrisa forzada:

—Bueno, muchachos… Ustedes eran amigos del
cabo Ramírez, ¿verdad? Nadie contestó. El teniente añadió:

105 —Bueno, muchachos… En lo que[21] las mujeres se
calman, ustedes pueden ayudarme, ¿no? Pónganme aquella mesita en el medio de la pieza. Vamos a colocar ahí la
caja para hacerle la guardia.

Uno de nosotros habló entonces por primera vez.
110 Fue el viejo Sotero Valle, que había sido compañero de
trabajo en los muelles[22] del difunto Artemio Ramírez,
esposo de doña Milla y papá de Moncho. Señaló la caja
cubierta con la bandera americana y empezó a interrogar al teniente:

—¿Ahí… ahí… ?

115 —Sí, señor —dijo el teniente—. Esa caja contiene los restos del cabo Ramírez. ¿Usted
conocía al cabo Ramírez?

—Era mi ahijado[23] —contestó Sotero Valle, muy quedo,[24] como si temiera no llegar a
concluir la frase.

—El cabo Ramírez murió en el cumplimiento[25] de su deber —dijo el teniente, y ya nadie
120 volvió a hablar.

Eso fue como a las cinco de la tarde. Por la noche no cabía la gente en la pieza: habían
llegado vecinos de todo el barrio, que llenaban el patio y llegaban hasta la acera. Adentro
tomábamos el café que colaba[26] de hora en hora una vecina. De otras piezas se habían traído
varias sillas, pero los más de los presentes estábamos de pie: así ocupábamos menos espacio.
125 Las mujeres seguían encerradas con doña Milla en la otra habitación. Una de ellas salía de
vez en cuando a buscar cualquier cosa —agua, alcoholado, café— y aprovechaba para
informarnos:

[18]se… *had begun*   [19]*orange blossom*   [20]*cara*   [21]*En… Mientras*   [22]*docks*   [23]*godchild*   [24]bajito
[25]*fulfillment*   [26]*percolated*

—Ya está más calmada. Yo creo que de aquí a un rato podrá salir.

Los cuatro soldados montaban guardia, el rifle prensado contra la pierna derecha, dos a cada lado de la mesita sobre la que descansaba la caja cubierta con la bandera. El teniente se había apostado[27] al pie de la mesita, de espaldas a ésta y a sus cuatro hombres, las piernas separadas y las manos a la espalda. Al principio, cuando se coló el primer café, alguien le ofreció una taza, pero él no la aceptó. Dijo que no se podía interrumpir la guardia.

El viejo Sotero Valle tampoco quiso tomar café. Se había sentado desde el principio frente a la mesita y no le había dirigido la palabra a[28] nadie durante todo ese tiempo. Y durante todo ese tiempo no había apartado[29] la mirada de la caja. Era una mirada rara la del viejo Sotero: parecía que miraba sin ver. De repente (en los momentos en que servían café por cuarta vez) se levantó de la silla y se acercó al teniente.

—Oiga —le dijo, sin mirarlo, los ojos siempre fijos en la caja—, ¿usted dice que mi ahijado Ramón Ramírez está ahí adentro?

—Sí, señor —contestó el oficial.

—Pero… ¿en esa caja tan chiquita?

—Bueno, mire… es que ahí, sólo están los restos del cabo Ramírez.

—¿Quiere decir que… que lo único que encontraron…

—Solamente los restos, sí, señor. Seguramente ya había muerto hacía bastante tiempo. Así sucede en la guerra, ¿ve?

El viejo no dijo nada más. Todavía de pie, siguió mirando la caja un rato; después volvió a su silla.

Unos minutos más tarde se abrió la puerta de la otra habitación y doña Milla salió apoyada en los brazos de dos vecinas. Estaba pálida y despeinada, pero su semblante reflejaba una gran serenidad. Caminó lentamente, siempre apoyada en las otras dos mujeres, hasta llegar frente al teniente. Le dijo:

—Señor… tenga la bondad… díganos cómo se abre la caja.

El teniente la miró sorprendido.

—Señora, la caja no se puede abrir. Está sellada.[30]

Doña Milla pareció no comprender. Agrandó los ojos y los fijó largamente en los del oficial, hasta que éste se sintió obligado a repetir:

—La caja está sellada, señora. No se puede abrir.

La mujer movió de un lado a otro, lentamente, la cabeza:

—Pero yo quiero ver a mi hijo. Yo quiero ver a mi hijo, ¿usted me entiende? Yo no puedo dejar que lo entierren sin verlo por última vez.

El teniente nos miró entonces a nosotros: era evidente que su mirada solicitaba comprensión, pero nadie dijo una palabra. Doña Milla dio un paso hacia la caja, retiró con delicadeza una punta de la bandera, tocó levemente.

—Señor —le dijo al oficial sin mirarlo—, esta caja no es de madera. ¿De qué es esta caja, señor?

—Es de plomo, señora. Las hacen así para que resistan mejor el viaje por mar desde Corea.

—¿De plomo? —murmuró doña Milla sin apartar la mirada de la caja—. ¿Y no se puede abrir?

El teniente, mirándonos nuevamente a nosotros, repitió:

—Las hacen así para que resistan mejor el via…

Pero no pudo terminar; no lo dejaron terminar los gritos de doña Milla, unos gritos terribles que a mí me hicieron sentir como si repentinamente[31] me hubiesen golpeado en la boca del estómago.[32]

---

[27]se… *had stationed himself*   [28]no… no había hablado con   [29]no… *had not removed*   [30]*sealed*
[31]de repente   [32]me… *someone had hit me in the pit of the stomach*

—¡MONCHO! ¡MONCHO! HIJO MÍO, NADIE VA A ENTERRARTE SIN QUE YO TE VEA. ¡NADIE, MI HIJITO, NADIE… !

Otra vez se me hace difícil contar con exactitud: los gritos de doña Milla produjeron una gran confusión. Las dos mujeres que la sostenían por los brazos trataron de alejarla de la caja,
180 pero ella frustró el intento aflojando el cuerpo[33] y dejándose ir hacia el suelo. Entonces intervinieron varios hombres. Yo no: yo todavía no me libraba de aquella sensación en la boca del estómago. El viejo Sotero Valle fue uno de los que acudieron junto a doña Emilia, y yo me senté en su silla. No me da vergüenza decirlo: o me sentaba o tenía que salir de la pieza. Yo no sé si a alguno de ustedes le ha pasado eso alguna vez. No, no era miedo, porque ningún
185 peligro me amenazaba en aquel momento. Pero yo sentía el estómago duro y apretado[34] como un puño, y las piernas como si súbitamente se me hubiesen vuelto de trapo.[35] Si a alguno de ustedes le ha pasado eso alguna vez, sabrá lo que quiero decir. Uno… bueno, ojalá que no le pase nunca. O por lo menos que le pase donde la gente no se dé cuenta.

Yo me senté. Me senté y, en medio de la tremenda confusión que me rodeaba, me puse
190 a pensar en Moncho como nunca en mi vida había pensado en él. Doña Milla gritaba hasta enronquecer[36] mientras la iban arrastrando[37] hacia la otra habitación, y yo pensaba en Moncho, en Moncho que nació en aquel mismo ranchón donde también nací yo, en Moncho que fue el único que no lloró cuando nos llevaron a la escuela por primera vez, en Moncho que nadaba más que nadie cuando íbamos a la playa detrás del Capitolio, en Moncho que había
195 sido siempre cuarto bate cuando jugábamos pelota en Isla Grande, antes de que hicieran allí la base aérea… Doña Milla seguía gritando que a su hijo no iba a enterrarlo nadie sin que ella lo viera por última vez. Pero la caja era de plomo y no se podía abrir.

Al otro día enterramos a Moncho Ramírez. Un destacamento[38] de soldados hizo una descarga[39] cuando los restos de Moncho —o lo que hubiera[40] dentro de aquella caja— des-
200 cendieron al húmedo y hondo agujero de su tumba. Doña Milla asistió a toda la ceremonia de rodillas sobre la tierra.

De todo eso hace dos años. A mí no se me había ocurrido contarlo hasta ahora. Es posible que alguien se pregunte por qué lo cuento al fin. Yo diré que esta mañana vino el cartero al ranchón. No tuve que pedirle ayuda a nadie para leer lo que me trajo, porque yo sé mi
205 poco de inglés. Era el aviso de reclutamiento militar.

[33]aflojando… *by going limp*   [34]*tight*   [35]como… *as if they had suddenly turned into rags*   [36]hasta… *until she grew hoarse*   [37]*dragging*   [38]*detachment*   [39]hizo… *fired a round*   [40]lo… *whatever there was*

el clímax = el punto culminante o momento de mayor emoción e intensidad en una obra narrativa

la analogía = la comparación que se expresa por medio de referencias a las semejanzas entre dos cosas, personas o lugares

COMPRENSIÓN

A   Cambie los verbos entre paréntesis por la forma apropiada del pretérito. Luego, ponga los acontecimientos en orden cronológico (de 1 a 9).

_____ Los soldados (**llegar**) con la caja de plomo.

_____ El narrador (**empezar**) el cuento.

_____ Moncho (**ser**) reclutado para el ejército.

_____ A doña Milla (**morírsele**) el marido.

_____ Un vecino le (**leer**) a doña Milla la primera carta.

_____ Moncho (**morir**) en Corea.

_____ Al narrador (**llegarle**) la carta de reclutamiento.

_____ Doña Milla (**recibir**) la segunda carta.

_____ Moncho (**ser**) enterrado en Puerto Rico.

Conteste las siguientes preguntas según el cuento.

1. EL ESCENARIO

- ¿Dónde tiene lugar la acción del cuento?
- ¿Cómo es el ranchón?
- ¿Qué revela el lugar acerca de sus habitantes?

2. LA ACCIÓN Y EL CONFLICTO

- ¿Qué noticias trajo la primera carta?
- ¿Quiénes eran «los perdidos» y «los prisioneros»?
- ¿Qué se supo con la llegada de la segunda carta? ¿Por qué no hablaron los hombres del ranchón la noche que lo supieron?
- ¿Cuándo llegó la caja al ranchón? ¿Quiénes la trajeron?
- ¿Qué quería doña Milla? ¿Por qué? ¿Por qué se lo negó el teniente?

3. EL TIEMPO

- ¿Cuándo ocurrió la acción del cuento?
- ¿Por qué lo cuenta el narrador en el momento en que lo cuenta?
- ¿Qué relación tienen los dos momentos?

4. LOS PERSONAJES

- ¿Qué relación existe entre Moncho y cada uno de los siguientes personajes?
  doña Milla   el teniente   Sotero Valle   el narrador
- ¿Cómo reacciona cada uno ante la muerte de Moncho? ¿En qué se asemejan o se diferencian estas reacciones?
- ¿Cómo completarían (*would finish*) los siguientes personajes las oraciones a continuación?

EL TENIENTE:	No se puede abrir la caja porque…
	Las cajas están hechas de… para que…
SOTERO VALLE:	Los restos de Moncho fueron mandados…
	Se me ocurrió preguntar… porque…
DOÑA MILLA:	Se me murió mi hijo y…
	En el entierro yo me arrodillé porque…
EL NARRADOR:	Los dos grupos se llamaron «los perdidos» y «los prisioneros» porque…
	En el velorio tuve que sentarme antes de que…

INTERPRETACIÓN

¿Quién hace las siguientes citas y qué revelan del hablante?

1. «Señor… tenga la bondad… díganos cómo se abre la caja.»
2. «Yo me senté. Me senté y, en medio de la tremenda confusión que me rodeaba, me puse a pensar en Moncho.»
3. «Pero… ¿en esa caja tan chiquita?»
4. «El cabo Ramírez murió en el cumplimiento de su deber.»

B Complete la siguiente tabla para diferenciar entre los soldados y los vecinos del ranchón.

	Los soldados	Los vecinos
lengua nativa		
manera de vestir		
experiencia de la guerra		
visión de la guerra		
manera de expresar las emociones		

C ¿Cómo es el ranchón? ¿Qué importancia tiene en el cuento? ¿Cómo reacciona el teniente cuando lo acompaña todo un grupo de personas a la pieza de doña Milla? ¿Por qué cree Ud. que este grupo sigue al teniente? ¿Por qué se siente incómodo el teniente?

D Revise los apuntes que hizo sobre la narración del cuarto párrafo, en la actividad **Papel y lápiz** de la página 154. Como se habrá dado cuenta, el cuarto párrafo es el principio del cuento «Una caja de plomo que no se podía abrir». Ahora que Ud. ha leído el cuento completo, ¿qué observaciones puede añadir? ¿Puede contestar todas las preguntas de la página 153 con respecto al narrador? ¿Promueve esta narración el tomar una postura determinada dentro del conflicto? ¿A favor de quién(es)? ¿del ejército? ¿de los vecinos? ¿de doña Milla? ¿de los puertorriqueños? Explique sus respuestas con ejemplos específicos del cuento.

E ¿Por qué interroga Sotero Valle sobre el contenido de la caja? ¿Qué importancia tiene el hecho de que la caja sea más pequeña que un ataúd normal? ¿que sea de plomo y no de madera? ¿que no se pueda abrir? ¿Cree Ud. que la reacción de los vecinos ante la caja de plomo revela una diferencia entre la cultura hispana y la anglosajona o que es más bien una reacción universal? ¿Cómo sería su reacción si tuviera que recibir una caja de plomo que no se pudiera abrir? ¿Cree Ud. que es importante ver los restos de un ser querido antes de enterrarlo? ¿tener su cuerpo presente? ¿Por qué se pone tanto énfasis en buscar los restos de los que mueren en un accidente, por ejemplo de aviación?

F PAPEL Y LÁPIZ Vuelva a la **Actividad D.** En su cuaderno de apuntes, explore más a fondo sus ideas con respecto a la narración y el impacto del narrador en el cuento.

APLICACIÓN

A ¿Cree Ud. que el reclutamiento militar obligatorio es necesario? ¿Es justo? El reclutamiento militar obligatorio de los Estados Unidos incluía a los residentes de Puerto Rico, que no pueden votar en las elecciones generales para presidente ni tienen voto en el Congreso. ¿Qué opina Ud. de este sistema? ¿Qué parece opinar José Luis González? Explique su propio punto de vista y el del autor, refiriéndose al cuento.

B En «Una caja de plomo que no se podía abrir», doña Milla no sabe hablar inglés. ¿Qué problemas le puede causar esto en Puerto Rico? ¿Serían más difíciles las cosas para ella si viviera en Nueva York? Imagínese que Ud. vive en los Estados Unidos y que no habla inglés. ¿Sería diferente su vida de lo que es ahora? Explique.

LECTURA 3

CUBANITA DESCUBANIZADA

Aproximaciones al texto: La poesía

Connotation versus denotation (Parte 2)

In **Capítulo 4** you learned the importance of considering the difference between the connotation and the denotation of particular words when reading poetry. You will recall that connotative and denotative language describe the ability of words to emphasize diverse aspects of a word's range of meaning or significance. The denotation of a word stresses the dictionary meaning, whereas the connotative meaning emphasizes the sentiments and associations that human experience brings out in a particular context. For example, the words *house, home, hearth, homeland,* all denote where one lives, yet they echo different associations and call up diverse images. The ability to understand the connotative and denotative language of poetry is essential for a complete understanding of the poet's craft. The reader's feelings about the words will be conditioned by his/her own experiences, attitudes, and associations.

In Gustavo Pérez Firmat's poem, **"Cubanita descubanizada,"** the poet relies not only upon the power of connotative and denotative language but also upon the creation of colorful neologisms, or new vocabulary words, that combine with prefixes and suffixes to summon the notion of Cuban dialectical differences. An understanding of the wide range of lexical differences that abound in the Spanish-speaking world is important when reading this poem. For example, among Cuban speakers of Spanish, the equivalent for the word *bus* might be **guagua,** which for Spanish-speakers of Ecuador means *baby.* Cuban Americans, however, would say **ómnibus** or **autobús.** In Argentina, moreover, one might hear the word **colectivo,** and in Mexico and Guatemala, **camión.**

In any case, before reading a poem, the reader must keep in mind the connotative and denotative qualities of standard and colloquial language, the power conveyed by newly created words, and the linguistic differences that distinguish regional dialects.

A Imagínese que Ud. tiene que irse a vivir a otro país. ¿Qué es lo que va a extrañar de su país natal? Haga una lista de las cosas, actividades o instituciones que va a extrañar. Compare su lista con las de sus compañeros. ¿Van a echar de menos las mismas cosas? Explique.

B Ahora, piense en la posibilidad de tener que aprender otro idioma para sobrevivir en el nuevo ambiente. ¿Qué pasos tendría que (*would have to*) dar para dominar otra lengua y sumergirse en la nueva cultura? ¿Sería posible asimilarse y mantener los lazos culturales al mismo tiempo? ¿Cuáles son algunas de las dificultades que Ud. tendría que enfrentar? ¿Piensa Ud. que sería una experiencia positiva o negativa? Comente.

C Los diminutivos se usan con frecuencia en español y pueden denotar una variedad de significados. Pueden expresar cariño, amor o afecto, menor tamaño, etcétera. Los sufijos más usados para formar diminutivos son **-ito, -ecito, -illo,** como en las palabras **osito** (*teddy bear, little bear*) o **cucharita** (*teaspoon*). ¿Qué pueden significar las palabras **mamacita, abuelito** y **amorcito**? La palabra **cubanita** se encuentra varias veces en el poema a continuación. Escriba la denotación y una connotación. Luego explore las posibilidades de su interpretación contextual.

D Ahora, explore la denotación y algunas de las connotaciones de las siguientes palabras, algunas inventadas por el poeta. (Refiérase a **palabras y conceptos** si quiere.)

1. descubanizada   2. recubanizar   3. el alma   4. el ómnibus

E ¿Qué imágenes asocia Ud. con las siguientes palabras?

1. el ron   2. la(s) palma(s)   3. el son(ido) de la música salsa

F Basándose sólo en el título del poema y el dibujo que lo acompaña, explique qué idea(s) cree Ud. que el poeta va a explorar en «Cubanita descubanizada».

PALABRAS Y CONCEPTOS

descubanizar   to leave behind one's Cuban roots, heritage

recubanizar   to reaffirm one's Cuban roots, heritage

el alma   (*f.*) soul

la cubanita   affectionate term for a Cuban girl, lady

el ómnibus   bus

la palma   palm tree

el ron   rum

el son   sound; a name for a popular Cuban dance

A Encuentre un sinónimo para las siguientes palabras en la lista de vocabulario.

1. el autobús   2. el espíritu   3. la canción

 B ¡NECESITO COMPAÑERO! Completen las siguientes oraciones con sus propias palabras.

1. Cuando un cubano / una cubana abandona su país y se asimila a otra cultura, es posible que él/ella _____.

2. Algunas cosas tangibles que el cubano / la cubana echaría de menos si no pudiera regresar a Cuba serían _____.

3. Si los cubanos no pronuncian las **eses** es porque _____.

4. Si la cubanita volviera a vivir en su isla natal, algo que tendría que hacer para recubanizarse sería _____.

C Mire el dibujo que acompaña el poema. Trate de apuntar los aspectos en que la mujer parece estar «americanizada». ¿Qué cambios cree Ud. que ha hecho ella en su físico, en sus actividades, horario y actitud para «americanizarse»?

Cubanita descubanizada

SOBRE EL AUTOR Gustavo Pérez Firmat (1949–), prolífico poeta cubanoamericano, nació en La Habana. Vino a los Estados Unidos a la edad de 11 años con la primera oleada de inmigrantes cubanos que huían del gobierno de Fidel Castro. Se crió en la diversa comunidad latinoamericana de Miami, Florida, una experiencia que se ve reflejada en su producción literaria que se concentra en el biculturalismo y las complicaciones interpersonales. Actualmente es profesor de literatura hispanoamericana en Columbia University en Nueva York, donde sigue escribiendo poesía y crítica literaria. Entre sus destacadas obras literarias están los libros *The Cuban Condition, Life on the Hyphen* y *My Own Private Cuba*. En este último ha tratado de interpretar el misterio de la identidad cubana. Sus publicaciones de poesía en español e inglés incluyen *Carolina Cuban* y *Equivocaciones*. El poema a continuación, «Cubanita descubanizada», fue publicado en la colección de poesías titulada *Bilingual Blues* y explora el tema del inmigrante cubano que lucha por adaptarse y asimilarse a otro país.

Florida

1   Cubanita descubanizada
    quién te pudiera recubanizar.
    Quién supiera devolverte
    el ron y la palma,
5   el alma y el son.

    Cubanita descubanizada,
    tú que pronuncias todas las eses
    y dices ómnibus y autobús,
    quién te pudiera
10 quién te supiera
    si te quisieras recubanizar.

COMPRENSIÓN

A　Todas las afirmaciones a continuación son falsas. Corríjalas para que estén de acuerdo con el poema.

1. La cubana todavía deja de pronunciar las eses cuando conversa en español.
2. Para referirse al transporte público, la cubanita prefiere usar la palabra **guagua.**
3. Será fácil que alguien le enseñe a usar el dialecto cubano de nuevo.
4. Según el poema, los cubanoamericanos conservan todos los elementos significantes de su cultura en su nueva patria.
5. Para descubanizarse, sólo se tiene que hablar, comer y bailar como los demás.

B　¡NECESITO COMPAÑERO! Busquen los versos en los cuales el poeta refiere a las siguientes ideas.

1. La cubanita ya no se siente conectada a su país.
2. El poeta se pregunta si hay alguna persona que sea capaz de devolver(le) a la cubanita su identidad cultural.
3. Hay ciertos símbolos que se asocian con Cuba.
4. Parece que la cubanita ha cambiado su forma de hablar.
5. Es posible que la cubanita no quiera volver a ser como antes.

C　Haga una lista de las cosas que la cubanita debe extrañar de su país natal, según los versos. ¿Qué otras cosas, actividades e/o instituciones debe extrañar? Y Ud., ¿extrañaría (*would you miss*) las mismas cosas? Explique.

D　Comente el juego de palabras creado por las referencias a la «cubanita» y los verbos «descubanizar» y «recubanizar». ¿Qué efecto tiene sobre el lector?

E　¿Piensa Ud. que «la cubanita» se siente más cerca o distanciada de sus raíces culturales cuando oye y habla español? ¿Por qué? ¿Qué efecto puede tener el bilingüismo y el biculturalismo de un individuo sobre su familia y amistades que ya no son bilingües y biculturales? ¿Tal vez habrá resentimiento o rencor, en su opinión?

INTERPRETACIÓN

A　Conteste y comente las siguientes preguntas del poema.

1. ¿Quién será (*could be*) la «cubanita»? ¿Será alguien de la familia del poeta? ¿su madre, su hermana, su novia? ¿Podría ser una identidad colectiva de los cubanoamericanos? Explique.
2. Identifique la voz narrativa. ¿Piensa Ud. que muestra una actitud positiva o negativa hacia la vida de los cubanoamericanos en los Estados Unidos? ¿Expresa nostalgia la voz narrativa o un deseo de volver al país natal? Cite unos versos del poema para apoyar su respuesta.

B　PAPEL Y LÁPIZ Ahora, vuelva a pensar en las experiencias de la «cubanita». Explore las siguientes ideas en su cuaderno de apuntes. ¿Por qué y cuándo decidió salir de Cuba, en su opinión? ¿Será que tuvo que buscar refugio en los Estados Unidos por razones políticas? En su opinión, ¿cuántos años tenía cuando abandonó su país natal? ¿Cuáles eran las dificultades de una persona de esa edad, en particular, para adaptarse a la vida en otra cultura? Comente si la experiencia sería semejante o distinta para un hombre.

C Explore la posibilidad de «descubanizar» a alguien que acaba de llegar de Cuba a los Estados Unidos. Indique algunos pasos que la persona recién llegada tendría que (*would have to*) dar para desconectarse de su identidad cultural. Luego, presente un plan para «recubanizar» a la persona para facilitarle la vuelta y asimilación a la patria. En su opinión, ¿cuál sería más difícil de realizar: el plan de descubanización o el de recubanización? ¿Por qué?

APLICACIÓN

A Haga un árbol genealógico y distinga los nombres y la nacionalidad de sus antepasados. Luego conteste las preguntas a continuación.

- ¿De dónde y cuándo vinieron? ¿Por qué razones? ¿Dónde decidieron establecerse? ¿Qué lengua(s) hablaban? ¿Sabe Ud. hablar ese idioma? Indique algunas costumbres o celebraciones que se asocian con esa cultura.

- Presente los resultados a la clase. ¿Qué otros grupos étnicos y culturales se representan? ¿Qué factores contribuyeron a la inmigración de tantas familias: la situación económica, política, social y/o personal?

- Ahora piense en las costumbres y tradiciones de sus antepasados. ¿Se han mantenido y observado en su familia? Comente las ventajas y desventajas de mantener las costumbres y tradiciones de otro país.

B IMPROVISACIONES Imagínese que Ud. es la «cubanita descubanizada» u otro/otra inmigrante ya americanizado/a y preséntese a la clase. Describa su vida en su país natal y detalle las razones de su inmigración a los Estados Unidos. ¿Vino solo/a o acompañado/a de otros? Si contesta que sí, ¿quién(es) lo/la acompañaba(n) en el viaje? ¿Cómo y cuándo llegó? Describa los primeros años en los Estados Unidos. ¿Qué expectativas tenía? ¿Cómo logró Ud. adaptarse a las circunstancias? ¿Le gustaría volver a su país natal? ¿Por qué sí o no? Y si volviera, ¿piensa Ud. que podría acostumbrarse a vivir allí como si nunca lo hubiera dejado (*had never left*)? Explique.

C PAPEL Y LÁPIZ Dos olas de refugiados cubanos vinieron a los Estados Unidos en la segunda parte del siglo xx, pero las circunstancias del primer grupo contribuyeron a su éxito mientras que las del segundo grupo los condenaron al fracaso. La primera oleada salió de Cuba con la subida al poder de Fidel Castro en 1959 y el establecimiento del gobierno comunista, y la mayoría fue acogida en Miami, donde se estableció con prosperidad. La segunda oleada, en cambio, dejó su isla en 1980, pero las condiciones desfavorables, como la situación política y económica de los Estados Unidos al momento, no los ayudó a asimilarse. Tomando en cuenta las diversas circunstancias, investigue el tema de los inmigrantes cubanos en los Estados Unidos y comente las ventajas y desventajas históricas, políticas y sociales que influyeron en el destino de cada grupo. Anote la información en su cuaderno de apuntes.

D Comente los temas del aislamiento, la esperanza y la desilusión, y el desafío ocasionado por la asimilación cultural en «No speak English» y «Cubanita descubanizada». ¿Cómo se distinguen las circunstancias en «No speak English» y «Cubanita descubanizada» de las de la familia en «Una caja de plomo que no se podía abrir»?

CAPÍTULO 10

La vida moderna

Salvador Dalí (España), *La desintegración de la memoria*

Exploraciones

Estudie el cuadro a la izquierda y el título que lleva. ¿Qué importancia tiene la palabra **desintegración**? Identifique y haga una lista de los objetos representados en el cuadro. ¿Cómo se relaciona cada objeto con el concepto de la memoria? Dalí pintó este cuadro, su más famoso, en 1931. Imagínese que lo pinta en el año 2012. ¿Usaría los mismos objetos en el cuadro? ¿Qué «nuevos» objetos cree Ud. que incluiría el artista en el cuadro para comunicar las ideas y provocar emociones? Compare sus ideas con las de sus compañeros/as y traten de justificarlas.

IMÁGENES PHOTOSHOP

Aproximaciones al texto

Brainstorming and predicting

One of the best strategies for reading a literary work consists of prereading selected passages and brainstorming various ideas that may or may not be related to the title and accompanying visual realia, such as line drawings. By relying on one's perceptions and preexisting general knowledge of a particular theme, the reader is allowed to make conjectures and therefore surmise the outcome of the literary work. The reader may return later to verify and validate the conjectures of the prereading exercise. This brainstorming, or **lluvia de ideas,** enables the reader to establish a specific context in which to view the action and allows him or her to guess the meanings, both denotative and connotative, of vocabulary items without consulting a dictionary. For example, think of the title of the short story that follows, **"imágenes photoshop."** From reading the title and viewing the accompanying drawings, the reader may conclude that the story will deal with the technological devices that allow one to alter, shape, and project photographic images. Since many readers can relate to the notion of editing digital images on their personal computers, the brainstorming process may conjure images of the process that allows one to document reality and alter it to create a virtual reality. However, upon reading the story, the reader quickly learns that the Photoshop images suggested by the title might also imply the deliberate removal of one undesirable image and the substitution of another that not only creates a new reality but also expresses a deeper affective, emotional reaction to it. After the reading, the reader may wish to return to his or her preconceived ideas about the thematic schema and consider how the conjectures made prior to the reading are validated or negated, and why.

A ¡NECESITO COMPAÑERO! Mirando el título y los dibujos que acompañan el cuento «Imágenes photoshop», ¿qué pueden Uds. inferir? ¿Se refiere el cuento a imágenes de cosas, lugares y/o personas? ¿Qué podrían representar estas imágenes? Especulen acerca del significado de la palabra Photoshop y contesten las preguntas.

1. ¿Cómo y quién es el hombre que trabaja en la computadora? ¿Dónde se encuentra? ¿Qué está haciendo en la computadora?

2. ¿Qué conexión puede existir entre las personas que se ven en la foto al lado de la computadora y las que se ven en la imagen proyectada en la pantalla de la computadora? Expliquen.

3. ¿Cómo se han cambiado las dos imágenes? ¿Qué máquinas y aplicaciones se usarían para efectuar tales cambios?

4. En su opinión, ¿qué importancia puede tener la computadora y sus aplicaciones de Photoshop para el hombre?

5. Para el hombre, ¿cuál de las dos imágenes puede representar la realidad conflictiva y represiva de su niñez? ¿Cuál puede reflejar la realidad ideal y fotogénica que se puede crear por medio de las «imágenes» alteradas mediante la aplicación de Photoshop?

■ Ahora, lean el siguiente fragmento del cuento para saber si han adivinado algunos detalles que les servirían para comprender el tema

Víctor nunca recordó con nostalgia su infancia en aquel pueblo árido,[1] de calles estrechas[2] y parques sin gracia[3] y cielo plomizo.[4] Por eso, apenas aprendió a usar Photoshop, retocó[5] sus fotos, ensanchó[6] sus calles, añadió una torre Eiffel a la desvalida[7] plaza principal, renovó los cielos con un azul sobresaturado.[8]

[...]

Nunca se llevó bien con sus padres, de quienes había heredado[9] su fealdad,[10] y los cambió por seres similares a Robert Mitchum y a Gene Tierney. Hizo desaparecer a sus tres hermanos de todas las fotos, y se quedó de único hijo.

[1]*dry* [2]*narrow* [3]*sin... without charm* [4]*grayish, lead-colored* [5]*retouched*
[6]*widened* [7]*destitute* [8]*supersaturated* [9]*inherited* [10]*ugliness, homeliness*

B Antes de leer, piense en las diversas máquinas que se usan en la vida cotidiana y haga una lista de las más útiles. Luego, complete las oraciones a continuación de acuerdo con sus opiniones e ideas acerca de la función de la tecnología en la vida moderna.

1. La máquina que utilizo con más frecuencia es _____.

2. Algunas de las funciones esenciales de una computadora son _____.

3. Una de las ventajas de la cámara digital es _____.

4. La aplicación de Photoshop en una computadora sirve para _____.

5. Algo que ni la cámara digital ni la computadora pueden hacer es _____.

6. Si pudiera programar mi cámara digital o mi computadora personal para _____, entonces yo podría _____.

C PAPEL Y LÁPIZ En su cuaderno de apuntes, explore a fondo el ambiente físico, psicológico y emocional de Víctor en la niñez y compárelo con el ambiente actual en su madurez. ¿En qué se asemejan y en qué difieren?

■ ¿Qué aspectos de su existencia anterior quería borrar y/o transformar? ¿Por qué? ¿Piensa Ud. que es posible borrar «recuerdos» de la memoria? Explique.

■ Ahora, imagínese cómo ha cambiado la vida diaria de él con los avances tecnológicos de los últimos años. ¿Por qué cree Ud. que había aprendido a usar Photoshop?

■ ¿Cree Ud. que le ofrece una manera efectiva y válida de escaparse de la realidad? ¿Cómo se siente o se sentiría después de ver las imágenes alteradas? ¿Qué ventajas pueden proporcionarle esas imágenes sabiendo que se ha borrado un pasado indeseable y se ha creado un presente «artificial» e impersonal?

- En fin, ¿con qué obstáculos y desventajas puede encontrarse alguien que se obsesiona en transformar las imágenes de sí mismo (y de los demás) por medio de imágenes «virtuales» disponibles en la computadora?
- ¿Cree Ud. que tal uso de la tecnología puede llevar a la impersonalización y el aislamiento del individuo? Explique.

PALABRAS Y CONCEPTOS

alterar   to alter
afearse   to become ugly
asemejarse   to resemble
borrar   to erase
enterarse de algo   to be informed of
hallarse   to find oneself
heredar   to inherit
llevarse bien/mal   to get along well/poorly
prestarse   to lend oneself
retocar   to touch up

el/la aprendiz(a)   apprentice
el archivo   file
la arruga   wrinkle
la billetera   wallet
la calvicie   baldness
la fealdad   ugliness, homeliness
la imagen   image

el mellizo   twin
la papada   double chin
el rostro   face
la similitud   similitude, similarity

bullicioso/a   noisy, boisterous
calvo/a   bald
fotogénico/a   photogenic
intocado/a   untouched
parecido/a a   resembling
retocado/a   touched up, refinished
torpe   awkward, clumsy

a medida que   in proportion to, according to
con rabia   with rage
de modo que   so that
sospechosamente   suspiciously

A   Busque los sinónimos de las siguientes palabras en la lista de vocabulario.

1. sin pelo
2. encontrarse
3. parecerse a
4. convertir, transformar
5. ruidoso
6. la cara
7. no cambiado
8. furiosamente

B ¡NECESITO COMPAÑERO! Hagan una lista de todas las palabras de la lista de vocabulario que se podrían usar para describir la fotografía o imagen de una persona, lugar o cosa. Luego en parejas, indiquen si cada una de las palabras tiene una connotación positiva o negativa y digan por qué. Por fin, indiquen cuáles de las características y/o aspectos de una imagen se podrían alterar, borrar o transformar mediante la aplicación de Photoshop en la computadora.

C Explique en español el significado de las palabras y expresiones subrayadas.

1. Víctor nunca recordó <u>con nostalgia</u> su infancia en aquel pueblo árido, de calles <u>estrechas</u> y parques <u>sin gracia</u> y cielo plomizo.

2. Por eso, <u>apenas</u> aprendió a usar Photoshop, <u>retocó</u> sus fotos.

3. Alteró sus caras de modo que al final <u>no se asemejaban</u> en nada <u>a sí mismos.</u>

4. Retocó su propio rostro <u>surcado de arrugas</u> antes de tiempo, <u>la papada abusiva</u> y <u>la prematura calvicie.</u>

5. Mostraba <u>con orgullo</u> las fotos en su <u>billetera.</u>

6. En su lugar, colocó un <u>intocado</u> retrato.

D Complete las siguientes oraciones con sus ideas y opiniones.

1. Antes de la proliferación de las cámaras digitales y las cámaras celulares, sólo se podía sacar fotografías con _____.

2. Una de las desventajas de la cámara no digital es que uno tiene que _____ y no puede _____.

3. Para mí, una de las ventajas o desventajas de la cámara digital es _____.

4. Utilizaría la aplicación de Photoshop para _____, pero no la usaría para _____.

5. Si alguien quisiera retocar una fotografía o imagen de sí mismo/a, sería porque _____.

E Explore la popularidad y proliferación de las cámaras digitales y el uso de la aplicación de Photoshop en la sociedad moderna. En su opinión, ¿cómo contribuyen estas imágenes a veces alteradas a expresar los valores positivos y negativos de la sociedad y a inculcarlos? ¿Piensa Ud. que hay razones válidas para borrar, alterar, retocar o transformar fotografías e/o imágenes para uso personal y en particular para identificarse por medio de la computadora o del Internet? ¿Y para usos oficiales o en los medios de comunicación? Explique.

Imágenes photoshop

Bolivia

SOBRE EL AUTOR **Edmundo Paz Soldán (1967–),** uno de los narradores más notables de la nueva generación de escritores hispanoamericanos, nació en Cochabamba, Bolivia. En la actualidad es profesor de literatura hispanoamericana en la Universidad de Cornell. Su obra literaria consiste en novelas y colecciones de cuentos cuyos temas tratan del uso omnipresente de las nuevas tecnologías y el impacto de éstas en los medios de comunicación y la vida cotidiana actual. Ha ganado varios premios literarios, incluso el Premio Erich Guttentag (Bolivia, 1992) por su novela *Días de papel*, el Premio Juan Rulfo (1997) por su obra *Dochera* y el premio Nacional de Novela de Bolivia por la obra *El delirio de Turing* (2003). En el cuento a continuación, «Imágenes photoshop», de su colección *Amores imperfectos* (1998), el autor describe cómo la obsesión constante de un aficionado por las imágenes digitales le permite escaparse de la realidad y reinventarse a sí mismo en un mundo de fantasía. Los pasos que lo llevan a crear esa identidad ficticia contribuyen a un fin inesperado y sorprendente.

1   Víctor nunca recordó con nostalgia su infancia en aquel pueblo árido, de calles estrechas y parques sin gracia y cielo plomizo. Por eso, apenas aprendió a usar Photoshop, retocó sus fotos, ensanchó sus calles, aña-
5   dio una torre Eiffel a la desvalida plaza principal, renovó los cielos con un azul sobresaturado.

Tampoco tuvo un interés particular en sus compañeros de curso, a quienes consideraba torpes, bulliciosos, de rostros y cuerpos para el olvido.[1] Uno por
10   uno, alteró sus caras en su Macintosh, de modo que al final no se asemejaban en nada a sí mismos.[2] Uno de sus compañeros parecía ahora un mellizo de Michel Platini,* su jugador favorito. Otro era igual a Richard Gere, su actor preferido. Cuando le hacían notar las
15   similitudes, él sonreía.

Nunca se llevó bien con sus padres, de quienes había heredado su fealdad, y los cambió por seres similares a Robert Mitchum y a Gene Tierney. Hizo desaparecer a sus tres hermanos de todas las fotos, y se quedó de único hijo. Una vez que comenzó, le fue fácil seguir. Retocó su propio rostro surcado
20   de[3] arrugas antes de tiempo, la papada abusiva y la prematura calvicie, y se prestó los ojos de Alain Delon† cuando era joven, y el resto del rostro y del cuerpo de Antonio Banderas. A su gorda esposa, a quien quería cada vez menos a medida que ella pasaba de la juventud a la madurez[4]

[1]para... *for oblivion, to be forgotten*   [2]no... *who appeared nothing like themselves*   [3]surcado... *furrowed by*   [4]*middle age*

*renowned French soccer player
†famous French actor, director, producer

y se afeaba, la transformó en una Cameron Díaz pelirroja.[5] A su hija, patéticamente[6] parecida a su madre, en una aprendiz
25 de Valeria Mazza.* Mostraba con orgullo[7] las fotos en su billetera. Cuando alguien que las llegaba a conocer en persona le hacía notar la diferencia, él decía, con solemne convicción, que ellas eran muy fotogénicas.

Cuando su esposa se enteró que él la había borrado de
30 sus fotos, rompió con rabia las fotos que guardaba de él, en las que se hallaba sospechosamente parecido a un maduro Ricky Martin. Cuando su hija lo supo, se dijo que debía combatir la ofensa[8] con una ofensa mayor.

¿Cómo hacerlo? Encendió[9] la computadora y buscó en
35 los archivos las fotos de su padre. Se le ocurrió[10] borrar con furia ese rostro que era la sumatoria[11] de los de Brad Pitt y Batistuta.[†] En su lugar, colocó un intocado retrato de su padre, calvo y mofletudo,[12] feo y avejentado,[13] cruel víctima del tiempo antes de tiempo.

[5]red-haired [6]pathetically [7]pride [8]offense, insult [9]She turned on [10]Se... It occurred to her [11]sum total [12]chubby cheeked [13]prematurely aged

COMPRENSIÓN

A Todos los siguientes comentarios sobre el cuento son falsos. Modifíquelos de acuerdo con la información del cuento.

1. Víctor guardaba recuerdos tiernos de su infancia en una gran ciudad histórica.

2. Puesto que se mantenía constantemente en contacto con su familia, y en particular con sus hermanos y compañeros de clase, Víctor pasaba su tiempo libre haciendo montajes de fotos de los años pasados.

3. El mundo de la arqueología y la antropología le fascina a Víctor y tiene mucho interés en los libros de los últimos expertos de esos campos.

4. A Víctor le costó mucho alterar las imágenes originales y sustituirlas por las nuevas y, por consiguiente, dejó de usar la aplicación de Photoshop en la computadora.

5. Aunque no estaba totalmente satisfecho de su propia imagen, Víctor decidió guardarla porque lo hacía lucir como su actor favorito.

6. Entre Víctor y su esposa, el amor parecía el ideal romántico y mejoraba con el paso del tiempo.

7. Víctor se negaba a llevar las fotos de su familia en su billetera y mostrárselas a otros porque no quería jactarse ni provocar envidia.

8. Su familia le rogaba a Víctor que no cambiara su imagen por nada porque lucía como la sumatoria de varias personalidades de gran renombre artístico.

---

*Argentinean model and television personality

[†]Argentinean soccer player

B Ponga en orden cronológico (de 1 a 8) las siguientes oraciones para recrear los eventos del cuento. Luego, organícelas para hacer un resumen, agregando todos los detalles que pueda para demostrar su comprensión de la lectura.

_____ Ofendida por la transformación de su imagen en una aprendiz de modelo, su hija decidió responder de modo vengativo.

_____ Cada vez que alguien que llegaba a conocer en persona a su familia, le hacía notar la diferencia entre el rostro verdadero y el de la imagen retocada.

_____ Poco después de dominar la aplicación de Photoshop en su computadora, Víctor empezó a retocar fotos de su pueblo y su familia.

_____ Ella impuso una imagen realista de su padre que mostraba los efectos negativos de una vejez prematura.

_____ Para olvidarse de su aspecto físico verdadero, decidió prestarse los ojos, el rostro y el cuerpo de dos actores bien parecidos.

_____ Se desenamoraba de su esposa que se engordaba y se afeaba con el paso del tiempo.

_____ Al enterarse de los cambios clandestinos de las fotos familiares, la esposa reaccionó con rabia.

_____ El aficionado a las imágenes Photoshop se convierte en víctima de los estragos crueles del tiempo antes de tiempo.

 C ¡NECESITO COMPAÑERO! Vuelva a ver los dos dibujos que acompañan la lectura. En parejas, comparen y contrasten las imágenes que se proyectan en ambas computadoras. Luego, contesten las siguientes preguntas, dando sus propias interpretaciones de las imágenes visuales, cinéticas y auditorias que se sugieren.

1. ¿En qué se asemejan y en qué difieren los dos dibujos?

2. ¿Quiénes son los personajes? ¿Qué valores e ideales se representan con ellos?

3. ¿Qué relación existe o existía entre ellos y la persona que los contempla actualmente en la pantalla de la computadora?

4. ¿Qué época, ambiente cultural y/o circunstancias se figuran en las fotos? ¿Cómo se ven reflejados después de los cambios estéticos efectuados mediante la aplicación de Photoshop?

5. ¿Cuáles son las emociones y los sentimientos generados por las imágenes antes de ser alteradas? ¿Y después?

6. En su opinión, ¿parecen verosímiles o inverosímiles las nuevas imágenes dentro del ambiente en que se encuentran? Explique.

7. ¿Qué comentarios sociales se revelan a través de las imágenes virtuales acerca del énfasis que se pone en la apariencia física y las maneras disponibles (y a veces dañinas) para alterarla mediante los últimos avances tecnológicos?

INTERPRETACIÓN

A ¡NECESITO COMPAÑERO! Comenten lo que saben del aspecto físico y psicológico de Víctor. ¿Cómo es su vida privada? ¿Qué saben de sus intereses, valores y pasatiempos? ¿Qué se infiere en el cuento acerca de sus relaciones? ¿Cómo y cuándo empezó a cambiar sus recuerdos? Luego, usen información del cuento e inventen otros detalles necesarios para narrar una breve autobiografía de este personaje en la cual se explore el conflicto que existe entre el mundo en que nació y vivió antes de que aprendiera a usar Photoshop, y el mundo de fantasía que después creó como resultado de ese aprendizaje. ¿Cómo se ve él reflejado en la realidad? ¿Y en la ficción del mundo de sus imágenes transformadas?

B Comente el impacto inmediato y decisivo de los medios de comunicación y las nuevas tecnologías en la vida afectiva de Víctor. ¿Es positivo o negativo este impacto? ¿Es verosímil o inverosímil de acuerdo con la sociedad moderna? ¿Cómo lo/la ayudan a identificarse con imágenes de íconos de la cultura popular y a rechazar la apariencia real de su propia familia? ¿Qué aspectos de su existencia han sido afectados profundamente por medio de la aplicación de Photoshop? ¿Cómo serán afectados esos aspectos en cuanto él se entere del acto vengativo de su propia hija? ¿Cree Ud. que el escritor está expresando una opinión favorable o desfavorable, o tal vez ambivalente, acerca del poder de la tecnología? ¿Por qué?

C Explore la denotación y algunas connotaciones de la palabra **borrar** y comente algunas interpretaciones posibles en la oración a continuación.

Se le ocurrió borrar con furia ese rostro que era la sumatoria de los de Brad Pitt y Batistuta.

Primero, haga un mapa semántico de la palabra **borrar**. ¿Cuáles son los verbos, sustantivos, adjetivos y otras expresiones que se asocian con la acción de **borrar**? Basándose en su mapa y en las ideas que genera, conteste algunas preguntas. ¿Qué comentarios acerca de la despersonalización y el aislamiento se expresan? ¿Cree Ud. que es posible borrar de la memoria ciertos momentos, personas y lugares indeseables y/o desagradables? ¿Cómo y por que?

D ¡NECESITO COMPAÑERO! En parejas, hagan una lista de los personajes famosos nombrados en el cuento y describan a cada uno. ¿Qué papel desempeña cada uno en los medios de comunicación, ya sea en el mundo cinematográfico, musical, deportivo y/o artístico? ¿Qué valores o ideales se exaltan y/o se denuncian a través de las imágenes virtuales de cada uno? En fin, ¿qué representan en la cultura popular? ¿Por qué razones las escogió Víctor para transformar sus fotos? ¿Creen Uds. que algunas características de estos personajes han sido «borradas» antes de su inclusión en los medios de comunicación? Expliquen.

APLICACIÓN

A   **IMPROVISACIONES** Imagínese que el cuento no termina con la sustitución del retrato por parte de la hija. En parejas, dramaticen el momento en que Víctor vuelve a observar su imagen en la computadora. ¿Cómo va a reaccionar? ¿Qué emociones sentirá al verse tal como en realidad está, víctima del tiempo? ¿Cómo cree Ud. que su hija explicará su decisión de borrar una imagen y sustituirla por otra? Explore las posibilidades y escriba un diálogo entre ellos para tratar de los temas de la familia en crisis, el aislamiento y despersonalización en el mundo moderno. ¿Piensa Ud. que padre e hija van a poder resolver el conflicto?

B   **PAPEL Y LÁPIZ** Vuelva a leer las líneas del cuento en las cuales se revelan las reacciones de la esposa y de la hija de Víctor en cuanto se enteraron de su metamorfosis por medio de la aplicación de Photoshop. Luego, imagínese que Ud. es un(a) psicólogo/a que se especializa en las relaciones familiares. En su cuaderno de apuntes, escriba un artículo para la prensa sobre los amores «imperfectos» que se pueden encontrar en el mundo de la ficción y que llevan al deterioro de las relaciones personales. ¿Qué consejos le podría ofrecer a alguien que fue víctima del engaño y desengaño que resultan de este tipo de relación virtual? Explore cómo los diversos medios de comunicación y las nuevas tecnologías (como el Internet) pueden ayudar a crear un ambiente falso, impersonal y perjudicial en el cual el amor «a distancia» florece como una gran obsesión y luego se desintegra, se disuelve, debido a la incomprensión, la traición y el aislamiento de un mundo virtual.

C   **PAPEL Y LÁPIZ** Piense en las relaciones que algunas personas tienen o pueden tener con los aparatos y máquinas que usan. Va a escribir un breve cuento o escena, o si prefiere, un poema, para representar las relaciones entre una persona y un aparato o una máquina que le es de vital importancia y/o le sirve de inspiración. Use los siguientes pasos.

- Escoja un aparato o una máquina útil. Puede ser una computadora, un teléfono celular, un secretario de bolsillo, un auto, un aparato de cocina, un televisor (de pantalla grande). ¡Use su imaginación!

- Escoja un personaje. Puede ser Ud. mismo/a, un niño o un adulto, una persona que conoce o una persona inventada. Recuerde que el aparato o máquina que escoja debe ser muy importante para esa persona.

- Escriba tres o cuatro oraciones para describir por qué el aparato o máquina es tan importante para su personaje. Explique cómo lo/la usa y cómo siente al usarlo/la. ¿Cómo cambia su perspectiva y actitud hacia la vida y los demás?

- Invente una escena en la que el aparato o máquina se apodera del personaje totalmente, controla cada aspecto de su vida y sus relaciones con los demás, y lo lleva a tomar medidas drásticas de graves consecuencias para él.

- Mencione cómo reacciona el personaje central y los seres con quienes tiene o ha tenido más contacto personal o electrónico.

- Organice sus descripciones y crea una escena de fondo para formar un cuento. Invente un título que capte la atención inmediata del lector. Su narración debe enfatizar el impacto de la tecnología en la integración y/o desintegración psicológica y emocional del ser humano en un ambiente dominado por una proliferación de imágenes virtuales.

LECTURA 2

TIEMPO LIBRE

Aproximaciones al texto

Using textual and intertextual clues to predict the outcome*

You have already seen how certain elements of a narrative such as the title, repetition of certain phrases and words, and accompanying drawings may contribute to a more complete understanding of the textuality and intertextuality of the work. However, just as important to a story's overall meaning are the visual, auditory, and kinetic images that are conjured in the reader's mind upon reading the narration and the manner in which that imagery leads the reader to a prediction of the denouement (**desenlace**) of the story. Although the outcome may be unexpected, surprising, or even open-ended, vivid imagery provides the reader with insight into an author's purpose and intent. As well, an author may imbue his or her narrative with a sense of humor or irony, which may further underscore and enhance the fundamental message of the work.

■ Lea rápidamente los siguientes fragmentos del cuento «Tiempo libre», buscando las palabras y expresiones que vayan creando imágenes visuales, auditivas y cinéticas para establecer el ambiente. Anótelas y trate de imaginar al narrador, el lugar y el tema del cuento. ¿Qué cree Ud. que va a pasar a lo largo de la narración? ¿Por qué? ¿Cuál es el tono narrativo?

Todas las mañanas compro el periódico y todas las mañanas, al leerlo, me mancho[1] los dedos con tinta.[2] Nunca me ha importado ensuciármelos[3] con tal de estar al día[4] con las noticias. Pero esta mañana sentí un gran malestar[5] apenas toqué el periódico. Creí que solamente se trataba de uno de mis acostumbrados mareos[6]… Me acomodé[7] en mi sillón favorito, encendí un cigarro y me puse a leer la primera página. Luego de enterarme[8] de que un jet se había desplomado,[9] volví a sentirme mal; vi mis dedos y los encontré más tiznados[10] que de costumbre… Cuando iba a tomar mi cigarro, descubrí que una mancha negra cubría mis dedos. De inmediato retorné al baño, me tallé con zacate,[11] piedra pómez[12] y, finalmente, me lavé con blanqueador;[13] pero el intento fue inútil, porque la mancha creció y me invadió hasta los codos[14]… Asustado,[15] corrí hacia la puerta de entrada; pero, antes de poder abrirla, me flaquearon[16] las piernas y caí estrepitosamente.[17] Tirado bocarriba[18] descubrí que, además de la gran cantidad de letrashormiga[19] que ahora ocupaban todo mi cuerpo, había una que otra[20] fotografía.

[1]me… *I stain* [2]*ink* [3]*to get them dirty* [4]estar… *to be up to date, informed* [5]*malaise, uneasiness* [6]*dizzy spells* [7]Me… *I made myself comfortable* [8]Luego… *After finding out* [9]*crashed* [10]*stained* [11]*scrubber* [12]piedra… *pumice stone* [13]*whitening agent* [14]*elbows* [15]*Frightened* [16]*weakened* [17]*noisily* [18]Tirado… *Thrown face up* [19]*tiny little letters* [20]una… *one and then another*

---

*Intertextuality is explored further in **Capítulo 11** and **Capítulo 12**.

A **PAPEL Y LÁPIZ** Mirando el título y los dos dibujos que acompañan el cuento, ¿qué puede Ud. inferir acerca del cuento «Tiempo libre»? ¿Se trata de una experiencia habitual o de alguno extraordinario, excepcional? ¿Cree Ud. que esta experiencia puede tener consecuencias peligrosas? Explique. Especule acerca de los efectos positivos y negativos de la prensa en la sicología colectiva de una nación o sociedad. Examine estas ideas en su cuaderno de apuntes.

B **¡NECESITO COMPAÑERO!** Basándose en los dibujos y en los fragmentos presentados en **Aproximaciones al texto,** contesten las preguntas a continuación.

1. ¿Cómo y quién es el hombre? ¿Dónde se encuentra? ¿Puede Ud. adivinar su rutina matinal (*morning*)? Explique.

2. ¿Qué importancia tiene el periódico para el hombre? En su opinión, ¿por qué se pone tan preocupado y molesto? ¿Qué hace como resultado de los cambios que nota en su cuerpo?

3. ¿Qué aspectos del cuento parecen verosímiles? ¿inverosímiles? Explique.

> ■ **el género literario =** la forma literaria de una obra (poesía, cuento, novela, drama, crónica, periodismo, etcétera), caracterizada por su propia forma, estilo o contenido

PALABRAS Y CONCEPTOS

acomodarse to get comfortable

colgar (ue) to hang up

costar(le) (ue) trabajo (a uno) to require a lot of work

desplomarse to crash

encender (ie) to light

ensuciarse to get dirty

enterarse de to find out

flaquear to weaken

hilar to connect

hojearse to leaf through

manchar to stain

volver (ue) a (+ infinitivo) to do something again

el blanqueador whitening agent

la cintura waist

el codo elbow

el dedo finger

el diario daily newspaper

el importe cost

las letrashormiga tiny little letters

el malestar malaise

el mareo dizzy spell

el suelo floor

apenas scarcely

asustado/a frightened

tirado/a thrown

de costumbre customarily

A ¿Qué palabras de la lista de vocabulario pueden relacionarse con el hecho de leer el periódico? ¿Hay algunas que no tengan relación con este hecho? Explique.

B ¿Qué actividades y acciones asocia Ud. con el tiempo libre? Piense en las actividades diarias o rutinarias, tanto como en las que no se hacen con frecuencia. Luego, haga una lista de algunas que le hagan sentirse más relajado/a, cómodo/a o descansado/a. En su opinión, ¿hay algunas que puedan resultar peligrosas o hasta fatales? ¿Por qué? Explique.

Tiempo libre

SOBRE EL AUTOR **Guillermo Samperio (1948–)**, distinguido cuentista mexicano, nació en la ciudad de México donde todavía vive y escribe acerca de la vida problemática de la sociedad moderna. Muchas de sus obras tratan de los retos que el ser humano se enfrenta en un ambiente ajeno, distanciado e impersonal. Como resultado de sus experiencias en su ciudad natal, Samperio ha escrito varios libros que pintan la rutina diaria del hombre como algo fantástico, humorístico y a veces peligroso. El cuento que Ud. va a leer a continuación, «Tiempo libre», viene de su colección de cuentos, *Textos extraños* (1981). En esta narración el autor describe una acción cotidiana, el leer el periódico, como algo fantástico que rápidamente deshumaniza y transforma al lector.

México

1   Todas las mañanas compro el periódico y todas las mañanas, al leerlo, me mancho los dedos con tinta. Nunca me ha importado ensuciármelos con tal de estar al día con las noticias. Pero esta mañana sentí un gran malestar apenas toqué el periódico. Creí que solamente se trataba de uno de mis acostumbrados mareos. Pagué el importe del diario y regresé a mi casa. Mi
5   esposa había salido de compras. Me acomodé en mi sillón favorito, encendí un cigarro y me puse a leer la primera página. Luego de enterarme de que un jet se había desplomado, volví a sentirme mal; vi mis dedos y los encontré más tiznados que de costumbre. Con un dolor de cabeza terrible, fui al baño, me lavé las manos con toda calma y, ya tranquilo, regresé a mi sillón. Cuando iba a tomar mi cigarro, descubrí que una mancha negra cubría mis dedos. De
10   inmediato retorné al baño, me tallé con zacate, piedra pómez y, finalmente, me lavé con blanqueador; pero el intento fue inútil, porque la mancha creció y me invadió hasta los codos.

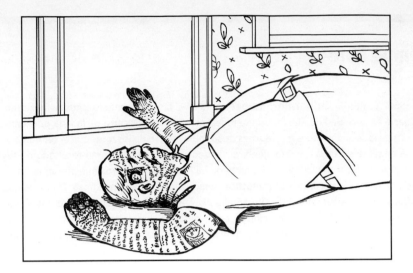

Ahora, más preocupado que molesto, llamé al doctor y me recomendó que lo mejor era que tomara[1] unas vacaciones, o que durmiera.[2] En el momento en que hablaba por teléfono, me di cuenta de que, en realidad, no se trataba de una mancha sino de[3] un número infinito de
15   letras pequeñísimas,[4] apeñuscadas,[5] como una inquieta multitud de hormigas[6] negras. Después, llamé a las oficinas del periódico para elevar mi más rotunda protesta; me contestó una voz de mujer, que solamente me insultó y me trató de loco. Cuando colgué, las letritas[7] habían avanzado ya hasta mi cintura. Asustado, corrí hacia la puerta de entrada; pero, antes de poder abrirla, me flaquearon las piernas y caí estrepitosamente. Tirado bocarriba descubrí que, ade-
20   más de la gran cantidad de letrashormiga que ahora ocupaban todo mi cuerpo, había una que otra fotografía. Así estuve durante varias horas hasta que escuché que abría la puerta. Me costó trabajo hilar la idea, pero al fin pensé que había llegado mi salvación. Entró mi esposa, me levantó del suelo, me cargó bajo el brazo, se acomodó en mi sillón favorito, me hojeó despreocupadamente y se puso a leer.

[1]*I should take*   [2]*I should sleep*   [3]*sino… but rather*   [4]*very small*   [5]*grouped together*   [6]*ants*
[7]*small letters*

COMPRENSIÓN

A Todas las afirmaciones a continuación son falsas. Corríjalas de acuerdo con la información del cuento.

1. El narrador no tiene costumbre de comprar el periódico porque no le interesan las noticias.

2. Hoy se sintió tranquilo al recibir un diario que alguien le regaló.

3. Al leer un artículo sobre un barco que se había hundido (*sunk*), sintió un gran dolor de estómago.

4. De repente, unas manchas empezaron a cubrirle los pies, pero todo intento para lavarlos fue útil y volvió a leer tranquilamente.

5. Cuando el hombre le informó a su esposa de lo que sucedía, ella le recomendó que tomara aspirinas.

B Ponga en orden cronológico (de 1 a 8) las siguientes oraciones para recrear los eventos del cuento. Luego, organícelas para hacer un resumen, agregando todos los detalles que pueda para demostrar su comprensión de «Tiempo libre».

_____ **a.** Llamó al medico y éste le recomendó que tomara vacaciones o una siesta.

_____ **b.** Al levantar el periódico, el narrador empezó a sentirse mal.

_____ **c.** Después de pagar el importe, volvió a casa, se sentó en un sillón y se puso a leer el periódico.

_____ **d.** Cuando las letras pequeñas le habían cubierto el cuerpo hasta la cintura, trató de correr hacia la puerta, pero se cayó.

_____ **e.** Descubrió que sus dedos estaban más manchados que de costumbre.

_____ **f.** El hombre creyó que sufría uno de sus mareos, pero estaba equivocado.

_____ **g.** En vez de salvar a su esposo, la señora se sentó en el sillón y empezó a leer el periódico.

_____ **h.** El hombre, cubierto ahora totalmente de muchas letrashormiga, se quedó tirado en el suelo por varias horas.

C Seleccione la palabra o expresión entre paréntesis para completar cada oración con detalles del cuento.

1. Cuando el narrador compra el periódico, (**se limpia / se mancha**) los dedos.

2. Aunque se ensucia, no le importa porque quiere (**informarse / olvidarse**) de las noticias diarias.

3. Cuando el hombre regresa a su casa, se queda (**acompañado por la esposa / solo**) por unas horas.

4. Como le dolía (**el pie / la cabeza**) y sus manos estaban (**tiznadas / cortadas**), fue al baño para lavarse.

5. Todo intento para limpiarse fue (**útil / inútil**) y, como resultado, el hombre se sentía tan (**tranquilo / preocupado**) que llamó al doctor.

6. Luego, cuando llamó a la oficina del periódico para (**quejarse / pedir perdón**), alguien le dio una respuesta (**irritante / agradable**).

7. (**Inmediatamente / Poco a poco**) el hombre se dio cuenta de la experiencia extraordinaria por la que estaba pasando.

INTERPRETACIÓN

A ¡NECESITO COMPAÑERO! Comenten lo que saben del aspecto físico y sicológico del narrador. ¿Cómo es su rutina diaria? ¿Qué saben Uds. de su vida, sus pasatiempos, sus preocupaciones? Por el cuento, ¿qué se infiere acerca de su percepción de la vida moderna? Luego, escriban un artículo breve sobre este personaje y comenten la situación en que se encuentra y sus opciones para salvarse. ¿Cómo se ve reflejado en la realidad? ¿y en el mundo fantástico que se describe en el cuento? Incluyan detalles tomados del cuento y su propia percepción del ambiente.

B Hable sobre el impacto de la prensa en la vida diaria del narrador. ¿Es positivo o negativo? ¿Es verosímil o inverosímil de acuerdo con la sociedad en la que vive? ¿Cómo le afecta la noticia acerca del jet desplomado? ¿Qué aspectos de su vida son afectados por su afición a leer el periódico cada mañana? ¿Cree Ud. que el escritor está expresando una visión favorable de las noticias que se difunden en los medios de comunicación? ¿O es desfavorable esa visión? Explique.

C Explore la denotación y algunas de las connotaciones de la expresión «tiempo libre». Comente cómo la sociedad moderna pasa ese tiempo, a veces con consecuencias catastróficas. Piense en cómo la tecnología, los avances tecnológicos y la accesibilidad a la información han cambiado la existencia cotidiana. ¿Qué ideas o pensamientos acerca de la deshumanización y despersonalización se expresan en el cuento? ¿Cree Ud. que el ser humano se deshumaniza al tocar, usar o identificarse con ciertos aspectos del ambiente en que vive? Explique.

APLICACIÓN

A IMPROVISACIONES Imagínese que el cuento tiene un fin diferente y no termina con la llegada de la esposa del hombre. En parejas, dramaticen el momento en que ella llega a la casa y encuentra el periódico tirado en el suelo. ¿Qué diría ella al entrar por la puerta de entrada? ¿Qué preguntas se haría acerca de la presencia o ausencia de su esposo? ¿Dónde y cómo lo buscaría? Usando elementos de la personalización, denle características personales al periódico (una voz narrativa, por ejemplo) y permítanle hablarle a la esposa, explicándole los acontecimientos que llevaron a su transformación y sus sentimientos al encontrarse con manchas de letras y fotos de las noticias en el cuerpo. ¿Cuál de los dos se podría tomar en serio? ¿y en broma? Determinen si el periódico puede transformarse de nuevo en un ser humano o si debe continuar en su forma despersonalizada.

■ **la personificación / la prosopopeya =** la atribución de características y cualidades humanas a los objetos inanimados o conceptos abstractos

B PAPEL Y LÁPIZ Haga Ud. el papel de un/una periodista y escriba un artículo para la prensa detallando la experiencia del narrador en «Tiempo libre». Imagínese cómo sería su vida diaria. ¿Qué aspectos de su existencia le interesan y cuáles no le interesan? Comente sobre sus posibles relaciones personales e interpersonales. Especule sobre las razones de su hábito de leer las noticias diariamente. ¿Será una forma de escape? ¿Cómo se ve reflejado en la realidad (con el doctor o con la mujer que contesta el teléfono en la oficina del periódico) y cómo quiere verse reflejado? ¿Es su visión del mundo verosímil o inverosímil? ¿Cree Ud. que el narrador sufre de soledad, enajenación o depresión como resultado de las presiones de la vida moderna? ¿Cómo contribuye el ambiente en que vive a su visión fatalista del mundo? Explique.

C PAPEL Y LÁPIZ ¿Ha tenido Ud. en su vida alguna experiencia en que se mezclaban la realidad y la fantasía? ¿Ha experimentado alguna crisis como resultado de una experiencia entre el mundo verdadero y el mundo ficticio (o del más allá)? Comente las emociones y sensaciones que Ud. o cualquier otra persona sentiría al ver su mundo transformado en algo impersonal o deshumanizado. ¿Cómo puede Ud. u otra persona escaparse de la realidad? Apunte sus ideas en su cuaderno de apuntes.

CAPÍTULO 11

La ley y la libertad individual

Sergio Hernández (Estados Unidos), *Memorial of the fields*

Exploraciones

Es común que los artistas chicanos representen situaciones y opiniones socio-económicas, políticas y culturales. Los cuadros de Sergio Hernández reflejan situaciones socio-políticas de los años sesenta del siglo XX tanto como la situación actual.

- En este cuadro, ¿quiénes son los «protagonistas»? ¿Qué hacen? Fíjese en la postura de los hombres: es idéntica a la postura de la escultura de los marineros que levantan la bandera en Iwo Jima. ¿Por qué cree Ud. que el artista hace referencia a esa escultura en su cuadro?

- Para explorar el título y las imágenes, cree dos mapas semánticos, uno para la palabra «memorial» y otro para la referencia a Iwo Jima. Luego, compare sus mapas con los de sus compañeros de clase y comenten las imágenes.

EL ÁNGEL CAÍDO (PARTE 1)

Aproximaciones al texto

La intertextualidad (Parte 1)

All texts make certain assumptions about a reader's knowledge of the material presented. Even a children's book assumes a familiarity with certain basic vocabulary and cultural concepts, such as the difference between animals and people or between mommy and daddy. An advanced physics textbook takes for granted a certain knowledge of concepts such as magnetism, electricity, and other forces. These assumptions of shared knowledge and experience enable both writer and reader to synthesize large amounts of information in abbreviated formulas, symbols, conventions, or referents without the need to elaborate in detail. A single figure or referent ($E = mc^2$, Adam and Eve, Led Zeppelin) can evoke enormous quantities of information and a variety of ethical, philosophical, and emotional responses.

Literary texts often make explicit or implicit reference to other texts° that preceded them. This practice is called *intertextuality;* the *intertext* is the term used to designate the specific words or images in the text being read that evoke in the reader other texts that he or she has previously read or experienced. Intertextuality presupposes a familiarity with a given literary tradition or cultural referent. A reference to a specific character, place, event, or title in the text currently being read serves to evoke the values, events, characters, atmosphere, and other elements of the antecedent text or event. The intertext sometimes sets up a relationship of contrast, parody, or inversion, or it may suggest similarity or likeness between the original and the text at hand.

A Estudie el artículo y el anuncio de la próxima página. ¿A qué texto hace referencia cada uno y dónde se observa el intertexto en cada texto? ¿Qué relación se establece entre el texto original y el que aparece aquí? ¿Es de imitación, de parodia o de inversión? ¿Qué valores del texto original ayudarán a vender el producto que figura en el anuncio?

°Remember that a *text* does not have to be a printed book; an oral tradition, a well-known saying or figure, or a specific event can function as a text, with its own narrative, values, and images.

B A continuación se reproduce el primer párrafo de «El ángel caído», el cuento que Ud. va a leer en este capítulo. Léalo y luego analice la lista de textos que aparece a continuación. Determine cuáles de esos textos aparecen en referencias intertextuales en el párrafo. Subraye las palabras en el párrafo que introducen cada intertexto identificado.

El ángel se precipitó[1] a tierra, exactamente igual que el satélite ruso que espiaba los movimientos en el mar de la X flota[2] norteamericana y perdió altura cuando debía ser impulsado[3] a una órbita firme de 950 kilómetros. Exactamente igual, por lo demás,[4] que el satélite norteamericano que espiaba los movimientos de la flota rusa, en el mar del Norte y luego de una falsa maniobra[5] cayó a tierra. Pero mientras la caída de ambos ocasionó incontables catástrofes: la desertización[6] de parte del Canadá, la extinción de varias clases de peces, la rotura[7] de los dientes de los habitantes de la región y la contaminación de los suelos vecinos, la caída del ángel no causó ningún trastorno[8] ecológico. Por ser ingrávido[9] (misterio teológico acerca del cual las dudas son heréticas[10]) no destruyó, a su paso, ni los árboles del camino, ni los hilos del alumbrado,[11] ni provocó interferencias en los programas de televisión…

[1]se… *plummeted*   [2]*fleet*   [3]debía… *it was supposed to be propelled*   [4]*por… moreover*   [5]*maneuver*   [6]*desertification*   [7]*breakage*   [8]*disorder*   [9]*weightless*   [10]*heretical*   [11]hilos… *power lines*

1. la guerra fría
2. la muerte de John Lennon
3. la teorización de la gravedad
4. Caín y Abel
5. el pecado de Lucifer
6. el Apocalipsis
7. la Declaración de la Independencia
8. las apariciones de Elvis Presley
9. el movimiento ecológico
10. el pecado de Adán y Eva y su expulsion del Paraíso

Ahora, examine el título del cuento y observe los dibujos que lo acompañan. Tomando en cuenta también el párrafo que acaba de leer, determine si los intertextos en este cuento sugieren una relación de diferencia o de similitud con los textos aludidos. ¿Representan los textos aludidos y este cuento valores parecidos o distintos? ¿Parecen todos del mismo orden social, religioso o filosófico? ¿Pertenecen a un mismo momento histórico? ¿Cómo supone Ud. que va a ser este cuento? ¿cómico o serio? ¿religioso o secular? ¿clásico o moderno? ¿Presentará una crítica de la sociedad o estará de acuerdo con los valores de la sociedad descrita? Explique.

PALABRAS Y CONCEPTOS

carecer de to lack
desinfectar to disinfect
estar harto (de) to be fed up (with)

inquietar to upset, worry
pecar to sin

el antecedente background, record	la señal sign; signal
el asombro surprise, astonishment	el simulacro de bombardeo bomb drill
la cortesía courtesy	el trastorno confusion, disturbance
la melancolía sadness, melancholy	
el sentido común common sense	descompuesto/a broken down, faulty

A Agrupe las palabras de la lista de vocabulario en las siguientes categorías. Explique la relación de cada palabra con la categoría asignada.

1. la vida moderna
2. la vida tradicional
3. el estado emocional o sicológico

B ¡NECESITO COMPAÑERO! Indiquen en qué circunstancias haría una persona las siguientes acciones.

1. pedirle los antecedentes a alguien
2. desinfectar un lugar
3. preferir la imaginación al sentido común
4. sentir asombro

C Vuelva a mirar los dibujos que acompañan el cuento. Describa a algunas de las personas que aparecen en cada dibujo. ¿Cuál parece ser su relación con el ángel? ¿En qué condiciones se encuentra el ángel? ¿Cómo es el lugar en que ocurre la acción del cuento? ¿En qué época cree Ud. que transcurren los hechos? ¿Qué ha pasado en ese lugar que puede explicar las condiciones en que se encuentra?

El ángel caído (Parte 1)

SOBRE LA AUTORA **Cristina Peri Rossi** nació en el Uruguay en 1941. Es cuentista, ensayista, poeta, periodista y también profesora. Salió del Uruguay en 1972 por motivos políticos y desde entonces ha vivido en el exilio en Barcelona, España. Ha ganado varios premios importantes, incluyendo el Premio Puerta de Oro de Cuento en 1982 por «El ángel caído».

Uruguay

1 El ángel se precipitó a tierra, exactamente igual que el satélite ruso que espiaba los movimientos en el mar de la X flota norteamericana y perdió altura cuando debía ser impulsado a una órbita firme de 950 kilómetros. Exactamente igual, por lo demás, que el satélite norteamericano que espiaba los movimientos de la flota rusa, en el mar del Norte y luego de una falsa
5 maniobra cayó a tierra. Pero mientras la caída de ambos ocasionó incontables catástrofes: la desertización de parte del Canadá, la extinción de varias clases de peces, la rotura de los dientes de los habitantes de la región y la contaminación de los suelos vecinos, la caída del ángel no causó ningún trastorno ecológico. Por ser ingrávido (misterio teológico acerca

del cual las dudas son heréticas) no destruyó, a su paso,
ni los árboles del camino, ni los hilos del alumbrado, ni
provocó interferencias en los programas de televisión,
ni en la cadena[1] de radio; no abrió un cráter en la faz[2]
de la tierra ni envenenó las aguas. Más bien, se depo-
sitó en la vereda,[3] y allí, confuso, permaneció sin
moverse, víctima de un terrible mareo.

Al principio, no llamó la atención de nadie, pues
los habitantes del lugar, hartos de catástrofes nucleares, habían perdido la capacidad de asombro y estaban
ocupados en reconstruir la ciudad, despejar los escombros,[4] analizar los alimentos y el agua, volver a levantar
las casas y recuperar los muebles, igual que hacen las
hormigas[5] con el hormiguero destruido, aunque con
más melancolía.

—Creo que es un ángel —dijo el primer observador, contemplando la pequeña figura caída al borde
de una estatua descabezada en la última deflagración.[6]

En efecto: era un ángel más bien pequeño, con las alas mutiladas (no se sabe si a causa de
la caída) y un aspecto poco feliz.

Pasó una mujer a su lado, pero estaba muy atareada[7] arrastrando un cochecito[8] y no le
prestó atención. Un perro vagabundo y famélico,[9] en cambio, se acercó a sólo unos pasos de
distancia, pero se detuvo bruscamente: aquello, fuera lo que fuera,[10] no olía,[11] y algo que no
huele puede decirse que no existe, por tanto no iba a perder el tiempo. Lentamente (estaba
rengo[12]) se dio media vuelta.

Otro hombre que pasaba se detuvo, interesado, y lo miró cautamente, pero sin tocarlo:
temía que transmitiera radiaciones.

—Creo que es un ángel —repitió el primer observador, que se sentía dueño de la
primicia.[13]

—Está bastante desvencijado[14] —opinó el último—. No creo que sirva para nada.

Al cabo de una hora, se había reunido un pequeño grupo de personas. Ninguno lo
tocaba, pero comentaban entre sí y emitían diversas opiniones aunque nadie dudaba de que
fuera un ángel. La mayoría, en efecto, pensaba que se trataba de un ángel caído, aunque no
podían ponerse de acuerdo en cuanto a las causas de su descenso. Se barajaron[15] diversas
hipótesis.

—Posiblemente ha pecado —manifestó un hombre joven, al cual la contaminación
había dejado calvo.

Era posible. Ahora bien, ¿qué clase de pecado podía cometer un ángel? Estaba muy flaco
como para pensar en la gula;[16] era demasiado feo como para pecar de orgullo; según afirmó
uno de los presentes, los ángeles carecían de progenitores,[17] por lo cual era imposible que los
hubiera deshonrado; a toda luz,[18] carecía de órganos sexuales, por lo cual la lujuria[19] estaba
descartada.[20] En cuanto a la curiosidad, no daba el menor síntoma de tenerla.

—Hagámosle la pregunta por escrito —sugirió un señor mayor que tenía un bastón[21]
bajo el brazo.

La propuesta[22] fue aceptada y se nombró un actuario, pero cuando éste, muy formal-
mente, estaba dispuesto[23] a comenzar su tarea, surgió una pregunta desalentadora:[24] ¿qué
idioma hablaban los ángeles? Nadie sabía la respuesta, aunque les parecía que por un deber[25]

[1]*network* [2]*face* [3]*acera* [4]*despejar… clear away the rubble* [5]*ants* [6]*fire storm* [7]*ocupada*
[8]*arrastrando… pulling a baby carriage* [9]*con mucha hambre* [10]*fuera… whatever it was* [11]*no… didn't
smell* [12]*lame* [13]*discovery* [14]*descompuesto* [15]*Se… Were toyed with* [16]*gluttony* [17]*antepasados*
[18]*a… obviamente* [19]*lust* [20]*discarded* [21]*cane* [22]*proposal* [23]*listo* [24]*disheartening* [25]*obligación*

de cortesía, el ángel visitante debía conocer la lengua que se hablaba en esa región del país (que era, por lo demás, un restringido[26] dialecto, del cual, empero,[27] se sentían inexplicablemente orgullosos).

Entre tanto,[28] el ángel daba pocas señales de vida, aunque nadie podía decir, en verdad, cuáles son las señales de vida de un ángel. Permanecía en la posición inicial, no se sabía si por comodidad o por imposibilidad de moverse, y el tono azul de su piel ni aclaraba ni ensombrecía.[29]

—¿De qué raza es? —preguntó un joven que había llegado tarde y se inclinaba sobre los hombros de los demás para contemplarlo mejor.

Nadie sabía qué contestarle. No era ario[30] puro, lo cual provocó la desilusión de varias personas; no era negro, lo que causó ciertas simpatías en algunos corazones; no era indio (¿alguien puede imaginar un ángel indio?), ni amarillo: era más bien azul, y sobre este color no existían prejuicios, todavía, aunque comenzaban a formarse con extraordinaria rapidez.

La edad de los ángeles constituía otro dilema. Si bien un grupo afirmaba que los ángeles *siempre* son niños, el aspecto del ángel ni confirmaba ni refutaba esta teoría.

Pero lo más asombroso era el color de los ojos del ángel. Nadie lo advirtió,[31] hasta que uno de ellos dijo:

—Lo más bonito son los ojos azules.

Entonces una mujer que estaba muy cerca del ángel, le contestó:

—Pero, ¿qué dice? ¿No ven que son rosados?

Un profesor de ciencias exactas que se encontraba de paso,[32] inclinó la cabeza para observar mejor los ojos del ángel y exclamó:

—Todos se equivocan. Son verdes.

Cada uno de los presentes veía un color distinto, por lo cual, dedujeron que en realidad no eran de ningún color especial, sino de todos.

—Esto le causará problemas cuando deba identificarse —reflexionó un viejo funcionario administrativo que tenía la dentadura postiza[33] y un gran anillo de oro en la mano derecha.

En cuanto al sexo, no había dudas: el ángel era asexuado, ni hembra[34] ni varón,[35] salvo[36] (hipótesis que pronto fue desechada[37]) que el sexo estuviera escondido en otra parte. Esto inquietó mucho a algunos de los presentes. Luego de una época de real confusión de sexos y desenfrenada[38] promiscuidad, el movimiento pendular de la historia (sencillo como un compás) nos había devuelto a la feliz era de los sexos diferenciados, perfectamente reconocibles. Pero el ángel parecía ignorar esta evolución.

—Pobre —comentó una gentil señora que salía de su casa a hacer las compras, cuando se encontró con el ángel caído—. Me lo llevaría a casa, hasta que se compusiera,[39] pero tengo dos hijas adolescentes y si nadie puede decirme si se trata de un hombre o de una mujer, no lo haré, pues sería imprudente que conviviera con mis hijas.

—Yo tengo un perro y un gato —murmuró un caballero bien vestido, de agradable voz de barítono—. Se pondrían muy celosos si me lo llevo.

—Además habría que conocer sus antecedentes —argumentó un hombre de dientes de conejo, frente estrecha y anteojos de carey,[40] vestido de marrón—. Quizá se necesite una autorización. —Tenía aspecto de confidente de la policía, y esto desagradó[41] a los presentes, por lo cual no le respondieron.

—Y nadie sabe de qué se alimenta —murmuró un hombre simpático, de aspecto muy limpio, que sonreía luciendo[42] una hilera de dientes blancos.

—Comen arenques[43] —afirmó un mendigo[44] que siempre estaba borracho y al que todo el mundo despreciaba por su mal olor. Nadie le hizo caso.

—Me gustaría saber qué piensa —dijo un hombre que tenía la mirada brillante de los espíritus curiosos.

[26]limitado [27]however [28]Entre… *Meanwhile* [29]*darkened* [30]*Aryan* [31]notó [32]se… *was passing by*
[33]dentadura… *false teeth* [34]mujer [35]hombre [36]a menos [37]*discarded* [38]*wanton* [39]se… *it got well*
[40]*horn-rimmed (tortoise shell)* [41]*displeased* [42]mostrando [43]*herrings* [44]*beggar*

105 Pero la mayoría de los presentes opinaba que los ángeles no pensaban. A alguien le pareció que el ángel había hecho un pequeño movimiento con las piernas, lo cual provocó gran expectación.

—Seguramente quiere andar —comentó una anciana.

—Nunca oí decir que los ángeles andaran —dijo una mujer de anchos[45] hombros y
110 caderas,[46] vestida de color fucsia y comisuras[47] estrechas, algo escépticas—. Debería volar.

—Éste está descompuesto —le informó el hombre que se había acercado primero.

El ángel volvió a moverse casi imperceptiblemente.

—Quizá necesite ayuda —murmuró un joven estudiante, de aire melancólico.

—Yo aconsejo que no lo toquen. Ha atravesado[48] el espacio y puede estar cargado de
115 radiación —observó un hombre vivaz, que se sentía orgulloso de su sentido común.

De pronto, sonó una alarma. Era la hora del simulacro de bombardeo y todo el mundo debía correr a los refugios,[49] en la parte baja de los edificios. La operación debía realizarse con toda celeridad[50] y no podía perderse un solo instante. El grupo se disolvió rápidamente, abandonando al ángel, que continuaba en el mismo lugar.

[45]broad [46]hips [47]mouth corners [48]Ha… Ha pasado por [49]shelters [50]rapidez

COMPRENSIÓN

A Busque en la columna B la información que mejor completa cada oración que comienza en la columna A. Después, cambie los verbos entre paréntesis por la forma apropiada del pluscuamperfecto.

A

1. _____ Antes de que el ángel hubiera caído a tierra,…

2. _____ Los satélites rusos y norteamericanos de los años anteriores…

3. _____ Antes de la llegada del ángel, los habitantes de la ciudad ya…

4. _____ El perro vagabundo…

5. _____ Muchas personas observaban al ángel y hacían comentarios sobre él, pero ninguno de ellos…

6. _____ La madre de las dos hijas adolescentes no quiso llevar al ángel a su casa porque…

7. _____ Según uno de los observadores, era peligroso tocar al ángel porque…

B

a. (**causar**) daños muy graves al medio ambiente.

b. (**perder**) todo interés en el ángel ya que éste no olía.

c. nadie (**saber**) definitivamente si era mujer u hombre.

d. ya (**caer**) unos satélites rusos y norteamericanos.

e. (**ver**) numerosas catástrofes nucleares y otros desastres.

f. éste (**cruzar**) el espacio cargado de radiación antes de estrellarse allí.

g. (**determinar**) las causas del descenso del ángel.

B Explique las causas de los siguientes hechos presentados en el cuento.

1. La caída del ángel no causó ningún daño en el lugar.

2. Nadie cree que el ángel haya sido expulsado del cielo ni por lujuria ni por gula.

3. No pueden preguntarle al ángel por qué está allí.

4. La falta de sexualidad del ángel inquieta mucho a la gente.

5. La gente abandona al ángel y sale corriendo.

C ¡NECESITO COMPAÑERO! Llenen la siguiente ficha de registro (*data card*) para informar a la policía sobre el descubrimiento del ángel. Uno/a de Uds. debe hacer el papel de policía y el otro / la otra el de informante, basándose en la información recogida por los varios personajes del cuento.

Antecedentes del informante:
Lugar del incidente:
Datos importantes del individuo en cuestión:
Nombre   Apellido(s)   Raza   Sexo   Color de ojos Lugar de origen   Lengua nativa   Condición física   Señales especiales Conducta/Acciones:
Hábitos y gustos:
Particularidades:

INTERPRETACIÓN

A **ENTRE TODOS** La primera parte de «El ángel caído» presenta a unos diecinueve personajes, habitantes de la ciudad en la que cae el ángel. Divídanse en grupos de tres estudiantes. Cada grupo debe elegir a seis personajes del cuento y buscar la siguiente información sobre cada uno de ellos.

- sus características físicas
- su edad
- su sexo

- su profesión u ocupación
- cómo reacciona ante el ángel
- su relación con los otros habitantes de la ciudad

Después de recoger la información, toda la clase debe compartir los datos encontrados y contestar las siguientes preguntas para crear una descripción del ambiente de la ciudad en su aspecto humano.

- ¿Qué tipo de preguntas y comentarios hacen los habitantes? ¿Qué revelan estas preguntas y comentarios de sus valores y preocupaciones?
- ¿Cuál es la reacción general de la gente en cuanto a la caída del ángel? (de sorpresa, indiferencia, histeria, hostilidad, amabilidad, ¿ ?)
- ¿Cómo es el ambiente en que viven los habitantes de la ciudad y cómo influye este ambiente en ellos?
- ¿Qué preguntas haría la clase si se encontrara en la misma situación? ¿Hay algunas preguntas que no haya hecho la gente del lugar pero que Uds. harían?

B **ENTRE TODOS** De los siguientes atributos, elijan diez que Uds. asocian con los ángeles en general y escríbanlos en el sitio correspondiente del diagrama a continuación. Luego, elijan diez que asocian con el ángel del cuento y escríbanlos en la parte correspondiente del diagrama.

los ángeles en general   el ángel del cuento

características / cualidades en común

alto	desorientado	glorioso	puro
ambicioso	dorado (*golden*)	humilde	reservado
arrogante	elegante	inteligente	sensual
bello	elocuente	luminoso	sucio
blanco	espiritual	místico	sumiso
cómico	etéreo	oprimido	tímido
débil	exótico	patético	tonto
delicado	frágil	pobrecito	triunfante
descompuesto	fuerte	poderoso	violento

- ¿Es parecido el ángel del cuento a la imagen general que Uds. tienen de los ángeles tal como los definieron en la primera parte de esta actividad? ¿En qué aspectos difiere?
- De todos los atributos anteriores, ¿hay algunos que se apliquen tanto a los ángeles en general como al ángel del cuento? Escríbanlos en la intersección de los dos círculos del diagrama.

C El texto describe la caída de un ángel. ¿Qué otras caídas famosas conoce Ud.? ¿Cuál de ellas es la que se evoca en las alusiones intertextuales de «El ángel caído»? Complete la siguiente tabla para comparar los dos textos.

	«El ángel caído»	Texto aludido
autor del texto		
figura que sufre la caída		
condición original		
condición después de la caída		
causa de la caída		
consecuencias de la caída		
tiempo histórico de la caída		

Ahora vuelva a la **Actividad B** de la página 190 y a las preguntas sobre la relación entre los textos. ¿Cambia el cuento las respuestas que Ud. dio antes de leerlo? Explique.

D PAPEL Y LÁPIZ Imagínese que Ud. es uno de los habitantes del lugar en donde cae el ángel. Escriba una descripción de cómo descubrió Ud. al ángel, cómo reaccionaron los otros habitantes de la ciudad y cómo reaccionó Ud. Puede seguir el patrón establecido en el texto y reconstruido en las actividades de **Comprensión** e **Interpretación,** o puede inventar otras posibles maneras de reaccionar ante la aparición del ángel.

LECTURA 2

EL ÁNGEL CAÍDO (PARTE 2)

Aproximaciones al texto

Understanding connecting words

Understanding relationships between clauses is extremely important when you are reading in any language. The message of the first sentence is quite different from that of the second, even though the two clauses in each sentence are identical. The change in meaning results from the way the second clause is related to the first, as determined by the italicized word in each sentence.

No one anticipated problems, *because* we were arriving early in April.

No one anticipated problems, *although* we were arriving early in April.

In the first sentence, the information in the second clause *explains* the information in the first clause; in the second sentence, the information in the second clause *contrasts with* the information in the first clause.

There are many connecting words like *because* and *although* that indicate how clauses are related. They also perform the same function between sentences or between simple phrases within a clause or a sentence. These words fall into several general categories.

1. Some introduce the *cause* of a situation or condition.

a causa de (que)	*because of*
como	*since, because*
debido a (que)	*because of; due to*
porque	*because*

2. Some introduce the *effect* of a situation or condition.

así (que)	*thus*
en consecuencia	*as a result*
por consiguiente } por lo tanto }	*therefore*
por eso	*for that reason; therefore*

3. Some introduce a *contrast.*

en cambio } por otra parte }	*on the other hand*
no obstante } sin embargo }	*nevertheless; however*
con todo	*nevertheless, still*
pero } sino }	*but*
a diferencia de } en contraste con }	*in contrast to*
a pesar de (que)	*in spite of; despite*
al contrario	*on the contrary*
aunque	*even though; although*

4. Some introduce a *similarity.*

así como de la misma manera de manera semejante del mismo modo }	*similarly; in the same way*
igual que + *noun*	*like + noun*
tal como	*just like; just as*
tanto... como...	*both . . . and . . . ; . . . as well as . . .*

5. Other useful expressions are as follows.

Additional information:	además (de)	*besides; furthermore*
	en adición (a)	*additionally; in addition* (to)
Restatement:	es decir ⎫	
	o sea ⎭	*that is to say; in other words*
General statement:	en general ⎫	
	por lo general ⎭	*in general*
Specific statement:	por ejemplo	*for example*

A Estudie las palabras de conexión anteriores (especialmente las de las categorías 1 a 4) y trate de aprender a reconocer el significado de cada una. Después, lea las siguientes oraciones y determine si el elemento que sigue a la(s) palabra(s) en letra cursiva se relaciona con el resto de la oración como causa (**C**), efecto (**E**), afirmación parecida (**AP**) o afirmación contrastiva (**AC**).

1. _____ El ángel se precipitó a tierra, exactamente *igual que el* satélite ruso que espiaba los movimientos de la flota norteamericana.

2. _____ Por temor a la radiación, los ciudadanos miraban al ángel desde lejos; *en cambio,* un perro vagabundo y famélico se acercó a sólo unos pasos de distancia.

3. _____ La mayoría pensaba que se trataba de un ángel caído, *aunque* no podían ponerse de acuerdo en cuanto a las causas de su descenso.

4. _____ El ángel había atravesado el espacio, *por lo tanto* no debían tocarlo.

5. _____ El grupo de curiosos desapareció *a causa de* la sirena que anunció el simulacro de bombardeo.

B Ahora estudie las palabras de conexión de las categorías 3 a 5. Lea las cinco oraciones a continuación y luego determine si el elemento que sigue la(s) palabra(s) en letra cursiva se relaciona con el resto de la oración como información adicional (**A**), declaración nueva (*restatement*) (**N**), afirmación parecida (**AP**) o afirmación contrastiva (**AC**).

1. _____ Yo tampoco estoy a gusto en este lugar. No es cuestión de elegir, *sino* de soportar (*putting up with*).

2. _____ La distinción entre hombres y mujeres no tiene ninguna importancia *porque* tanto unos como otros morimos.

3. _____ Las palabras a veces le parecían superfluas. *En cambio,* el silencio que ahora cubría la ciudad parecía la invasión de un ejército enemigo.

4. _____ No te aconsejo que te subas al pedestal porque la política es muy variable en nuestra ciudad. *Además,* esta ciudad no eleva monumentos a los extranjeros.

5. _____ Tomó de su bolso su carnet de identidad, la cédula (tarjeta) administrativa, la documentación de vivienda, *o sea* todo lo que pudiera demandar la policía.

PALABRAS Y CONCEPTOS

arrestar   to arrest

echar de menos   to miss

extraer   to take out, remove

hacer caso de   to pay attention to

regir (i, i)   to rule, govern

el desacato   contempt; insulting behavior

el escarabajo   beetle

la piedad   compassion

el pretexto   pretext, excuse

el traidor   traitor

atropellado/a   run over

blindado/a   armored

previsto/a   foreseen, planned

deliberadamente   on purpose, deliberately

A Identifique todas las palabras de la lista de vocabulario que se asocian con las siguientes categorías.

1. el control social

2. la planificación

■ **la ironía** = figura retórica en la que las palabras transmiten un significado diferente del literal

B Observe el dibujo que acompaña la segunda parte del cuento «El ángel caído». ¿Qué nueva figura aparece en esta parte? ¿Qué relación puede tener con el ángel? ¿y con los otros personajes? ¿Cree Ud. que su conducta va a ser semejante o distinta de la de ellos? ¿Quiénes son las figuras del trasfondo? ¿Qué cree Ud. que van a hacer con el ángel? ¿y con el otro personaje?

El ángel caído (Parte 2)

1   En breves segundos la ciudad quedó vacía, pero aún se escuchaba la alarma. Los automóviles habían sido abandonados en las aceras, las tiendas estaban cerradas, las plazas vacías, los cines apagados, los televisores mudos. El ángel realizó[1] otro pequeño movimiento.

Una mujer de mediana edad, hombros caídos, y un viejo abrigo rojo que alguna vez
5   había sido extravagante se acercaba por la calle, caminando con tranquilidad, como si ignorara deliberadamente el ruido de las sirenas. Le temblaba algo el pulso, tenía una aureola[2] azul alrededor de los ojos y el cutis[3] era muy blanco, bastante fresco, todavía. Había salido con el pretexto de buscar cigarrillos, pero una vez en la calle, consideró que no valía la pena hacer caso de la alarma, y la idea de dar un paseo por una ciudad abandonada, vacía, le
10   pareció muy seductora.

Cuando llegó cerca de la estatua descabezada, creyó ver un bulto[4] en el suelo, a la altura del pedestal.

—¡Caramba! Un ángel —murmuró.

Un avión pasó por encima de su cabeza y lanzó[5] una especie[6] de polvo de tiza. Alzó[7] los
15   ojos, en un gesto instintivo, y luego dirigió la mirada hacia abajo, al mudo bulto que apenas se movía.

—No te asustes —le dijo la mujer al ángel—. Están desinfectando la ciudad. —El polvo le cubrió los hombros del abrigo rojo, los cabellos castaños que estaban un poco descuidados, el cuero[8] sin brillo de los zapatos algo gastados.[9]

[1]logró   [2]círculo   [3]complexion   [4]lump   [5]ejected, spewed out   [6]kind   [7]She lifted   [8]leather   [9]worn-out

20　　　—Si no te importa, te haré un rato de compañía —dijo
la mujer, y se sentó a su lado. En realidad, era una mujer bastante inteligente, que procuraba[10] no molestar a nadie, tenía
un gran sentido de su independencia pero sabía apreciar una
buena amistad, un buen paseo solitario, un buen tabaco, un

25　buen libro y una buena ocasión.

　　　—Es la primera vez que me encuentro con un ángel
—comentó la mujer, encendiendo un cigarrillo—. Supongo
que no ocurre muy a menudo.

　　　Como imaginó, el ángel no hablaba.

30　　　—Supongo también —continuó— que no has tenido
ninguna intención de hacernos una visita. Te has caído, simplemente, por algún desperfecto de la máquina. Lo que no
ocurre en millones de años ocurre en un día, decía mi madre.
Y fue a ocurrirte precisamente a ti. Pero te darás cuenta de

35　que fuera el que fuera el ángel caído,[11] habría pensado lo
mismo. No pudiste, con seguridad, elegir el lugar.

　　　La alarma había cesado y un silencio augusto cubría la
ciudad. Ella odiaba ese silencio y procuraba no oírlo. Dio una nueva pitada[12] al cigarrillo.

　　　—Se vive como se puede. Yo tampoco estoy a gusto[13] en este lugar, pero podría decir lo

40　mismo de muchos otros que conozco. No es cuestión de elegir, sino de soportar.[14] Y yo no tengo
demasiada paciencia, ni los cabellos rojos. Me gustaría saber si alguien va a echarte de menos.
Seguramente alguien habrá advertido tu caída. Un accidente no previsto en la organización del
universo, una alteración de los planes fijados, igual que la deflagración de una bomba o el escape
de una espita.[15] Una posibilidad en billones, pero de todos modos, sucede, ¿no es cierto?

45　　　No esperaba una respuesta y no se preocupaba por el silencio del ángel. El edificio del
universo montado sobre la invención de la palabra, a veces, le parecía superfluo. En cambio, el
silencio que ahora sobrecogía[16] la ciudad lo sentía como la invasión de un ejército enemigo que
ocupa el territorio como una estrella de innumerables brazos que lentamente se desmembra.

　　　—Notarás en seguida —le informó al ángel— que nos regimos por medidas de tiempo

50　y de espacio, lo cual no disminuye, sin embargo, nuestra incertidumbre.[17] Creo que ése será
un golpe más duro para ti que la precipitación en tierra. Si eres capaz de distinguir los cuerpos, verás que nos dividimos en hombres y mujeres, aunque esa distinción no revista[18] ninguna importancia, porque tanto unos como otros morimos, sin excepción, y ése es el acontecimiento[19] más importante de nuestras vidas.

55　　　Apagó su cigarrillo. Había sido una imprudencia tenerlo encendido, durante la alarma,
pero su filosofía incluía algunos desacatos a las normas, como forma de la rebeldía. El ángel
esbozó[20] un pequeño movimiento, pero pareció interrumpirlo antes de acabarlo. Ella lo miró
con piedad.

　　　—¡Pobrecito! —exclamó—. Comprendo que no te sientas demasiado estimulado a

60　moverte. Pero el simulacro dura una hora, aproximadamente. Será mejor que para entonces
hayas aprendido a moverte, de lo contrario, podrás ser atropellado por un auto, asfixiado por
un escape de gas, arrestado por provocar desórdenes públicos e interrogado por la policía
secreta. Y no te aconsejo que te subas al pedestal (le había parecido que el ángel miraba la
parte superior de la columna como si se tratara de una confortable cuna[21]), porque la política

65　es muy variable en nuestra ciudad y el héroe de hoy es el traidor de mañana. Además, esta
ciudad no eleva monumentos a los extranjeros.

　　　De pronto, por una calle lateral,[22] un compacto grupo de soldados, como escarabajos,
comenzó a desplazarse,[23] ocupando las veredas, la calzada[24] y reptando[25] por los árboles. Se

[10]_tried_　[11]_fuera… no matter who the fallen angel was_　[12]_puff_　[13]_a… cómoda_　[14]_putting up with_
[15]_escape… leaking faucet_　[16]_frightened_　[17]_uncertainty_　[18]_tenga_　[19]_suceso_　[20]_attempted_　[21]_cradle_
[22]_side_　[23]_moverse_　[24]_camino_　[25]_crawling_

■ **la metáfora** = una técnica literaria por la cual se transporta el significado de una palabra u otra por medio de comparación

movían en un orden que, con toda seguridad, había sido estudiado antes y llevaban unos
70   cascos[26] que irradiaban fuertes haces[27] de luz.

—Ya están éstos —murmuró la mujer, con resignación—. Seguramente me detendrán otra vez. No sé de qué clase de cielo habrás caído tú —le dijo al ángel—, pero éstos, ciertamente, parecen salidos del fondo[28] infernal de la tierra.

En efecto, los escarabajos avanzaban con lentitud y seguridad.

75   Ella se puso de pie, porque no le gustaba que la tomaran por sorpresa ni que la tocaran demasiado. Extrajo de su bolso el carnet de identificación, la cédula administrativa, el registro de vivienda, los bonos de consumo[29] y dio unos pasos hacia adelante, con resignación.

Entonces el ángel se puso de pie. Sacudió[30] levemente el polvo de tiza que le cubría las piernas, los brazos, e intentó algunas flexiones. Después se preguntó si alguien echaría de menos
80   a la mujer que había caído, antes de ser introducida[31] con violencia en el coche blindado.

[26]helmets   [27]rays   [28]depth   [29]bonos… meal tickets   [30]It dusted off   [31]puesta

COMPRENSIÓN

A   Indique las palabras o expresiones entre paréntesis que mejor describan lo que pasa en el cuento. ¡Cuidado con el uso del subjuntivo!

1. La mujer (**sabía / no sabía**) que (**había / hubiera**) un ángel al lado del pedestal.
2. A la mujer (**le importaba / no le importaba**) que el ángel no le (**contestaba / contestara**).
3. A la mujer le parecía (**normal / ridículo**) que la sociedad (**dividía / dividiera**) a los seres humanos en hombres y mujeres.
4. La mujer le dijo al ángel que no (**subió / subiera**) al pedestal.
5. Los soldados se movían por la ciudad como si lo (**habían / hubieran**) hecho (**pocas / muchas**) veces antes.
6. La mujer (**indicó / indicara**) en su conversación que los soldados (**ya / nunca**) la habían arrestado antes.
7. Al final (**la mujer / el ángel**) tenía miedo de que algo malo le (**pasaba / pasara**) (**a la mujer / al ángel**).

B   Vuelva a la **Actividad A** de la página 196 para repasar la caracterización de los personajes de la primera parte del cuento y contrastarla con la de la mujer que aparece en la segunda parte. Puede usar la siguiente tabla para comparar a la mujer con los demás personajes.

	Los demás personajes	La mujer
su apariencia física		
su actitud frente al ángel		
su actitud frente a las autoridades		
su actitud frente a la vida		

INTERPRETACIÓN

A ¿Cree Ud. que la mujer se parece mucho a los otros habitantes de la ciudad o que se aparta de la imagen que se da de ellos? Nombre por lo menos tres elementos referentes a su ropa, conducta o conversación que confirmen su respuesta.

B Analice las siguientes declaraciones enunciadas por la mujer del cuento. Luego conteste las preguntas sobre cada cita.

1. «Seguramente alguien habrá advertido tu caída. Me gustaría saber si alguien va a echarte de menos.»

■ ¿Quién es el «alguien» aludido por la mujer?

■ ¿Qué significa el uso del futuro de probabilidad en su comentario?

■ ¿Qué revela de ese alguien que no coincide con la visión tradicional?

2. «Notarás en seguida que nos regimos por medidas de tiempo y de espacio, lo cual no disminuye, sin embargo, nuestra incertidumbre.»

■ ¿Qué ejemplos se ven en el texto que revelan que los habitantes de ese lugar están conscientes de horarios o que tienen prisa?

■ ¿Tiene importancia a este respecto la preocupación de los habitantes al no poder adivinar la edad del ángel?

■ ¿Puede Ud. pensar en ejemplos que revelan que los habitantes respetan los límites del espacio (por ejemplo, el espacio público en contraste con el espacio privado, como la casa; o la diferencia entre el mundo conocido o espacio familiar y el mundo desconocido)?

■ ¿Es la actitud de la mujer con respecto a esto parecida a o distinta de la de los otros ciudadanos?

3. «¡Caramba! Un ángel.»

■ ¿Qué revelan estas palabras sobre la actitud de la mujer ante el ángel?

■ ¿Es formal o informal el modo de hablar de la mujer? ¿Qué revela esto de sus valores?

■ En su opinión, ¿coincide la manera de expresarse de la mujer con los otros rasgos de su personalidad tales como se presentan en el texto?

Vuelva a la tabla de la **Actividad B** de **Comprensión.** ¿Qué información puede Ud. agregar a su análisis anterior?

C Examine la descripción del grupo de soldados. ¿Qué comunican los siguientes elementos con respecto a su representación?

- la comparación de ellos con los escarabajos
- la descripción de sus movimientos «reptando por los árboles»
- sus cascos que irradiaban fuertes haces de luz
- la opinión de la mujer de que salen del fondo infernal de la tierra

¿Qué representan los soldados en relación con la(s) historia(s) bíblica(s) evocada(s) en «El ángel caído»?

D Las palabras «Me gustaría saber si alguien va a echarte de menos», que la mujer le dice al ángel, se repiten al final del texto, pero esta vez expresadas por el ángel con respecto a la mujer y con una referencia a la caída de ella. ¿Cómo ha caído la mujer literalmente? ¿Cómo podemos comparar su caída con la del ángel? ¿Qué impacto tiene esta nueva caída en relación con el texto bíblico como comentario sobre el mundo contemporáneo? Llene la tabla para contestar estas preguntas.

	La caída bíblica	La caída del ángel del cuento	La caída de la mujer
su condición original			
su condición después de la caída			
la causa de su caída			
la consecuencia de su caída			
la fuerza que controla el destino de los caídos y los no caídos			

 E PAPEL Y LÁPIZ Vuelva a examinar sus apuntes acerca de la mujer (de **Comprensión Actividad B** de la página 202 y de **Interpretación, Actividad D** de esta página). En su opinión, ¿qué representa la mujer en este cuento? ¿Y qué representa su caída al final? ¿Sería diferente la historia si ese personaje fuera hombre? ¿En qué sentido(s) sería diferente? Explore estas preguntas en su cuaderno de apuntes.

APLICACIÓN

A ¡NECESITO COMPAÑERO! Estudien la siguiente lista de obras que tratan el tema del control social, bien sea impuesto por alguna forma de gobierno o bien por invasores de otras naciones o seres de otros planetas. Elijan una de las obras (u otra, si quieren) y hagan una lista de los elementos que tiene ésta en común con «El ángel caído» y otra lista de los elementos que marcan una diferencia de tratamiento.

Metamorfosis de Franz Kafka
1984
Independence Day
Animal Farm
¿ ?

B Busque un ejemplo de intertextualidad en un anuncio visual, en el título de una película o de un libro o en un programa de televisión. Descríbaselo (o muéstreselo) a la clase y, entre todos, identifiquen el intertexto, el texto aludido y el impacto del intertexto en cuanto a los valores que comunica. Si prefiere, puede describir la intertextualidad de muchas canciones de la música contemporánea.

C ¡NECESITO COMPAÑERO! En los últimos años, la figura del ángel se ha hecho muy popular. ¿Cómo es el ángel de la cultura actual en comparación con el del cuento? ¿Tiene alguna importancia para Uds. la figura del ángel o no? Expliquen. ¿Por qué creen que se ha popularizado tanto últimamente? ¿A qué necesidades modernas responde y qué valores encarna? También se ha hecho popular el ángel como personaje en el cine y la televisión. Nombren algunas películas y series que tienen ángeles como personajes. ¿Cómo se representan?

D PAPEL Y LÁPIZ El cuento tiene un final abierto, es decir, no se sabe lo que les va a pasar ni a la mujer ni al ángel. Escriba otro final para el cuento, enfocándose o en la mujer o en el ángel. Puede escribir en forma de diálogo (el ángel informa a Dios de lo que pasa en el mundo; la mujer responde al interrogatorio de la policía) o en forma de narración, o puede combinar las dos formas.

CAPÍTULO 12

El trabajo y el ocio

León Posada (Colombia), *El paseo*

Exploraciones

Estudie el cuadro en la página anterior. Describa lo que pasa en el cuadro. No se olvide de considerar el título.

- ¿Quiénes son las personas, es decir, qué relaciones hay entre ellos? ¿Qué hacen? ¿Cree Ud. que el cuadro representa un fin de semana típico para estas personas o no? Explique.

- ¿En qué parte del mundo viven estas personas? ¿Cómo influye el lugar en las actividades que escogen hacer? ¿Cómo influye el lugar en sus actitudes hacia el trabajo y el ocio?

- ¿Qué tipo de trabajo cree Ud. que tienen los adultos en esta escena? Explique.

- Considere los colores y el estilo del cuadro. ¿Qué adjetivos asocia Ud. con ellos? En su opinión, ¿cómo contribuyen los colores y el estilo a la emoción que provoca el cuadro?

- Compare esta tarde con una tarde típica para Ud.

Ahora, imagínese que el artista quiere representar un fin de semana en otro lugar muy diferente al lugar representado en este cuadro. Escoja y describa otro lugar. ¿En qué sería diferente el ambiente? ¿los colores? ¿el estilo? ¿la emoción? Compare el lugar que Ud. escogió con los de otros estudiantes de la clase. ¿Cuántos escogieron el mismo tipo de lugar? ¿Sugirieron los mismos colores y estilos?

LECTURA 1

EL SUR (PARTE 1)
Aproximaciones al texto
La intertextualidad (Parte 2)

As pointed out in **Capítulo 11,** all texts make basic assumptions about a reader's knowledge of language and substance. These assumptions allow the text to employ irony, parody, paradox, and coded and encoded clues, that is, to juxtapose literal levels of meaning with subtextual levels that affirm, negate, or contradict the literal interpretation. An added level of "play" is achieved with intertextuality.° Through subtext and intertext, many modern texts actively engage the reader by forcing him or her to make decisions about incongruities and contradictions within the main text. The intertext may establish a pattern of contrast, parody, or irony and may also suggest similarity with the main text.

Intertextual references allow an author to synthesize large amounts of information without involving elaborate detailing or conversely, oversimplification. In **"El Sur,"** the subtle intertextual clues engage and challenge the reader and evoke a variety of philosophical and emotional responses to the fundamental inevitability of man's mortality.

A Lea las siguientes líneas del cuento «El Sur» e identifique las referencias intertextuales. ¿A qué obras, estereotipos y experiencias se refieren? ¿Qué relación se establece entre el texto del cuento y el texto referido? ¿Es de imitación, parodia o contraste?

1. ...en la discordia de sus dos linajes, Juan Dahlmann (tal vez a impulso de la sangre germánica[1]) eligió el de ese antepasado[2] romántico, o de muerte romántica. Un estuche[3] con el daguerrotipo de un hombre inexpresivo y barbado, una vieja espada,[4] la dicha[5] y el coraje de ciertas músicas, el hábito de estrofas del *Martín Fierro,*[†] los años, el desgano[6] y la soledad, fomentaron ese criollismo[‡] algo voluntario, pero nunca ostentoso.

   [1]*Germanic* [2]*ancestor* [3]*leather case* [4]*sword* [5]*good fortune* [6]*lack of enthusiasm*

°Review **Capítulo 11: Lectura 1 •Aproximaciones al texto** for a more detailed description of *intertextuality* and *intertext*.

[†]Nineteenth-century epic written by José Hernández (1834–1886) that immortalized the Argentine cowboy of the pampas. The main character, Martín Fierro, was elevated to a mythical stature in the country as Argentines sought to define their national character.

[‡]The Creole, gauchesque spirit and character.

2. Ciego a las culpas[7] del destino puede ser despiadado[8] con las mínimas distracciones. Dahlmann había conseguido, esa tarde, un ejemplar descabalado[9] de las *Mil y Una Noches*°...

3. La fiebre lo gastó[10] y las ilustraciones de las *Mil y Una Noches* sirvieron para decorar pesadillas.[11]

4. El almacén, alguna vez, había sido punzó,[12] pero los años habían mitigado para su bien ese color violento. Algo en su pobre arquitectura le recordó un grabado en acero,[13] acaso de una vieja edición de *Pablo y Virginia*.[†]

5. [El hombre muy viejo] Era oscuro, chico y reseco,[14] y estaba como fuera del tiempo, en una eternidad. Dahlmann registró con satisfacción la vincha, el poncho de bayeta, el largo chiripá y la bota de potro[‡] y se dijo [...] que gauchos[15] de ésos ya no quedan más que en el Sur.

[7]Ciego... *Blind to the faults*   [8]*ruthless, merciless*   [9]*worn, incomplete*
[10]lo... *weakened him*   [11]*nightmares*   [12]*bright red*   [13]grabado... *steel engraving*
[14]*dried up, wrinkled*   [15]*Argentine cowboys*

B   Al leer cualquier texto literario, las expectativas del lector pueden determinar diferentes significados e interpretaciones. Sin embargo, algunas afirmaciones intertextuales pueden revelar ciertas incongruencias y/o contradicciones que requieren que el lector se fije en otros posibles sentidos y significados. Lea las afirmaciones a continuación y explore las diferentes interpretaciones que podrían darle diferentes lectores. ¿Cuál es la más verosímil, dado que este cuento hace un juego constante entre la realidad y los sueños?

1. Después de accidentarse, un hombre se enfermó y los amigos y parientes que lo visitaban en casa le decían que lo hallaban[1] muy bien. Le maravillaba que no supieran que estaba en el infierno. Además, ocho días pasaron, aunque parecían ocho siglos.[2]

2. Afirman que el Sur empieza del otro lado de la calle Rivadavia[§]... y quien atraviesa esa calle entra en un mundo más antiguo y más firme.

3. Mientras viajaba en tren, el hombre abrió el primer tomo[3] de las *Mil y Una Noches* y pensó que viajar con ese libro, tan vinculado[4] a la historia de su infelicidad, era una afirmación de que esa desdicha[5] había sido anulada.

4. La soledad (del campo) era perfecta y tal vez hostil y el hombre pudo sospechar que viajaba al pasado y no sólo al Sur.

5. Cuando el viejo gaucho le tiró una daga desnuda,[6] era como si el Sur hubiera resuelto que él aceptara el duelo.[7]

6. Morir en una pelea a cuchillo hubiera sido una liberación para él mientras estaba en el hospital y si él hubiera podido elegir o soñar[8] su muerte, ésta es la muerte que hubiera elegido o soñado.

[1]*encontraban*   [2]*centuries*   [3]*volume*   [4]*tied, bound*   [5]*unhappiness*   [6]daga... *drawn dagger*   [7]*duel*   [8]*dream*

°*A Thousand and One Nights*, or *Arabian Nights*, a series of anonymous stories in Arabic, whose plot device concerns the efforts of Scheherazade to keep her husband, the King Shahryar, from murdering her by entertaining him with storytelling over a period of 1,001 nights. Included are such stories as Ali Baba, Aladdin, and Sinbad the Sailor.

[†]A romantic French novel written by Bernardin de Saint-Pierre (1737–1814).

[‡]The headband, the woolen poncho, the large chaps, and the leather boots were typical of gaucho apparel.

[§]One of Buenos Aires's main avenues.

C Examine el título del cuento y estudie los dibujos que lo acompañan. Tomando en cuenta la información de la **Actividad B,** indique si las referencias intertextuales sugieren una relación de similitud o de diferencia con los otros textos referidos. ¿Pertenecen al mismo tiempo histórico y social? ¿Por qué piensa Ud. que el autor los incluye? En su opinión, ¿qué va a pasar en este cuento? ¿Qué experiencia se va a describir?

PALABRAS Y CONCEPTOS

auscultar   to listen (with a stethoscope)
convalecer   to convalesce
desembarcar   to disembark, go ashore
echar a llorar   to start crying
estar a punto de   to be about to
reponerse   to recuperate, get better
soñar (ue) con   to dream about

el antepasado   ancestor
la estancia   ranch, country estate
el estuche   case
el gaucho   Argentine cowboy
la herida   wound

la llanura   plain, flatland
la madrugada   dawn
las pampas   plains of Argentina
la pesadilla   nightmare
el sanatorio   sanatorium
el siglo   century

criollo/a   creole (native Argentine)
germánico/a   Germanic
lanceado/a (por)   speared, lanced (by)

a costa de   at the expense of

■ **el sinónimo** = una palabra que tiene el mismo (o muy parecido) significado de otra palabra

A Busque un sinónimo para cada palabra a continuación en la lista de vocabulario.

1. finca, hacienda   **2.** indígena   **3.** hospital   **4.** recuperar   **5.** lesión

B Encuentre un antónimo para cada palabra o expresión en la lista de vocabulario.

1. la montaña   **3.** el descendiente   **5.** el anochecer
2. sonreír   **4.** subir al barco   (*nightfall*)

C Complete las oraciones a continuación con la forma correcta de las palabras y expresiones de vocabulario.

1. El hombre que _____ en el Puerto de Buenos Aires había inmigrado de Alemania.

2. Tal vez a impulso de la sangre _____, él eligió el linaje de su otro abuelo, o es decir su _____ romántico de sangre argentina.

3. _____ algunas privaciones, Juan había logrado salvar el casco (*farmhouse and surrounding buildings*) de una estancia en el Sur.

4. No pudo dormir bien y las ilustraciones violentas del libro que leía sirvieron para decorar sus _____ de escenas horribles.

El Sur (Parte 1)

SOBRE EL AUTOR **Jorge Luis Borges (1899–1986),** erudito escritor argentino, nació en Buenos Aires pero se mudó a Ginebra, Suiza, a la edad de 15 años. Allí aprendió el francés y el alemán y sabía hablar el inglés antes de hablar el español. Escritor de poesía, ensayos, cuentos y fundador de revistas literarias, Borges se conoce mundialmente por su técnica laborada de laberintos y símbolos y también por su inclusión de referencias intertextuales. Cuando volvió a vivir en Buenos Aires en 1921, trabajó de bibliotecario y empezó a escribir libros de poesía y cuentos. Su fama universal se debe a sus colecciones de cuentos como *Ficciones* (1944) y *El Aleph* (1949), en los cuales el escritor cuestiona la realidad. Después de una enfermedad que lo dejó ciego en los años 1950, Borges empezó a dictar sus obras, pero no dejó de escribir y dar conferencias sobre su arte. En el cuento «El Sur», que Borges consideraba uno de sus mejores, el autor incluye referencias autobiográficas a su propio linaje y a un accidente que le ocurrió. «El Sur» es un cuento bastante complejo, que se da a múltiples niveles de análisis e interpretación. Es importante tener en cuenta que hay una constante interacción entre la realidad y los sueños en este cuento.

Argentina

■ **la obra** = una sola producción literaria o el conjunto de todas las obras (cuentos, poemas, novelas, ensayos, dramas) de un escritor o escritora

1 El hombre que desembarcó en buenos aires en 1871 se llamaba Johannes Dahlmann y era pastor de la iglesia evangélica; en 1939, uno de sus nietos, Juan Dahlmann, era secretario de una biblioteca municipal en la calle Córdoba y se sentía hondamente argentino. Su abuelo materno había sido aquel Francisco Flores, del 2 de infantería de línea, que murió en la frontera
5 de Buenos Aires, lanceado por indios de Catriel; en la discordia de sus dos linajes, Juan Dahlmann (tal vez a impulso de la sangre germánica) eligió el de ese antepasado romántico, o de muerte romántica. Un estuche con el daguerrotipo de un hombre inexpresivo y barbado, una vieja espada, la dicha y el coraje de ciertas músicas, el hábito de estrofas del *Martín Fierro*, los años, el desgano y la soledad, fomentaron ese criollismo algo voluntario, pero nunca ostentoso.
10 A costa de algunas privaciones, Dahlmann había logrado salvar el casco de una estancia en el Sur, que fue de los Flores; una de las costumbres de su memoria era la imagen de los eucaliptos balsámicos y de la larga casa rosada que alguna vez fue carmesí.[1] Las tareas y acaso la indolencia[2] lo
15 retenían en la ciudad. Verano tras verano se contentaba con la idea abstracta de posesión y con la certidumbre de que su casa estaba esperándolo, en un sitio preciso de la llanura. En los últimos días de febrero de 1939, algo le aconteció.
       Ciego a las culpas[3] del destino puede ser despiadado
20 con las mínimas distracciones. Dahlmann había conseguido, esa tarde, un ejemplar descabalado de las *Mil y Una Noches* de Weil; ávido de examinar ese hallazgo, no esperó que bajara el ascensor y subió con apuro[4] las escaleras; algo en la oscuridad le rozó[5] la frente ¿un murciélago,[6] un pájaro? En
25 la cara de la mujer que le abrió la puerta vio grabado el horror, y la mano que se pasó por la frente salió roja de sangre. La arista de un batiente[7] recién pintado que alguien se olvidó de cerrar le habría hecho esa herida. Dahlmann logró

[1]*brilliant red*   [2]*carelessness*   [3]*Ciego… Blind to (the) faults*   [4]*con… in a hurry*   [5]*rubbed, touched*
[6]*bat (zool.)*   [7]*arista… edge of a door jamb*

dormir, pero a la madrugada estaba despierto y desde aquella hora el sabor de todas las cosas
30 fue atroz. La fiebre lo gastó y las ilustraciones de las *Mil y Una Noches* sirvieron para decorar
pesadillas. Amigos y parientes lo visitaban y con exagerada sonrisa le repetían que lo hallaban
muy bien. Dahlmann los oía con una especie de débil estupor y le maravillaba que no supieran
que estaba en el infierno. Ocho días pasaron como ocho siglos. Una tarde, el médico habitual
se presentó con un médico nuevo y lo condujeron a un sanatorio de la calle Ecuador, porque
35 era indispensable sacarle una radiografía.[8] Dahlmann, en el coche de plaza[9] que los llevó, pensó
que en una habitación que no fuera la suya podría, al fin, dormir. Se sintió feliz y conversador;
en cuanto llegó, lo desvistieron, le raparon la cabeza, lo sujetaron con metales a una camilla,
lo iluminaron hasta la ceguera[10] y el vértigo, lo auscultaron y un hombre enmascarado[11] le clavó
una aguja[12] en el brazo. Se despertó con náuseas, vendado, en una celda que tenía algo de
40 pozo[13] y, en los días y noches que siguieron a la operación pudo entender que apenas había
estado, hasta entonces, en un arrabal[14] del infierno. El hielo no dejaba en su boca el menor
rastro de frescura. En esos días, Dahlmann minuciosamente se odió; odió su identidad, sus
necesidades corporales, su humillación, la barba que le erizaba la cara. Sufrió con estoicismo
las curaciones, que eran muy dolorosas, pero cuando el cirujano le dijo que había estado a
45 punto de morir de una septicemia,[15] Dahlmann se echó a llorar, condolido de su destino. Las
miserias físicas y la incesante previsión de las malas noches no le habían dejado pensar en algo
tan abstracto como la muerte. Otro día, el cirujano le dijo que estaba reponiéndose y que, muy
pronto, podría ir a convalecer a la estancia. Increíblemente, el día prometido llegó.

A la realidad le gustan las simetrías y los leves anacronismos; Dahlmann había llegado al
50 sanatorio en un coche de plaza y ahora un coche de plaza lo llevaba a Constitución.[16] La primera
frescura del otoño, después de la opresión del verano, era como un símbolo natural de su destino rescatado[17] de la muerte y la fiebre. La ciudad, a las siete de la mañana, no había perdido
ese aire de casa vieja que le infunde la noche; las calles eran como largos zaguanes,[18] las plazas
como patios. Dahlmann la reconocía con felicidad y con un principio de vértigo; unos segundos
55 antes de que las registraran sus ojos, recordaba las esquinas, las carteleras, las modestas diferencias de Buenos Aires. En la luz amarilla del nuevo día, todas las cosas regresaban a él.

Nadie ignora que el Sur empieza del otro lado de
Rivadavia. Dahlmann solía repetir que ello no es una con-
vención y que quien atraviesa esa calle entra en un
60 mundo más antiguo y más firme. Desde el coche buscaba
entre la nueva edificación, la ventana de rejas,[19] el llama-
dor, el arco de la puerta, el zaguán, el íntimo patio.

En el *hall* de la estación advirtió que faltaban
treinta minutos. Recordó bruscamente que en un café
65 de la calle Brasil (a pocos metros de la casa de Yrigoyen*), había un enorme gato que se dejaba acariciar
por la gente, como una divinidad desdeñosa.[20] Entró.
Ahí estaba el gato, dormido. Pidió una taza de café, la
endulzó[21] lentamente, la probó (ese placer le había
70 sido vedado[22] en la clínica) y pensó, mientras alisaba[23]
el negro pelaje,[24] que aquel contacto era ilusorio y que
estaban como separados por un cristal, porque el
hombre vive en el tiempo, en la sucesión, y el mágico
animal, en la actualidad, en la eternidad del instante.

[8]sacarle… *to take an X-ray of him*   [9]coche… *taxi*   [10]*blindness*   [11]*masked*   [12]*needle, syringe*
[13]algo… *well-like quality*   [14]*outskirts*   [15]*blood poisoning*   [16]*one of Buenos Aires's main train stations*
[17]*rescued*   [18]*entrances*   [19]ventanas… *thin windows*   [20]*disdainful*   [21]*sweetened*   [22]*forbidden, banned*
[23]*smoothed out*   [24]*fur*

*Hipolito Yrigoyen (1852–1933), leader of the Radical party in Argentina

COMPRENSIÓN

A ¿Cierto (**C**) o falso (**F**)? Corrija las oraciones falsas.

1. _____ El protagonista trabajaba como secretario de una biblioteca principal cuando se accidentó en 1939.

2. _____ Todos sus antepasados habían nacido en la capital argentina, pero Juan no se identificaba con ninguno de ellos.

3. _____ Sus abuelos maternos habían habitado una estancia en la llanura del Sur.

4. _____ Mientras leía una novela romántica francesa, *Pablo y Virginia,* Juan chocó con una mujer y se cayó por la escalera de la biblioteca.

5. _____ Aunque los primeros ocho días después del accidente pasaron rápidamente, Juan soñaba constantemente con embarcarse en un viaje para el Norte.

6. _____ Dahlmann se puso muy alegre cuando el cirujano le informó que no había sufrido de una enfermedad grave.

B ¡NECESITO COMPAÑERO! Completen las siguientes oraciones con información del cuento.

1. El abuelo paterno de Juan Dahlmann desembarcó en Buenos Aires _____.

2. Entre los recuerdos que Juan guardaba de su abuelo materno había _____.

3. Juan sentía una discordia de sus dos linajes y prefirió _____.

4. Su destino cambió en los últimos días de febrero de 1939 cuando _____.

5. Durante los primeros ocho días después del accidente _____.

6. Algunas de las curaciones que le dieron en el sanatorio eran _____.

7. Después de reponerse lo suficiente, Juan abandonó el sanatorio y salió para _____.

8. Si alguien atraviesa la calle Rivadavia, entra en _____.

9. Mientras esperaba el tren, Juan entró en un café de la calle Brasil donde _____.

10. En su viaje Juan pensaba leer _____.

C Ponga los siguientes eventos de la Parte 1 del cuento en orden cronológico (de 1 a 6).

_____ **a.** Dahlmann se echó a llorar cuando el médico le dijo que había estado a punto de morir.

_____ **b.** El protagonista se había comprado un tomo de las *Mil y Una Noches* y subía las escaleras corriendo para leerlo cuando se hizo daño.

_____ **c.** Se revelan algunos datos sobre el linaje de Juan Dahlmann y su deferencia por sus raíces argentinas.

_____ **d.** Estuvo ocho días en casa antes de mudarse al sanatorio donde le sometieron a muchas curaciones dolorosas.

_____ **e.** Un coche de plaza lo llevó a la estación del tren, donde embarcaría en su viaje hacia el Sur.

_____ **f.** Llegó el día prometido cuando el cirujano le dijo que podría ir a convalecer a la estancia de sus abuelos.

D Conteste las preguntas y apoye (*back up*) sus respuestas con información del cuento.

1. ¿Quién y cómo era Juan Dahlmann? ¿Dónde trabajaba? ¿Qué orígenes étnicos se reflejan en su apellido?

2. La narración afirma que Juan «se sentía hondamente argentino». Busque referencias en el texto para apoyar e ilustrar esta descripción.

3. ¿Qué representaba la estancia en el Sur para Juan Dahlmann? Descríbala e indique por qué Juan no vivía o pasaba más tiempo allí.

4. ¿Qué le aconteció en los últimos días de febrero de 1939? ¿Cuáles fueron las consecuencias de este acontecimiento?

5. Comente la experiencia de Juan en el sanatorio. ¿Cómo se sentía? ¿Cómo reaccionó cuando lo dejaron salir para que pudiera convalecer en el Sur?

INTERPRETACIÓN

A ¿En su opinión, qué significado tiene cada uno de los siguientes eventos, objetos, lugares o personas para Juan Dahlmann? Explique.

1. la biblioteca municipal de la calle Córdoba
2. la muerte de su abuelo materno
3. el poema épico *Martín Fierro*
4. la estancia de sus abuelos
5. las ilustraciones de las *Mil y Una Noches*
6. la estación del tren
7. el sanatorio
8. el Sur

B Describa la experiencia de Juan en casa y luego en el sanatorio. ¿Cuánto tiempo pasó en casa antes de mudarse al sanatorio? ¿Cuánto tiempo le parecía? ¿Con qué soñaba? ¿Qué elementos del mundo realista se detallaban en los dos lugares? ¿Hay elementos del mundo de los sueños también? ¿Cuáles son? ¿Cuáles le parecen a Ud. más verosímiles e inverosímiles? Explique.

C Vuelva a leer las siguientes líneas del cuento. ¿Qué significado tiene cada una dentro de la trama? ¿Sirve para describir, comparar, contrastar o simplemente para avanzar el argumento? ¿Qué revela cada una sobre los valores y los sentimientos del protagonista?

1. [Juan] se sentía hondamente argentino.

2. [E]n la discordia de sus dos linajes, [...] eligió el de ese antepasado romántico.

3. A costa de algunas privaciones, Dahlmann había logrado salvar el casco de una estancia.

4. [S]e contentaba con la idea abstracta de posesión y con la certidumbre de que su casa estaba esperándolo.

5. Se sintió feliz y conversador; en cuanto llegó [al sanatorio], lo desvistieron, le raparon la cabeza, lo sujetaron con metales a una camilla, lo iluminaron hasta la ceguera y el vértigo, lo auscultaron y un hombre enmascarado le clavó una aguja en el brazo.

6. Dahlmann se echó a llorar, condolido de su destino.

7. [P]ensó, mientras alisaba el negro pelaje [del gato], que aquel contacto era ilusorio y que estaban como separados por un cristal, porque el hombre vive en el tiempo, en la sucesión, y el mágico animal, en la actualidad, en la eternidad del instante.

APLICACIÓN

A IMPROVISACIONES En un grupo de tres o cuatro estudiantes, hagan los papeles de Juan y otros personajes del cuento como la mujer que ve el accidente, los médicos, amigos y parientes. Representen por lo menos dos escenas de la Parte 1 de «El Sur».

B ¡NECESITO COMPAÑERO! Hablen del juego entre la realidad y la ficción que se encuentran en la Parte 1 de «El Sur». ¿Qué símbolos y/u objetos se presentan para evocar imágenes de cada uno? ¿Cómo se mantiene un equilibrio entre los dos mundos?

C ¿Ud. o algún miembro de su familia ha tenido una experiencia como la que experimentó Juan Dahlmann después de su accidente? ¿Qué recuerdos tiene Ud. de aquel tiempo? ¿Fue una experiencia positiva o negativa o una mezcla de los dos? Hable con un compañero / una compañera para describir y comparar sus experiencias.

D PAPEL Y LÁPIZ Busque en el Internet *Mil y Una Noches* y explore la temática del libro. Apunte el argumento de algunos de los cuentos. Luego, explore el papel de Shahrazad e indique en qué aspectos su conflicto se asemeja y se difiere del conflicto que está experimentando Juan Dahlmann en «El Sur».

E ¿Por qué piensa Ud. que Borges decidió incorporar referencias a *Martín Fierro* y las *Mil y Una Noches* en la intertextualidad de su cuento «El Sur»? ¿Qué mensajes e ideas comunican estos textos? En su opinión, ¿cómo sirven esos textos para avanzar el progreso de la trama?

LECTURA 2

EL SUR (PARTE 2)
Aproximaciones al texto

Levels of meaning

As you learned in previous chapters, the reading experience involves an interaction between the reader and the text. Neither the reader nor the reading is limited to a single, definitive meaning, and often the playful juxtaposition of various conflicting and incongruous levels of meaning guides the reader to a fuller interpretation of the text.

Before reading the second part of **"El Sur,"** consider the interplay of the text and subtext in the first part where the protagonist, Juan Dahlmann, descended into the fictitious world of Scheherazade in *A Thousand and One Nights,* only to transcend the reality of the experience and fall into a world of horrific dreams. What messages does this incorporation of the reality versus dream theme communicate? Consider the dramatic tension that exists between Juan Dahlmann, the recovering patient, and the stark reality of the world in which he convalesces. Review the references to life and death, pleasure and pain, truth and myth in the narrative. Are there any incongruous and contradictory levels of meaning?

In the second part of the reading, Juan travels by train to the mythical southern plains, the homeland of the Argentine **gaucho.** The visual, auditory, and kinetic images evoked by the train, as well as the literal and figurative meanings that could be associated with a train ride, are important elements in the narrative, especially considering that the passenger alternates between a state of consciousness (reality) and semi-consciousness (dreams). Consider the juxtaposition and interplay of reality, fiction, and dreams as you read.

A Piense en el ambiente físico y sicológico de un tren y los lugares que se asocian con uno. ¿Cómo se ven el exterior y el interior? Desde la perspectiva del viajero, ¿cómo se ve reflejado el paisaje durante el progreso del viaje en tren? ¿Qué elementos del conflicto entre lo real y lo ilusorio se podrían asociar con esta experiencia? ¿Qué metáfora(s) puede Ud. asociar con el tren / el viaje en tren?

B Mire el dibujo en la página 218 y compárelo y contrástelo con los dibujos anteriores. ¿Cómo se siente el hombre ya que está sentado en el vagón del tren? ¿Qué expresión tiene en la cara? ¿Qué actitudes y sentimientos revela esa expresión? ¿Adónde va y por qué? ¿Cómo va a ocuparse o distraerse a lo largo del viaje? ¿En qué puede estar pensando o soñando? Según la secuencia de los dibujos, ¿qué cree Ud. que va a pasar en el cuento? Explore algunas posibilidades. Finalmente, intente establecer una relación entre el título del cuento y las conclusiones que los dibujos sugieren.

C ¡NECESITO COMPAÑERO! Lean las siguientes descripciones del viaje de Juan Dahlmann al Sur. Luego, describan el ambiente en que se encuentra el protagonista en la Parte 2 de «El Sur». ¿Representa el mundo verdadero, el mundo ficticio/literario o el mundo de los sueños, o es una fusión de todos?

1. A lo largo del penúltimo andén[1] el tren esperaba. Dahlmann recorrió los vagones[2] y dio con uno casi vacío.[3]

2. Viajar con este libro [*Mil y Una Noches*], tan vinculado a la historia de su desdicha, era una afirmación de que esa desdicha había sido anulada y un desafío[4] alegre y secreto a las frustradas fuerzas del mal.

3. A los lados del tren, la ciudad se desgarraba en[5] suburbios; esta visión y luego la de jardines y quintas[6] demoraron[7] el principio de la lectura.

4. La felicidad lo distraía de Shahrazad y de sus milagros[8] superfluos; Dahlmann cerraba el libro y se dejaba simplemente vivir.

5. Alguna vez durmió y en sus sueños estaba el ímpetu del tren… también el coche era distinto; no era el que fue en Constitución, al dejar el andén: la llanura y las horas lo habían atravesado y transfigurado.[9]

[1]penúltimo… *next-to-the-last platform* [2]*train cars* [3]*empty* [4]*challenge*
[5]se… *breaking up into* [6]*farmhouses* [7]*delayed* [8]*miracles* [9]*transformed*

PALABRAS Y CONCEPTOS

anochecer to grow dark

arrancar to move out, rush forward

detenerse to come to a stop

encarcelar to imprison

fatigarse to become fatigued, weary

hundirse to set (*sun*)

recorrer to travel through or across

el andén platform (*train station*)

la conjetura conjecture

la desdicha unhappiness

el genio spirit, genie (*reference to Scheherazade's husband*)

el goce delight, enjoyment

el hecho the fact, matter

el milagro miracle

el tomo volume

el vagón train car

la valija valise, luggage

otoñal autumnal

transfigurado/a transfigured

vacío/a empty

vasto/a vast, immense

vinculado/a tied, bound to

A ¿Qué palabras de la lista de vocabulario asocia Ud. con un tren o una estación de tren? Describa cada una.

B Busque un sinónimo para las siguientes palabras en el vocabulario.

1. cansarse 2. modificado 3. inmenso 4. enlazado

C Encuentre un antónimo para cada palabra a continuación en el vocabulario.

1. arrancar 2. libertar 3. amanecer 4. lleno 5. dicha

¿Cuáles de los siguientes temas cree Ud. que se van a mencionar en la Parte 2 del cuento y cuáles no? Explique.

la trama y el desenlace de las *Mil y Una Noches*

el goce de viajar (en tren)

el amor por la cultura gauchesca

la transformación del individuo a través del progreso del tiempo

las virtudes de la vida campestre

el conflicto entre la realidad y los sueños

la salud y la convalecencia

los desafíos de la vida en el Sur

el valor de desahogarse

la muerte inesperada y violenta

El Sur (Parte 2)

1 A lo largo del penúltimo andén el tren esperaba. Dahlmann recorrió los vagones y dio con uno casi vacío. Acomodó en la red la valija,[1] cuando los coches arrancaron, la abrió y sacó, tras alguna vacilación, el primer
5 tomo de las *Mil y Una Noches*. Viajar con este libro, tan vinculado a la historia de su desdicha, era una afirmación de que esa desdicha había sido anulada y un desafío alegre y secreto a las frustradas fuerzas del mal.

A los lados del tren, la ciudad se desgarraba en
10 suburbios, esta visión y luego la de jardines y quintas demoraron el principio de la lectura. La verdad es que Dahlmann leyó poco; la montaña de piedra imán[2] y el genio que ha jurado matar a su bienhechor[3] eran, quien lo niega, maravillosos, pero no mucho más que
15 la mañana y el hecho de ser. La felicidad lo distraía de Shahrazad y de sus milagros superfluos; Dahlmann cerraba el libro y se dejaba simplemente vivir.

El almuerzo (con el caldo[4] servido en boles de metal[5] reluciente, como en los ya remotos veraneos de la niñez) fue otro goce tranquilo y
20 agradecido.

Mañana me despertaré en la estancia, pensaba, y era como si a un tiempo fuera dos hombres: el que avanzaba por el día otoñal y por la geografía de la patria, y el otro, encarcelado en un sanatorio y sujeto a metódicas servidumbres. Vio casas de ladrillo sin revocar, esquinadas y largas, infinitamente mirando pasar los trenes; vio jinetes[6] en los terrosos[7] cami-
25 nos; vio zanjas[8] y lagunas y haciendas; vio largas nubes luminosas que parecían de mármol,[9] y todas estas cosas eran casuales, como sueños de la llanura. También creyó reconocer árboles y sembrados[10] que no hubiera podido nombrar, porque su directo conocimiento de la campiña era harto[11] inferior a su conocimiento nostálgico y literario.

Alguna vez durmió y en sus sueños estaba el ímpetu del tren. Ya el blanco sol intolerable
30 de las doce del día era el sol amarillo que precede al anochecer y no tardaría en ser rojo. También el coche era distinto; no era el que fue en Constitución, al dejar el andén: la llanura

[1]Acomodó… *He placed the suitcase in the overhead baggage net*   [2]piedra… *loadstone*   [3]*benefactor (a reference to the plight of Scheherazade)*   [4]*broth*   [5]boles… *metal bowls (anglicism)*   [6]*horsemen, riders (a reference to the gaucho)*   [7]*earthy*   [8]*ditches, trenches*   [9]*marble*   [10]*fields*   [11]*muy*

y las horas lo habían atravesado y transfigurado. Afuera la móvil sombra del vagón se alargaba hacia el horizonte. No turbaban la tierra elemental ni poblaciones ni otros signos humanos. Todo era vasto, pero al mismo tiempo era íntimo y, de alguna manera, secreto.

35   En el campo desaforado,[12] a veces no había otra cosa que un toro. La soledad era perfecta y tal vez hostil, y Dahlmann pudo sospechar que viajaba al pasado y no sólo al Sur. De esa conjetura fantástica lo distrajo el inspector que al ver su boleto, le advirtió que el tren no lo dejaría en la estación de siempre sino en otra, un poco anterior y apenas conocida por Dahl-mann. (El hombre añadió una explicación que Dahlmann no trató de entender ni siquiera de

40 oír, porque el mecanismo de los hechos no le importaba.)

    El tren laboriosamente se detuvo, casi en medio del campo. Del otro lado de las vías quedaba la estación, que era poco más que un andén con un cobertizo.[13] Ningún vehículo tenían, pero el jefe opinó que tal vez pudiera conseguir uno en un comercio que le indicó a unas diez, doce, cuadras.[14]

45   Dahlmann aceptó la caminata como una pequeña aventura. Ya se había hundido el sol, pero un esplendor final exaltaba la viva y silenciosa llanura, antes de que la borrara la noche. Menos para no fatigarse que para hacer durar esas cosas, Dahlmann caminaba despacio, aspirando con grave felicidad el olor del trébol.[15]

[12]*lawless, outrageous*   [13]*shed*   [14]*blocks*   [15]*trefoil, clover*

COMPRENSIÓN

A   ¿Cierto (**C**) o falso (**F**)? Corrija las oraciones falsas.

1. _____ Juan Dahlmann subió al tren que esperaba en el último andén y se sentó en uno de los vagones ocupados.

2. _____ A lo largo del viaje, Juan no pudo contemplar el paisaje porque estaba leyendo el último tomo de las *Mil y Una Noches*.

3. _____ El viajero se sentía tan feliz que se distraía de las complicaciones del libro que había comenzado a leer.

4. _____ El viaje transcurre en la primavera.

5. _____ El inspector le avisó que el tren lo dejaría en la misma estación de siempre.

6. _____ Cuando el tren se detuvo en medio del campo, el sol ya se había hundido.

B   Complete las oraciones con las palabras o expresiones entre paréntesis correctas.

1. Cuando los coches del tren (**arrancaron / se detuvieron**), Juan sacó el (**primer / último**) tomo de las *Mil y Una Noches*.

2. Parece que ese libro estaba muy (**vinculado / desenlazado**) a la historia de su (**dicha / desdicha**).

3. El almuerzo consistía en (**un caldo / un biftec**) servido en boles de metal reluciente que le recordaban los veraneos de su (**niñez / adolescencia**).

4. Dahlmann creyó reconocer algunos (**árboles y sembrados / suburbios**), pero no pudo nombrarlos porque su conocimiento de la campiña era (**superior / inferior**) a su conocimiento nostálgico y literario.

5. En sus sueños, Juan pensaba que el coche del tren era (**el mismo / distinto**) del que abordó en Constitución, al dejar el andén. El vagón se había (**quedado igual / transfigurado**).

6. Según el narrador, el paisaje del Sur era tan (**reducido / vasto**) e íntimo que parecía reinar (**la soledad perfecta / el caos perfecto**).

7. Dahlmann sospechaba que viajaba al (**futuro / pasado**) y no sólo (**al Norte / al Sur**).

8. Cuando el protagonista empezó la caminata, el sol se había (**salido / hundido**), pero todavía podía observar la viva y silenciosa (**llanura / montaña**).

C Use algunas palabras clave (*key*) de la lista de vocabulario de la página 217 para escribir un breve resumen de dos o tres oraciones de la Parte 2 de «El Sur».

D Vuelva a pensar en sus predicciones sobre el tema o la variedad de temas que se explorarían en esta parte. ¿Eran válidas o inválidas? ¿Cómo y por qué?

INTERPRETACIÓN

A Conteste las siguientes preguntas e incluya información del cuento para apoyar sus respuestas.

EL AMBIENTE

1. ¿Dónde transcurre la acción? ¿Podría haber sucedido en otro(s) lugar(es)?

2. ¿Cómo es el vagón del tren? ¿Cómo se asemeja y se difiere del ambiente físico de la Parte 1 del cuento? ¿Cómo se siente el protagonista en este ambiente?

3. ¿Cuándo ocurre la acción? ¿En qué estación del año? ¿En qué década? ¿En qué siglo?

EL CONFLICTO

4. ¿Cuál es el motivo del viaje en tren? ¿Adónde va el viajero?

5. ¿Qué libro intenta leer durante el viaje? ¿Por qué deja de leerlo?

6. ¿En qué estaba pensando y soñando mientras el tren avanzaba por el paisaje?

7. Describa el paisaje que se podía observar a los lados del tren. ¿Cómo sirvió esta visión para distraer a Juan Dahlmann?

8. ¿Cuánto tiempo ha transcurrido hasta ahora en el cuento?

9. ¿De qué se da cuenta Dahlmann al bajarse del tren? ¿Tuvo una reacción favorable o desfavorable?

10. En sus propias palabras, ¿cómo se mezclan la realidad y los sueños en la Parte 2 del cuento?

B Al final de la Parte 2 de «El Sur», el lector puede observar un cambio en la actitud y la visión del protagonista. ¿Cómo se manifiesta esta transformación? ¿A qué circunstancias se puede atribuir? Explore la idea de vivir en el momento (la realidad) y perderse en los sueños. Explore también el estado de conciencia de Juan durante el viaje.

C ¡NECESITO COMPAÑERO! Hagan una lista de todos los acontecimientos que le han ocurrido a Juan Dahlmann desde el principio del cuento. En su opinión, ¿cuáles son más importantes? ¿Sería posible eliminar u omitir alguno de los acontecimientos sin cambiar el progreso del cuento y, tal vez, el destino del personaje? Comparen sus listas con los demás. Si hay grandes diferencias, apoyen su punto de vista con información del texto.

D El lector puede llegar a conocer mejor al protagonista por medio de sus comentarios, ideas y percepciones acerca de los eventos que avanzan la trama. Por ejemplo, durante el viaje en tren, Juan Dahlmann revela que reconoce ciertos aspectos del paisaje argentino pero no puede nombrarlos «porque su directo conocimiento de la campiña era harto inferior a su conocimiento nostálgico y literario». ¿Qué se sabe acerca de los valores y los intereses de Dahlmann por medio de esta descripción? ¿Piensa Ud. que el transcurso del tiempo lo ha borrado la memoria o que tal vez las circunstancias actuales le han hecho desplazar su memoria? ¿Podría Ud. indicar algunos ejemplos de su conocimiento nostálgico y literario del Sur que se ven reflejados en la Parte 1 y la Parte 2 del cuento?

APLICACIÓN

A PAPEL Y LÁPIZ En su cuaderno de apuntes, resuma en una o dos oraciones algunas percepciones que Juan Dahlmann tiene del ambiente físico y sicológico del Sur y su conexión con la leyenda y el mito de la vida gauchesca. ¿Piensa Ud. que se han basado en la realidad histórica o en la ficción?

B IMPROVISACIONES Trabaje con otros compañeros/compañeras para hacer los papeles de Juan Dahlmann, otro(s) pasajero(s) y el inspector del tren. Dramaticen la Parte 2 del cuento y entablen una conversación acerca del viaje al Sur. ¿Qué expectativas tienen del viaje? Comenten lo que ven, piensan y hacen para pasar el tiempo. Concluyan con una descripción del lugar donde para el tren y algunas predicciones acerca de cómo va a ser su estancia en el Sur.

C Identifique un ejemplo de intertextualidad en la Parte 2 del cuento. Compare su pasaje con el de otros estudiantes de la clase. Trate de identificar el intertexto, su conexión con el texto y el impacto del intertexto en cuanto a las ideas y los valores comunicados.

D ¿Ha hecho Ud. un viaje en tren alguna vez? ¿Adónde fue y por qué? Comente sus expectativas de la experiencia e indique cómo se terminó. ¿Fue una experiencia agradable o desagradable? ¿Cómo compararía o contrastaría Ud. esa situación con la de Juan Dahlmann? ¿En qué aspectos se asemejan y difieren?

E En la Parte 2 del cuento, el protagonista entra en el mundo del gaucho. ¿Cuánto sabe Ud. acerca de la identidad cultural del gaucho y su existencia en el Sur? Busque información en el Internet o en la biblioteca. ¿Qué papel jugaba en la historia del criollismo en la Argentina del siglo XIX? Detalle todos los datos que pueda.

F Ya que el protagonista ha llegado al Sur, ¿qué cree Ud. que va a ocurrir en la Parte 3 de «El Sur»? Trate de adivinar cómo el viaje le puede cambiar el destino. Haga algunas predicciones y compártalas con los demás. Si no están de acuerdo, traten de apoyar sus opiniones.

LECTURA 3

EL SUR (PARTE 3)
Aproximaciones al texto

La caracterización

The depiction of literary characters, or characterization, is one of the most important elements of a work of fiction. Characters can be revealed in many different ways. Gestures, clothing, actions, physical attributes, relations with and differences from other characters in the same text, identification with a specific setting, given name or surname or lack of name, and insertion within a specific genre or literary code can all reveal a great deal about the psychology, values, origins, and goals of individual characters. In any text, the reader is presented with only a limited amount of information about a character and must fill in the gaps by using his or her own knowledge of cultural and literary conventions. In the third part of **"El Sur,"** you will encounter characters that appear to be inextricably bound to a particular time and place. Through careful interplay and juxtaposition of a text within a text, however, they surprise the reader with a series of actions that links together the past and present in a dramatic fusion of reality and dreams.

In the following activities, you will be asked to reconstruct an image of a character. What do you know about the character based on the limited amount of information you are given and how do you arrive at that knowledge? What details allow you to construct an image of the character?

A La siguiente descripción viene de la Parte 3 de «El Sur». Léala y luego complete el párrafo a continuación con las palabras entre paréntesis correctas.

En el suelo, apoyado en el mostrador,[1] se acurrucaba[2] inmóvil como una cosa, un hombre muy viejo. Los muchos años lo habían reducido y pulido como las aguas a una piedra o las generaciones de los hombres a una sentencia. Era oscuro, chico y reseco, y estaba como fuera del tiempo, en una eternidad. Dahlmann registró con satisfacción la vincha, el poncho de bayeta, el largo chiripá y la bota de potro y se dijo […] que gauchos de ésos ya no quedan más que en el Sur.

[1]*counter*   [2]*se… hunkered, squatted on his haunches*

En esta descripción, se observa a un hombre muy (**juvenil / anciano**)[1] apoyado en el mostrador de un almacén. Parece que (**se sentaba / se apoyaba**)[2] de tal modo que parecía como una cosa inmóvil. El tiempo lo había (**aumentado / reducido**)[3] en estatura. Era (**grande / pequeño**)[4] y de piel (**blanca / oscura**)[5] y estaba como (**encerrado / fuera**)[6] del tiempo, en un momento eterno. Se vestía en la ropa (**criolla / moderna**)[7] que refleja su identidad de (**gaucho / guerrero**).[8] Su aspecto físico le impresiona tanto al narrador que refleja sobre la (**abundancia / escasez**)[9] de los gauchos de anteayer.

B Empareje las frases a la izquierda con las palabras a la derecha.

1. _____ un hombre viejo que se acurruca en un rincón
2. _____ alguien que baja los ojos
3. _____ una persona que tira un cuchillo al aire y lo baraja (*catches it in mid air*)
4. _____ alguien que lleva la ropa de gaucho
5. _____ un hombre que busca su propia muerte
6. _____ alguien que desafía a otro con un duelo

a. el fatalismo
b. la violencia
c. la nostalgia
d. la bravura
e. la pasividad
f. la timidez

PALABRAS Y CONCEPTOS

acomodarse to fit in (with), comply
agravar(se) to become worse
burlarse (de) to mock, make fun (of)
recoger to pick up
tapar to cover (up)

el almacén store, shop; shed
la borrachera drunkenness
la burla mockery, sneer
el compadre mate, chum
el convaleciente convalescent
la daga dagger

el duelo duel
el filo blade
el muchachón lad, fellow
la oscuridad darkness
el patrón boss
el peón laborer
el puñal dagger
el temor fear

desarmado/a unarmed
imprevisible unforeseeable

A ¿Qué palabras de la lista de vocabulario pueden relacionarse con el Sur y la vida del gaucho? ¿Cuáles se asocian con la violencia individual o colectiva? Explique.

B Busque un sinónimo para cada palabra a continuación.

1. el cuchillo   2. el campesino   3. cubrir   4. inesperado   5. reírse

C Lea las siguientes líneas del cuento y trate de visualizar el lugar o ambiente físico y los personajes. Describa cómo son en realidad. ¿Qué expectativas tiene Ud. como lector(a) acerca del desenlace del cuento? ¿Hay algunas predicciones? Explique.

1. El almacén, alguna vez, había sido punzó, pero los años habían mitigado para su bien ese color violento.

2. Dahlmann se acomodó junto a la ventana. La oscuridad fue quedándose con el campo, pero su olor y sus rumores aún le llegaban entre los barrotes de hierro.[1]

3. Desde un rincón, el viejo gaucho extático… le tiró una daga desnuda que vino a caer a sus pies.

[1]barrotes… *iron bars*

El Sur (Parte 3)

1   El almacén, alguna vez, había sido punzó, pero los años habían mitigado para su bien ese color violento. Algo en su pobre arquitectura le recordó un grabado en acero, acaso de una vieja edición de *Pablo y Virginia*.

5   Atados al palenque[1] había unos caballos. Dahlmann, adentro, creyó reconocer al patrón; luego comprendió que lo había engañado su parecido con uno de los empleados del sanatorio. El hombre, oído el caso, dijo que le haría atar la jardinera; para agregar otro hecho

10   a aquel día y para llenar ese tiempo, Dahlmann resolvió comer en el almacén.

  En una mesa comían y bebían ruidosamente unos muchachones, en los que Dahlmann, al principio, no se fijó. En el suelo, apoyado en el mostrador, se acu-

15   rrucaba inmóvil como una cosa, un hombre muy viejo. Los muchos años lo habían reducido y pulido como las aguas a una piedra o las generaciones de los hombres a una sentencia. Era oscuro, chico y reseco, y estaba como fuera del tiempo, en una eternidad. Dahlmann registró con satisfacción la vincha, el

20   poncho de bayeta, el largo chiripá y la bota de potro y se dijo, rememorando inútiles discusiones con gente de los partidos del Norte o con entrerrianos,[2] que gauchos de ésos ya no quedan más que en el Sur.

  Dahlmann se acomodó junto a la ventana. La oscuridad fue quedándose con el campo, pero su olor y sus rumores[3] aún le llegaban entre los barrotes de hierro. El patrón le trajo sardinas y

25   después carne asada; Dahlmann las empujó con unos vasos de vino tinto. Ocioso,[4] paladeaba[5] el áspero sabor y dejaba errar la mirada[6] por el local, ya un poco soñolienta.[7] La lámpara de kerosén pendía de uno de los tirantes,[8] los parroquianos de la otra mesa eran tres: dos parecían peones de chacra,[9] otro, de rasgos achinados[10] y torpes, bebía con el chambergo[11] puesto. Dahlmann, de pronto, sintió un leve roce en la cara. Junto al vaso ordinario de vidrio turbio, sobre una de las

30   rayas del mantel, había una bolita de miga.[12] Eso era todo, pero alguien se la había tirado.

  Los de la otra mesa parecían ajenos a[13] él. Dahlmann, perplejo, decidió que nada había ocurrido y abrió el volumen de las *Mil y Una Noches*, como para tapar la realidad. Otra bolita lo alcanzó a los pocos minutos, y esta vez los peones se rieron. Dahlmann se dijo que no estaba asustado, pero que sería un disparate[14] que él, un convaleciente, se dejara arrastrar[15]

35   por desconocidos a una pelea confusa.

[1]*palisade, enclosure*   [2]*inhabitants of the province of Entre Ríos*   [3]ruidos   [4]*Idly*   [5]*tasted*   [6]errar… *gaze wander*   [7]*sleepy, drowsy*   [8]*iron rods*   [9]peones… *farm workers*   [10]de… *with dark features*   [11]*slouched, broad-brimmed hat*   [12]*bread crumbs*   [13]ajenos… *very different from*   [14]*crazy idea*   [15]se… *let himself be dragged*

40   Resolvió salir; ya estaba de pie cuando el patrón se le acercó y lo exhortó con voz alarmada:

    —Sr. Dahlmann, no les haga caso a esos mozos, que están medio alegres.[16]

    Dahlmann no se extrañó de que el otro, ahora, lo conociera, pero sintió que estas palabras conciliadoras agravaban, de hecho, la situación. Antes, la provocación de los peones era a una cara accidental, casi a nadie; ahora iba contra él y contra su nombre y lo sabrían los

45   vecinos. Dahlmann hizo a un lado[17] al patrón, se enfrentó con los peones y les preguntó qué andaban buscando.

    El compadrito de la cara achinada se paró, tambaleándose.[18] A un paso de Juan Dahlmann, lo injurió[19] a gritos como si estuviera muy lejos. Jugaba a exagerar su borrachera y esa exageración era una ferocidad y una burla. Entre malas palabras y obscenidades, tiró al aire un largo

50   cuchillo, lo siguió con los ojos, lo barajó, e invitó a Dahlmann a pelear. El patrón objetó con trémula voz que Dahlmann estaba desarmado. En ese punto, algo imprevisible ocurrió.

    Desde un rincón, el viejo gaucho extático, en el que Dahlmann vio una cifra del Sur (del Sur que era suyo), le tiró una daga desnuda que vino a caer a sus pies. Era como si el Sur hubiera resuelto que Dahlmann aceptara el duelo. Dahlmann se inclinó a recoger la daga y

55   sintió dos cosas. La primera, que ese acto casi instintivo lo comprometía a pelear. La segunda, que el arma, en su mano torpe, no serviría para defenderlo sino para justificar que lo mataran. Alguna vez había jugado con un puñal, como todos los hombres, pero su esgrima[20] no pasaba de una noción de que los golpes deben ir hacia arriba y con el filo para adentro. «No hubieran permitido en el sanatorio que me pasaran estas cosas», pensó.

60   —Vamos saliendo —dijo el otro.

    Salieron, y si en Dahlmann no había esperanza, tampoco había temor. Sintió, al atravesar el umbral,[21] que morir en una pelea a cuchillo, a cielo abierto y acometiendo, hubiera sido una liberación para él, una felicidad y una fiesta, en la primera noche del sanatorio, cuando le clavaron la aguja. Sintió que si él, entonces, hubiera podido elegir o soñar su muerte, ésta

65   es la muerte que hubiera elegido o soñado.

    Dahlmann empuña[22] con firmeza el cuchillo, que acaso no sabrá manejar, y sale a la llanura.

[16]medio… *half drunk*   [17]hizo… *pushed aside*   [18]*losing his balance*   [19]*offended, insulted*   [20]*fencing (sport)*
[21]*threshold*   [22]*clutches*

COMPRENSIÓN

A   Complete las siguientes oraciones con las palabras entre paréntesis correctas.

1. Dahlmann entró en un almacén que antes había sido (**de color rojo vivo / una estación de tren**) y decidió comer allí.

2. Dahlmann se equivocó cuando vio al (**patrón / gaucho**) porque creyó reconocerlo.

3. El hombre viejo que se apoyaba en el mostrador era (**rubio / oscuro**), chico y reseco y llevaba la ropa típica del Sur, una vincha y (**un poncho / una corbata**) con las botas.

4. Uno de los muchachones de la otra mesa le había tirado (**una bolita de miga / una botella de licor**) a la cara, pero Dahlmann decidió que nada había ocurrido.

5. Las palabras conciliadoras del patrón (**mejoraban / agravaban**) la situación y Dahlmann decidió (**enfrentarse con / escaparse de**) los peones.

6. Antes de aceptar el duelo, Dahlmann recogió (**la daga que le había tirado el gaucho / el cuchillo que el peón había barajado**) y salió a la llanura.

B ¡NECESITO COMPAÑERO! Vuelvan a mirar los tres dibujos que acompañan el cuento e identifiquen la parte del cuento a que pertenece cada uno. Comenten el aspecto físico y sicológico del protagonista y cómo ha cambiado. Si Uds. tuvieran que escribir un título o subtítulo para cada dibujo de la serie, ¿qué detalle(s) mencionarían? Escriban algunos títulos y subtítulos y compártanlos con los otros compañeros de clase.

 C ¡NECESITO COMPAÑERO! Resuman la Parte 3 de «El Sur», mencionando sólo los detalles más importantes. ¿Cómo termina la tercera parte del cuento? ¿La conclusión les sorprendió a Uds. o ya tenían buena idea de cómo iba a concluir? Expliquen.

INTERPRETACIÓN

A ¡NECESITO COMPAÑERO! Hagan y contesten las siguientes preguntas.

EL AMBIENTE

1. ¿Cómo es el almacén, en su opinión? ¿Cómo se ha cambiado a lo largo de los años?
2. ¿Qué elementos del pasado ya quedan en el almacén?
3. ¿Por qué razones decidió Juan Dahlmann comer allí?
4. ¿Qué y quién(es) encuentra cuando entra en el almacén?
5. ¿Parece ser un lugar romántico y acogedor? Expliquen.
6. ¿Cómo se difiere el ambiente físico del almacén de los otros lugares en los cuales transcurrió la acción de la Parte 1 y la Parte 2?

LOS PERSONAJES

7. Describan a los personajes que el protagonista observa en el almacén. ¿Por qué será que no tienen nombres propios?
8. ¿Cómo se asemejan y se difieren de los otros personajes con quienes se ha enfrentado en el viaje al Sur?
9. ¿En qué piensa Dahlmann cuando contempla al viejo gaucho? ¿Qué metáforas emplea el escritor para describirlo?

EL CONFLICTO / EL DESENLACE / EL TEMA

10. ¿Cómo y por qué se instigó la pelea entre Dahlmann y el peón?
11. ¿Qué hace el patrón para evitar una pelea entre los dos? ¿Cuál es el resultado de su acción?
12. ¿Qué papel juega el viejo gaucho en el duelo? Es decir, ¿qué acción tomó para que Dahlmann aceptara el duelo?
13. ¿Cómo se sentía el protagonista al atravesar el umbral?
14. En su opinión, ¿qué espera Dahlmann cuando sale a la llanura? ¿Piensan Uds. que está resignado a morir? Expliquen.
15. ¿Cuáles son algunos de los posibles temas de la obra? ¿Cuál les parece que es el más importante? ¿Por qué?

B ¿Cómo se sentía Dahlmann cuando se inclinó a recoger la daga? ¿Piensa Ud. que anticipaba el duelo o que simplemente no podía evitarlo debido al destino?

C Explore el fenómeno del gaucho argentino en el marco histórico del siglo XIX. Puede empezar con la información que apuntó en **Actividad E** de la página 221. ¿Por qué piensa Ud. que Juan Dahlmann consideraba el gaucho su héroe?

D Compare las partes del cuento. ¿Cómo se difiere la tercera parte de las primeras dos? Explique su respuesta, dando ejemplos concretos del cuento.

APLICACIÓN

A ¿Qué importancia tiene el texto *Mil y Una Noches* en el argumento y el tema de «El Sur»? Busque referencias y pasajes en el cuento para apoyar sus ideas.

B ¿Qué expectativas tenía Ud. al principio del cuento? ¿Se realizaron o no? ¿Fue inesperado y sorprendente la conclusión, en su opinión? Explique.

C **PAPEL Y LÁPIZ** Lea las siguientes consideraciones sobre el cuento. Escoja una o una combinación de ideas para analizar. Escriba uno o dos párrafos, apoyando sus ideas con pasajes del cuento. Luego, compare su análisis con los de otros estudiantes de la clase.

- Analice la relación entre la realidad y la ficción que se presenta a lo largo del cuento.
- ¿Cómo establece Borges el Sur como espacio definitivo dentro de la historia argentina tanto como en la historia universal?
- ¿Cómo figuran los antepasados del protagonista en el comienzo y el desenlace del cuento? Compare y contraste el destino del abuelo materno, Francisco Flores, con el destino de su nieto Juan Dahlmann.
- La última oración del cuento está escrita en el tiempo presente. ¿Qué importancia tiene el cambio en tiempos verbales? Busque otras referencias temporales para hacer el análisis. Recuerde el gato en Buenos Aires y el viejo en el Sur.
- Comente el uso de anacronismos para avanzar el tema del gaucho y el criollismo en las tres partes de «El Sur».
- ¿Cómo desarrolla Borges el tema de la naturaleza doble y conflictiva del hombre que se encuentra con la inevitabilidad de la muerte?

D Detalle la estrategia que Borges emplea para construir y reconstruir un mundo imaginario y soñado en «El Sur». ¿Qué técnicas usa para desorientar al lector y crear una tensión entre el mundo lógico y el mundo sensorial?

E Parece que el protagonista puede relatarle al lector / a la lectora los eventos que llevan a su propia muerte. ¿Cómo intenta torcer y reinventar el pasado, el presente y el futuro? ¿Piensa Ud. que se expresa un sentido fatalista en los últimos momentos de su experiencia en el almacén? ¿Cómo y por qué?

Key °°means more than one possible answer

Capítulo 1: Tipos y estereotipos

°°**Exploraciones a.** *Dennis the Menace; Home Alone* **b.** *Fatal Attraction* **c.** *The Sopranos; The Godfather* **d.** *Sleepless in Seattle* **e.** *The Brady Bunch; Leave It to Beaver* **f.** *Boston Public; A Different World; Breaking Away* **LECTURA 1:** *La conciencia*, **Parte 1 Aproximaciones al texto A.** Personajes: **1.** c **2.** a **3.** b Argumentos: **1.** b **2.** a **3.** c Desenlaces **1.** c **2.** b **3.** a **Palabras y conceptos** °°**B. 1.** El vagabundo le puede pedir comida y una cama a un posadero. **2.** Antes de una tormenta, hay una calma. **3.** Cuando uno no puede más, significa que ya no aguanta la situación. °°**C. 1.** El posadero y la posadera son los dueños de la posada. **2.** Cuando hay mucha humedad y nubes muy bajas, hay neblina. **3.** Algo que tiene un aspecto negruzco parece ser negro. **4.** Uno que tiene ojos pequeños tiene ojillos. **5.** Uno que atemoriza a otro quiere darle temor de algo. **6.** Al quedarse boquiabierta una persona, a veces también tiene la boca abierta. **Comprensión A. 1.** C **2.** F: La noche que llegó el vagabundo, había una calma, pero llegaba una tormenta. **3.** F: A Mariana, no le gustaba la calma antes de la tormenta. **4.** F: El vagabundo le pidió hospitalidad por una noche y un pedazo de pan. **5.** F: Al oír «yo lo vi, con estos ojos», Mariana se sentía atemorizada. °°**B. 1.** No corresponde a ningún pasaje específico sino al tiempo que iba a hacer cuando llegó el vagabundo. **2.** Corresponde al pasaje cuando llegó el vagabundo a la posadera para pedirle hospitalidad a Mariana. **3.** No corresponde a ningún pasaje específico sino al marido de Mariana que va todas las semanas a la aldea para vender sus mercancías. **4.** Corresponde al pasaje en el que las dos empleadas de la posada vuelven de la huerta cuando empieza a llover. **5.** Corresponde a la escena cuando Mariana salió a la huerta después de encontrar al vagabundo en su cocina la próxima mañana. **C. 1.** aguanta **2.** quince días **3.** nerviosa **4.** hospitalidad **5.** había una tormenta **6.** desayunando **7.** miedo **8.** su marido **LECTURA 2:** *La conciencia*, **Parte 2 Aproximaciones al texto 1.** convencida: *convinced;* resistir: *to resist;* la presencia de aquel odioso vagabundo: *the presence of that hateful vagabond* **2.** andrajoso: *ragged;* sombrero: *hat;* en actitud: *in an attitude (a pose);* mendigar: *to beg* **3.** Te advierto: *I warn you;* el carro: *the cart;* aguantar bromas: *to tolerate nonsense* **Palabras y conceptos** °°**A. 1.** El vendedor lleva sus mercancías en el carro. **2.** Cuando uno no puede más, necesita acabar con una situación o con la presencia de alguien. **3.** Muchos sienten piedad por el pordiosero porque saben que pasa mucha hambre. **4.** Cuando uno está inquieto por su conciencia, a veces se siente desesperado o empieza a temblar. **5.** Cuando uno está harto de algo, ya no puede más. **6.** Uno puede sentir hosco cuando hay mucha niebla y cuando hay niebla, es difícil vigilar el camino o el horizonte. °°**B. 1.** comercio, C **2.** azotar, F **3.** desesperada, C **4.** piedad, hosco, temible, F **5.** aldea, F °°**C. 1.** aguanta, decidida **2.** vagabundo/pordiosero, pedir dinero **3.** siguiente, sorprendida **4.** comercio, mercancías **5.** siquiera, tiembla **6.** vigilar, holganza **Comprensión A. 1.** C **2.** F: Se casaron por razones económicas. **3.** F: Después de casarse, siguió sus relaciones con el otro hombre. **4.** F: El viejo dice que ha visto algo, pero no se sabe lo que es. **5.** F: Cuando Antonio se enteró de la presencia del vagabundo en su casa, le habló pero no lo echó de la casa. **6.** C **7.** F: No se resuelven los conflictos presentados en el cuento. °°**B. 1.** V: a Mariana antes de irse él **2.** M: al vagabundo al pedirle éste hospitalidad a ella **3.** A: a Mariana al saber que el vagabundo está en su casa **4.** C: a Mariana cuando quiere pasar la noche con ella durante una ausencia de su marido **5.** M: a Constantino antes de casarse ella con Antonio **6.** S: a Mariana cuando ésta se enoja al encontrar al vagabundo en su cocina **7.** A: de Mariana porque sospecha que ella sigue viendo a Constantino **8.** V: a Mariana o a Antonio porque los dos guardan secretos **C. 1.** Su casa era ancha y grande. C **2.** Desde la llegada del vagabundo, ella estaba contenta y tranquila. F **3.** Antonio era hosco y temido; además tenía 14 años más que ella. C **4.** Ella era joven y guapa. C **5.** Constantino era un simple aparcero y estaba enamorado de ella también. C

6. El señor posadero tenía motivos para permitir esto. C **7.** Ninguno de ellos tenía la conciencia pura. C °°**D. 1.** Mariana: Tiene la conciencia como una tormenta. **2.** el vagabundo: Tiene ojillos y dice que ha visto cosas con sus ojos. **3.** la conciencia impura: Como Mariana, Antonio guarda secretos. **4.** Mariana y Antonio: La tienen impura. **5.** el vagabundo: Su presencia en la posada es como una niebla que hace difícil ver las situaciones. **6.** Mariana: Se casó con Antonio por el dinero. **7.** Constantino: Lo sube para juntarse con Mariana cuando el marido no está.

Capítulo 2: La comunidad humana

Lectura: *La Llorona* **Aproximaciones al texto** **A. 1.** Paul Bunyan es héroe sobrehumano cuyas aventuras explican la geografía norteamericana. **2.** Davy Crockett fue un político y hombre fronterizo de Tennessee que llegó a ser héroe por defender y abogar por los derechos y los valores de los colonizadores. **3.** John Henry es héroe negro de baladas folklóricas que construía un túnel ferrocarril y que representa el último esfuerzo del hombre contra la máquina. **4.** Annie Oakley era una mujer muy conocida que entretenía en la tradición de vaudeville, conocida por su puntería. **5.** Tom Sawyer es el protagonista de la novela de Mark Twain, *The Adventures of Tom Sawyer,* y ejemplifica la ingeniosidad. **6.** Rip Van Winkle es el protagonista del cuento del mismo nombre. Es el perezoso cuya vida se le escapa por su pereza. **B. 1.** Un personaje de otra época, porque los mitos y las leyendas no suelen ser muy realistas. **2.** Un personaje que representa sólo una o dos características porque los mitos y leyendas simplifican los elementos del cuento. **3.** Un personaje que es totalmente bueno o malo porque los personajes representan lo bueno o lo malo. **4.** Un personaje estereotípico porque debe representar lo bueno o lo malo. **C. 1.** Oral: facilitan el contar oralmente. **2.** Escrito: sería difícil contar oralmente usando lenguaje complicado. **3.** Escrito: esto también es complicado contar oralmente. **4.** Oral: facilitan el contar oralmente. **5.** Oral: es más fácil contar, y seguir el cuento, cronológicamente. **6.** Escrito: sería menos «natural» indicar diálogo oralmente. **7.** Escrito: la tradición oral se concentra más en «lo esencial» del cuento. **Palabras y conceptos** **A. 1.** b **2.** d **3.** e **4.** a **5.** c **B. 1.** e **2.** d **3.** b **4.** c **5.** a **C. 1.** época, llena, llantos **2.** leyenda, fantasma **3.** rostro **4.** se atrevieron **5.** se paraba **6.** su raza **7.** traicionó **8.** ahogado **Comprensión** **A. 1.** b, d, f, i, k, m, o, r **2.** a, g, h, j, l, n, q **3.** c, e, p **4.** f, k, o **B. 1.** F; La acción ocurre durante el Virreinato de Nueva España, en la Ciudad de México **2.** F: Doña Luisa era de sangre mestiza. **3.** F: El padre le pide que deje de verlo. **4.** F: El capitán no quería casarse con doña Luisa. **5.** C **6.** C **7.** C **8.** F: Según la leyenda, la mujer triste se conoce como La Llorona porque vaga por las calles lamentando la muerte de sus niños. **C. 2:** quedaba **3:** amonestaba **1:** paseaba **5:** vivían **4:** quería **8:** podía **6:** celebraba **9:** oían **7:** suplicaba

Capítulo 3: Costumbres y tradiciones

Lectura 1: *Como agua para chocolate,* **Parte 1** **Palabras y conceptos** **A. 1.** la vejez **2.** amargo **3.** la inquietud **4.** cuidar (de) **5.** interminable °°**B. 1.** bordar, coser, cuidar (de), pelar, planchar, la estufa, el mandato **2.** casarse (con), pedir la mano **3.** pelar, la estufa, amargo **4.** obligar(se), protestar, sobrevivir, el mandato **5.** el destino °°**C. 1.** completamos, no hablamos más de **2.** a la persona que entiende fácilmente, no hacen falta muchas explicaciones **3.** quitaban (los platos y los cubiertos) **4.** dividían los quehaceres **5.** excavación profunda desde la que sacan agua **6.** preparaba **7.** se quitaban las arrugas de la ropa **8.** adornar tela con diseños **9.** hacer o reparar ropa con hilo y aguja **10.** alcobas **Comprensión** **A. 1.** a, b, e, j **2.** c **3.** f, i **4.** d **5.** h **6.** g **7.** k **B. 1.** la cocina, hacer chorizo **2.** recoger la mesa, meter a las gallinas, sacar agua del pozo, recoger leña, planchar, bordar, coser **3.** leer, rezar y dormir **4.** hablar con ella **5.** si venía a pedir la mano de Tita, ella no podía casarse **6.** intentó protestar **7.** ante la costumbre **8.** no podía modificar su destino **9.** las lágrimas de Tita **10.** su destino **LECTURA 2:** *Como agua para chocolate,* **Parte 2** **Palabras y conceptos** °°**A. 1.** la falla, velar/atender a, la senectud **2.** el recado, desistir de **3.** se conformaba, la interrogación, llevar a cabo **4.** el desconcierto, plenamente °°**D. 1.** repartían, pozo, cosían/planchaban, la estufa **2.** se conformen, protestar **3.** destino, amargas **4.** conforme, casarse, fallecimiento **5.** pedir la mano, desconcierto **6.** disponible, cuente con **7.** protestar **Comprensión** **A. 1.** d **2.** e, f, h **3.** c, e **4.** a, b, e, h **5.** b, e, h **6.** b, e **7.** e, g **B. 1.** cabía, agradaba; cierto **2.** quería, fueron, se llevaron; cierto **3.** respondió; falso: Mamá Elena se enojó y salió. **4.** había, desistió: cierto **5.** se cambió: cierto **6.** pidió, se sentía: falso: Pedro le pidió a Mamá Elena la mano de Tita.

Capítulo 4: La familia

Lectura 1: *El nieto* **Aproximaciones al texto** °°**B. 1.** jóvenes **2.** hombre **3.** mujer **4.** casarse **5.** se casan en secreto **6.** rompen relaciones **7.** problemas **8.** se quieren **9.** se casan **10.** juntos **11.** hijos **12.** no **13.** la infidelidad o la pérdida del amor o intereses mutuos **14.** sea hóstil **15.** peor **16.** un matrimonio **17.** hijos **18.** los hijos pueden sentirse culpables o resentir a sus padres **19.** las relaciones con los hijos sufren **Palabras y conceptos A. 1.** arreglar las obras, el plano, reparar, restaurar **2.** carnet, marco, retrato **3.** agradecer, alargar, arreglar, reparar **4.** alargar, arrimarse, asomarse, ponerse de pie, tropezar con, volverse **Comprensión A. 1.** traiga, F: El hombre acepta el vaso de limonada que la anciana le ofrece. **2.** entre, F: La anciana invita al hombre a entrar en su casa. **3.** hace, C **4.** arreglen, C **5.** diga, F: El hombre le pregunta tímidamente a la anciana de quién es el retrato. **6.** es, C **7.** vuelva, C **8.** puede, F: El arquitecto dice que es natural que vuelva. °°**B.** *la anciana:* agradable, alegre, cómica, generosa, rural, pobre, sentimental, vieja *el anciano:* agradable, cansado, comunicativo, humilde, listo, pobre, rural, viejo *el hombre:* agradable, cansado, delgado, educado, generoso, instruido, listo, rural, tímido, trabajador, triste **C.** *el hombre:* los bolígrafos de colores, la camisa a cuadros, la gorra verde olivo, el marco, los planos *la anciana:* la limonada, el sillón *el anciano:* los mandados, los zapatos gastados **LECTURA 2:** *Me besaba mucho* **Palabras y conceptos A. 1.** febril **2.** se besan **3.** herida **4.** presentir **5.** teme **6.** plazo **7.** el alma **Comprensión** °°**A. 1.** el amante **2.** la muerte de su amada **3.** Eran amantes. **4.** Era inquieta y ansiosa. Presentía su muerte y la brevedad de su tiempo con su amante. **5.** Quería darle eternidad con sus besos y su alma con cada abrazo. **6.** El poeta no podía comprender la ansiedad de su amante. Ésta comprendía y presentía que no tenían mucho tiempo juntos. **7.** Se siente triste ahora. Parece arrepentirse de no haberla comprendido.

Capítulo 5: Geografía, demografía, tecnología

Lectura 1: *La IWM mil* **Aproximaciones al texto A. 1.** una máquina **2.** IWM mil **3.** reducido **4.** suficiente **5.** igual **6.** superior **7.** antiguos **8.** sin **9.** placer **10.** salir de un apuro **11.** inmediatamente **12.** los mismos **13.** eran necesarias **Comprensión A. 1.** F: La acción empieza en el futuro en una ciudad. **2.** F: Bajo el nuevo sistema, la creatividad de la gente había desvanecido. **3.** F: La IWM era popular y muy al alcance económico de cualquier persona. **4.** C **5.** C **6.** F: Cuando alguien le hacía una pregunta a la máquina, ésta contestaba inmediatamente. **7.** C **8.** F: La gente le pregunta a la IWM mil si hay un lugar que no tenga la IWM mil, y la máquina contesta que sí y les da las señas. **9.** C **10.** F: Cuando llegan a la tierra soñada de Takandia, los hombres se sienten felices. °°**B. 1.** esas instituciones eran anticuadas y ya no era necesaria la educación **2.** usar la IWM mil **3.** contenía todo el saber humano y todos los conocimientos de las bibliotecas, los libros y los museos **4.** sólo se contentaba con tenerla cerca **5.** la pérdida de la creatividad **6.** están al límite de tolerancia para pastillas estimulantes **7.** encontrar la IWM mil **8.** los miran con desconfianza **9.** seres horribles, los árboles **10.** quitarse la ropa **LECTURA 2:** *Apocalipsis* **Palabras y conceptos** °°**A.** el ajedrez, las antigüedades, (el baile) flamenco o el tapiz flamenco, la(s) golondrina(s), (la arquitectura) gótica, la raza (humana), la sinfonía **Comprensión A. 1.** F: La raza humana se extingue a fines del siglo XXXII. **2.** F: Se morían porque no necesitaban hacer nada (no tenían utilidad). **3.** F: Todo iba desapareciendo poco a poco. **4.** C **5.** F: Al último hombre se le olvidó desconectar las máquinas.

Capítulo 6: El hombre y la mujer en el mundo actual

Lectura 1: *Rosamunda* **Aproximaciones al texto A. 1.** M **2.** M **3.** F **4.** F **5.** F **6.** M **7.** F **8.** M **9.** F **10.** M **11.** M **12.** M **13.** F **14.** F **15.** M **16.** M **17.** F **18.** M **19.** F **20.** M **B. 1.** Tiene lugar en un tren con Rosamunda y otros pasajeros. **2.** Es muy temprano. El amanecer es importante porque es como un nuevo comienzo, como salir de un túnel o de una gran oscuridad. **3.** El tren huele mal. **4.** Sólo Rosamunda está despierta. **5.** Rosamunda es el sujeto. La frase «con pasos de hada» significa sin ruido. Adjetivos asociados: delicado, femenino, bello, joven, romántico **Palabras y conceptos** °°**C. 1.** filamento que crece en la piel de las personas, especialmente en la cabeza. **2.** donde uno se sienta, especialmente en un vehículo durante un viaje o en un lugar público durante una presentación. **3.** los primeros momentos del día cuando empieza a salir el sol °°**D. 1.** para formalizar relaciones con la persona que amo

2. para escapar de la monotonía del día **3.** para averiguar la verdad **4.** para no tener que aguantar una situación desagradable o mala **5.** para hacer un viaje romántico o un viaje no muy caro **6.** para impresionar a alguien **7.** para recobrar algo casi perdido **8.** para conocer a una persona que parece interesante o para pasar el tiempo °°**E. 1.** F **2.** F **3.** F **4.** F °°**F.** Los pares de palabras son oposiciones: **1.** Se escapa de la *realidad* en un *sueño*. **2.** Se puede romper la *monotonía* diaria con una *aventura*. **3.** El *artista* se percibe como una persona creativa, delicada, intelectual. El *carnicero* se percibe como una persona prosaica, algo bruta, no intelectual. **4.** Las *palizas* son violentas, masculinas. La *delicadeza* es pacífica, femenina. °°**G.** El título parece indicar que el cuento trata de una mujer que tiene un nombre no muy común. Puede ser: 3 ó 6. **Comprensión B. 1.** un tren **2.** se parecía a su hijo y estaba en el plataforma con ella **3.** vieja y anticuada **4.** fuera tan extravagante **5.** en casa no la escuchan, no la dejan hablar y no la entienden **6.** era la fórmula mágica que la salvaba de la estrechez de su casa **7.** se casó a los 23 años; es demasiado normal (vulgar) **8.** sus hijas son descaradas y el otro hijo es como el padre **9.** días sin pan y burlas de sus amigos **10.** está loca **C.** *Rosamunda:* el tren; vieja y delgada; soñadora y charlona; artista del teatro *soldado:* el tren; alto y pálido; curioso y simpático *los hijos (no Florisel)*: en casa; hijas descaradas y necias, hijo bruto; *Florisel:* muerto; pálido y delgado; interesado y curioso; su madre *el marido:* en casa; bruto, autoritario; abusa física y sicológicamente de su esposa con palizas y gritos; hacer lo que quiera °°**D. 1.** No es verdad que haya tres protagonistas en el cuento. **2.** Es imposible que Rosamunda viaje a la ciudad para visitar al soldado. **3.** Dudo que Rosamunda esté contenta con su viaje. **4.** No es verdad que Rosamunda tenga unos 20 años. **5.** No es verdad que Rosamunda sea soltera. **6.** Es obvio que la ropa de Rosamunda revela mucho acerca de su carácter. **7.** Dudo que el soldado sea un don Juan. **8.** No creo que el soldado se llame Felipe. **9.** Es verdad que el soldado considera a Rosamunda una mujer fascinante. **10.** Es obvio que Rosamunda se considera a sí misma una figura trágica. **11.** Es verdad que a Rosamunda no le gusta su verdadero nombre. **12.** Dudo que Rosamunda no quiera revelar al soldado nada de su pasado. **E. 1.** narrador omnisciente, un poco Rosamunda **2.** narrador omnisciente, un poco Rosamunda **3.** Rosamunda **4.** Rosamunda, narrador omnisciente °°**F.** Se casó a los 23 años. Se casó con el carnicero. (Igual) Tenía una vida familiar muy triste. (Igual) Florisel la entendía y la admiraba. (Igual) Rosamunda volvió a la ciudad cuando se le murió el hijo. En la ciudad, Rosamunda sufrió días sin pan, las burlas de sus amigos y una vida junto a los mendigos. El esposo le escribió a Rosamunda una carta tosca y autoritaria pidiéndole perdón y perdonándola con fin de que volviera ella a casa. El soldado la convida porque piensa que tendrá hambre y que no tendrá dinero. °°**G. 1.** es bruto y que no se interesa en mi arte; me permita seguir una carrera en el teatro **2.** sólo piensa en el pasado y en éxitos inventados; sea realista **3.** maltrata a mi madre; respete y apoye a mi madre **4.** bebe mucho; no sea un borracho; es una soñadora; no hable tanto **5.** invente tantas historias de su vida; inventa historias de su vida **LECTURA 2:** *Hombre pequeñito* **Aproximaciones al texto** °°**A. 1.** el comienzo de una etapa, la juventud, el nacimiento **2.** el final de una etapa, la vejez **3.** el origen, el nacimiento **4.** el fin, la muerte **5.** momento detenido (frío), la tumba **Palabras y conceptos** °°**A.** A veces, la persona que *ama* a otra intenta encerrar (en una *jaula*) a la persona amada para que no se le escape. **B.** El hombre la vigila. °°**C.** Puede aludir al tamaño físico de algo, pero también puede aludir a la capacidad mental o emotiva. Suele tener connotaciones más negativas cuando la palabra se refiere a un hombre que cuando se refiere a una mujer. °°**D. 1.** libertad, belleza, positiva **2.** falta de libertad, prisión, negativa **3.** liberarse, positiva **Comprensión A.** una hablante que se dirige a un hombre **B.** Que la suelte. Porque quiere su libertad **LECTURA 3:** *Me gustas cuando callas* **Palabras y conceptos** °°**A. 1.** espiritualidad **2.** pasividad **3.** asimilación °°**B.** Es un círculo. °°**C.** Negativas, porque el que lo dice parece no querer comunicarse con otra persona. **Comprensión A.** un hablante **B.** una mujer; callada, casi muerta, ausente, distante, alejada; el alma del narrador, la palabra melancolía, mariposa, lámpara, anillo, la noche

Capítulo 7: El mundo de los negocios

LECTURA 1: *El delantal blanco,* **Parte 1 Aproximaciones al texto** °°**A.** Entre dos y tres horas; el costo de la producción y la atención del público **B. 1.** emisor **2.** emisor **3.** emisor, receptor **4.** emisor, receptor **5.** receptor **C.** en un teatro; **1.** hay que limitarlo **2.** no debe ser muy complicada o «correr mucha tierra» **3.** no puede ser demasiado complicado **D.** 1, 2, 4, 5 **E.** 3, porque influye más al público **Palabras y conceptos A.** el blusón, la bolsa, la carpa, el traje de baño **B.** bañarse, tirar (una pelota), tomar el sol, veranear °°**C.** *los ricos:* la carpa, entretenerse, la plata, tomar el sol, tostado, veranear, *los pobres:* arrendar, el delantal, duro   **E. 1.** *Arrendar* algo excluye la propiedad de ello; *comprar* algo proporciona la propiedad de ello. **2.** *Bañarse* implica que la persona mete todo el cuerpo en el agua, pero no significa necesariamente que la persona se limpia; *lavarse* implica que la persona se limpia, pero no significa necesariamente que mete todo el cuerpo en el agua. **3.** *El delantal* se lleva en la cocina al trabajar allí; *el traje de baño* se lleva para bañarse o entretenerse, no para trabajar, en una piscina o en la playa.   °°**G.** Tiene lugar en la playa con una mujer y su empleada. Parece que las dos mujeres cambian de posición. Parece que hay un conflicto de posiciones socioeconómicos.   **Comprensión A. 1.** quería, se quedara, C **2.** estaba, F; La señora estaba aburrida en la playa. **3.** trajo, tomara, F: La señora trajo a la empleada a la playa para que vigilara al hijo. **4.** vino, le gustaba, F: La empleada vino a trabajar en la ciudad porque necesitaba trabajar. **5.** querían, se casara, tenía, C **6.** le gustaba, se sorbiera, C **7.** estaba, leía, era, C **8.** vivía, iba, arrendaba, C **9.** vio, llevaban, C **10.** insistía, miraba, F: La señora insistía en que la gente de la clase baja tenía un modo de ver el mundo distinto al de la gente de la clase alta.   **B.** *la señora:* traje de baño, 30 años, casada, el dinero es un elemento esencial en el matrimonio, la vida de campo es fácil, las historietas son absurdas, clase alta; *la empleada:* delantal, 20 años, soltera, quiere casarse, la vida de campo es difícil pero preferible, las historietas son bonitas y realistas, clase baja   **LECTURA 2:** *El delantal blanco,* **Parte 2   Palabras y conceptos   A. 1.** la señora **2.** la empleada **3.** la señora **4.** la empleada **5.** la señora **6.** la empleada **7.** la empleada **8.** Alvarito **9.** la señora **10.** la empleada   **B. 1.** detenerse **2.** gracioso **3.** acabarse   °°**C. 1.** pequeño, grande **2.** gritar, llorar, patear **3.** cómico, gracioso   **Comprensión A. 1.** b, c, i, k **2.** a, d, f **3.** e, h **4.** g, j   °°**B. 1.** no se metiera tan adentro, se metiera al agua, se mojara los pies. **2.** no importaba qué ropa llevara, todos reconocerían que era una mujer de clase. **3.** se mirara las uñas, se pusiera sus gafas, disfrutara tanto del cambio de ropa. **4.** trate de despedirla. **5.** la señora sea la patrona. **6.** tiene que vigilar a su hijo. **7.** haya separación clara y permanente de clases. **8.** no se haga daño en la roca.   **LECTURA 3:** *La United Fruit Co.*   **Palabras y conceptos**   °°**A. 1.** Centroamérica es como la cintura de las tres Américas por su lugar y forma. **2.** Las frutas del racimo se cocinan para hacer la mermelada. **3.** La compañía multinacional tiene que desembarcar en otros países para establecerse en ellos. **4.** Muchos religiosos creen que uno renace espiritualmente cuando se bautiza. **5.** Las comidas jugosas atraen a las moscas. **6.** Las compañías norteamericanas formaron un tipo de dictadura en la «Banana Republic».   °°**D.** Alude a la creación contada en Génesis.   °°**E.** Jehová

Capítulo 8: Creencias e ideologías

Exploraciones 1. c **2.** f **3.** e **4.** b **5.** d **6.** a   **LECTURA 1:** *Espuma y nada más*   **Aproximaciones al texto**   °°**B. 1.** un barbero **2.** un cliente / un militar **3.** una barbería **4.** se pone nervioso   **Palabras y conceptos**   °°**A. 1.** afeitarse, batir, enjabonar, la badana, el barbero, la barbilla, la brocha, la espuma, la navaja ~~2.~~ ~~castigar, colgar, la bala, el coraje, la funda, el fusilamiento~~, el kepis, el partidario, el verdugo **3.** traicionar, el vengador, clandestino **4.** sudar, aturdido/a **5.** degollar, el asesino, la bala, el fusilamiento, el golpe, el verdugo   **B. 1.** degollar **2.** la brocha **3.** el kepis **4.** anudar **5.** sudar   **C. 1.** afeite **2.** espuma **3.** aturdido **4.** colgado **5.** clandestino **6.** mancharse **7.** pulida **8.** comprobarlo   **Comprensión A. 1.** b **2.** a **3.** c **4.** b **5.** c **6.** c   **B. a.** 1: cuelguen **b.** 5: cometa **c.** 3: está **d.** 2: afeite **e.** 4: pueda **f.** 6: matar   **LECTURA 2:** *Padre nuestro*   **Palabras y conceptos**   °°**A.** El hombre reza. Los otros son Dios, el Diablo y algunos ángeles.   **C.** La oración que Jesús enseñó a sus discípulos en *Mateo* 6: 9-13; el padre es Dios y los hijos son los seres humanos (o Jesús y sus discípulos).   **D. 1.** b. **2.** a **3.** c **4.** f **5.** e **6.** d   **Comprensión A. 1.** b **2.** b **3.** a

Capítulo 9: Los hispanos en los Estados Unidos

LECTURA 1: *No speak English*   **Palabras y conceptos A. 1.** chillar, gritar **2.** grueso **3.** jalar **4.** de súbito **5.** hartarse de   **Comprensión** °°**A. 1.** varios **2.** el padre de la narradora y el nene-niño **3.** Mamacita **4.** Mamacita **5.** Mamacita **6.** la narradora y Rachel **7.** la narradora **8.** el padre de la narradora **9.** el hombre **10.** el hombre   **LECTURA 2:** *Una caja de plomo que no se podía abrir*   **Aproximaciones al texto   A. 1.** omnisciente, fuera de la acción, distanciado, digno de confianza, tercera persona, de otros **2.** una visión parcial, participa en la acción, afectada, digna de confianza, primera persona, de sí misma **3.** omnisciente, fuera de la acción, opinado, no digno de confianza, tercera persona, de otros **4.** una visión parcial, fuera de la acción, opinado, digno de confianza, primera persona, de otros **Palabras y conceptos A. 1.** la espalda: No tiene que ver con el militar. **2.** el plomo: No tiene que ver con la comunicación. **3.** el principio: No tiene que ver con el entierro. **4.** de repente: No tiene que ver con el espacio. **Comprensión A.** llegaron: 6, empezó: 9, fue: 2, se le murió: 1, leyó: 4, murió: 3, le llegó: 8, recibió: 5, fue: 7 **B. 1.** • en un ranchón puertorriqueño • Tenía quince a veinte puertas (casi todas sin números) que daban a igual número de apartamentos pequeños. • Son pobres **2.** • la desaparición de Moncho • los hombres que se reunían en el patio para discutir de la desaparición de Moncho y que opinaban que se había perdido • Encontraron a Moncho muerto. No hablaron porque ya no tenían que imaginar. • Llegó tres meses después de la segunda carta. La trajeron cuatro soldados y un teniente. • Quería ver a su hijo. Quería verlo antes de que lo enterraran. Porque la caja era de plomo y no se podía abrir. **3.** Hace dos años (desde el momento narrado) o durante la guerra en Corea. • Porque recibió una carta de reclutamiento militar y está preocupado por lo que le pueda pasar. • Las cartas que llegan del militar a los habitantes del ranchón; dos puertorriqueños jóvenes que sirven en una guerra por la que tienen poca comprensión o interés. **4.** • Doña Milla es su madre; el teniente está encargado de dejar sus restos con la madre; Sotero Valle es su padrino; el narrador es su amigo. • Doña Milla está histérica; el teniente indiferente; Sotero Valle tranquilo pero triste; el narrador mal de estómago. Doña Milla, Sotero Valle y el narrador están tristes aunque manifiestan su tristeza de diferentes maneras; el teniente expresa poca o ninguna emoción ante el suceso que para él sólo tiene que ver con un deber militar. °°• TENIENTE: es de plomo; plomo …así resistan mejor el viaje desde Corea. SOTERO VALLE: en una caja chiquita; si mi ahijado estaba dentro de la caja …era muy chiquita. DOÑA MILLA: no quería enterrarlo sin verlo una última vez; rezaba por el alma de mi hijo. EL NARRADOR: éstos creían que Moncho estaba preso y aquéllos que estaba perdido; me desmayara o vomitara. **LECTURA 3:** *Cubanita descubanizada* **Palabras y conceptos A. 1.** el ómnibus **2.** el alma **3.** el son **Comprensión** °°**A. 1.** La cubana pronuncia todas las eses. **2.** La cubanita dice ómnibus y autobús para referirse al transporte público. **3.** Le será difícil aprender a usar el dialecto cubano de nuevo. **4.** Según el poema, muchos cubanoamericanos se descubanizan. **5.** La descubanización implica un cambio en el habla, en el léxico y en la actitud. °°**B. 1.** verso 1 **2.** versos 2–3 y 8–9 **3.** versos 4–5 **4.** versos 7–8 **5.** verso 10

Capítulo 10: La vida moderna

LECTURA 1: *Imágenes photoshop* **Palabras y conceptos A. 1.** calvo **2.** hallarse **3.** asemejarse **4.** alterar **5.** bullicioso **6.** el rostro **7.** intocado **8.** con rabia **Comprensión** °°**A. 1.** Víctor recordaba con desdén su infancia en un pueblo árido de calles estrechas. **2.** Víctor no se llevaba bien con sus padres ni con sus hermanos y compañeros de clase y en sus fotos alteradas, cambió las imágenes de sus padres y borró a sus hermanos. **3.** A Víctor le fascinan los personajes bonitos del cine y de los deportes. **4.** Se obsesiona por alterar imágenes porque es tan fácil hacer. **5.** Estaba muy contento con su imagen alterada y se la mostraba a todos con orgullo. **6.** Víctor quería a su esposa cada vez menos. **7.** Víctor les mostraba sus fotos alteradas a todos. **8.** La hija de Víctor se enojó cuando descubrió las imágenes alteradas y sustituyó la de su padre con una imagen intocada. °°**B.** 7, 5, 3, 8, 4, 2, 6, 1 **LECTURA 2:** *Tiempo libre* **Palabras y conceptos** °°**A.** Las palabras relacionadas con leer el periódico son: acomodarse, enterarse de, hojearse, manchar, el diario, las letrashormiga. **Comprensión A. 1.** El narrador tiene costumbre de comprar el periódico todas las mañanas porque le interesan las noticias. **2.** Hoy se sintió un gran malestar al tocar el periódico que compró. **3.** Al leer un artículo sobre un jet que se había desplomado, sintió un gran dolor de cabeza. **4.** De repente, unas manchas empezaron a cubrirle los dedos, pero todo intento para lavarlos fue inútil y la mancha creció. **5.** Cuando el hombre le informó a su médico lo que sucedía, él le recomendó unas vacaciones. **B. a.** 5 **b.** 1 **c.** 2 **d.** 6 **e.** 3 **f.** 4 **g.** 8 **h.** 7 **C. 1.** se mancha **2.** informarse **3.** solo **4.** la cabeza, tiznadas **5.** inútil, preocupado **6.** quejarse, irritante **7.** Poco a poco

Capítulo 11: La ley y la libertad individual

LECTURA 1: *El ángel caído,* **Parte 1 Aproximaciones al texto A.** El texto hace referencia a la Biblia en el título «The rich shall inherit the earth». El anuncio hace referencia al sistema gubernamental de la seguridad social. °°**B. 1.** «el satélite ruso» **3.** «Por ser ingrávido (misterio teológico…)» **5.** «la caída del ángel» **6.** «la desertización» **Palabras y conceptos** °°**A. 1.** descompuesto, desinfectar **2.** la señal, la cortesía, pecar **3.** la melancolía, estar harto de, el sentido común, trastorno, el asombro, inquietar °°**B. 1.** cuando alguien solicita empleo **2.** después de una contaminación **3.** cuando la situación es demasiado difícil **4.** cuando ocurre algo inesperado **Comprensión A. 1.** d, habían caído **2.** a, habían causado **3.** e, habían visto **4.** b, había perdido **5.** g, había determinado **6.** c, había sabido **7.** f, había cruzado °°**B. 1.** El ángel era ingrávido. **2.** El ángel estaba muy delgado y no tenía órganos sexuales. **3.** No sabían qué idioma hablaba. **4.** Vivían en una era cuando los sexos eran perfectamente diferenciados y reconocibles. **5.** Había un simulacro de bombardeo. °°**C. Antecedentes** …No se sabe. *Lugar del incidente:* En la vereda al borde de una estatua descabezada. *Datos … Nombre/Apellidos:* No se saben. *Raza:* No determinada. No era ni ario, ni negro, ni amarillo, sino de piel azul. *Sexo:* Asexuado. *Color de ojos:* De todos. *Lugar de origen:* El cielo. *Lengua nativa:* No se sabe. *Condición física:* Pequeño, muy flaco y algo descompuesto. *Señales especiales:* Tiene alas mutiladas, piel azul y ojos que parecen de diferentes colores, estaba bastante desvenajado, era feo. *Conducta/Acciones:* Sin curiosidad, pasivo, casi inmóvil, debe volar, no caminar. *Hábitos y gustos:* No se sabe, quizás arenques. *Particularidades:* No olía, de aspecto poco feliz; no era ni joven ni viejo. Quizás cargado de radiación. **LECTURA 2:** *El ángel caído,* **Parte 2 Aproximaciones al texto A. 1.** AP **2.** AC **3.** AC **4.** E **5.** C **B. 1.** AC **2.** AP **3.** AC **4.** A **5.** N **Palabras y conceptos A. 1.** arrestar, regir, el desacato **2.** deliberadamente, extraer, pretexto **Comprensión A. 1.** no sabía, había **2.** no le importaba, contestara **3.** ridículo, dividiera **4.** subiera **5.** hubieran, muchas **6.** indicó, ya **7.** el ángel, pasara, a la mujer °°**B.** *Apariencia física:* La de los demás varía; la mujer es de edad mediana, hombros caídos, le temblaba algo el pulso, pelo castaño, ojos cansados, pero de piel blanca y fresca. *Actitud frente al ángel:* La de los demás era cautelosa, estaban curiosos, pero se mantenían distantes, hablaban del ángel, nunca al ángel. La mujer, en cambio, adoptó una actitud más íntima y habló directamente al ángel. *Actitud frente a las autoridades:* Los demás temían a las autoridades, pero la mujer no les tenía ni miedo ni respeto. *Actitud frente a la vida:* Los demás parecen cobardes y temerosos; la mujer es desafiante, pero fatalista.

Capítulo 12: El trabajo y el ocio

LECTURA 1: *El Sur,* **Parte 1 Palabras y conceptos A. 1.** la estancia **2.** el criollo **3.** el sanatorio **4.** convalecer **5.** la herida **B. 1.** la llanura **2.** echar a llorar **3.** el antepasado **4.** desembarcar **5.** la madrugada **C. 1.** desembarcó **2.** germánica, antepasado **3.** A costa de **4.** pesadillas **Comprensión A. 1.** C **2.** F: Tenía antepasados germánicos y argentinos, pero Juan se identificaba más con su sangre argentina. **3.** C **4.** F: Mientras subió las escaleras oscuras, corriendo para leer las *Mil y Una Noches,* algo le rozó e hirió en la frente. **5.** F: Los ochos días en casa pasaron como ocho siglos y Juan tuvo muchas pesadillas. **6** F: Dahlmann se echó a llorar cuando el cirujano le informó que había sufrido una septicemia grave. °°**B. 1.** en 1871 **2.** el daguerrotipo de un hombre inexpresivo y barbado, su estuche con el daguerrotipo, su vieja espada y su muerte romántica **3.** su herencia romántica, la sangre argentina **4.** se hirió en la frente **5.** se enfermó con una fiebre y sufrió muchas pesadillas **6.** inyecciones y una cirugía **7.** Constitución, una estación de trenes **8.** el Sur **9.** había un gato negro **10.** las *Mil y Una Noches* **C. a.** 4 **b.** 2 **c.** 1 **d.** 3 **e.** 6 **f.** 5 **LECTURA 2:** *El Sur,* **Parte 2 Palabras y conceptos B. 1.** fatigarse **2.** transfigurado **3.** vasto **4.** vinculado **C. 1.** detenerse **2.** encarcelar **3.** anochecer **4.** vacío **5.** la desdicha **Comprensión A. 1.** F: Subió al tren en el penúltimo andén y se acomodó en un vagón casi vacío. **2.** F: Juan no leyó el libro que había traído porque se disfrutaba del paisaje y de simplemente vivir. **3.** C **4.** F: Juan hace el viaje en el otoño. **5.** F: El inspector le dijo que el tren no lo dejaría en la estación de siempre. **6.** C **B. 1.** arrancaron, primer **2.** vinculado, desdicha **3.** un caldo, niñez **4.** árboles y sembrados, inferior **5.** distinto, transfigurado **6.** vasto, la soledad perfecta **7.** pasado, al Sur **8.** hundido, llanura **LECTURA 3:** *El Sur,* **Parte 3 Aproximaciones al texto A. 1.** anciano **2.** se apoyaba **3.** reducido **4.** pequeño **5.** oscura **6.** fuera **7.** criolla **8.** gaucho **9.** escasez °°**B. 1.** e **2.** f **3.** d **4.** c **5.** a **6.** b **Palabras y conceptos B. 1.** la daga, el puñal **2.** el peón **3.** tapar **4.** imprevisible **5.** burlarse **Comprensión A. 1.** de color rojo vivo **2.** patrón **3.** oscuro, un poncho **4.** una bolita de miga **5.** agravaban, enfrentarse con **6.** la daga que le había tirado al gaucho

This vocabulary does not include exact or close cognates of English. Also omitted are certain common words well within the mastery of second-year students, such as cardinal numbers, articles, pronouns, possessive adjectives, and so on. Adverbs ending in **-mente** and regular past participles are not included if the root word is found in the vocabulary or is a cognate. Terms are generally defined according to their use(s) in this text.

The gender of nouns is given for all nouns except masculine nouns ending in **-l, -o, -n, -e, -r,** and **-s** and feminine nouns ending in **-a, -d, -ión,** and **-z.** For nouns with masculine and feminine variants, both are listed when the English equivalents are different words (*grandmother, grandfather*); in most cases, however, only the masculine form is given (**abogado, defensor**). Adjectives are given only in the masculine singular form. Based on the 1994 decision of the Spanish Real Academia, the letter combinations **ch** and **ll** are no longer alphabetized separately. Verbs that have a spelling change in the first-person present indicative indicate the change with a parenthetical **(g), (j), (zc),** and so on. For stem-changing verbs, both present-tense and preterite (if any) stem changes are given. Finally, verbs with further irregularities are followed by *irreg.*

The following abbreviations are used in this vocabulary.

adj.	adjective	*inv.*	invariable
adv.	adverb	*irreg.*	irregular
conj.	conjunction	*m.*	masculine
dim.	diminutive	*Mex.*	Mexico
f.	feminine	*n.*	noun
fig.	figurative	*pl.*	plural
gram.	grammar	*p.p.*	past participle
indef. pron.	indefinite pronoun	*P.R.*	Puerto Rico
inf.	infinitive	*prep.*	preposition
interj.	interjection	*s.*	singular
		sl.	slang
		Sp.	*Spain*
		var.	variation

A

abajo *adv.* below; **calle** (*f.*) **abajo** down the street; **hacia abajo** downward

abalorio glass bead

abandonar to abandon, leave

abarcar to contain, include

abeja bee

abierto (*p.p. of* **abrir**) opened; **ver** (*irreg.*) **el cielo abierto** to see a great opportunity

abismo abyss

abofetear to slap

abogado lawyer

abolerar to transform

abolición abolition

abordar to board

aborrecer (**zc**) to hate, abhor

abortar to abort

aborto abortion

abotonarse to button

abrazar to hug, embrace

abrazo hug, embrace

abrigo coat; shelter

abrir (*p.p.* **abierto**) to open; to turn on (*faucet*); **abrir paso** to make way

abrumador overwhelming

absoluto *adj.* absolute

absorto (*p.p. of* **absorber**) absorbed

abstracto abstract

absurdo absurd

abuela grandmother

abuelo grandfather; *pl.* grandparents

abundancia abundance

aburrido bored; boring

aburrir to bore; **aburrirse** to become bored, be bored

abuso abuse

acá here, over here; **por acá** around here

acabar to end, finish; **acabar de + inf.** to have just (*done something*); **acabarse** to end, conclude, finish (off)

acalorar to heat, warm up

acariciar to touch, caress

acaso perhaps, maybe; by chance

acceso access

accidentarse to have an accident; to be hurt or injured

acción action; share of stock; **Día (m.) de Acción de Gracias** Thanksgiving Day

aceite oil; **aceite bronceador** suntan lotion

acelerarse to hurry

aceptación acceptance

aceptar to accept

acera sidewalk

acerca de about, concerning

acercarse (a) to approach, come close (to)

acero steel

acertar (ie) to be correct

achatado flat, flattened

achinado dark (*features*)

aclamación acclamation

aclamar to acclaim

aclarar to clarify; to clear up

acogedor welcoming

acogido welcomed

acometer to attack

acomodar to arrange, put in place; **acomodarse** to find or settle into a comfortable position; to fit in (with), comply

acompañamiento accompaniment

acompañar to accompany

aconsejar to advise

acontecer (zc) to happen

acontecimiento event, happening

acordarse (ue) (de) to remember

acostar (ue) to put to bed; **acostarse** to go to bed

acostumbrado accustomed, used to

acostumbrarse (a) to become accustomed (to)

acotación stage direction

acrecentarse (ie) to grow, increase

acta *m.*: **acta de consignación** certificate of report; **levantar un acta** to make a complaint

activamente actively

activismo activism

acto act

actriz actress

actual current, present-day

actualidad: de/en la actualidad of/at the present time, currently

actualmente nowadays; these days

actuar (actúo) to act, behave

actuario actuary, clerk of a court of justice

acudir (a) to come (to), answer (*a call*)

acuerdo: de acuerdo con in accordance with; **estar (irreg.) de acuerdo** to agree; **llegar a un acuerdo** to reach an agreement; **ponerse (irreg.) de acuerdo** to come to an agreement

acumulado accumulated

acunar to cradle, to rock

acurrucarse to hunker down, squat on one's haunches

acusar to accuse

ad libitum improvising

adaptarse to adjust, accustom oneself

adecuado adequate

adelantar to move or bring forward; **adelantarse** to go forward, go ahead

adelante ahead; forward

adelanto advance, progress

adelgazar to lose weight

ademán gesture; **hacer (irreg.) ademán** to gesture

además moreover, furthermore; **además de** besides, in addition to

adentro *adv.* within, inside

adicción addiction

adición: en adición (a) additionally, in addition (to)

adicional additional

adiós good bye

adivinar to guess

administrativo administrative

admirado awed, amazed

admirador admirer

admirar to admire

admitir to admit

admonitorio admonishing

adolescente *n., adj. m., f.* adolescent

adonde where

adorar to adore

adormilado drowsy

adornar to adorn

adquirir (ie) to acquire

adquisición acquisition

adulterio adultery

advertir (ie, i) to warn, advise

aéreo *adj.* air

aeróbico aerobic

afanarse to strive

afearse to become ugly

afectar to affect, have an effect on

afectivo emotional

afecto affection

afectuoso affectionate

afeitado *n.* shave

afeitar(se) to shave

afiche poster

afición liking, taste, fondness

aficionado fan

afilado sharp

afinado polished, refined

afirmación affirmation

afirmar to affirm, assert; **afirmarse** to get the upper hand

aflojar to slacken, loosen

afortunado fortunate

afrontar to face, confront

afuera *adv.* outside; out

agasajar to smother with attention

agente *m., f.* agent

ágil agile, nimble

agitar to shake; to disturb

agobiado overwhelmed

agónico moribund, dying

agotado worn out, exhausted

agradable pleasant

agradar to please

agradecer (zc) to thank

agradecido thankful

agradecimiento gratitude

agrandar to enlarge

agravar(se) to become worse

agraz: en agraz prematurely

agregar to add

agrícola *m., f.* agricultural

agricultura agriculture

agrio sour; sharp, crisp

agrupar to group

agua *f.* (*but* **el agua**) water

aguantar to stand, bear, suffer

aguardar to wait for, await

agudo sharp

águila *f.* (*but* **el águila**) eagle

aguja needle, syringe

agujero hole

aguzar el oído to prick up one's ears

ahí there

ahogarse to drown

ahora now; **ahora mismo** at once

ahorrar to save

ahorros *pl.* savings

aire air

aislamiento isolation

aislar(se) to isolate (oneself)

ajedrez *m.* chess

ajeno other, belonging to another; foreign, alien; distant, remote

ajo garlic

ajustar to tighten; to adjust

ala *f.* (*but* **el ala**) wing

alargar to hand, pass (*something to someone*); to lengthen, extend

alarma alarm

alarmar to alarm

alba *f.* (*but* **el alba**) dawn

albedrío free will

albergar to cherish, harbor (*a hope*)

alcalde mayor

alcance: al alcance within reach

alcanzar to reach, attain

alcoba bedroom

alcoholado *s.* spirits (*alcohol*)

alcohólico *n., adj.* alcoholic

aldea village

alegrar to make happy; **alegrarse** to be happy

alegre happy

alegría happiness

alejarse to withdraw, move away, leave

alemán *n.* German (*language*)

Alemania Germany

aletear to flutter

algo *indef. pron.* something; *adv.* somewhat

alguien *indef. pron.* someone

algún, alguno some, any; **alguna vez** sometime; once; ever (*with a question*); **en alguna parte** somewhere

alimentación food; feeding

alimentar to feed

alimento food

alisar to smooth

aliteración alliteration

aliviar to alleviate

alivio relief

allá (over) there; **más allá** beyond, further; **por allá** over there

allanar to invade, take over

allí there

alma *f.* (*but* **el alma**) soul

almacén store, shop, warehouse

almendrado almond-shaped

almuerzo lunch

alrededor *s.* surroundings; *pl.* outskirts; **alrededor de** *adv.* around, about

alteración alteration, change

alterar to alter

alternativa alternative

altillo loft, attic

altiplano highland

altivez haughtiness, pride

altivo arrogant, haughty

alto *n.* stop; **hacer** (*irreg.*) **un alto** to come to a standstill

alto *adj.* tall; high; **alta costura** high fashion; **clase** (*f.*) **alta** *s.* upper classes; **en alto** held high; **en voz alta** aloud

altura height

aludir to allude, refer to

alumbrado (street) lighting

alumbramiento childbirth

alzar to raise, lift; **alzar los hombros** to shrug one's shoulders

ama *f.* (*but* **el ama**) **de casa** housewife

amabilidad amiability; kindness

amable kind

amado *n., adj.* beloved

amanecer *n.* dawn, daybreak

amanecer (**zc**) to dawn, break (the day)

amante *n. m., f.* lover; *n. m.* rope, mooring (*nautical*); *adj.* loving

amar to love

amargarse to become bitter

amargo bitter

ambiente atmosphere; **medio ambiente** environment

ambos both

ambulante: vendedor ambulante peddler

amenaza threat

amenazar to threaten

ameno pleasant, nice

americanizarse to become Americanized

americano *adj.* American

ametralladora machine gun

amigable amicable, friendly

amigo friend

amistad friendship

amistoso friendly

amonestación reprimand, admonition

amonestar to reprimand, admonish

amor love

amoroso amorous

amparar to aid, help; to shelter

amplio ample; large

anacronismo anachronism

analfabeto illiterate

análisis *m., f.* analysis

analizar to analyze

ancho wide, broad

anciana old woman

anciano *n.* old man; *adj.* old

andamio scaffold

andanza occurrence, event

andar *irreg.* to walk; to go, move

andén platform (*train station*)

andrajo rag, tatter

andrajoso ragged, tattered

anerviarse to become nervous

ángel angel

angélico angelic

anglosajón *adj.* Anglo Saxon

ángulo angle

angustia anguish; anxiety

angustiado anxious

anhelo longing

anillo ring

animarse to become enlivened

ánimo spirit, courage

anoche last night

anochecer *n.* nightfall

anochecer (**zc**) to grow dark

anochecido nightly

anonimato anonymity

anotar to note; to write down

ansiedad anxiety

ante *prep.* before, in front of

antecedente background, record

antemano: de antemano beforehand

antena antenna

anteojos *pl.* (eye)glasses; **anteojos para el sol** sunglasses

antepasado ancestor

anterior previous

antes (de) before

anticipado: por anticipado in advance

anticipar to anticipate

anticuado antiquated, old-fashioned

anticuario antique shop

antigüedad antique; antiquity

antiguo old, ancient

antipoema *m.* antipoem

antirreligioso antireligious

antitético antithetic, antithetical

antónimo *n.* antonym; *adj.* antonymous

anual annual

anudar to tie

anular to annul, make null and void

anunciar to announce

anuncio announcement; advertisement

añadir to add

añicos: hacerse (*irreg.*) **añicos** to shatter; **volver (ue) añicos** to shatter

año year; **cumplir... años** to turn . . . years old; **hace... años** . . . years ago; **tener** (*irreg.*)**... años** to be . . . years old

añoranza yearning

añorar to pine for, miss

apagar to turn off/out; to fade away; to put out

aparato equipment, machine

aparcero tenant farmer

aparecer (*like* **parecer**) to appear

aparición appearance, apparition

apariencia appearance

apartado remote, distant

apartamento apartment

apartar to remove; **apartarse** to go away, leave, withdraw

apasionado passionate

apearse to alight; to dismount

apellido surname

apenas hardly, scarcely

apeñuscar to press together; to pack, cram together

apetitoso appetizing

aplicado studious

aplicar to apply

Apocalipsis Apocalypse

apoderarse (**de**) to take possession of

apodo nickname

aportar to contribute

aporte contribution

apostar (**ue**) to post, station; to bet

apoyar to support

apoyo support

apreciar to appreciate

aprender to learn; **aprender a** + *inf.* to learn how to (*do something*)

aprensión: dejar aprensiones to stop worrying

apresurar(se) to hurry

apretado tight

apretar (**ie**) to press, push (*a button*), to tighten; to squeeze (*a muscle*)

aprisa promptly, quickly

aprobación approval

aprobar (*like* **probar**) to approve

aprontarse to get ready

apropiado appropriate

aprovechar to take advantage of

aproximarse to approach

apto apt, capable

apuntar to note, make a note of; to point out

apunte note; **cuaderno de apuntes** notebook

apuñalar to stab

apuro haste

aquí here

arbitrario arbitrary

árbol tree; **árbol genealógico** family tree

archivar to file

archivo file

arco arch

arder to burn

arena sand

arenque herring

argentino *adj.* Argentine

argumento plot; theme, subject; argument

árido arid, barren, dry

ario *adj.* Aryan

arista edge

aristócrata *m., f.* aristocrat

arma *f.* (*but* **el arma**) weapon

armado: brazo armado armed flank (*military*)

armazón *f.* framework

armonía harmony

aro earring

arpegio arpeggio (*music*)

arquitecto architect

arquitectura architecture

arrabal *s.* outskirts

arraigado rooted

arrancar to move out, rush forward; to start (*a motor*)

arranque fit, outburst (*of anger*)

arrastrar to drag

arreglar to fix, repair

arreglo compromise; agreement

arremeter to attack

arremolinado swirled; scrambled

arrendar (**ie**) to rent

arrepentido repentant

arrestar to arrest

arriba *adv.* above; **boca arriba** face-up; **calle** (*f.*) **arriba** up the street; **hacia arriba** upward

arribar to arrive; to reach port

arrimarse to come close

arrobador entrancing

arrodillarse to kneel

arrojar to throw

arroyo bed (*of a river*)

arroyuelo brooklet

arroz *m.* rice

arruga wrinkle

arrugar to wrinkle

arrullo cooing

arrume pile

arte *f.* (*but* **el arte**) art; **bellas artes** fine arts

artesano artisan

artículo article

artificial artificial; **fuegos artificiales** fireworks

artificio: fuegos de artificio fireworks

artista *m., f.* artist

artístico artistic

asado: carne (*f.*) **asada** roasted meat

asaltado assaulted

ascender (**ie**) to ascend, climb

ascensor elevator

asegurar to insure, guarantee

asemejarse to be alike, be similar

asentar (**ie**) to sharpen

asesino assassin, murderer

asexuado asexual

asfixiado asphyxiated

así *adv.* so, thus, in this manner; **así como** as well as; **así que** *conj.* so, then

asiento seat

asignar to assign

asilo sanctuary, refuge

asimilarse to assimilate

asir (**asgo**) to take hold of

asistir (**a**) to attend (*a function*)

asociar to associate

asomarse to lean out of (*a window or opening*)

asombrado astonished

asombro surprise

asombroso astonishing, amazing

asomo bit

aspecto aspect; appearance

áspero sour

aspirante *m., f.* candidate, applicant

aspirar to inhale; **aspirar a** to aspire to

asta *f.* (*but* **el asta**) pole, spear

asteroide asteroid

astronauta *m., f.* astronaut

astucia shrewdness

asunto matter; subject, topic

asustado scared

asustarse to be frightened

atacar to attack

ataque attack

atar to tie; to lace up

atareado busy

ataúd *m.* coffin, casket

atemorizar to scare; **atemorizarse** to become scared or afraid

atención attention; **llamar la atención** to draw attention; **prestar atención** to pay attention

atender (*like* **tender**) to attend to, take care of

atentamente attentively

ateo atheist

atestado crammed, packed

atinar a + *inf.* to manage to (*do something*)

atisbo tiny bit
atraer (*like* **traer**) to attract
atrás behind; back; **hacia atrás** back, backward
atravesar (ie) to cross
atreverse (a) to dare (to)
atribuir (y) (a) to attribute (to)
atributo attribute
atropelladamente hastily
atropellado run over
atroz atrocious
aturdido upset
aturdidor deafening
auditivo auditory
augurio omen
augusto *adj.* august
aullar to howl, wail
aullido howl, wail
aumentar to increase
aumento increase
aun *adv.* even, yet, although
aún *adv.* yet, still
aunque although, even though
aureola aureole, halo
auricular earpiece; headphone
aurora dawn, aurora
auscultar to listen with a stethoscope
ausencia absence
ausente absent
autobús bus
autógrafo autograph
automático: centrado automático automatic centering
auto(móvil) automobile, car
autoridad authority
autoritario authoritarian
autorización authorization
autorizar to authorize
autorretrato self-portrait
avance advance
avanzar to advance, move forward
ave *f.* (*but* **el ave**) bird
avenida avenue
aventura adventure
aventurero adventurous
averiguar to find out
ávido avid
avión *m.* airplane
avisar to inform; to advise; to warn
aviso notice; warning; **aviso luminario** neon light
¡ay! *interj.* alas! woe!
ayer yesterday
ayuda help
ayudar to help
azahar orange blossom
azorado embarrassed

azotar to flail
azotea flat roof
azteca *adj. m., f.* Aztec
azúcar sugar
azucarado sugared
azul blue

B

badana sheepskin
bailar to dance
baile dance
bajar to descend, go down; to lower; **bajar la vista** to look down; **bajarse** to alight, get off
bajo *adj.* short (*height*); low; *prep.* under; *adv.* below; **clase** (*f.*) **baja** *s.* lower classes; **hacerse** (*irreg.*) **bajo** to close in
bala bullet
balancearse to rock
balanceo rocking
balsámico healing
banco bank
bandana leather strap
bandeja tray
bandera flag
bañarse to bathe; to swim
bañista *m., f.* bather, swimmer
baño bathroom; **traje de baño** bathing suit
barajar to toy with
barato cheap, inexpensive
barba beard
barbado bearded
barbería barbershop
barbero barber
barbilla chin
barbudo thickly bearded
barca small boat
barco boat
barítono *n.* baritone
barra de pan baguette, French bread
barrendero street cleaner
barrio neighborhood
barrote thick bar
basarse en to base one's ideas, judgment, or opinions on
base *f.* base; **a base de** based on
básico basic
bastante *adj.* enough, sufficient; *adv.* enough; rather, quite
bastar to be enough, suffice; **¡basta ya!** that's enough!
bastardilla italics
bastón cane
basura trash
batalla battle

bate bat
batiente door jamb
batir to beat; to whip, whisk
bautizar to baptize
bayeta thick flannel
bebé baby
beber to drink
bebida beverage
belleza beauty
bello beautiful; **bellas artes** fine arts
bencina benzine
bendición blessing; **dar** (*irreg.*) **la bendición** to bless
beneficiar to benefit
beneficio benefit
besar to kiss
bestia beast
Biblia Bible
bíblico biblical
biblioteca library
bibliotecario librarian
bicicleta bicycle
biculturalismo biculturism
bien *adv.* well; **bien educado** well-mannered; **caer** (*irreg.*) **bien** to strike (one) well, make a good impression; **pasarlo bien** to have a good time
bienes *n. pl.* assets
bienestar well-being
bienhechor benefactor
bigote mustache
bilingüe bilingual
bilingüismo bilingualism
billetera billfold
bisabuela great grandmother
bisabuelo great grandfather
bistec *m.* steak
Blancanieves y los siete enanitos Snow White and the Seven Dwarves
blanco white; blank
blanqueador bleach
blindado armored
blusa blouse
blusón cover-up
boca mouth; **boca arriba** face-up; **de boca en boca** by word of mouth
bocarriba face-up
boda wedding
bodega grocery store
bofetada slap
bogotazo *popular name for a wave of violence in Bogotá, Colombia, in 1948*
bol bowl
bolero *Spanish song/dance*

boleto ticket
bolígrafo pen
bolita de miga bread crumb
bolsa bag
bolsillo pocket; *sl.* money
bolso handbag, purse
bomba bomb
bombardeo: simulacro de bombardeo bomb drill
bondad goodness; **tener** (*irreg.*) **la bondad de** + *inf.* to be so kind as to + *inf.*
bonito pretty
bono de consumo meal ticket
boquiabierto gaping; open-mouthed
bordar to embroider
borde: al borde de on the verge of
borrachera drunkenness
borracho drunk
borrar to erase
bosque forest, woods
bosquejo sketch
bota boot
botánico botanical
botar to throw out
botella bottle
botón button
bramar to roar
bravura courage
brazo arm; **brazo armado** armed flank (*military*)
breve brief, short
brevedad shortness, brevity
brillante bright, brilliant
brillar to shine
brillo gleam, shine
brindar to offer
brisa breeze
brocado brocade
brocha brush (*for shaving*)
broma joke; **tomar en broma** to take as a joke
bromear to joke
bronceador: aceite bronceador suntan lotion
bronco hoarse
brotar to bring forth; to spring, gush (*water*)
bruces: de bruces face-down
bruja: Día (*m.*) **de Brujas** Halloween
bruscamente suddenly
budista *n. m., f.* Buddhist
buen, bueno good; **buena pieza** *sl.* tramp; **buena voluntad** good will; **buenas tardes** good afternoon; **de buena gana** willingly

bufa comical
búho owl
bullicioso boisterous
bulto lump
Burdeos Bordeaux
burguesía bourgeoisie
burla mockery; sneer
burlarse (**de**) to make fun (of)
burlón ironic
buró bureau, writing desk
buscar to look for; **en busca de** in search of
buscona whore
búsqueda search
butaca armchair

C

caballero gentleman
cabellera hair, head of hair; fronds (*of a tree*)
cabello hair
caber *irreg.* to fit; **no cabe duda** there is no doubt
cabeza head; **dolor de cabeza** headache
cabizbajo crestfallen
cabo corporal; end; **al fin y al cabo** it's all the same; **llevar a cabo** to carry out; to fulfill
cacha handle
cada *inv.* each; every; **a cada rato** every so often; **cada vez más** more and more; **cada vez que** whenever, every time that
cadáver corpse, body
cadena chain; network
cadencia cadence
cadera hip
caer *irreg.* to fall; **caer bien/mal** to strike (one) well/badly, make a good/bad impression; **dejar caer** to drop
café coffee; café
caída fall
caja box
cajón large box, chest; drawer (*in furniture*); **frase** (*f.*) **de cajón** stock phrase
calcetín sock
calcular to calculate
caldo broth, soup
calendario calendar
calentarse (**ie**) to warm up; to get hot
calidad quality
cálido warm, hot
caliente hot, warm
callado quiet

callampa: población callampa squatters; shanty town
callarse to be quiet
calle *f.* street; **calle abajo** down the street; **calle arriba** up the street
calleja alley; narrow street
calma calm
calmar to calm; **calmarse** to calm down
calor heat; **hacer** (*irreg.*) **calor** to be hot (*weather*); **tener** (*irreg.*) **calor** to be hot (*person*)
calumniado slandered, defamed
calva bald spot
calvicie *f.* baldness
calvo bald
calzada wide road
calzado wearing shoes, shod
calzón underwear
cama bed
cámara camera
camarada *m., f.* comrade
camaradería camaraderie
cambiar to change; **cambiar de idea** to change one's mind; **cambiar de usufructuario** to change hands
cambio change; **en cambio** on the other hand
camilla stretcher; chaise lounge
caminar to walk; **caminar en puntillas** to tiptoe
caminata walk
camino road
camión *m.* truck; bus
campaña campaign; countryside; **tienda de campaña** camping tent
campesino peasant
campestre rural; pertaining to the countryside
campiña country, countryside
campo country, countryside; field
Canadá *m.* Canada
canario canary
canción song
candado lock
canoa canoe
cansado tired
cansancio fatigue
cansarse to become tired
cantante *m., f.* singer
cantar to sing
cantidad quantity
canto song
caos chaos
caótico chaotic

capa layer
capacidad capacity
capaz able, capable
Caperucita Roja Little Red Riding Hood
capital *m.* capital; wealth; *f.* capital (city)
capitán captain
capitolio capital building
capítulo chapter
captar to capture; to grasp
cara face
caracol snail
carácter character; personality
característica *n.* characteristic
característico *adj.* characteristic
caracterización characterization
caracterizar to characterize
¡caramba! *interj.* well! goodness! (*expressing surprise*)
carcajada guffaw
cárcel *f.* jail
carecer (zc) de to lack
carey *m.* tortoise shell
carga load
cargar to load
caribeño *adj.* Caribbean
caricia caress
cariño affection
cariñoso affectionate
carnaval carnival, Mardi Gras
carne *f.* meat; flesh; **carne asada** roasted meat
carnet (*m.*) **de identificación** identity card
carnicero butcher
carpa beach tent
carraspear to clear one's throat
carrera career; race; **a la carrera** running
carrete spool
carretera highway
carro car
carta letter
cartel poster; cartel
cartelera billboard
cartero mailman
cartucho grocery bag
casa house; **casa habitacional** living quarters
casarse to get married
casco helmet; fragment, shard
casero homemade
casi almost
caso case; **en todo caso** in any case; **hacer** (*irreg.*) **caso (de)** to pay attention (to)

castañetear to chatter
castaño *n.* chestnut tree; *adj.* chestnut-colored
castigar to punish
Castilla Castile
castillo castle
catalogar to catalog
catástrofe *f.* catastrophe
catastrófico catastrophic
catedral *f.* cathedral
católico *n., adj.* Catholic
caucho rubber
caudaloso abundant, plentiful
caudillo chief, leader
causa cause; **a causa de (que)** because of
causar to cause
cautelado cautious
cauto cautious, wary
caverna cavern
cayado walking stick
cazar to hunt
cebolla onion
ceder to relinquish; to abandon
cédula card; document
cegado blind
cegador blinding, dazzling
ceguera blindness
celda cell (*prison*)
celebrar to celebrate
celeridad rapidity, quickness
celoso jealous
celular: teléfono celular cellular telephone
cenar to dine
ceniza ash; **miércoles de ceniza** Ash Wednesday
censura censorship
centro center; downtown
ceño frown
cepillado: pino cepillado scrubbed pine
cerca *adv.* nearby, close; **cerca de** near, close to
cercano *adj.* near, close
cerebro brain; **exprimir el cerebro** to rack one's brain
ceremonia ceremony
cerrar (ie) to close
certidumbre *f.* certainty
cerveza beer
cesar to stop, cease
cesta basket
chacra: peón de chacra farm worker
chal shawl
chambergo slouched, broad-brimmed hat

chaqueta jacket
charola (*Mex.*) platter, tray
chica girl
chicano *adj.* Mexican American
chico *n.* boy; *adj.* small
chileno *n., adj.* Chilean
chillar to scream, shreak
chinampa floating garden
chino *n.* Chinese
chiquillo *sl.* young child
chiripá gaucho's dress trousers
chirrido creaking
chistar to speak (*generally in the negative*)
chiste joke
chocante shocking
chocar to strike, hit upon; to crash, bump into
chofer driver
chorro gush, stream, flood
choza shack
ciberespacio cyberspace
cicatriz scar
ciclo cycle
ciego blind
cielo sky; heaven; **ver** (*irreg.*) **el cielo abierto** to see a great opportunity
ciencia science
científico *n.* scientist; *adj.* scientific
cierto certain; sure; true
cifra figure, number
cigarrillo cigarette
cigarro cigar
cine movie theater; movies (*industry*)
cinético kinetic
cínico cynical
cinta ribbon; **cinta magnetofónica** magnetic tape
cintura waist
cinturón belt
circo circus
círculo circle
circunstancia circumstance
cirugía surgery
cirujano surgeon
cita quote; date
citar to quote
ciudad city
ciudadanía citizenship
ciudadano citizen
ciudadela fortress
cívico civic
civil civil; **estado civil** marital status
civilizado civilized
clandestino clandestine, hidden
claridad brightness; clarity
clarividencia clairvoyance

claro clear; light; **¡claro (que sí)!** of course!

clase *f.* class; **clase alta** *s.* upper classes; **clase baja** *s.* lower classes; **clase media** *s.* middle classes; **compañero de clase** classmate

clásico classic; classical

clasificar to classify

cláusula clause

clavar to nail; to pierce, prick; to fix (*one's eyes*)

clave *adj. inv.* key

clavo nail; hook

clero clergy

clic: hacer (*irreg.*) **clic** to click on

cliente *m., f.* client, customer

clientela clientele

clorofila chlorophyl

cobarde *m., f.* coward

cobardía cowardice

cobertizo shed

cobija blanket

cobrar to charge

coche car; **coche de la plaza** taxi

cochecito baby carriage

cochina sow

cochinito: Los tres cochinitos The Three Little Pigs

cocina kitchen

cocinar to cook

cocinero cook (*person*)

codiciado coveted

código code

codo elbow

cofundador co-founder

coger (j) to pick up

cognado cognate

coincidir to coincide

colaborar to collaborate

colar (ue) to percolate; **colarse** to slip through, sneak in

colchón mattress

colectividad collectivity

colectivo collective

colegio school

cólera anger

coletazo de ira lash of anger

colgar (ue) to hang

collar necklace

colmillo fang

colmo: esto es el colmo this is the last straw

colocar to place

colombiano *n., adj.* Colombian

colorido coloring; color

colorín bright vivid color

columnista *m., f.* columnist

comandita: sociedad en comandita company made up of active and silent partners

comando headquarters

combate combat, battle

combatir to fight, battle

combinar to combine

comedia comedy

comedor dining room

comentar to comment (on), talk about

comentario comment, commentary

comenzar (ie) to begin

comer to eat

comerciante *m., f.* merchant

comercio business, trade

cometer to commit

cómico funny

comida food; meal

comilón hearty eating

comisura mouth corner

comitiva retinue

como like, as; **así como** as well as; **como quien dice** as they say; **tal como** just like; **tan… como…** as . . . as . . . ; **tan pronto como** as soon as; **tanto… como…** both . . . and . . . ; **tanto como** as much as

cómoda chest of drawers

comodidad comfort

cómodo comfortable

compa (*short for* **compañero**) *m.* pal

compacto compact; **disco compacto** compact disk (**CD**)

compadre mate, chum

compañero companion, partner; workmate; **compañero de clase** classmate

compañía company

comparación comparison

comparar to compare

compartir to share

compás compass

compenetrado con fully acquainted with

compensar (*like* **pensar**) to compensate

complacer (zc) to please

complejidad complexity

complemento *gram.* object; **complemento pronominal** *gram.* object pronoun

completar to complete

completo complete; **tiempo completo** full-time

complicado complicated

complicar to complicate

cómplice *m., f.* accomplice

complicidad complicity

componer (*like* **poner**) to compose; to fortify, strengthen (*health*)

compra purchase; **hacer** (*irreg.*) **compras** to go shopping

comprador buyer

comprar to buy

comprender to understand

comprensión comprehension

comprensivo comprehensive

comprobar (*like* **probar**) to verify, ascertain

comprometer to compromise

compromiso commitment, promise

computadora computer

computar to compute

común common; **poco común** rare, unusual

comunicar to communicate

comunidad community

comunista *adj. m., f.* communist

concentrarse to be focused, centered

conciencia conscience

conciliador conciliatory

concluir (y) to conclude

concreto *adj.* concrete

concurrencia attendance

concurrir to attend

conde count

condena condemnation

condenar to condemn

condiscípulo schoolmate

condolido sympathetic

conducir *irreg.* to lead

conectar to connect

conejo rabbit

conexión connection

conferencia lecture, talk

conferir (ie, i) to confer

confesar (ie) to confess

confianza confidence; **digno de confianza** trustworthy; **tener** (*irreg.*) **confianza** to be confident

confiar (confío) to entrust

confidente *n.* confidant

confirmar to confirm

confitería tea room

conflictivo conflicting

conformarse to conform, adapt (*oneself*)

conforme agreeable; resigned

confortable comfortable

confortar to comfort

confrontar to confront

confundido confused

confuso confused

congreso congress
conjetura conjecture
conjugar to conjugate
conjunto ensemble, band
conmemoración commemoration
conmovedor moving, touching
connotado renowned, famous
conocer (zc) to know, be acquainted with
conocimiento knowledge; acquaintance
conquistar to conquer
consabido well-known; usual
consanguíneo consanguineous
consciente conscious
consecuencia consequence; **en consecuencia** as a result
conseguir (*like* **seguir**) to get, obtain
consejo advice
consenso consensus
conservador conservative
considerar to consider
consignación: acta (*m.*) **de consignación** certificate of report
consignar to consign
consiguiente: por consiguiente therefore
consistir en to consist of
consola wall table
consonante *f.* consonant
constelado starry, star-studded
constituir (y) to compose, make up
construir (y) to construct
consuelo consolation
consultar to consult
consumir to consume
consumo consumption; **bono de consumo** meal ticket
contar (ue) to count; to tell; **contar con** to count on
contemplar to contemplate
contemporáneo contemporary
contener (*like* **tener**) to contain
contenido *n.* content
contentarse to be content, pleased
contento content, pleased
contestar to answer
continuación continuation; **a continuación** following, next
continuar (continúo) to continue
contra against; **pro y contra** for and against
contradecir (*like* **decir**) to contradict
contradictorio contradictory
contrariedad annoyance
contrario opposite; **al contrario** on the contrary

contrastar to contrast
contribuir (y) to contribute
contrincante rival, opponent
controlar to control
convalecencia convalescence
convalecer (zc) to convalesce
convencer (se) (zc) to convince
convencido convinced
conversación conversation; **trabar conversación** to strike up a conversation
conversador talkative
conversar to converse
convertirse (ie, i) (en) to become
convicción conviction
convidar to invite (*to a meal*)
cooperar to cooperate
copa top
copo de nieve snowflake
coquetear to flirt
coqueto flirtatious
coraje mettle, spirit, fierceness
corazón heart
corbata tie
Corea Korea
coreano *n.* Korean
cornisa cornice
cornudo cuckold
coro chorus
corredor corridor
correr to run
correspondiente corresponding
corresponsal correspondent, reporter
corriente current, present
cortar to cut; **cortar las palabras** to cut off one's words
corte *m.* cut; *f.* court; **hacer** (*irreg.*) **la corte** to court
cortesía courtesy
corto short (*time, length*)
cosa thing
cosecha crop; harvest, harvesting
coser to sew; **máquina de coser** sewing machine
cósmico cosmic
costa coast; cost; **a costa de** at the expense of
costado side
costar (ue) to cost; to be difficult
costo cost, price
costoso costly
costumbre *f.* custom; **de costumbre** usually
costura sewing; **alta costura** high fashion
cotidiano daily

cráneo skull
crear to create
creatividad creativity
crecer (zc) to grow
creciente growing
crecimiento growth
crédito credit
creencia belief
creer to believe; to think
crespo unruly
cresta crest
cretino idiot
criada maid
crianza raising, rearing
criar (crío) to raise, bring up
crimen crime; **crimen pasional** crime of passion
criollismo spirit and character of the gaucho (*Argentina*)
criollo *n., adj.* Creole
crisis *f. s.* crisis; *pl.* crises
cristal crystal
crítica criticism; critique
criticar to criticize
crítico critical
criticón faultfinding
cromático chromatic
cronológico chronological
cruce crossing
crudo raw
crueldad cruelty
crujido creak
cruz cross
Cruzadas Crusades
cruzar to cross
cuaderno (de apuntes) notebook
cuadra (city) block
cuadro square; table (*chart*); picture
cuajar to fit in
cual: por lo cual for which
cualidad quality
cualquier *adj.* any
cualquiera *indef. pron.* anyone; *adj.* any, just any sort or kind of
cuando when; **de vez en cuando** once in a while
cuanto *adv.* as much as; **en cuanto** as soon as; **en cuanto a…** as far as . . . is concerned
cuarto *adj.* fourth
cubano *n., adj.* Cuban
cubanoamericano Cuban American
cubierto (*p.p. of* **cubrir**) covered
cubrir (*p.p.* **cubierto**) to cover
cuchillo knife
cuello neck; collar

cuenta account; bill; **darse** (*irreg.*) **cuenta (de)** to realize; **pedir (i, i) cuentas** to ask for an explanation; **por su cuenta** by oneself; **tener** (*irreg.*) **en cuenta** to keep in mind; **tomar en cuenta** to take into account
cuentista *m., f.* short-story writer
cuento story, **cuento de hadas** fairy tale
cuero leather
cuerpo body
cuestión question, matter
cuestionar to question
cuestionario questionnaire
cueva cave
cuidado care; **¡cuidado!** careful!
cuidar to take care of
culminar to culminate
culpa fault; blame; **tener** (*irreg.*) **la culpa** to be to blame
culpar to blame
cultivar to cultivate
culto well-educated
cumpleaños *s., pl.* birthday
cumplimiento fulfillment
cumplir to fulfill; **cumplir… años** to turn . . . years old
cuna cradle
cuñada sister-in-law
cuñado brother-in-law
cura *m.* priest; *f.* cure
curación cure, treatment
curandero folk healer
curiosidad curiosity
curioso curious
cursiva: letra (*s.*) **cursiva** italics
curtido tanned (*leather*)
custodiar to guard, watch
cutis complexion
cuyo whose

D
daga dagger
daguerrotipo daguerreotype
dama lady
danza dance
dañino harmful
daño damage, harm; **hacer** (*irreg.*) **daño** to damage, harm
dar *irreg.* to give; to hit; **dar con** to find, come across; **dar gritos** to shout, yell, scream; **dar la bendición** to bless; **dar la mano** to shake hands; **dar la(s)** (+ *hour*) to strike (+ *hour*); **dar pena** to cause grief, cause pain; **dar por**

muerto to give (*someone*) up for dead; **dar por sentado** to take for granted; **dar por terminado** to conclude; **dar un paseo** to go for a walk or ride; **dar un paso** to take a step; **darse cuenta (de)** to realize
dato fact, data, information
debajo *adv.* underneath, below, **debajo de** *prep.* under, underneath, below
debatir to debate
deber *n.* duty, obligation
deber to owe; **deber** + *inf.* should, must
debido a (que) *conj.* because of, due to
débil weak
debilidad weakness
década decade
decena (group of) ten
decente decent
decidido determined, resolute
decidir to decide
decir *n.* saying
decir *irreg.* to say, tell; **como quien dice** as they say; **decir por señas** to say with sign language; **es decir** that is to say, in other words; **querer** (*irreg.*) **decir** to mean
decisión decision; **tomar una decisión** to make a decision
decorar to decorate
decorativo decorative
dedal thimble
dedicar(se) (a) to dedicate (oneself) (to)
dedo finger; toe; **dedo gordo** big toe
defender (ie) to defend
defensa defense
defensor defender
deferencia deference
definir to define
definitivo definitive, final
deflagración fire storm
degollar (ue) to slit, cut the throat of
dejar to leave, leave behind; to allow, permit; to quit; **dejar aprensiones** to stop worrying; **dejar caer** to drop; **dejar de** + *inf.* to stop (*doing something*); **dejar tranquilo** to leave alone
dejo trace, touch
delantal apron
delante *adv.* before, in front of, ahead; **delante de** *prep.* in front of

delectación delight, pleasure
delgadez slimness, thinness
delgado slim, thin; *fig.* acute, sharp, subtle
deliberadamente on purpose, deliberately
delicadeza daintiness, fineness
delicado delicate
delirante delirious
delirar to be delirious; to talk nonsense
delirio delirium
delito crime
demandar to demand; to file suit against
demás: los demás the others; **por lo demás** moreover
demasiado *adj.* too much; *pl.* too many; *adv.* too, too much
demonio demon; devil
demora delay
demorar to delay
demostración demonstration
demostrar (*like* **mostrar**) to demonstrate, show
denotación denotation, meaning
denotar to denote, indicate
denso dense, thick
dentadura postiza false teeth
dentro *adv.* inside, within; **dentro de** inside; within, in; **por dentro** on the inside
departamento compartment
dependencia dependency
depender to depend
dependiente *n.* (sales)clerk; *adj.* dependent, subordinate
deporte sport
deportivo *adj.* sports; sporty
depositar to deposit
deprimido depressed
derecha *n.* right; **a la derecha** to the right
derecho *n.* right; law; *adj.* right
derivar to derive, stem; to divert
derramar to spill, pour out
derrochado squandered
derrota defeat
desabrocharse to unfasten
desacato contempt; insulting behavior
desacuerdo: estar (*irreg.*) **en desacuerdo** to be in disagreement
desafiante defiant, challenging
desafiar (desafío) to challenge, defy
desafío challenge
desaforado lawless; outrageous

desagradable unpleasant
desagradar to displease
desahogarse to give vent to one's feelings
desalentador disheartening
desamparado helpless
desamparo helplessness
desaparecer (*like* **parecer**) to disappear
desaparecido missing person
desaparición disappearance
desarmado unarmed
desarrollar to develop
desarrollo development
desastre disaster
desatar to untie; to let loose
desayuno breakfast
desazonado restless
desbordar to overflow
descabalado worn; incomplete
descabezado headless
descalzo barefoot
descamisado bare-chested, shirtless
descansar to rest
descarado impudent
descargar to fire, discharge; to unload
descartado discarded
descender (**ie**) to descend
descendiente *m., f.* descendent
descenso descent; fall
descifrar to decipher
descompuesto (*p.p. of* **descomponer**) broken down, faulty
desconcertado disconcerted; confused
desconcertante disconcerting
desconcierto disconcert; confusion
desconectar to disconnect
desconfianza distrust
desconocer (*like* **conocer**) to have forgotten; to not know
desconocido unknown
desconsolado disconsolate
desconstruir (*like* **construir**) to deconstruct
describir (*like* **escribir**) to describe
descriptivo descriptive
descrito (*p.p. of* **describir**) described
descubanización the leaving behind of one's Cuban roots and heritage
descubanizar(se) to leave behind one's Cuban roots and heritage
descubridor discoverer
descubrimiento discovery
descubrir (*like* **cubrir**) to discover
descuidado unkempt, untidy

descuidarse to be careless
descuido negligence, neglect
desde *prep.* since (*time*); from; **desde entonces** from then on; **desde lejos** from afar, from a distance; **desde que** *conj.* since
desdicha unhappiness, misfortune
desdichado unfortunate
desear to want, desire
desechado discarded
desembarcar to set sail; to disembark, go ashore
desempeñar to play (*a role*)
desenamorado (*fallen*) out of love
desenfrenado wanton
desengaño disillusion
desenlace denouement, conclusion; outcome, result
desenlazado unraveled
desenlazarse to unravel
desentonar to be out of place
desenvainar to expose, reveal
deseo desire
desertización desertification
desesperación desperation
desesperado desperate
desfachatado shameless
desfallecer (**zc**) to faint, swoon
desfamiliar unfamiliar
desfamiliarización defamiliarization
desfamiliarizar to defamiliarize
desfavorable unfavorable
desfilar to march by
desgajar to break off
desgana indifference
desganado without appetite; reluctant
desgano reluctance, unwillingness
desgarrador heart-rending
desgarrarse en to break up into
desgracia disgrace
desgraciadamente unfortunately
deshacer (*like* **hacer**) to undo
deshonrado dishonored
deshonrar to dishonor
deshumanizar to dehumanize
desigual unequal
desilusión disillusion
desilusionado disillusioned
desinfectar to disinfect
desintegración disintegration
desinteresado disinterested
desleal disloyal
desmayado fainted
desmembrar (**ie**) to dismember
desmentir (*like* **mentir**) to disprove; to contradict

desmontar to dismantle
desnudez nudity
desnudo naked
desnutrición malnutrition
desolado desolate
desorden disorder, confusion
desorientado disoriented
desorientar to disorient
despacio slowly
desparramar to scatter, spread
despectivo derogatory, disparaging
despedir (*like* **pedir**) to fire (*from a job*); **despedirse** to say good-bye
despegar to detach, remove
despeinado uncombed
desperdicio waste, garbage
desperfecto imperfection
despersonalización depersonalization
despertar (**ie**) (*p.p.* **despierto**) to wake; **despertarse** to wake up
despiadado ruthless, merciless
despierto (*p.p. of* **despertar**) awake
despiojar(se) to delouse (oneself)
desplazar to displace, move, shift; **desplazarse** to be moved, shifted
desplegar (**ie**) to unfold
desplomarse to topple, collapse
despreciar to despise, scorn
desprecio scorn, contempt, disdain
despreocupado unworried
desproporcionado disproportionate
después *adv.* afterward; **después de** *prep.* after; **después de que** *conj.* after
destacado prominent
destacamento detachment
destacarse to excel; to be outstanding, prominent
destapado uncovered
destello sparkle
desteñido discolored, faded
destinado a bound for, destined to
destino destiny, fate
destrozado torn apart
destrucción destruction
destruir (**y**) to destroy
desvalido helpless, defenseless
desvencijado broken-down, rickety
desventaja disadvantage
desvestirse (*like* **vestir**) to undress
detallar to relate in detail
detalle detail
detener (*like* **tener**) to stop; **detenerse** to stop, come to a stop
detenidamente attentively, closely
determinado specific; fixed

determinar to determine

detrás *adv.* behind, at the rear; **detrás de** *prep.* behind

devoción devotion

devolver (*like* **volver**) to return (*something*)

día *m.* day; **Día de Acción de Gracias** Thanksgiving Day; **Día de Brujas** Halloween; **día de fiesta** holiday; feast day; **día del santo patrón** patron saint's day; **día feriado/festivo** holiday; feast day; **hoy en día** nowadays; **todos los días** every day

diablo devil

diabólico diabolical

diagrama *m.* diagram

dialéctico dialectic, dialectical

dialogar to have a dialogue

diálogo dialogue

diario *n.* newspaper; *adj.* daily

dibujo drawing

diccionario dictionary

dicha happiness, bliss

dictadura dictatorship

dictar to dictate

diente tooth

diferencia difference; **a diferencia de** in contrast to

diferenciar to differentiate, distinguish

diferir (**ie, i**) to differ, be different

difícil difficult

dificultad difficulty

difundir to broadcast

difunto deceased, dead person

digerir (**ie, i**) to digest

digno worthy; **digno de confianza** trustworthy

dilema *m.* dilemma

diminutivo *n.* diminutive

diminuto diminutive, small

dinámico dynamic

dinero money

Dios God; **¡Dios mío!** *interj.* oh my God!; **¡por Dios!** *interj.* for goodness sake!

diosa goddess

dirección direction; address; **dirección general** head office, headquarters

directo direct

director director; principal (*of a school*)

dirigir (**j**) to direct; to manage; to lead; **dirigirse (a)** to head toward, go to; to address, speak to

disco record; **disco compacto** compact disk (CD)

discordia discord

discrepancia discrepancy

discreto discrete

disculpar to forgive

discutir to discuss; to argue

diseñar to design

disfrazar to disguise; **disfrazarse** to disguise (oneself); to wear a costume

disfrutar (de) to enjoy

disimular to disguise

disminuir (**y**) to reduce, decrease

disolución dissolution

disolver (**ue**) (*p.p.* **disuelto**) to dissolve

disparate foolish remark

disparo gunshot

displicencia indifference

disponible available

dispuesto: estar (*irreg.*) **dispuesto** to be ready; **ser** (*irreg.*) **dispuesto** to be clever

distanciado at a distance, set apart

distanciar to distance, set apart

distinción distinction

distinguido distinguished

distinguir (**g**) to distinguish

distinto different, distinct

distraer (*like* **traer**) to distract; **distraerse** to amuse oneself

diversidad diversity

diverso different; varied

divertir (**ie, i**) to amuse; **divertirse** to have fun, amuse oneself

dividir to divide

divinidad divinity

divino divine

doble double

doblegar to bend

docena dozen

dócilmente docilely

doctorado doctorate

doler (**ue**) to hurt, ache

dolor pain; **dolor de cabeza** headache

dolorido aching, sore

doloroso painful

domicilio residence

dominar to master, have thorough knowledge of

dominio domain

don *title of respect used with a man's first name*

don Juan lady-killer

donde where

doña *title of respect used with a woman's first name*

dormir (**ue, u**) to sleep

dormitar to doze, snooze

dormitorio bedroom

dorso *n.* back

dosis *f. s.* dose

drama *m.* drama, tragedy

dramático dramatic

dramatizar to dramatize

dramaturgo playwright

droga drug

ducha shower

duda doubt; **no cabe duda** there is no doubt; **sin duda** doubtless

dudar to doubt

dudoso dubious; hesitant

duelo duel

dueño owner; lord

dulce sweet

dulzarrón over-sweet

dulzura sweetness

duplicar to duplicate

duque duke

duquesa duchess

durante during

durar to last, endure

duro tough, hard

E

echar to throw; **echar de menos** to miss, long for; **echarse a** + *inf.* to begin (*doing something*)

eco echo

ecológico ecological

económico economic

edad age

edificación construction, building

edificar to construct, build

edificio building

educado educated; **bien educado** well-mannered

educar to educate

educativo educational

efectivo effective

efecto effect, result; **en efecto** in effect, as a matter of fact

efectuar (**efectúo**) to bring about

eficaz efficient

egoísta *m., f.* selfish

ejemplar sample; example

ejemplo example; **por ejemplo** for example

ejercer (**z**) to exert (*influence*)

ejercicio exercise

ejército army

elaborar to elaborate

elegir (i, i) (j) to elect
elevar to raise; to elevate; to lift;
    elevarse to rise, raise oneself
eliminar to eliminate
elocuente eloquent
eludir to elude, avoid
embarazada pregnant
embarazo embarrassment; pregnancy
embarcar to embark
embargo: sin embargo nevertheless,
    however
embobado fascinated
emborracharse to get drunk
embutir to cram (*in a small space*)
emerger (j) to emerge
emisor sender
emitir to emit
emocionado moved, touched
emocionante moving, touching
emotivo emotional
empalidecer (zc) to become pale
empapado soaked, drenched
empeñarse (en) to persist (in)
empeorar to get worse
empero however
empezar (ie) to begin
empiezo beginning
empírico empirical
empleado employee
emplear to employ
emprender to undertake, set about
empresa business
empujar to push
empuñar to clutch
enajenamiento alienation
enajenar to make someone lose self-
    control
enamorado in love
enamorarse to fall in love
enanito (*dim. of* **enano**):
    Blancanieves y los siete
    enanitos Snow White and the
    Seven Dwarves
enardecer (zc) to inflame
encantar to delight
encarcelar to imprison
encargado: estar (*irreg.*) **encargado**
    de to be in charge of
encarnar to embody
encender (ie) to light
encerrar (*like* **cerrar**) to lock up; to
    enclose
encías gums
encima *adv.* above, overhead; on top of
    one; **por encima** over; overhead
encogerse (j) de hombros to shrug
    one's shoulders

encontrar (ue) to find; **encontrarse**
    to be located; to meet
encuentro encounter
endecasílabo hendecasyllabic (*a line*
    of verse of eleven syllables)
enderezarse to straighten up
endulzar to sweeten
enemigo enemy
energía energy
enérgico energetic
enfadarse to get annoyed, angry
énfasis emphasis
enfatizar to emphasize
enfermedad sickness, illness
enfermo sick, ill
enfocar to focus
enfrentar to confront; **enfrentarse**
    con to face
enfrente *adv.* in front; opposite;
    enfrente de *prep.* in front of
engañar to deceive
engaño deception; delusion
engordarse to become fat
engrandecer (zc) to enlarge
enguantado gloved
enjabonar to soap, lather
enjaulado caged
enlace link, connection
enlazado joined, linked
enloquecido maddened
enmarañado entangled
enmascarado masked
enojado angry
enorme huge, enormous
enredarse to get tangled up
enriquecer (zc) to enrich, make
    wealthy
enrojecer (zc) to blush
enrollar to coil, roll up
enronquecer (zc) to grow hoarse
ensanchar to enlarge, widen
ensayar to try out, practice, rehearse
ensayista *m., f.* essayist
ensayo essay
enseguida (*var. of* **en seguida**) right
    away
enseñanza teaching; education
enseñar to teach; to show
ensombrecer (zc) to darken
ensuciar to dirty, soil
entablar to start, begin (*a*
    conversation)
entendedor understanding person;
    expert
entender (ie) to understand
enterarse (de) to find out (about)
entero entire

enterrar (ie) to bury
entidad entity
entierro burial
entonces then; **desde entonces** from
    then on
entornar to half-close
entrada entrance
entrar to enter
entre between; among; **entre tanto**
    meanwhile
entregar to hand over; to turn in
    (*homework*)
entrelazar to intertwine
entremezclado intermingled, mixed
entrenar to train
entrerriano inhabitant of the
    province of Entre Ríos
entretenerse (*like* **tener**) to enjoy,
    amuse oneself
entrevista interview
entrevistar to interview
entumecido numb
entusiasmado enthusiastic
entusiasmarse to become
    enthusiastic
entusiasmo enthusiasm
enumerar to enumerate
enunciado stated
envejecer (zc) to grow old
envenenarse to be poisoned
enviado envoy
envidia envy
envuelto (*p.p. of* **envolver**) wrapped
épico *adj.* epic
episodio episode; **episodio de**
    narración retrospectiva
    flashback
epíteto epithet
época time; age, era
equilibrio balance
equivalente *adj.* equivalent
equivaler (*like* **salir**) to be equivalent
equivocación mistake, error
equivocarse to make a mistake, be
    mistaken
erguido uplifted
erizar to bristle
errabundo errant, wandering
errar *irreg.* to wander, roam
erudito scholarly
esbelto slender
esbozar to outline
escalera staircase
escandalizarse to become shocked or
    scandalized
escapar(se) (de) to escape (from)
escarabajo beetle

escarlata *m., f.* scarlet
escarmentar (ie) to learn a lesson
escasez scarcity, shortage
escaso scarce, limited
escena scene
escenario setting
escenografía scenography
escéptico skeptical
esclavo slave
escolar: maletín escolar school bag, book bag
Escocia Scotland
escoger (j) to choose
escombros *pl.* rubble
esconder to hide
escribir (*p.p.* escrito) to write; máquina de escribir typewriter
escrito (*p.p. of* escribir) written; por escrito in writing
escritor writer
escritorio desk
escritura writing
escuchar to listen
escuela school; escuela primaria elementary school; patio de la escuela schoolyard, playground
escuetamente concisely
escultura sculpture
esencial essential
esforzarse (ue) to make an effort
esfuerzo effort
esfumarse to vanish, disappear
esgrima fencing (*sport*)
esmero painstaking care
eso: por eso for that reason
espacial *adj.* space, pertaining to space
espacio space
espada sword
espalda back; de espaldas with one's back turned
espanto fright
espantoso frightening
español *adj.* Spanish
esparcir (z) to spread
espasmo spasm
especia spice
especial special
especializarse (en) to specialize (in)
especie *f.* species
específico specific
espectacular spectacular
espectáculo spectacle; show
espectador spectator
especular to ponder, speculate on
espejo mirror
esperanza hope
esperar to wait for; to hope, wish

espesar (se) to thicken
espeso thick
espía *m., f.* spy
espiar (espío) to spy
espíritu *m.* spirit, soul
espiritual spiritual
espita faucet
esplendor splendor, magnificence
esposa wife, spouse
esposo husband, spouse
espuma foam, lather
esquema *m.* outline
esquemático schematic
esquina corner
esquinado having corners, angular
estabilidad stability
estable stable
establecer (zc) to establish
establecimiento establishment
estación season; station
estadía stay
estadio stadium
estadística *s.* statistics
estado state; estado civil marital status
estadounidense *adj. m., f.* pertaining to the United States
estallar to explode; to erupt
estancia ranch; country estate
estar *irreg.* to be; estar a gusto to be comfortable; estar a punto de to be about to; estar de acuerdo to be in agreement; estar de pie to be standing; estar dispuesto to be ready; estar en desacuerdo to be in disagreement; estar en la luna to be out of it; estar encargado de to be in charge of; estar harto de to be sick and tired of, fed up with
estático static
estatua statue
estatura height
estereotipado stereotyped
estereotípico stereotypical
estereotipo stereotype
estéril sterile
estético aesthetic
estilo style
estimulante stimulating
estimular to stimulate
estímulo stimulation
estirar to stretch; to smooth out
estoicismo stoicism
estómago stomach
estorbo annoyance; obstacle
estrafalario odd, strange

estragos: estragos del tiempo ravages of time
estrategia strategy
estrechez narrowness
estrecho narrow
estrella star
estrellarse to become filled with stars
estremecer (zc) to tremble, shake
estremecimiento shiver, shudder
estrenar to begin
estrepitosamente noisily
estricto strict
estridente strident
estrofa stanza; verse
estuche case
estudiante *m., f.* student
estudiantil *adj.* student
estudiar to study
estudio study
estufa stove
estúpido stupid
estupor stupor
etapa stage
etéreo ethereal
eternidad eternity
eterno eternal
étnico ethnic
eucalipto eucalyptus
evaluar (evalúo) to evaluate
evangélico evangelical
evidencia evidence
evidente obvious
evitar to avoid
evocar to evoke
exactitud accuracy
exacto exact
exagerar to exaggerate
exaltar to exalt
examen test, exam
examinar to examine
excepción exception
excepto except
exceso excess
exclamar to exclaim
exclusivamente exclusively
excursión excursion, trip
excusa excuse
excusarse to excuse oneself
exhalar to exhale
exhibir to exhibit
exhortar to exhort
exilio exile
existir to exist
éxito success; tener (*irreg.*) éxito to be successful
exótico exotic
expectación suspense

expectativa expectation; hope
experimentar to experience
experimento experiment
explicación explanation
explicar to explain
explorar to explore
explotar to explode
exponer (*like* **poner**) to explain, expound
exposición exposition; exhibition
expresar to express
exprimir to squeeze; **exprimir el cerebro** to rack one's brain
expulsar to expel
exquisito exquisite
extático ecstatic
extender (ie) to extend; to spread
extensión length
extenso extensive
exterior *n.* outside, exterior
extinción extinction
extinguir (g) to extinguish
extinto extinct
extirpar to uproot; to eliminate (*fig.*)
extraer (*like* **traer**) to take out, remove
extranjero foreigner
extrañar to miss
extrañeza surprise, amazement
extraño strange
extraoficial unofficial
extrasensorial: percepción extrasensorial extrasensory perception
extrovertido extroverted
exuberante exuberant
exultar to exult, rejoice

F

fábrica factory
fachada façade
fácil easy
facilidad facility
facilitar to facilitate, make easier
faena task, job
faja girdle
falda skirt
falla flaw
fallecimiento death, demise
falluto *sl.* two-faced
falta lack
faltar to lack; to miss
fama reputation; fame, renown
famélico starving, famished
familia family
familiar *adj.* pertaining to the family
famoso famous
fantasía fantasy

fantasma *m.* ghost
fantasmagórico ghostly
fantástico fantastic
faro lighthouse
fascinación fascination
fascinado fascinated
fascinante fascinating
fastidiar to annoy
fatalista *m., f.* fatalistic
fatiga fatigue, weariness
fatigarse to become fatigued, weary
favor favor; **a favor de** in favor of; **por favor** please
favorecer (zc) to favor
favorito favorite
faz face
fe *f.* faith
fealdad ugliness
febril feverish
fecha date
felicidad happiness
feliz happy
femenino feminine
fenomenal phenomenal
fenómeno phenomenon
feo ugly
feria fair; public festivity
feriado: día (*m.*) **feriado** holiday; feast day
ferocidad ferocity
feroz fierce
ferretería hardware store
fertilidad fertility
festejar to celebrate
festividad festivity
festivo festive; **día** (*m.*) **festivo** holiday; feast day
ficción fiction
ficha de registro data card
ficticio fictitious
fideos *pl.* noodles
fiel faithful
fiesta party, festivity; festival, feast, holy day; **día** (*m.*) **de fiesta** holiday; feast day
figurar to figure; **figurarse** to imagine
fijar to fix; to establish; **fijarse** to notice
fijeza stare
fijo set, definite, fixed
fila: en fila in a row
filmar to film
filo blade
filosofía philosophy
filosófico philosophical
filtrado filtered

fin end; **a fin de que** *conj.* so that; **al fin** at last, finally; **al fin y al cabo** it's all the same; **en fin** after all; in short; **por fin** finally
final *n.* end; **al final** finally; *adj.* final
financiero financial
finca ranch, farm
fino fine
firmar to sign
firmeza steadiness
física physics
físico physical
flaco skinny
flamenco Flemish
flaquear to weaken
flecha arrow
fleco fringe
flexión flexion
flor *f.* flower
florecer (zc) to flower
flota fleet
flotar to float
folklórico folkloric
fomentar to foster, encourage, promote
fonda restaurant
fondo depth; background; **a fondo** thoroughly; **al fondo** in the background
forcejear to struggle
forma form, shape; way, manner
formar to form; **formar parte de** to make up
formulario form
Foro trajano Trajan's forum
fortalecer (zc) to strengthen
fortuna fortune
forzado forced
foto *f.* photo
fotografía photography; photograph
fotografiado photographed
fotógrafo photographer
fracasar to fail
fracaso failure
fracción fraction
francés *n.* French (*language*); *adj.* French
franco frank
frasco flask, bottle
frase *f.* phrase; **frase de cajón** stock phrase
fratricido fratricidal
frecuencia frequency; **con frecuencia** frequently
frecuente frequent
frente *m.* front; *f.* forehead; **frente a** facing, opposite

fresco fresh; cool; **hacer** (*irreg.*) **fresco** to be cool (*weather*)
frescura coolness
frío *n., adj.* cold
frontera border
frotarse to rub
fruncir (z) to wrinkle (*brow*)
frustrar to frustrate
fruta fruit (*e.g., apple, pear, strawberry, etc.*)
frutera *adj.* fruit
fruto fruit (part containing seeds, a specific piece of fruit); *pl.* produce, commodities
fucsia fuchsia
fuego fire; **fuegos artificiales** fireworks; **fuegos de artificio** fireworks
fuente *f.* source
fuera *adv.* outside, out; **fuera de** outside of; apart from, except for
fuerte strong
fuerza force
fugarse to escape
fumador smoker
fumar to smoke
fumigar to fumigate
funcional functional
funcionamiento *n.* functioning
funcionar to function, work
funcionario civil servant
funda holster
fundación foundation
fundador founder
fundo country estate, farm
furia fury
furioso furious
fusilamiento shooting, execution (by firing squad)
fútbol soccer
futurista futuristic
futurístico futuristic
futuro *n., adj.* future

G

galantear to flirt
galardonado awarded
galleta cookie
gallina hen
gana intention; **de buena gana** willingly; **de mala gana** unwillingly; **sentir (ie, i) / tener** (*irreg.*) **ganas de** + *inf.* to feel like (*doing something*)
ganador winner
ganar to win; to earn
garganta throat

garra claw
gasa gauze, muslin
gastado worn out
gastar to spend; to use; to wear out; to weaken
gato cat
gauchesco *adj.* pertaining to gauchos
gaucho Argentine cowboy
gaviota seagull
gemir (i, i) to moan; to wail
genealógico: árbol genealógico family tree
generador generator
general general; **dirección general** head office, headquarters; **en general / por lo general** in general
generar to generate
género genre; gender
generoso generous
Génesis Genesis
genial brilliant
genio spirit, genie
gente *f. s.* people
gentil genteel
geranio geranium
germánico Germanic
gesto look, expression; gesture
gigante gigantic, giant
gigantesco gigantic, huge
Ginebra Geneva
girar to turn
glacial icy, freezing
glorioso glorious
glosario glossary
gobernador governor
gobernar (ie) to govern
gobierno government
goce delight, enjoyment
golondrina swallow
golpazo great blow or knock
golpe blow, strike
goma rubber
gordo fat; big; **dedo gordo** big toe
gorra cap
gorro cap
gota drop
gótico Gothic
gozar (de) to enjoy, derive pleasure from
gozoso joyful, rejoicing
grabado *n.* engraving; *adj.* recorded, taped
grabadora tape recorder
gracia grace; *pl.* thanks; thank-you; **Día** (*m.*) **de Acción de Gracias** Thanksgiving Day

gracioso funny
graduarse (me gradúo) to graduate
gran, grande big; great
grandeza largeness, bigness
grano grain
gratis free
grave serious
gravedad seriousness
griego *adj.* Greek
grifo faucet
gringo *adj. sl.* foreign; Yankee
gris gray
gritar to shout, yell, scream
grito shout, yell, scream; **a gritos** shouting, yelling, screaming; **dar** (*irreg.*) **gritos** to shout, yell, scream
grosería foul word
grosero rude
grueso thick
grumo blob
grupo group
guagua *P.R.* bus
guante glove
guapo good-looking
guarapillo *tea-like drink*
guardar to keep, look after; to watch over
guardia guard; **montar guardia** to be on guard
guardián guardian
guatemalteco *n., adj.* Guatemalan
guerra war; **guerra mundial** world war
guerrero warrior, fighter
guerrilla band of guerrillas
guía *m., f.* guide
guión script
guionista scriptwriter
guiso dish
guitarra guitar
gula gluttony
gustar to be pleasing to
gusto taste; **estar** (*irreg.*) **a gusto** to be comfortable

H

haber *irreg.* to have (*auxiliary*); **hay** there is; there are
habilidad skill
habitación room
habitacional: casa habitacional living quarters
habitante *m., f.* inhabitant
habitar to inhabit
hábito habit, custom
habitual customary, usual

habituar to habituate; to accustom
hablante *m., f.* speaker
hablar to talk, speak
hacer *irreg.* to do; to make; **hace...
años . . .** years ago; **hacer
ademán** to gesture; **hacer calor**
to be hot (*weather*); **hacer caso
(de)** to pay attention (to); **hacer
clic** to click; **hacer compras** to
go shopping; **hacer daño** to
damage, harm; **hacer fresco** to
be cool (*weather*); **hacer la corte**
to court; **hacer las paces** to
make up; to make peace; **hacer
malabares** to resonate; **hacer
pantalla con la mano** to cup (*an
ear*); **hacer señas** to gesture;
hacer un alto to come to a
standstill; **hacer un paneo** to
pan (*camera*); **hacer un viaje** to
take a trip; **hacer una lluvia de
ideas** to brainstorm; **hacer una
visita** to visit; **hacerse** to
become; **hacerse añicos** to
shatter; **hacerse bajo** to close in
hacia toward; **hacia abajo** downward;
hacia arriba upward; **hacia
atrás** back, backward
hacienda property; farm, ranch
hada fairy; **cuento de hadas** fairy
tale
halagado flattered
halagador flattering
hallar to find
hallazgo finding, discovery
hambre *f.* hunger; **tener** (*irreg.*)
hambre to be hungry
hartar to annoy
harto *adv.* very; *adj.* sick and tired;
estar (*irreg.*) **harto de** to be sick
and tired of, fed up with
hasta *adv.* even; *prep.* until; up to;
hasta que *conj.* until
haz *m.* bundle; ray (*light*)
hebilla belt buckle
hebra thread
hecho *n.* fact, matter; **de hecho** in
fact; **el hecho de que** the fact
that; *adj. (p.p. of* **hacer**) made;
done
helado icy
helar (ie) to freeze
hembra female
heredar to inherit
herencia inheritance; heritage
herético heretical
herida wound

herido casualty; wounded person
hermana sister
hermano brother; *pl.* brothers;
siblings
hermoso beautiful
héroe hero
heroísmo heroism
hervir (i, i) to boil
híbrido hybrid
hielo ice; **picar hielo** to chip ice
hierba grass
hierro iron
hija daughter
hijo child; son; *pl.* children; **hijo
único** only child
hilar to reflect on; to infer
hilera row
hipnotizado hypnotized
hipo hiccups
hipócrita *m., f.* hypocritical
hipopótamo hippopotamus
hipotecario *adj.* pertaining to a
mortgage
hipótesis *f. s.* hypothesis; *pl.*
hypotheses
hispánico *adj.* Hispanic
hispano *n., adj.* Hispanic
histeria hysteria
histérico hysterical
historia history; story
histórico historical
historieta short story; anecdote
hogar home; hearth
hoguera bonfire
hoja leaf; sheet (*of paper*); blade (*of a
knife, razor*)
hojear to leaf through
hola hello
holganza idleness; rest
hombre man; **hombre de negocios**
businessman
hombro shoulder; **alzar los hombros**
to shrug one's shoulders;
encogerse (j) de hombros to
shrug one's shoulders
homosexualidad homosexuality
hondo deep
honrar to honor, pay homage
hora hour; time; **de hora en hora**
hour after hour; **¿qué horas
son?** what time is it?
horario schedule
horizonte horizon
hormiga ant
hormiguero anthill
horquilla crutch
horrorizado horrified

horroroso horrible, dreadful
hosco sullen; dark; gloomy
hospitalidad hospitality
hostil hostile
hostilidad hostility
hoy today; **hoy en día** nowadays
huelga: ponerse (*irreg.*) **en huelga**
to go on strike
huella trace
huérfano orphan
huerta vegetable garden
huerto vegetable garden; orchard
hueso bone
huevo egg
huir (y) to flee, run away
humanidad humanity
humano human; **ser humano** human
being
húmedo humid
humilde humble
humillación humiliation
humillado humiliated
humor humor, mood
humorismo humor, wit
humorístico humorous
hundir to sink; **hundirse** to set (*sun*)

I

Iberoamérica Latin America
idea idea; **cambiar de idea** to change
one's mind; **hacer** (*irreg.*) **una
lluvia de ideas** to brainstorm;
lluvia de ideas brainstorming
idealizado idealized
identidad identity
identificación: carnet (*m.*) **de
identificación** identity card
identificar to identify
ideología ideology
ideológico ideological
idioma *m.* language
iglesia church
ignorancia ignorance
ignorar to be unaware of, not know
igual equal; same; **igual que** the
same as; like
igualdad equality
iluminar to illuminate, light up
ilusorio illusory
ilustrar to illustrate
imagen *f.* image, picture
imaginar(se) to imagine
imaginario imaginary
imaginativo imaginative
imán: piedra imán lodestone
imbécil idiot, fool
imborrable indelible

impaciencia impatience
impedir (*like* **pedir**) to prevent
impermeable raincoat
impertinente impertinent
ímpetu *m.* impetus
implorar to implore
imponer(se) (*like* **poner**) to impose
importar to matter
importe cost
imposibilidad impossibility
impotente impotent; powerless
impredecible unpredictable
impregnar to saturate
imprenta printing
imprescindible indispensable,
    essential
impresionar to impress
impresora printer
imprevisible unforeseeable
imprimir to print
improvisación improvisation
improviso: de improviso
    unexpectedly
imprudencia indiscretion
imprudente imprudent, indiscreet
impuesto *n.* tax; *adj.* (*p.p. of*
    imponer) imposed
impulsado propelled
impulso: a impulso de prompted or
    triggered by
impunemente in vain; with impunity
impuntualidad tardiness
inagotable infinite
inalámbrico: teléfono inalámbrico
    cordless telephone
inalcanzable unreachable
incandescente incandescent
incapacidad inability
incapaz incapable
incertidumbre *f.* uncertainty
incesante incessant, continual
incidente incident
incidir to fall (into); to affect
incienso incense
inclemencia inclemency
inclinar to bow, bend, incline;
    inclinarse to bend over;
    inclinarse a + *inf.* to be inclined
    to (*do something*)
incluir (y) to include
inclusión inclusion
inclusive including
incómodo uncomfortable
incomprensible incomprehensible
incomprensión incomprehension
incomunicación lack of
    communication

inconformidad lack of agreement
incongruencia incongruence
inconscientemente unconsciously
incontable countless
incontenible unstoppable
incorporar to incorporate;
    incorporarse to sit up; to join
increíblemente incredibly
inculcar to instill
indefenso defenseless
indefinible indefinable
independiente independent
independizarse to become
    independent, emancipated
indeseable undesirable
indicar to indicate
indicio sign, hint
indiferencia indifference
indiferente indifferent
indígena *m., f.* indigenous, native
indigenismo that which pertains to
    indigenous culture
indignarse to become indignant
indignidad indignity
indio *n., adj.* Indian
individualismo individualism
individuo *n.* individual
indócil unruly
indolencia carelessness
indolente careless
industria industry
inédito unpublished
ineficiente inefficient
inesperado unexpected
inestable unstable
inevitabilidad inevitability
inexpresivo inexpressive
infalible infallible
infantería infantry
infelicidad unhappiness
inferior lower; inferior
inferir (ie, i) to infer
infierno hell
infinidad (de) great number; countless
infinito infinite
influencia influence
influir (y) to influence
informante informer, informant
informar to inform
informe report
infundir to infuse
ingeniería engineering
ingenioso ingenious, clever
ingenuo ingenuous, naïve
inglés *n.* English (*language*); *adj.*
    English
ingrávido light, delicate, soft

ingreso revenue, income
inicial initial
iniciar to initiate
injuriar to offend, insult
inmediato immediate; **de inmediato**
    immediately
inmenso immense
inmersión immersion
inmigración immigration
inmigrante immigrant
inmigrar to immigrate
inmóvil immobile
innecesario unnecessary
innovación innovation
innovador innovative
inolvidable unforgettable
inquietante disquieting
inquietar to upset, worry
inquieto restless, uneasy, anxious
inquietud concern
inquilino tenant farmer
insatisfecho dissatisfied
inscribir (*p.p.* **inscrito**) to register
insensible insensitive, indifferent
insinuarse (me insinúo) to insinuate
    oneself
insistir to insist
insolación sunstroke
insolente insolent
insólito extraordinary, unusual
insomnio insomnia
inspección inspection
inspectivamente appraisingly
inspirar to inspire
instalar to install; **instalarse** to settle
instante *n.* instant
instigar to instigate
instintivo instinctive
institucionalizar to institutionalize
instruido well-educated
insultar to insult
intensidad intensity
intentar to try
intercambio exchange
interés interest
interesante interesting
interesar to interest; **interesarse** to
    be interested
interior *n.* interior; *adj.* interior, inner,
    inside; **ropa interior** underwear
interminable endless
intermitencia intermittency,
    intermittence
internacional international
internarse to go deep into (*an area*)
interponerse (*like* **poner**) to intervene
interpretar to interpret

interrogación interrogation, questioning

interrogar to interrogate, question

interrogatorio cross-examination, interrogation

interrumpir to interrupt

intertextualidad intertextuality

intervenir (*like* **venir**) to intervene

íntimo intimate

intocado untouched

intoxicación poisoning

intoxicarse to be poisoned

intranquilidad worry

intrigado intrigued

introducir *irreg.* to introduce

inundación flood

inundar to flood

inútil useless

inválido invalid

invasor invader

inventar to invent

invento invention

inverosímil unlikely

inversión investment

investigar to investigate

invierno winter

invitado guest

invitar to invite

involucrado involved

inyección injection

ir *irreg.* to go; **ir a** + *inf.* to be going to (*do something*); **irse** to go away

ira rage; **coletazo de ira** lash of anger

ironía irony

irónico ironic

irradiar to radiate

irrazonable unreasonable

irreal unreal

irrealidad unreality

irritado irritated

isla island

izquierda *n.* left hand (side); **a la izquierda** left, to the left

izquierdista *m., f.* left-wing

izquierdo *adj.* left

J

jabón soap

jactarse to boast, brag

jalar to pull; to haul

jamás *adv.* never

jamón ham

Januca Hanukkah

japonés *adj.* Japanese

jardín garden

jardinero gardener

jaula cage

jefe boss, supervisor; **jefe de policía** police chief

jerez *m.* sherry

jinete *m., f.* rider (*horse*)

jocoso jovial

jornada journey, trip

joven *n.* youth, young person; *adj.* young

judaico Jewish

juego game

jugar (ue) to play

jugoso juicy

juguete toy

juguetón playful

juntar to join, unite; **juntarse** to get close together

junto: junto a near, next to; **junto con** along with, together with; **juntos** *adj. pl.* together

jurar to swear

justamente exactly

justicia justice

justificar to justify

justo fair

juventud youth

juzgar to judge

K

kepis *s.* military cap

kerosén kerosene

kilómetro kilometer

L

labio lip

labor work, labor

laborado worked

laboratorio laboratory

laboriosamente laboriously

labrar to work with

lacito (*dim. of* **lazo**) small bow

ladera slope, side (*of a mountain*)

lado side; **al lado** next door; **al lado de** next to, beside; **por otro lado** on the other hand

ladrar to bark

ladrillo brick

lagar olive or wine press

lago lake

lágrima tear

laguna lagoon, small lake

lamentar to lament, mourn

lamento lamentation; wail, moan

lamer to lap

lámpara lamp

lanceado speared, lanced

lanzar to launch; to spew, eject; to let loose; **lanzarse** to throw oneself; **lanzarse a** to set off

lapicero (mechanical) pencil

lápiz *m.* pencil

largo long; **a lo largo de** throughout

lástima shame, pity

lastimar to hurt

lateral side, lateral

latido heartbeat

latigazo whiplash

latinoamericano *adj.* Latin American

latir to beat

latón brass

laurel bay leaf

lavanda lavender

lavar(se) to wash (oneself)

lazo tie

lección lesson

lechero milkman

lecho bed

lector reader

lectura reading

leer (y) to read

legalizar to legalize

lejanía distance

lejano distant, far-off

lejos far away; **a lo lejos** in the distance; **desde lejos** from afar, from a distance

lengua tongue; language

lenguaje language

leninista: marxista-leninista *m., f.* Marxist-Leninist

lentes *pl.* glasses

lentitud slowness, sluggishness

lento slow

leña firewood

león lion

lesión injury, wound

letra letter (*alphabet*); handwriting; **letra (*s.*) cursiva** italics

levantar to raise; to move to another place; **levantar un acta** to make a complaint; **levantarse** to get up

leve light (*weight*)

ley *f.* law

leyenda legend

liberar to free, liberate

libertad freedom

libitum: ad libitum improvising

libre free; **redacción libre** free writing

libreta notebook

libro book

licor liquor

líder leader

ligeramente lightly
ligero light
limitar to limit
límite limit
limonada lemonade
limpiabotas *m. s., pl.* bootblack, shoeshine boy/man
limpiar to clean
limpio clean
linaje lineage
línea line
lingüístico linguistic
lío: meterse en líos to get into a mess
lírico lyrical
lirio iris
lista list
listo ready, prepared; smart, clever
literario literary
llamada call
llamar to call; **llamar la atención** to draw attention; **llamarse** to call oneself, be named
llanamiento flattening
llanto sob
llanura plain, flatland
llegada arrival
llegar to arrive; to reach; **llegar a ser** to get to be, become; **llegar a un acuerdo** to reach an agreement
llenar to fill
lleno full
llevar to carry; to wear; to take; to lead (to); **llevar a cabo** to carry out; to fulfill; **llevar puesto** to be wearing; **llevarse** to take (away)
llorar to cry
llorón, llorona weeping person
llovizna light rain
lluvia rain; **hacer** (*irreg.*) **una lluvia de ideas** to brainstorm; **lluvia de ideas** brainstorming
local *n.* premises; locale; *adj.* local
localizarse to be located
loco crazy; **volverse (ue) loco** to go crazy
locura madness, insanity
lógica logic
lógico logical
lograr to achieve
loma hill
lucha struggle, fight
luchar to struggle, fight
luciente shining
lucir (zc) to look; to show
luego then, next, later

lugar place; **en lugar de** instead of; **tener** (*irreg.*) **lugar** to take place
lugarejo out-of-the-way place
lujo luxury
lujuria lust
luminario: aviso luminario neon light
luminosidad luminosity
luminoso bright
luna moon; **luna de miel** honeymoon
luz light; **a la luz de** in light of; **a toda luz** obviously

M

madera wood
madero log
madre *f.* mother; **madre soltera** single mother
madrugada dawn
maduración maturation
madurez maturity; middle age
maduro mature
maestro teacher; master; **obra maestra** masterpiece
magallón *part of an agricultural irrigation system used by indigenous peoples near Lake Titicaca*
mágico magic
magnetofónica: cinta magnetofónica magnetic tape
magnífico magnificent, wonderful
maíz *m.* corn
mal *n.* evil; wrong; *adv.* badly; **caer** (*irreg.*) **mal** to strike (one) badly, make a bad impression
mal, malo *adj.* bad, sick; **de mala gana** unwillingly
malabar: hacer (*irreg.*) **malabares** to resonate
maldecir (*like* **decir**) to curse
maldito damned
malestar malaise
maleta suitcase
maletín escolar school bag, book bag
malicioso malicious
maligno malicious
maltratado mistreated
maltrecho worn, battered
malvado wicked, evil
mancharse (de) to stain
mandado errand; *pl.* groceries
mandar to send; to order, command
mandato command, order
manejar to handle, wield (*weapon*)
manejo handling
manera manner, way; **de la misma manera / de manera**

semejante similarly, in the same way; **de ninguna manera** by no means, in no way whatsoever
manga sleeve
manifestación march, demonstration
manifestar (ie) to express; to show
maniobra maneuver
mano *f.* hand; **a mano** by hand; **dar** (*irreg.*) **la mano** to shake hands; **hacer** (*irreg.*) **pantalla con la mano** to cup (*an ear*); **pedir (i, i) la mano** to propose marriage
mantel tablecloth
mantener (*like* **tener**) to maintain, keep
manuable workable
manzana (Adam's) apple
mapa *m.* map
maquillaje makeup
maquillarse to put on makeup
máquina machine; **máquina de escribir** typewriter
maquinalmente mechanically
mar sea
maravilla wonder
maravilloso marvelous, wonderful
marcar to dial; to mark
marcha march, progress
marchar to march; to go; **marcharse** to leave, go away
marchito withered
marcial martial
marco frame
mareo dizziness
marginado marginalized
marido husband
mariposa butterfly
mármol marble
marrón brown
marxismo Marxism
marxista-leninista *m., f.* Marxist-Leninist
mas *conj.* but, however, although
más more; **cada vez más** more and more; **más allá** beyond, further
máscara mask
masculino masculine
mata shrub, bush; tree
matar to kill
matemáticas mathematics
maternidad maternity
materno maternal
matrimonio marriage; matrimony
mayor *n.* elder; *adj.* older, eldest; greater, greatest
mayoría majority
mayoritario *adj.* majority

mazo bundle
mecanismo mechanism
medallón medallion
media half; stocking; **clase media** *s.* middle classes
mediante *adj.* intervening; *adv.* by means of
médico *n.* doctor; *adj.* medical
medida measure, means
medio *n.* half; middle; means; environment; *adj.* middle; half; **clase** (*f.*) **media** *s.* middle classes; **en medio de** amid; in the middle of; **medio ambiente** environment; **por medio de** by means of
mediodía *m.* noon, midday
medir (i, i) to measure
mejilla cheek
mejor better; best; **a lo mejor** maybe, perhaps
mejorar to improve, get better
melancolía sadness, melancholy
melancólico *adj.* melancholy
mellizo *adj.* twin
melodía melody
melodramático melodramatic
membrana membrane
memorizado memorized
mencionar to mention
mendigar to beg
mendigo beggar
menor younger; slightest
menos less; lesser; least; **echar de menos** to miss, long for; **por lo menos** at least
mensaje message
mentira lie
mentiroso lying
mentón chin
menudo: a menudo often, frequently
mercader merchant
mercado market
mercancías merchandise, goods
merecer (zc) to deserve
mérito merit
mermelada marmalade
mes month
mesa table
Mesoamérica Mesoamerica
meta goal
metafísico metaphysical
metáfora metaphor
metafórico metaphorical
metamorfosis *f. s.* metamorphosis; *pl.* metamorphoses
meteorólogo meteorologist

meter to put; **meter preso** to throw in jail; **meterse** to get into; **meterse en líos** to get into a mess
metódico methodical
metralleta machine gun
metro meter
mezcla mixture
mezclado mixed
microcuento very short story
miedo fear; **tener** (*irreg.*) **miedo** to be afraid
miel *f.*: **luna de miel** honeymoon
miembro member
mientras *adv.* while; **mientras que** *conj.* while, as long as; **mientras tanto** meanwhile
miércoles de ceniza Ash Wednesday
miga: bolita de miga bread crumb
militar *adj.* military; **reclutamiento militar obligatorio** military draft; **tarjeta de servicio militar** draft card
millar thousand
mimado flattered, spoiled
mínimo minimum
ministro minister
minoritario *adj.* minority
minuciosamente meticulously
minuto minute
mío: ¡Dios mío! oh my God!
mirada look
mirador watchtower
mirar to look at, watch, observe
miseria poverty; misery
mismo self; same; **ahora mismo** at once; **al mismo tiempo** at the same time; **de la misma manera / del mismo modo** similarly, in the same way; **lo mismo** the same thing; **por lo mismo** for that very reason; **valerse** (*irreg.*) **por sí mismo** to fend for oneself
misterio mystery
misterioso mysterious
místico mystic
mitad half
mitigar to alleviate, mitigate
mito myth
mitología mythology
mochila backpack, knapsack
moco: sorberse los mocos to sniffle
moda fashion
modelo *m., f.* model
moderno modern
modificar to modify, adapt

modo way, manner, mood; **de modo que** *conj.* so that; **del mismo modo** similarly, in the same way
modulación modulation
molestar to bother
molestia bother
molesto annoying, irritating; annoyed, irritated
momento moment; **de momento** for the time being
monja nun
monje monk
monólogo monologue
monotonía monotony
monstruo monster
montaje montage
montaña mountain
montar guardia to be on guard
monte mountain
montón heap, pile
monumento monument
morada dwelling, abode
morir (ue, u) (*p.p.* **muerto**) to die; **morir de risa** to die laughing
mosca fly
mostacho moustache
mostrador counter
mostrar (ue) to show; **mostrarse** to appear to be, show oneself to be
motín demonstration, protest
motocicleta motorcycle
moverse (ue) to move
móvil mobile, moving
movimiento movement
mozo young man
muchacha girl
muchacho boy
muchachón lad, fellow
mucho much, a lot; *pl.* many; **muchas veces** often, frequently
mudo mute
mueble piece of furniture (*pl.* furniture)
mueblería furniture store
muelle dock
muerte *f.* death
muerto *n.* dead person; *adj.* (*p.p. of* **morir**) dead; **dar** (*irreg.*) **por muerto** to give (*someone*) up for dead
mujer *f.* woman
mulo mule
multinacional multinational
multiplicarse to multiply
multitud crowd, multitude
mundano: de mundano like a worldly person

mundial *adj.* world; **guerra mundial** world war

mundialmente worldwide

mundo world

municipio town

muñeca doll

muñequita (*dim. of* **muñeca**) little doll

murciélago bat

murmurar to murmur, whisper

muro wall

museable worthy of being in a museum

museo museum

música music

músico musician

mutilar to mutilate

mutis exit (*theater*)

muy very

N

nacer (zc) to be born

nacido: recién nacido newborn

nacimiento birth

nación nation

nacional national

nacionalidad nationality

nada nothing; **no tener** (*irreg.*) **nada que ver con** to have nothing to do with

nadar to swim

nadie no one

nalga buttock

nalgada slap on the buttocks

nana boo-boo

naranjo orange tree

nariz nose

narración narration; **episodio de narración retrospectiva** flashback

narrador narrator

narrar to narrate

narrativo narrative

natal: país natal native country

nativo native

naturaleza nature

naturalidad naturalness

naufragar to be shipwrecked, wrecked

náufrago *n.* shipwrecked person; *adj.* shipwrecked

náuseas *pl.* nausea

navaja knife; razor

Navidad Christmas

neblina fog, mist

necesario necessary

necesidad necessity

necesitar to need

necio foolish, stupid

negar (ie) to deny; **negarse a** + *inf.* to refuse to (*do something*)

negativo negative

negligencia negligence

negociar to negotiate

negocios *pl.* business (*general*); **hombre de negocios** businessman

negro black

negruzco blackish

nervio nerve

nervioso nervous

neurótico neurotic

ni nor; **ni… ni…** neither . . . nor . . . ; **ni siquiera** not even

nicho niche

niebla fog

nieta granddaughter

nieto grandson; *pl.* grandchildren

nieve *f.* snow; **copo de nieve** snowflake

ningún, ninguno none, no; **de ninguna manera** by no means, in no way whatsoever

niña girl

niñera babysitter, nursemaid

niñez childhood

niño boy; child

nivel level

no obstante nevertheless

Nobel: Premio Nobel Nobel Prize

noche *f.* night; **de noche** at night; **esta noche** tonight; **por la noche** in the evening, at night

noción notion

nocturno nocturnal

nodriza wet nurse

nomás *adv.* that's all, only

nombrar to name

nombre name

norma norm, standard

norte north

norteamericano *n., adj.* North American

notable *n.* worthy, notable

notar to note, notice

noticia (piece of) news

notoriedad notoriety

novedoso new, trendy

novela novel; **novela rosa** romance novel

novelista *m., f.* novelist

novia girlfriend; fiancée; bride

novio boyfriend; fiancé; groom

nube *f.* cloud

nudo knot

nuevo new; **de nuevo** again; **Nueva York** New York

nulificado nullified

número number

numeroso numerous

nunca never

nutrido abundant

nutrir to nourish, feed

O

o or; **o sea** that is to say

obedecer (zc) to obey

objeción objection

objetivo objective

objeto object

obligar to oblige

obligatorio: reclutamiento militar obligatorio military draft

obra work; **obra de teatro / obra teatral** play; **obra maestra** masterpiece

obrero worker

obscenidad obscenity

obsceno obscene

observador observer

observar to observe

obstáculo obstacle

obstante: no obstante nevertheless

obtener (*like* **tener**) to obtain

obvio obvious

ocasionar to cause

occidental western

ocio leisure

ocioso idle, lazy

ocre ochre

ocultación concealing, hiding

ocultar to hide

ocupación occupation

ocupar to occupy; **ocuparse** to be busy

ocurrir to happen, occur

odiar to hate

odio hatred

odioso hateful; detestable

oeste: película del oeste western (*movie*)

ofendido offended

ofensa offense, affront

oficina office

oficio occupation, job

ofrecer (zc) to offer

ofrenda offering

oído inner ear; **aguzar el oído** to prick up one's ears

oír *irreg.* to hear

ojalá I wish that; I hope that

ojeras *pl.* bags under the eyes, dark circles under the eyes

ojo eye; **¡ojo!** careful!, watch out!

ola wave

oleada wave, surge

oler *irreg.* to smell

olivo: verde olivo olive green

olor smell

oloroso fragrant

olvidar(se) (de) to forget (to)

omitir to omit

ómnibus bus

omnipotencia omnipotence

omnipotente omnipotent

omnisciente omniscient

ondular to wave, undulate

opinar (de) to think, have an opinion (of)

opíparamente lavishly

oponerse (*like* **poner**) to oppose

oportunidad opportunity

oposición opposition

optar to choose

optimista *m., f.* optimistic

oración sentence; prayer

oráculo oracle

órbita orbit

orden order; **poner** (*irreg.*) **en orden** to organize

ordenado tidy, orderly

ordenador *Sp.* computer; **ordenador portátil** laptop computer

ordenar to order, command

oreja ear

organismo organism

organizar to organize

órgano organ

orgullo pride

orgulloso proud

origen origin

orilla shore; edge

oro gold

osadía daring, boldness

oscurecer (zc) to become dark

oscuridad darkness

oscuro dark

osito (*dim. of* **oso**) teddy bear; little bear

oso bear

ostentoso ostentatious

otoñal autumnal

otoño autumn

otro another; other; **otra vez** again; **por otra parte** on the other hand; **por otro lado** on the other hand

oxidado rusted

oxigenado oxygenated

P

paciencia patience

paciente *n.* patient

padre father; Father (*God*); priest; *pl.* parents

padrinos *pl.* godparents

pagar to pay

página page

pago payment

país country; **país natal** native country

paisaje landscape

pájaro bird

palabra word; **cortar las palabras** to cut off one's words

paladear to taste

palenque palisade, enclosure

pálido pale

paliza beating

palma palm tree

palmera palm tree

paloma dove

palpar to touch, feel

pampas *pl.* plains of Argentina

pan bread; **barra de pan** baguette, French bread

pana corduroy

pancarta placard, poster

páncreas pancreas

paneo: hacer (*irreg.*) **un paneo** to pan (*camera*)

pantalla lampshade; screen; **hacer** (*irreg.*) **pantalla con la mano** to cup (*an ear*)

pantalón *s., pl.* pants

pantorrilla calf (*leg*)

pañuelo handkerchief

papá *m.* dad, father

papada double chin

papel paper; role

par pair; **un par de veces** a couple of times

para for; in order to; toward; by; **para que** *conj.* so that; **para con** to; toward

paraíso paradise

páramo moor, heath, plains

parar to stop, halt; **pararse** to stand up; to stop; **sin parar** ceaselessly

parcial partial

parecer (zc) to seem, appear; **parecerse (a)** to resemble, look like

parecido resemblance

pared wall

pareja couple, pair; partner

parejo even, level

pariente *m., f.* relative

parir to give birth

parlamento speech

parodia parody

parque park; **parque zoológico** zoo

párrafo paragraph

párroco village priest

parroquiano parishioner

parte *f.* part; **en alguna parte** somewhere; **en/por todas partes** every-where; **formar parte de** to make up; **por otra parte** on the other hand

Partenón Parthenon

participar to participate

particular particular; private

particularidad particularity

partidario supporter

partido party (*political*)

partir to leave; **a partir de** as of, from (*this point, moment, and so on*)

parto (child)birth

pasado past

pasador lock, bolt

pasaje passage

pasajero passenger

pasar to pass; to spend (*time*); to happen; to come in; **pasar por** to stop by; **pasarlo bien** to have a good time

pasatiempo hobby, pastime

pasear to take a walk or ride

paseo walk, stroll; **dar** (*irreg.*) **un paseo** to go for a walk or ride

pasillo hallway

pasión passion

pasional: crimen pasional crime of passion

pasividad passiveness

pasivo passive

pasmar to astound

paso step; pace; **abrir** (*p.p.* **abierto**) **paso** to make way; **dar** (*irreg.*) **un paso** to take a step; **de paso** passing by

pasta paste; soap

pastel cake

pastilla pill

patada kick

paterfamilias father as head of the household

paternidad paternity

paterno paternal

patético pathetic

patilla sideburn

patio yard, courtyard; **patio de la escuela** schoolyard, playground

patria homeland, country of origin
patriarcal patriarchal
patriota *m., f.* patriot
patrón pattern; boss
patrona mistress (*boss*)
paulatinamente gradually
pausa pause
pavadas *pl.* foolishness
pavimento pavement
paz peace; **hacer** (*irreg.*) **las paces** to make up; to make peace
peca freckle
pecar to sin
pecho breast; chest
pedazo piece
pedir (i, i) to ask; **pedir cuentas** to ask for an explanation
pega gluing, sticking
peinado hairdo
pelado bald; fleshless; *sl., interj.* man
pelaje fur
pelar to peel
pelea fight
peleador combative
pelear to fight
película movie; **película del oeste** western (*movie*)
peligro danger
peligroso dangerous
pellizcar to pinch
pelo hair
pelota ball
peluquería hair salon
pena suffering, pain; embarrassment; **dar** (*irreg.*) **pena** to cause grief, cause pain; **valer** (*irreg.*) **la pena** to be worth the effort
pender to hang
pendiente earring
pendular pendulous
penetrante penetrating
penetrar to penetrate
pensamiento thought
pensar (ie) (en) to think (about)
penúltimo next-to-last
penumbra semidarkness
peón laborer; **peón de chacra** farm worker
peor worse; worst
pequeño small
percepción perception; **percepción extrasensorial** extrasensory perception
perchero coat rack
percibir to perceive
perder (ie) to lose; to fail (*an exam*); to waste (*time*)

perdón pardon; forgiveness
perdonar to pardon, forgive
peregrino wandering
perezoso lazy
perfil profile
pergamino parchment
periodicamente periodically
periódico newspaper
periodista *m., f.* journalist
periodístico journalistic
período period
prejudicial damaging, harmful
perjuicio prejudice
perla pearl
permanecer (zc) to remain, stay
permiso: con permiso excuse me
permitir to allow
pero but
perplejo perplexed
perro dog
perseguir (*like* **seguir**) to pursue
persistente persistent
persona person; *pl.* people
personaje personality; character (*in literature*)
personalidad personality
pertenecer (zc) to belong to
pesadilla nightmare
pesar: a pesar de (que) in spite of, despite
pesca fish, fishing
pescador fisherman
pescar to fish
pese a despite
peso weight; *unit of currency*
pestaña eyelash
pestañear to blink
pétalo petal
pez *m.* fish
picadura sting, bite
picar to burn, be very hot (*sun*); to chop; **picar hielo** to chip ice
pie foot; **de pie** on foot; **estar** (*irreg.*) **de pie** to be standing; **ponerse** (*irreg.*) **de pie** to stand up
piedad piety
piedra stone; **piedra imán** lodestone; **piedra pómez** pumice stone
piel skin
pierna leg
pieza room; **buena pieza** *sl.* tramp
pila pile; **nombre de pila** first name
pincelada brush stroke
pino pine; **pino cepillado** scrubbed pine

Pinocho Pinocchio
pintar to paint; **pintarse** to put on makeup
pintura painting
pío: no decir (*irreg.*) **ni pío** to not say anything at all
pipa pipe
pisar to step
piso floor; apartment
pistola pistol, gun
pitada puff
pitar to whistle
pizarra chalkboard
placentero pleasant, agreeable
placer pleasure
plácido placid
planchar to iron
planeta *m.* planet
planificación planning
planificar to plan
plano plan, architectural drawing; **primer plano** front stage
planta plant
plantarse to stand, plant oneself
plantear to expound; to set forth
plástico plastic
plata money; silver
plataforma platform
plateado silvery, silver
platicar to chat
plato plate
platónico platonic
playa beach
playero pertaining to the beach
plaza plaza, square; **coche de la plaza** taxi
plazo term (*period of time*); **a corto plazo** short term
plebeyo commoner; plebian
plenario complete
plenitud plenitude, abundance
pleno full
plomizo gray
plomo lead
pluma feather; pen
pluscuamperfecto *gram.* pluperfect, past perfect tense
población population; **población callampa** squatters; shanty town
poblado town, village
poblarse de to be covered with
pobre *n. m., f.* poor person; *adj.* poor
pobrecito poor little thing
pobreza poverty
pocilga pigsty
pocito (*dim. of* **pozo**) little well

poco *n.* a little bit; *adj., adv.* a little, few; **al poco rato** after a short while; **poco a poco** little by little; **poco común** rare, unusual
poder *n.* power
poder *irreg.* to be able to, can
poderoso powerful
poema *m.* poem
poesía poetry
poeta *m.* poet
poético poetic
poetisa poetess
policía police (force); **jefe de policía** police chief
política politics; policy
político *n.* politician; *adj.* political
pololo boyfriend
polvo dust
pómez: piedra pómez pumice stone
ponderado careful
poner *irreg.* to put; **poner en orden** to organize; **ponerse** to put on (*clothes*); to become; to begin, set about; **ponerse de acuerdo** to come to an agreement; **ponerse de pie** to stand up; **ponerse en huelga** to go on strike
popularidad popularity
popularizar to popularize
por for; because of; by; through; per; **dar** (*irreg.*) **por muerto** to give (*someone*) up for dead; **dar** (*irreg.*) **por sentado** to take for granted; **dar** (*irreg.*) **por terminado** to conclude; **por acá** around here; **por allá** over there; **por anticipado** in advance; **por consiguiente** therefore; **por dentro** on the inside; **¡por Dios!** *interj.* for goodness sake!; **por ejemplo** for example; **por encima** over; overhead; **por escrito** in writing; **por eso** for that reason; **por favor** please; **por fin** finally; **por la noche** in the evening, at night; **por lo cual** for which; **por lo demás** moreover; **por lo general** in general; **por lo menos** at least; **por lo mismo** for that very reason; **por (lo) tanto** therefore; **por medio de** by means of; **por otra parte** on the other hand; **por otro lado** on the other hand; **¿por qué?** why?; **por separado** separately; **por su cuenta** by oneself; **por todas**

partes everywhere; **valerse** (*irreg.*) **por sí mismo** to fend for oneself
pordiosero beggar
pormenor detail
poro pore
porque because
portal portico; entrance hall
portátil: ordenador portátil laptop computer
portavoz *m., f.* spokesperson
posadas *pl.* Mexican Christmas festivities
posadero innkeeper
posarse to alight
poseer (y) to possess
posesión possession
posguerra postwar period
posibilidad possibility
posta first-aid station
postigo shutter
postiza: dentadura postiza false teeth
postrado prostrated
póstumamente posthumously
postura stance, position; **tomar una postura** to take a stance
potencia power
potro leather
poyo stone bench
pozo well
práctica practice
práctico practical
prado meadow, field
precario precarious
preceder to precede
precioso precious
precipicio precipice
precipitadamente hastily
precipitar to rush, hurry; to plummet
precisamente precisely, exactly
precisar to need
preciso precise
precolombino pre-Columbian
predecir (*like* **decir**) to predict
predicción prediction
predilección predilection
predilecto favorite
predominar to predominate
predominio predominance
preescolar *adj.* preschool
preferible preferable
preferir (ie, i) to prefer
pregunta question
preguntar to ask
prejuicio prejudice
prematrimonial premarital

premio prize, award; **Premio Nobel** Nobel Prize
premura hurry, haste, urgency
prenda jewel
prender to light; to catch
prendido full
prensa press (*newspaper*)
prensado pressed
preocupación worry
preocuparse to be worried
preparar to prepare
presagio foreshadowing; omen
presencia presence
presentar to present; to introduce; to perform
presente *n.* present (*time*); gift, present; *adj.* present
presentimiento presentiment, premonition
presentir (ie, i) to have a presentiment (of)
presidencial presidential
presión pressure
presionar to press
preso: meter preso to throw in jail
préstamo loan
prestar to lend; **prestar atención** to pay attention; **prestarse** to be suitable, useful for
prestigioso prestigious
presunto supposed
pretender to try; to claim
pretexto pretext, excuse
prevalecer (zc) to prevail
prever (*like* **ver**) to foresee
previo prior, previous
previsible foreseeable
previsto (*p.p. of* **prever**) foreseen, planned
prima: materia prima raw material
primario primary; **(escuela) primaria** elementary school
primavera spring
primer, primero first; **a primera vista** at first sight; **primer plano** front stage
primicia discovery
primitivo primitive
princesa princess
principal *n.* principal (*school*); *adj.* main, principal
príncipe prince
principiar to begin
principio beginning; principle
prioridad priority
prisa haste, hurry; **tener** (*irreg.*) **prisa** to be in a hurry

prisionero prisoner
privación privation
privado private
pro y contra for and against
probabilidad probability
probar (ue) to try; to taste; **probarse** to try on
problema *m.* problem
problemática *n.* set of problems
problemático *adj.* problematic
proceso process
procurar to try
prodigioso prodigious, marvelous
producir *irreg.* to produce
profesor professor, teacher
profundidad depth
profundizar to delve deeply into; to make deeper
profundo deep
progenitor ancestor
programa *m.* program
programar to program
progresista *m., f.* progressive
progreso progress
prolífico prolific
prolongación extension
prolongar to prolong
promesa promise
prometido promised
promiscuidad promiscuity
promover (*like* mover) to promote
pronominal: complemento pronominal *gram.* object pronoun
pronto soon; **de pronto** suddenly; **tan pronto como** as soon as
pronunciar to pronounce
propietario owner
propio own; one's own; himself, herself, themselves
proponer (*like* poner) to propose
proporcionar to provide
propósito purpose
propuesta proposal
proseguir (*like* seguir) to proceed with
prosperidad prosperity
protagonista *m., f.* protagonist
protección protection
protector *n.* defender, protector; *adj.* protective
proteger (j) to protect
protesta protest
protestante *adj.* Protestant
protestar to protest
proveer to provide
provenir de (*like* venir) to come from

provocar to cause; to provoke
próximo next
proyectar to plan
proyecto project
prueba test, trial
publicar to publish
público *n.* public; audience; *adj.* public
pudoroso modest, bashful
pudridero compost heap
pueblo town; people; nation
puente bridge
puerco disgusting
puerta door
puertecilla small door
puerto port
puertorriqueño *n., adj.* Puerto Rican
pues then; well
puesto *n.* position, place, post; *adj.* (*p.p. of* **poner**) placed; **llevar puesto** to be wearing; **tener** (*irreg.*) **puesto** to have on (*clothing*)
¡puf! *interj.* ugh!
pulcritud neatness; perfection
pulido polished
pullman armchair
pulmón lung
pulsera bracelet
pulso pulse
pulular to swarm; to teem
punta point, end; toe
puntero *adj.* lead
punto point; **estar** (*irreg.*) **a punto de** to be about to; **punto de vista** point of view
punzó bright red
puñal dagger
puño fist
purificar to purify
puro pure
puta *adj.* damned

Q

qué what; **¿por qué?** why? **¿qué horas son?** what time is it?; **¿qué tal... ?** how was . . . ?
quedar to stay, remain; to be left; to have left; to fit (*clothing*); to be located; **quedarse** to stay, remain
quedo quiet, low
quehacer chore
quejarse to complain
quemadura burn
quemar to burn
quemazón *n. f.* burning
querer *irreg.* to want; to love; **querer decir** to mean

querido dear, honey, darling
quiché *n., adj.* Quiche (*Mayan tribe from Guatemala*)
quien who; whom; **como quien dice** as they say
quienquiera whoever; whomever
quieto quiet
químico *adj.* chemical
quinceañera party celebrating a girl's fifteenth birthday
quinta farm house
quitar to remove, take away; **quitarse** to take off
quizá perhaps, maybe

R

rabia anger, rage
racimo cluster, bunch
radiación radiation
radiador radiator
radioactividad radioactivity
radiografía: sacar una radiografía to take an X-ray
ráfaga burst
raíz root; **a raíz de** as a result of
rancho ranch
ranchón *P.R.* low-income apartment complex
rango rank; class
raparse to shave
rapidez speed
rápido quick, fast
raptar to kidnap
raro strange
rascar to scratch; to scrape
rasgo feature, trait
rastro trace, sign
rato while, short time; **a cada rato** every so often; **al poco rato** after a short while
raya stripe; line
rayo ray
raza race
razón *f.* reason; **tener** (*irreg.*) **razón** to be right
reacción reaction
reaccionar to react
reafirmar to reaffirm
realidad reality
realismo realism
realista *m., f.* realistic
realizar to carry out, accomplish; **realizarse** to be completed
reanimar to revive
reanudar to resume, take up again
reaparición reappearance
rebanada slice

rebelde *n.* rebel; *adj.* rebellious
rebeldía rebelliousness
rebosante dripping
recado message
recámara dressing room; bedroom
recapacitar to reconsider
recelo distrust
receptor receiver
receta recipe
rechazar to reject
rechoncho chubby
recibir to receive
recién recently, newly; **recién nacido** newborn
reciente recent
recio thick; stern
recipiente container
recíproco reciprocal
recitar to recite
reclutado recruited
reclutamiento recruitment; **reclutamiento militar obligatorio** military draft
recobrar to recover
recoger (*like* **coger**) to gather; to pick up
recomendar (ie) to recommend
reconciliarse to reconcile
reconfortar to comfort
reconocer (*like* **conocer**) to recognize
reconocible recognizable
reconocimiento recognition
reconstruir (*like* **construir**) to reconstruct
recordar (ue) to remember
recorrer to travel through or across
recortar to outline
recrear to recreate
recriminar to reproach
rectificar to adjust, correct
recto straight
recubanización reaffirming of Cuban roots
recubanizar to reaffirm one's Cuban roots
recuento count; recount
recuerdo memory
recuperar to recuperate
recurso recourse; *pl.* resources
red net, snare; Internet
redacción libre free writing
redoble intensification
redondo round
reducir *irreg.* to reduce
reencarnación reincarnation
reescribir (*like* **escribir**) to rewrite

reestablecer (*like* **establecer**) to reestablish
referente referring, relating
referirse (ie, i) (a) to refer (to)
refinado refined
reflector searchlight
reflejar to reflect
reflejo reflection
reflexión reflection (*mental*)
reforzar (*like* **forzar**) to reinforce
refrescante refreshing
refugiado refugee
refugiarse to take refuge
refugio asylum; shelter
refutar to refute
regalar to give (*a gift*)
regaño scolding
regir (i, i) (j) to rule, govern; to preside over; **regirse** to conduct oneself
registrar to register
registro register; **ficha de registro** data card
regla rule
reglamento rule, regulation
regresar to return
regularidad regularity
rehacerse (*like* **hacer**) to pull oneself together
reina queen
reinar to reign, rule
reino kingdom
reinterpretar to reinterpret
reinventar to reinvent
reír(se) (í, i) to laugh
reja grate; barred door
rejilla lattice; wickerwork, cane work
rejuvenecer (zc) to rejuvenate
relacionarse to be connected, related
relajar to relax
relatar to relate, tell
relato account, narrative
religioso religious
rellenar to fill
reloj *m.* clock
reluciente shining
relucir (*like* **lucir**) to shine, glisten
remedio remedy, cure, solution
rememorar to remember, recall
remolino swirl
remoto remote
remozar to rejuvenate
renacer (*like* **nacer**) to be reborn
rencor ill will, animosity
rengo lame
renovar (ue) to restore, reestablish
renunciar to renounce; to resign (*from a job*)

reorganizar to reorganize
reparar to fix, repair; **reparar en** to notice
repartir to divide (up), distribute
repasar to pass again; to review
repente: de repente suddenly
repentinamente suddenly
repetir (i, i) to repeat
replicar to reply, retort
reponer (*like* **poner**) to reply, retort; **reponerse** to recuperate, get better
reportaje report, article
reposado relaxed, reposed
reposo rest
representar to represent
representativo *adj.* representative
reprobatorio reprobative
reproducir (*like* **producir**) to reproduce
reproductivo reproductive
reptar to crawl
requerir (ie, i) to require
resaca hangover
resbalar to slide
rescatado rescued
reseco dried up
resentido bitter
resentimiento resentment
reservado reserved
reservar to put aside
resfriado cold
residente resident
residir to reside
resignado resigned
resistir to resist
resolución resolution
resolver (ue) (*p.p.* **resuelto**) to solve; to resolve
respaldo back
respectivo respective
respecto respect; **al respecto** about the matter, in regard to the matter; **con respecto a** with regard to
respetar to respect
respeto respect
respingo shake, jerk
resplandor brightness
responder to answer, respond
responsabilidad responsibility
responsable responsible
respuesta answer
restauración restoration
restaurar to restore
resto rest; *pl.* remains
resuelto (*p.p. of* **resolver**) resolved

resultado result
resultar to result; to turn out to be
resumen summary
resumir to summarize
retener (*like* **tener**) to retain
retirar to remove; to withdraw
reto challenge
retocar to touch up
retornar to return
retrato photo, portrait
retroceder to back away, step back
retrospectivo: episodio de narración retrospectiva flashback
reunión gathering
reunirse (**me reúno**) to assemble, gather, get together
revelador revealing
revelar to reveal
reventar (**ie**) to burst, explode
revisar to examine, check
revista magazine
revivir to relive
revocar to whitewash
revolcarse (**ue**) to wallow
revolucionario revolutionary
revolver (*like* **volver**) to return
rey *m.* king
rezar to pray
ribeteado edged
rico *n.* rich person; *adj.* rich
ridiculizar to ridicule
ridículo ridiculous
riesgo risk
rigor harshness
rima rhyme
rincón corner
riña fight, quarrel
río river
riqueza richness
risa laugh; laughter; **morir** (**ue, u**) **de risa** to die laughing
rito rite
rivalidad rivalry
rizar to curl
robar to steal
rodar (**ue**) to roll
rodear to surround
rodilla knee; **de rodillas** kneeling, on one's knees
rogar (**ue**) to beg
roído damaged
rojo red; **Caperucita Roja** Little Red Riding Hood
rollo roll
romance romance; ballad
romántico romantic

romper (*p.p.* **roto**) to break
ron rum
ropa clothing; **ropa interior** underwear
ropero clothes rack
rosa rose; **novela rosa** romance novel
rosado pink
rosquilla sweet fritter
rostro face
roto (*p.p. of* **romper**) broken; *sl.* loser
rotundo resounding
rotura breaking
rozar to rub
rubio blond
ruborizarse to blush
rugido roar
ruidoso noisy
ruina ruin
rulo unwatered or dry land
rumbo direction, course
rumor murmur
ruptura breakup
ruso *adj.* Russian
rutina *n.* routine
rutinario *adj.* routine

S

sábana sheet
saber *irreg.* to know; **saber** + *inf.* to know how (*to do something*)
sabio wise
sabor flavor
saborear to savor
sacar to take out; to obtain, get; **sacar una radiografía** to take an x-ray; **sacarse** to take off
sacerdote priest
sacrificar to sacrifice
sacudir to dust off
sajón *n.* Saxon
sala room; living room
salida escape, way out, exit
salir *irreg.* to leave, go out; to turn out
salmón salmon-pink
salón living room
salpicar to sprinkle
salsa salsa music
saltado loosened
saltar to jump; to skip
salud health
saludar to greet
salvación salvation
salvar to save
salvo except
sanatorio sanatorium
sangrar to bleed
sangre *f.* blood

sanguinario bloodthirsty
santo *n.* saint; **día** (*m.*) **del santo patrón** patron saint's day; **santo patrón** patron saint; *adj.* holy
sardina sardine
sardónico sardonic
sastrería tailor's shop
satélite satellite
satírico satirical
satisfacción satisfaction
satisfecho (*p.p. of* **satisfacer**) satisfied
secar to dry
sección section
seco dry
secoya sequoia
secretaría ministry
secretario secretary
secreto *n., adj.* secret
secuencia sequence
secuestrar to kidnap
secundario secondary
sed: tener (*irreg.*) **sed** to be thirsty
seda silk
sedante *adj.* sedative
sede *f.* headquarters
seducir *irreg.* to seduce
seductor seductive
seguida: en seguida immediately, right away
seguir (**i, i**) (**g**) to follow
según according to
segundo *n., adj.* second
seguridad safety, assurance; **con toda seguridad** with absolute certainty
seguro sure
seleccionar to select, choose
sellado sealed
sello seal
selva jungle
semáforo traffic light
semana week
semántico semantic
semblante face
sembrado field
semejante similar; **de manera semejante** similarly, in the same way
semejanza similarity
semicerrado partly closed
sencillo simple
senectud old age; senility
seno breast
sensibilidad sensitivity
sensible sensitive
sensorial sensory
sensual sensuous; sensual

sensualidad sensuality; sensuousness

sentado: dar (*irreg.*) **por sentado** to take for granted

sentar (ie) to seat; **sentarse** to sit down

sentencia sentence (*legal verdict*)

sentido sense

sentimiento feeling

sentir (ie, i) to regret, be sorry; **sentir ganas de** + *inf.* to feel like (*doing something*); **sentirse** to feel

seña: decir (*irreg.*) **por señas** to say with sign language; **hacer** (*irreg.*) **señas** to gesture

señal sign, signal

señalar to point at

señor (Sr.) Mr.; sir; man

señora (Sra.) Mrs.; ma'am; lady

señorita (Srta.) Miss; young lady

separado: por separado separately

separar to separate

septicemia blood poisoning

sepulcro tomb, sepulcher

sepultado buried

ser *n.* being; **ser humano** human being

ser *irreg.* to be; **es decir** that is to say, in other words; **llegar a ser** to get to be, become; **no ser su gata** *sl.* to not be someone's servant; **¿qué horas son?** what time is it?; **ser dispuesto** to be clever

serenata serenade

serenidad serenity

sereno serene, calm

serie *f.* series

serio serious; **tomar en serio** to take seriously

servicio service; **tarjeta de servicio militar** draft card

servidumbre *f.* servitude, bondage

servir (i, i) to serve; to be useful

seudónimo pseudonym

severamente severely

severidad severity

sexo sex

sexualidad sexuality

si if

sí yes; **¡claro que sí!** of course!; **valerse** (*irreg.*) **por sí mismo** to fend for oneself

sicoanálisis psychoanalysis

sicológico psychological

sicópata *m., f.* psychopath

siempre always

siesta nap

siete: Blancanieves y los siete enanitos Snow White and the Seven Dwarves

siglo century

significado meaning

significante significant, meaningful

significar to mean

significativo significant, meaningful

signo sign, signal

siguiente *adj.* following

sílaba syllable

silabario spelling book

silenciar to silence

silencio silence

silencioso quiet

sílfide *f.* sylph, nymph

silla chair

sillón armchair

silvestre wild

simbólicamente symbolically

simbolismo symbolism

simbolizar to symbolize

símbolo symbol

simetría symmetry

similitud similarity

simpatía liking, fondness

simpatizar to get along well together

simposio symposium

simulacro de bombardeo bomb drill

sin without; **sin duda** doubtless; **sin embargo** nevertheless, however; **sin parar** ceaselessly; **sin que** *conj.* without

sinceramente sincerely

sindical pertaining to a trade or labor union

sindicato labor union, trade union; syndicate

sinfonía symphony

Singapur Singapore

singular single; exceptional, extraordinary

sino but, except, but rather; **sino que** *conj.* but rather

sinónimo synonym

sintetizar to synthesize

siquíatra *m., f.* psychiatrist

siquiera: ni siquiera not even

sirena siren

sirvienta maid, servant

sistema *m.* system

sistemáticamente systematically

sitio place, site

situarse (me sitúo) to occur, take place

smoking *m.* tuxedo

sobrar to be left over, have extra

sobre over; on; about; regarding; **sobre todo** above all

sobrecoger (*like* **coger**) to be frightened

sobrenatural supernatural

sobrepoblación overpopulation

sobresalto shock, fright

sobresaturado supersaturated

sobrevivir to survive

sobrina niece

sobrino nephew

socialista *adj. m., f.* socialist

sociedad society

socioeconómico socioeconomic

sociopolítico sociopolitical

soez rude; vulgar

sofá *m.* couch, sofa

sofisticado sophisticated

sol sun; **anteojos para el sol** sunglasses; **tomar el sol** to sunbathe

solapa lapel

soldadesca *adj.* barrack-room

soldado soldier

soledad solitude; loneliness

solemne solemn

soler (ue) to be in the habit of

solicitar to ask for, request

sólido solid

solitario secluded; lone

sollozar to sob

sollozo sob

solo *adj.* alone; only; sole

sólo *adv.* only

soltar (ue) (*p.p.* **suelto**) to loosen, untie; to set free; to let go

soltera single woman

soltero unmarried; **madre** (*f.*) **soltera** single mother

solucionar to solve

sombra shade; shadow; shelter

sombrerera hat box

sombrero hat

someter to subject

sonar (ue) to sound; to ring

sondeo survey

soneto sonnet

sonreír(se) (*like* **reír**) to smile

sonriente smiling

sonrisa smile

soñador dreamy

soñar (ue) (con) to dream (about)

soñoliento sleepy, drowsy

soportar to put up with, stand, bear; to support

sorberse los mocos to sniffle

sórdido sordid

sordo dull; muffled; deaf
sorprendente surprising
sorprender to surprise
sorprendido surprised
sorpresa surprise
sospechar to suspect
sospechoso suspicious
sostén bra
sostener (*like* **tener**) to sustain
suave soft; smooth
suavecito (*dim. of* **suave**) very soft, smooth
suavidad softness; smoothness
subgénero subgenre
subida rise
subir to raise, rise; to go up, climb; to get on (*boat, train*); to carry up
súbito sudden
subjetivo subjective
subordinado subservient
subrayar to underline
subtítulo subtitle
suburbio suburb
suceder to happen, occur
sucesión succession
sucesivo successive
suceso event
sucio dirty
sudar to sweat
sudor sweat
suegros *pl.* in-laws, parents-in-law
sueldo salary
suelo floor; ground
suelto (*p.p. of* **soltar**) free
sueño dream; sleep
suerte *f.* luck
suéter sweater
suficiente enough, sufficient
sufijo *gram.* suffix
sufrimiento suffering
sufrir to suffer
sugerencia suggestion
sugerir (**ie, i**) to suggest
suicidarse to commit suicide
suicidio suicide
Suiza Switzerland
sujetar to secure, fasten; to pin down
sujeto *n.* subject; *adj.* subjected; pinned down
sumatoria sum total
sumergir (**j**) to submerge
suministrar to supply; to provide
sumiso submissive
suntuosidad sumptuousness
suntuoso sumptuous
superar to overcome
superficie *f.* surface

superfluo superfluous
superior higher; upper; superior
supersensible very sensitive
supersticioso superstitious
supervivencia survival
suplemento supplement
suplicar to beg
suponer (*like* **poner**) to suppose
sur south
surcado wrinkled
surco wrinkle
surgir (**j**) to rise, spring forth
suroeste southwest
suspender to suspend; to interrupt
suspicacia suspicion
suspirar to sigh
sustancia substance
sustancioso nourishing
sustantivo *gram.* noun
sustituir (**y**) to substitute
susurrante rustling
susurro whisper, murmur
sutil subtle

T

tabaco tobacco
tabla table, chart
tacón heel
táctico tactical
tacto tact
taimado sullenly
tal such (a); **¿qué tal… ?** how was . . . ?; **tal como** just like; **tal vez** perhaps, maybe
tallar to carve
taller workshop, shop, studio
tamaño size
tambalear to stagger
también also
tamborear to drum
tamborileo drumming
tampoco neither, not either
tan so, as; such; **tan… como…** as . . . as . . . ; **tan pronto como** as soon as
tanto so much; as much; *pl.* so many; as many; **entre tanto** meanwhile; **mientras tanto** meanwhile; **por (lo) tanto** therefore; **tanto… como…** both . . . and . . . ; **tanto como** as much as; **tanto que** so much that
tapar to cover (up)
taparrabo loincloth
tapiz *m.* tapestry
taquillero box office hit
tardar to take a long time

tarde *n. f.* afternoon; **buenas tardes** good afternoon; **todas las tardes** every afternoon; *adj.* late
tarea task; homework
tarjeta card; **tarjeta de servicio militar** draft card
taza cup
té tea
teatral theatrical; **obra teatral** play
teatro theater; **obra de teatro** play
tebeo: versión de tebeo comic book
techo roof
tecla key (*on a keyboard*)
teclado keyboard (*computer*)
técnica technique
técnico technical
tecnología technology
tecnológico technological
teja roof tile
tejer to weave, knit
telefónico *adj.* telephone
teléfono telephone; **teléfono celular** cellular telephone; **teléfono inalámbrico** cordless telephone
telenovela soap opera
televisor television set
telón drop curtain (*theater*)
tema *m.* subject; theme
temático thematic
temblar (**ie**) to tremble, shiver
temblor tremor
tembloroso *adj.* shaking, quivering
temer to fear
temeroso fearful, afraid
temible fearsome
temido feared
temor fear
templado soft; moderate
templo temple
temporada season; period
temprano early
tenazas tongs
tendencia tendency
tenderse (**ie**) to stretch out
tener *irreg.* to have; **no tener nada que ver con** to have nothing to do with; **tener… años** to be . . . years old; **tener calor** to be hot (*person*); **tener confianza** to be confident; **tener en cuenta** to keep in mind; **tener éxito** to be successful; **tener ganas de +** *inf.* to feel like (*doing something*); **tener hambre** to be hungry; **tener la bondad de +** *inf.* to be so kind as to + *inf.*; **tener la culpa** to be to blame; **tener**

lugar to take place; **tener miedo** to be afraid; **tener prisa** to be in a hurry; **tener puesto** to have on (*clothing*); **tener que** + *inf.* to have to + *inf.*; **tener que ver con** to have to do with; **tener razón** (*f.*) to be right; **tener sed** to be thirsty

tenida outfit

teniente lieutenant

tentación temptation

tenue faint, subdued

teología theology

teológico theological

teoría theory

teorización theorization

tercero third party

terminar to end

término term

ternura tenderness

terrateniente landowner

terrestre earthly

territorio territory; region

terrorífico terrifying

terroso earthy

terso smooth

tesoro treasure

testigo witness

testimonio testimony

texto text

tez complexion

tibio lukewarm

tiempo time (*general*); weather; *gram.* tense; **a su tiempo** in due time; at the right time; **al mismo tiempo** at the same time; **tiempo completo** full-time

tienda store; **tienda de campaña** camping tent

tierno tender

tierra earth; land; ground; soil

tijeras *pl.* scissors

timbre doorbell

timidez timidity, shyness

tímido shy, timid

tinta ink

tinto: vino tinto red wine

tío uncle

típico typical

tipo type

tiranía tyranny

tirante iron rod

tirar to throw

titular headline

titularse to be called

título title

tiza chalk

tiznado dirty, blackened

toalla terrycloth; towel

tocar to touch; to play (*an instrument*); to ring (*a doorbell*); **tocarle a uno** to be one's turn

todavía yet, still

todo *n.* all, everything; *pl.* everybody, all; *adj.* all, every; **a toda luz** obviously; **con toda seguridad** with absolute certainty; **en todo caso** in any case; **en/por todas partes** everywhere; **sobre todo** above all; **todas las tardes** every afternoon; **todos los días** every day

todopoderoso all-powerful

tolerancia tolerance

tolerar to tolerate

tomar to take; to drink; to eat; **tomar el sol** to sunbathe; **tomar en broma** to take as a joke; **tomar en cuenta** to take into account; **tomar en serio** to take seriously; **tomar una decisión** to make a decision; **tomar una postura** to take a stance

tomillo thyme

tomo volume

tono tone

tontería silly act or remark; *pl., interj.* rubbish

tonto silly, dumb

toque touch

toquido knock (*on a door*)

torcer *irreg.* to twist, turn

tormenta storm

tormento torment, torture

toro bull

torpe slow, clumsy

torre *f.* tower

torrente torrent

torta cake

tortillería tortilla factory

tos *f.* cough

tosco rough, coarse

tostado tanned

totalitario totalitarian

totalmente totally, fully

trabajador *n.* worker; *adj.* working; hard-working

trabajar to work

trabajo work, job; **hacer** (*irreg.*) **trabajo de maquila** to work for a pittance

trabajosamente laboriously, painfully

trabar conversación to strike up a conversation

tradición tradition

tradicional traditional

traer *irreg.* to bring

tragar to swallow

tragedia tragedy

trágico tragic

traición betrayal

traicionar to betray

traidor traitor

trajano: Foro trajano Trajan's Forum

traje suit; **traje de baño** bathing suit

trama plot

trance: en trance de trying to

tranquilidad tranquility; serenity

tranquilizador tranquilizing, soothing

tranquilizante tranquilizer

tranquilizarse to calm down

tranquilo calm, tranquil; **dejar tranquilo** to leave alone

transacción transaction

transcrito (*p.p. of* **transcribir**) transcribed

transcurrir to pass (*time*); to take place

transcurso passage (*of time*)

transfigurado transfigured

transformar to transform

transitoriamente temporarily

transmitir to transmit

transportar to transport

transporte transportation

tranvía *m.* tram; streetcar

trapo rag

traquetear to rattle, clatter, *noise from a train*

tras after; behind

trasfondo background

trasnochado stale, hackneyed

traste bottom

trastornado confused; crazy

trastorno confusion

tratamiento treatment

tratar to treat; **se trata de** it's a question of, it's about; **tratar de** + *inf.* to try to + *inf.*; **tratar de** + *noun* to deal with (*a topic*)

través: a través de through, across

travieso mischievous

trébol trefoil, clover

tremendo tremendous

trémulo tremulous, trembling

tren train

tres three; **Los tres cochinitos** The Three Little Pigs

tribu *f.* tribe

trigo wheat
triste sad
tristeza sadness
triunfante triumphant
triunfar to triumph
triunfo triumph
trocito (*dim. of* **trozo**) bit, small piece
tropa troop
tropezar(se) (ie) con to bump into, stumble over
trotar to jog
trozo piece
tumba tomb
tumulto tumult, uproar
túnel tunnel
turbar to disturb
turbio cloudy, unclear
turbulento turbulent
turquesa turquoise
tutear to address with **tú**

U

últimamente lately, recently
último last
ulular *n.* wailing
único only, sole; unique; **hijo único** only child
unidad unit
unido close-kint, united
uniforme uniform
unión union
unir to unite, join; **unirse** to join together
universidad university
universo universe
uña fingernail
urgencia urgency
uruguayo *adj.* Uruguayan
usar to use
uso use
usufructuario: cambiar de usufructuario to change hands
útil useful
utilidad usefulness, utility
utilizar to utilize, use

V

vaca cow
vacaciones *f. pl.* vacation
vacilación hesitation
vacilante hesitant
vacilar to hesitate
vacío empty
vagabundo vagrant; wandering
vagamente vaguely
vagón train car

valer *irreg.* to be worth; **valer la pena** to be worth the effort; **valerse por sí mismo** to fend for oneself
validar to validate
validez validity
válido valid
valiente brave, courageous
valija valise, luggage, suitcase
valle valley
valor value
vanidad conceit, pride, vanity
vano opening
vapor steam
vaporoso sheer
vaquero cowboy
variante varying
variar (varío) to vary
variedad variety
varios several
varón man; male
varonil manly, virile
vaso glass
vasto vast, immense
vecindario neighborhood
vecino *n.* neighbor; *adj.* neighboring, nearby
vedar to prohibit, forbid
vehículo vehicle
veintitantos *adj.* twenty-plus
vejez old age
vela candle
veladora candlestick
velar to watch over, protect
velo veil
velorio wake, vigil
velozmente swiftly, quickly
vena vein
vencer (z) to conquer
vendado bandaged
vendedor salesperson; **vendedor ambulante** peddler
vender to sell
veneno poison
venerar to venerate, revere
vengativo vindictive, vengeful
venir *irreg.* to come
ventaja advantage
ventana window
ver *irreg.* to see; **a ver** let's see; **no tener** (*irreg.*) **nada que ver con** to have nothing to do with; **tener** (*irreg.*) **que ver con** to have to do with; **ver el cielo abierto** to see a great opportunity
veranear to vacation
veraneo summer vacation
verano summer

veras: de veras really, truly
verdad truth
verdadero real, genuine; true
verde green; **verde olivo** olive green
verdugo executioner, hangman
vergüenza shame; embarrassment
verosímil true to life; credible
versión version; **versión de tebeo** comic book
verso line (*of poetry*)
verter (ie) to spill, shed
vértigo vertigo
vestido dress
vestir (i, i) to dress; **vestirse** to get dressed
veterano veteran
vez time; instance; **a la vez** at the same time; **a su vez** in turn; **a veces** sometimes; **alguna vez** sometime; once; ever (*with a question*); **cada vez más** more and more; **cada vez que** whenever, every time that; **de una vez** now, right away; **de vez en cuando** once in a while; **de vez en vez** from time to time; **en vez de** instead of; **muchas veces** often, frequently; **otra vez** again; **tal vez** perhaps, maybe; **un par de veces** a couple of times
vía road, street, thoroughfare
viajar to travel
viaje trip; **hacer** (*irreg.*) **un viaje** to take a trip
viajero traveler; passenger
viceversa vice versa
vicio vice
víctima victim
vida life
vidrio glass
viejo *n.* old man; *adj.* old
viento wind
vientre womb; belly
vigilante vigilant, watchful
vigilar to watch, guard
vil vile; despicable
vincha hair band
vinculado tied, bound
vino wine; **vino tinto** red wine
violar to break, violate; to rape
violencia violence
violento violent
Virgen *f.* Virgin (Mary)
virtud virtue
virreinato vice-royalty
visita visit; **hacer** (*irreg.*) **una visita** to visit

visitante visiting

vista view; sight; **a primera vista** at first sight; **bajar la vista** to look down; **punto de vista** point of view

visualizar to visualize

viuda widow

viudo widower

vivaz lively, vivacious

víveres *pl.* foodstuffs

vivienda housing; dwelling place

vivir to live

vivo alive; strong, intense; bright, vivid

vocal *f.* vowel

volar (ue) to fly

volcán volcano

voltear to turn

volumen volume

voluminoso voluminous, bulky

voluntad: a voluntad willingly; **buena voluntad** good will

voluntario voluntary

voluntarioso willful; self-willed

volver (ue) (*p.p.* **vuelto**) to return; **volver a** + *inf.* to + *inf.* again; **volver añicos** to shatter; **volverse** to turn; to become; to turn around; **volverse loco** to go crazy

votar to vote

voto vote

voz voice; **a voces** in a loud voice; **en voz alta** aloud

vuelta return

vulgar coarse, common

Y

y and

ya already; right away; now; **¡basta ya!** that's enough!; **ya no** no longer; **ya que** since, given that

yate yacht

yema fleshy part of fingertip

Z

zacate fodder

zafio boorish

zaguán entrance; doorway

zanja ditch, trench

zapatilla slipper

zapato shoe

¡zas! *interj.* whack!, wham!, bang!

zona zone, area

zoológico: parque zoológico zoo

zorro fox

zozobrar to sink

zumbar to buzz

zumo *Sp.* juice

zurrón shepherd's bag, pouch

Grateful acknowledgment is made for use of the following:

Photos: *Page 2:* © Humberto Calzada, "Un presentimiento de paz," 1999, serigraph. 30″ × 40″; *Page 6:* Fernando Botero, *Ruben's Wife* (La esposa de Rubén), 1963. Oil on canvas, 183.1 × 178.1 cm (72⅛ × 70⅛ inches). Solomon R. Guggenheim Museum, New York, purchased with funds contributed by Fundación Neumann, Caracas, Venezuela, 1966, 66.1815; Photograph by David Heald. © The Solomon R. Guggenheim Foundation, New York; *26:* Schalkwijk/Art Resource, NY and © 2008 Banco de México Diego Rivera & Frida Kahlo Museums Trust. Av. Cinco de Mayo No. 2, Col. Centro, Del. Cuauhtémoc 06059, México, D. F.; *38:* Pedro Figari, Baile criollo, (61 × 82, oil on cardboard), Montevideo, exhibited in MUVA Virtual Museum of Visual Arts, http://muva.elpais.com.uy © MUVA/EL PAIS; *52:* Cosme Proenza, *La Abuela,* Havana Gallery, Chicago, IL; *66:* Manos de la esperanza, Fundación Guayasamín, Quito, Ecuador; *84:* © Herederos de Rufino Tamayo; *104:* © Diego Manuel Rodriguez, "Tren de madrugada," acrílico sobre tela, 75 × 69 cm; *128:* Carmen Lomas Garza, photo credit M. Lee Fatheree, Collection of Nicolas & Cristina Hernandez Trust Collection, Pasadena, CA; *144:* "Un Pueblo Unido" painted by Theresa Rosado, 2002, for Labor Council of Latin American Advancement Conference, Detroit, MI; *168: The Disintegration of the Persistence of Memory* (1952–54). Oil on canvas, 10 × 13 inches, Collection of The Salvador Dalí Museum, St. Petersburg, Florida; *186:* © Sergio Hernández, chicanarteyque.com; *206:* Leon Posada, *El Paseo,* Oil, 64 × 87 cm, Museum Antioquia, Medellin, Columbia.

Realia: Page 207 Freixnet ad, ©Freixnet USA, Inc.

Readings: *Page 13* "La conciencia" by Ana María Matute from *Historias de la Artamila.* © Ana María Matute, 1961; *43* From *Como agua para chocolate* by Laura Esquivel, © Laura Esquivel. Used by permission; *56* "El nieto" by Antonio Benítez-Rojo. Reprinted by permission of the author; *65* "Me besaba mucho" by Amado Nervo from *La amada inmóvil;* *72* "La IWM mil" de *Besos y fricciones* de Alicia Yáñez Cossio, Bogotá: Ediciones Paulinas, 1975. Used by permission; *81* "Apocalipsis" by Marco Denevi from *Falsificaciones,* Buenos Aires, Corregidor, 2005. Used by permission of the publisher; *91* "Rosamunda" by Carmen Laforet from *La niña y otros relatos,* © Herederos de Carmen Laforet, 2008; *99* "Hombre pequeñito" by Alfonsina Storni, Editorial Losada S. A., Buenos Aires, 1997. Used by permission of the publisher; *101* "Me gustas cuando Callas" by Pablo Neruda from *Veinte poemas de amor y una canción desesperada,* © Fundación Pablo Neruda; *109* "El delantal blanco" by Sergio Vodanović. Used by permission of Betty Johnson; *125* "La United Fruit Co." by Pablo Neruda from *Canto general,* © Fundación Pablo Neruda; *133* "Espuma y nada más" de Hernando Téllez Used by permission of Editorial Norma; *141* "Padre nuestro" by Nicanor Parra. Used by permission of the author and courtesy of the Fondo de Cultura Económica, editor of *Poemas para combatir la calvicie, Antología de la obra de Nicanor Parra; 149* "No speak English" by Sandra Cisneros from *La casa en Mango Street,* Copyright © 1984 by Sandra Cisneros. Published by Vintage Español, a division of Random House, Inc. Translation copyright © 1984 by Elena Poniatowska. Reprinted by permission of Susan Bergholz Literary Services, New York, NY and Lamy, NM. All rights reserved; *156* "Una caja de plomo que no se podía abrir" by José Luis González. © José Luis González 1973. Used by permission of the author; *165* "Cubanita descubanizada" by Gustavo Pérez Firmat from *Bilingual Blues* Tempe, Ariz.: Bilingual Press/Editorial Bilingüe, Arizona State University, 1995; *174* "Imágenes photoshop," Edmundo Paz Soldán c/o Guillermo Schavelzon & Asociados. Agencia Literaria, info@schavelzon.com. Used by permission; *181* "Tiempo libre" de *Textos Extraños* by Guillermo Samperio. Used by permission of the author; *191* "El ángel caído" by Cristina Peri Rossi. Used by permission of Antonia Kerrigan Agencia Literaria; *211* "El Sur" by Jorge Luis Borges. © 1995 Maria Kodama, reprinted with permission of the Wylie Agency, Inc.

ABOUT THE AUTHORS

Mary Lee Bretz is Professor Emerita of Spanish and former Chair of the Department of Spanish and Portuguese at Rutgers University. Professor Bretz received her Ph.D. in Spanish from the University of Maryland. She has published numerous books and articles on nineteenth- and twentieth-century Spanish literature and on the application of contemporary literary theory to the study and teaching of Hispanic literature.

Trisha Dvorak is Senior Program Manager of Educational Outreach at the University of Washington. She has coordinated elementary language programs in Spanish and taught courses in Spanish language and foreign language methodology. Professor Dvorak received her Ph.D. in Applied Linguistics from the University of Texas at Austin. She has published books and articles on aspects of foreign language learning and teaching, and is co-author of *Composición: Proceso y síntesis,* a writing text for third-year college students.

Carl Kirschner is Professor of Spanish and Dean of Rutgers College. Former Chair of the Department of Spanish and Portuguese at Rutgers, he teaches courses in linguistics (syntax and semantics), sociolinguistics and bilingualism, and second-language acquisition. Professor Kirschner received his Ph.D. in Spanish Linguistics from the University of Massachusetts. He has published a book on Spanish semantics and numerous articles on Spanish syntax, semantics, and bilingualism, and edited a volume on Romance linguistics.

Constance Moneer Kihyet is Professor of Spanish at Saddleback College in Mission Viejo, California, where she currently teaches a wide range of courses in Spanish language and Latin American civilization, culture, and literature. She received her Ph.D. in Spanish from the Florida State University in 1979, specializing in Golden Age literature. Her interests and publications include studies of Golden Age and nineteenth-century Spanish literature, as well as aspects of second language acquisition, teaching methodology, and literary translation. In accordance with her interest in Golden Age literature, she recently completed the translation of *The Adventures of Espandian* (1587) for the historical text *The Chronicles of California's Queen Calafia* (2007). She has written test bank materials for the *Pasajes: Lengua* program and is co-author of the test bank for *Puntos de partida, An Invitation to Spanish.* Professor Kihyet is also co-author of *El mundo hispano, An Introductory Cultural and Literary Reader, Con destino a la comunicación, Avance: Intermediate Spanish,* First and Second Editions, as well as *Pasajes: Literatura,* Fifth, Sixth, and Seventh Editions.